Methoden

Wichtige Arbeitsweisen der Physik werden als *Methoden* Schritt für Schritt erklärt.

Blickpunkt

Themen, die die Physik lebendig machen: Energie, Umwelt, Geschichte, Gesundheit und mehr – mit Texten, Abbildungen und Aufgaben, die Sie tiefer in die Anwendungsbereiche der Physik einsteigen lassen.

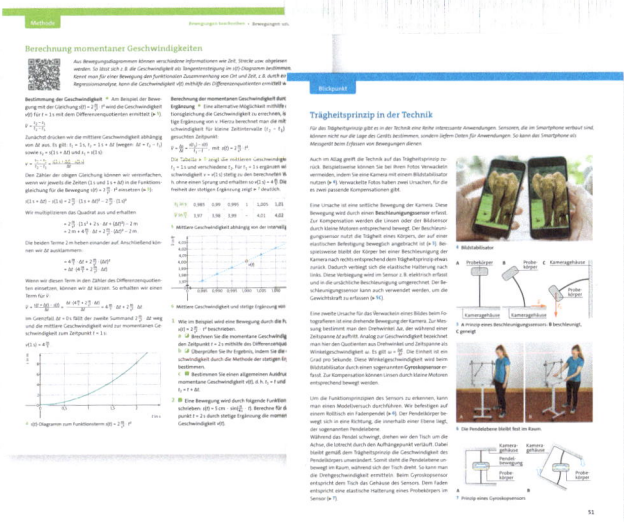

Auf einen Blick

Am Kapitelende finden Sie die wichtigsten Fachbegriffe *Auf einen Blick* erklärt.

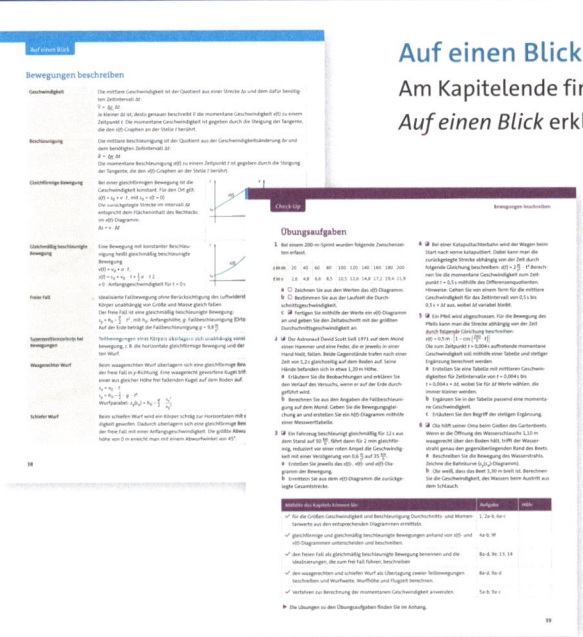

Check-up

Die *Check-up-Seiten* bieten zusätzliche Aufgaben zur Überprüfung des Grundwissens mit den Lösungen im Anhang. Anhand der Kompetenzübersicht können Sie Ihr erworbenes Wissen sicher einschätzen.

Klausurtraining

Training fürs Abitur: Ähnlich wie im Abitur werden Sie mit diesen Aufgaben herausgefordert! Beschäftigen Sie sich zuerst mit dem vorgestellten Material, damit Sie die Aufgaben lösen können.

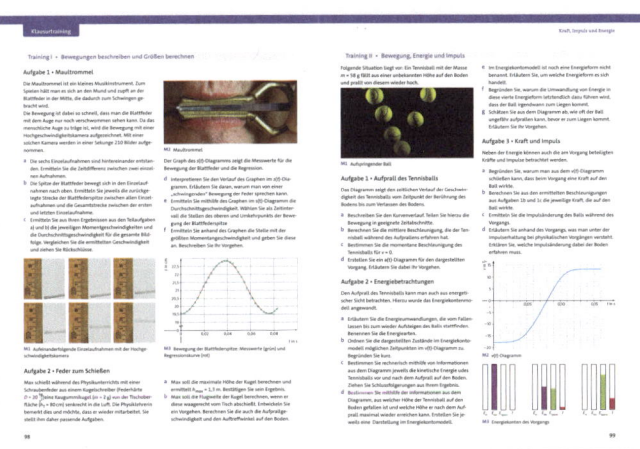

Inhalt

Inhalt

3

Akustik 100

4

Atom- und Kernphysik 126

5

Optische Abbildungen

6

Strahlungsphysik

Anhang

Digitale Anreicherung

Animationen, Videos und 3D-Moleküle fördern das Verständnis für komplexe fachliche Inhalte oft mehr, als es das gedruckte Bild allein im Buch vermitteln kann. Über QR-Codes erhalten Sie deshalb zu zentralen Themen zusätzliche digitale Materialien, die Ihren Wissenshorizont erweitern.

 Hinter diesem QR-Code finden Sie eine Gesamtübersicht über alle digitalen Materialien zu diesem Buch.

1

Bewegungen beschreiben

▶ Durch die Untersuchung, Beschreibung und Charakterisierung von Bewegungen entwickelten sich die ersten naturwissenschaftlichen Methoden. Dabei können Bewegungen durch physikalische Größen wie den Ort, die Geschwindigkeit und die Beschleunigung beschrieben werden.

▶ Anhand von besonderen Bewegungen wie dem freien Fall oder dem waagerechten Wurf lassen sich wichtige Erkenntnisse wie das Superpositionsprinzip ableiten sowie für die Physik elementare mathematische Methoden zeigen und anwenden.

Ein Seeadler im Sturzflug erreicht Geschwindigkeiten von weit über 100 $\frac{km}{h}$.

1.1 Die Geschwindigkeit

1 Start bei einem 100-m-Lauf

Ort: Startlinie im Olympiastadion in Berlin. Datum: 16. 8. 2009. Usain Bolt stellt einen neuen Weltrekord im 100-m-Lauf auf. Er legt die Strecke von 100 m in einer Zeitspanne von nur 9,58 s zurück. Würde er in einer $30\text{-}\frac{km}{h}$-Zone geblitzt werden?

Umrechnung:

$1\,\frac{km}{h} = \frac{1000\,m}{3600\,s} = \frac{1\,m}{3,6\,s}$

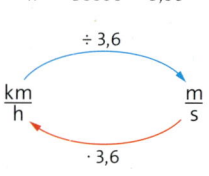

Die mittlere Geschwindigkeit • Dem Einleitungstext unter dem Foto (▶ 1) entnehmen wir, dass Usain Bolt die Strecke $\Delta s = 100$ m in einem Zeitintervall von $\Delta t = 9,58$ s zurückgelegt hat. Daraus bestimmen wir durch Quotientenbildung seine **mittlere Geschwindigkeit** $\overline{v}$, die auch **Durchschnittsgeschwindigkeit** genannt wird:

$$\overline{v} = \frac{\Delta s}{\Delta t} = \frac{100\,m}{9,58\,s} = 10,44\,\frac{m}{s} = 37,58\,\frac{km}{h}.$$

Hätte er diesen Sprint in einer $30\text{-}\frac{km}{h}$-Zone gemacht, könnte Bolt also tatsächlich wegen seiner „Geschwindigkeitsüberschreitung" geblitzt werden.
Die mittlere Geschwindigkeit gibt nur einen groben Eindruck, wie schnell Usain Bolt war, weil er nach dem Start erst allmählich schneller wurde. Um seine Geschwindigkeit genauer zu bestimmen, benötigen wir die Zwischenzeiten, die bei seinem Weltrekordlauf aufgezeichnet wurden (▶ 2).

Tabelliert sind neben den Zwischenzeiten auch das jeweilige Zeitintervall, das in diesem Steckabschnitt gelaufen wurde. Man berechnet das Zeitintervall als Differenz aufeinanderfolgender Zwischenzeiten. Um Bolts maximale Geschwindigkeit zu finden, suchen wir das kleinste Zeitintervall Δt. Die kleinste Differenz beträgt $\Delta t = 1,61$ s und entsteht bei den Zwischenzeiten $t_4 = 6,31$ s und $t_5 = 7,92$ s:

$$\Delta t = t_5 - t_4 = 7,92\,s - 6,31\,s = 1,61\,s.$$

Die zugehörige Strecke berechnet man ebenso als Differenz:

$$\Delta s = s_5 - s_4 = 80\,m - 60\,m = 20\,m.$$

Die mittlere Geschwindigkeit im kleinsten Zeitintervall ist gegeben durch den **Differenzenquotienten**:

$$\overline{v} = \frac{\Delta s}{\Delta t} = \frac{s_5 - s_4}{t_5 - t_4} = \frac{20\,m}{1,61\,s} = 12,42\,\frac{m}{s}.$$

Bolt lief also deutlich schneller als $10,44\,\frac{m}{s}$.

Die mittlere Geschwindigkeit (Durchschnittsgeschwindigkeit) ist $\overline{v} = \frac{s_2 - s_1}{t_2 - t_1} = \frac{\Delta s}{\Delta t}$. Je kleiner dabei das Zeitintervall Δt ist, desto genauer beschreibt die mittlere Geschwindigkeit die Geschwindigkeit zu einem Zeitpunkt.

2 Gemessene Zwischenzeiten bei Usain Bolts Lauf und daraus berechnete Zeitintervalle auf den jeweiligen Streckenabschnitten

s in m	0	20	40	60	80	100
t in s	0	2,89	4,64	6,31	7,92	9,58
Δs in m	–	20	20	20	20	20	–
Δt in s	–	2,89	1,75	1,67	1,61	1,66	–

Die momentane Geschwindigkeit • Auch mit den Daten aus der Tabelle können wir nicht mit Sicherheit sagen, dass es sich um die Maximalgeschwindigkeit handelt. Hierzu müssten wir zu jedem Zeitpunkt t seine **momentane Geschwindigkeit** $v(t)$ kennen bzw. bestimmen.

Betrachtet man den Differenzenquotienten für die mittlere Geschwindigkeit, bedeutet das mathematisch, dass man das Zeitintervall Δt beliebig klein wählen müsste. Das hat aber Grenzen in der Messtechnik. Es gibt jedoch eine Möglichkeit, die momentane Geschwindigkeit grafisch zu bestimmen.

Hierzu betrachten wir ein t-s-Diagramm, bei dem zu jedem Zeitpunkt t der zugehörige Ort $s(t)$ eingezeichnet ist (▶ 3). Auch in diesem Diagramm liegt zwischen zwei Messwerten ein Zeitintervall, das größer als null ist ($\Delta t > 0$ s).

Hat man aber genügend Messwerte, kann man eine sogenannte **Regression** durchführen (▶ S. 29). Dabei ermittelt man für die Messungen einen funktionalen Zusammenhang, indem man eine **Ausgleichsgerade** oder eine **Ausgleichskurve** in das Diagramm einzeichnet. Man erhält so ein lückenloses t-s-Diagramm (▶ 3).

Erstellt man das Diagramm mithilfe eines Tabellenkalkulationsprogramms, wird diese Ausgleichskurve im Programm auch als Trendlinie bezeichnet.

Grafische Bestimmung von Geschwindigkeiten in einem t-s-Diagramm • Aus der Ausgleichskurve im t-s-Diagramm können wir zu beliebigen Zeitpunkten t den Ort s ablesen, z. B. $t_1 = 1$ s, $s_1 = 2$ m und $t_2 = 2{,}5$ s, $s_2 = 12{,}25$ m. Daraus kann man mithilfe des Differenzenquotienten wieder die mittlere Geschwindigkeit für dieses Zeitintervall ermitteln:

$$\overline{v} = \frac{\Delta s}{\Delta t} = \frac{s_2 - s_1}{t_2 - t_1} = \frac{12{,}25\,\text{m} - 2\,\text{m}}{2{,}5\,\text{s} - 1\,\text{s}} = 6{,}8\,\frac{\text{m}}{\text{s}}.$$

Im Diagramm entspricht dieser Differenzenquotient gerade der Steigung m der schwarzen Sekante zwischen den beiden Punkten (▶ 3):

$$m(\Delta t) = \frac{10{,}25\,\text{m}}{1{,}5\,\text{s}} = 6{,}8\,\frac{\text{m}}{\text{s}}.$$

Umgekehrt kann aus der Steigung einer Sekante im Diagramm die mittlere Geschwindigkeit auf dem Zeitintervall ermittelt werden. Für die violette Sekante gilt:

$$m(\Delta t) = \overline{v} = \frac{8\,\text{m} - 2\,\text{m}}{2\,\text{s} - 1\,\text{s}} = \frac{6\,\text{m}}{1\,\text{s}} = 6\,\frac{\text{m}}{\text{s}}.$$

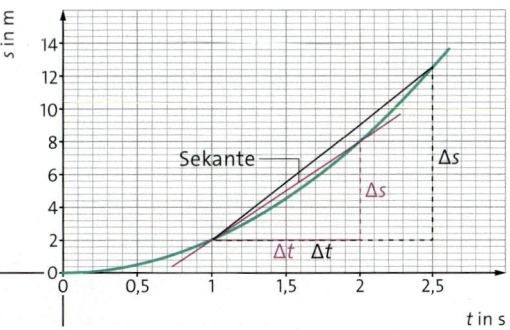

3 Mittlere Geschwindigkeit entspricht der Sekantensteigung

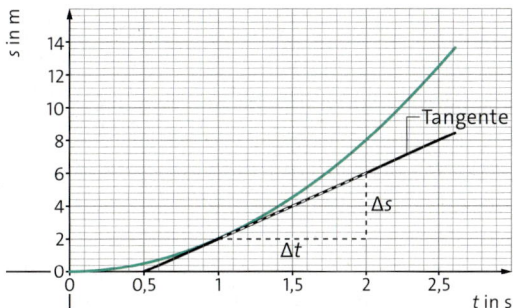

4 Momentane Geschwindigkeit gleich Tangentensteigung 🔲

Verkleinert man das Zeitintervall bis zum **Grenzfall** $\Delta t = 0$ s, hat man eine Gerade, die den Graphen an einem Punkt berührt. Die Sekanten gehen über in diese Tangente (▶ 4). Die Steigung der Tangente entspricht dabei gerade der momentanen Geschwindigkeit an diesem Punkt: $m = v(t)$. Mit dem Steigungsdreieck der Tangente kann die momentane Geschwindigkeit berechnet werden: ▶ 4:

$$m = v(t) = \frac{6\,\text{m} - 2\,\text{m}}{2\,\text{s} - 1\,\text{s}} = \frac{4\,\text{m}}{1\,\text{s}} = 4\,\frac{\text{m}}{\text{s}}.$$

> Die momentane Geschwindigkeit $v(t)$ ist gegeben durch die Steigung m der Tangente, die den $s(t)$-Graphen an der Stelle t berührt.

1 ☐ Ein Falke legt während 0,5 s eine Strecke von 50 m zurück. Bestimmen Sie die mittlere Geschwindigkeit in $\frac{\text{m}}{\text{s}}$ und in $\frac{\text{km}}{\text{h}}$.

1 ☐ Ein Jumbojet legt die 6200 km von Frankfurt nach New York in 7 h 45 min zurück.
a Berechnen Sie die Geschwindigkeit.
b Der Jet fliegt mit der gleichen Geschwindigkeit in 11 h 24 min von Frankfurt nach San Francisco. Berechnen Sie die Entfernung.

1 Riesige Containerschiffe transportieren mit einer Geschwindigkeit von mehr als $40\frac{km}{h}$ große Menge Fracht über die Weltmeere. Über weite Strecken bleibt die Geschwindigkeit dabei nahezu konstant.

Gleichförmige Bewegung ● Wenn ein Frachtschiff von Shanghai (China) Waren nach Europa z. B. über den Hafen in Rotterdam transportiert, legt es eine Distanz von über 22 000 km zurück. Für große Teile des Weges gilt, dass das Schiff mit gleichbleibender Geschwindigkeit unterwegs ist.

Die Bewegung auf so einem Abschnitt beschreibt man idealerweise als eine geradlinige Bewegung mit konstanter Geschwindigkeit – es ist eine **gleichförmige Bewegung.** Bei solchen Bewegungen sind Durchschnitts- und Momentangeschwindigkeit gleich. Man kann auf die Intervallbetrachtung verzichten. Für den Ort $s(t)$ zum Zeitpunkt t gilt in diesem Fall:

$s(t) = v \cdot t$; mit v = konst.

Für eine gleichförmige Bewegung gilt somit, dass in in gleichen Zeitintervallen immer gleiche Strecken zurückgelegt werden. Strecke und Zeit sind proportional zueinander ($s \sim t$).
Wenn die Bewegung zum Zeitpunkt t = 0 s bei einem Ort $s_0 \neq 0$ m startet, ergibt sich für den Ort zum Zeitpunkt t (▶2):

$s(t) = s_0 + v \cdot t$.

> Bei der gleichförmigen Bewegung ist die Geschwindigkeit konstant. Falls die Bewegung bei einem Ort $s_0 \neq 0$ m startet, gilt: $s(t) = s_0 + v \cdot t$.

t-s- und t-v-Diagramme ● Da der Graph einer gleichförmigen Bewegung im t-s-Diagramm eine Gerade ist, entspricht deren Anstieg der Geschwindigkeit der Bewegung und kann über ein Steigungsdreieck bestimmt werden. Im t-v-Diagramm ist der Graph eine Gerade parallel zur t-Achse. Geschwindigkeit v und Zeitspanne Δt bilden die Seiten eines Rechtecks (▶3). Der Flächeninhalt des Rechtecks entspricht dann der zurückgelegten Strecke Δs.

$\Delta s = v \cdot \Delta t$

1 ☑ Begründen Sie, dass für beide in ▶2 dargestellten Bewegungen die in 20 s zurückgelegte Strecke jeweils 100 m beträgt.

2 ☐ Ein Flugzeug fliegt gleichförmig mit $850\frac{km}{h}$ über den Atlantik.
a Erstellen Sie ein passendes t-s-Diagramm.
b Erstellen Sie ebenfalls das t-v-Diagramm und zeichnen Sie darin die zurückgelegte Strecke nach 4 h und 20 min ein.

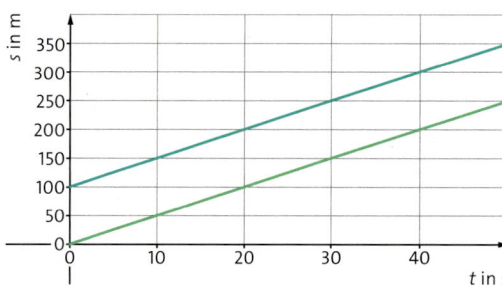

2 Bewegungen mit der Geschwindigkeit $v = 5\frac{m}{s}$

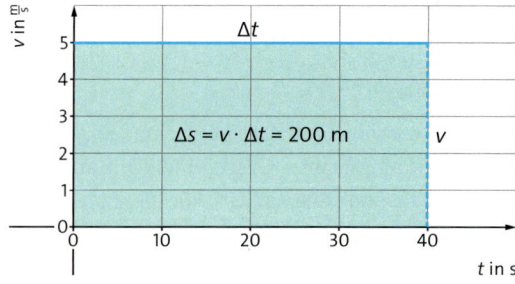

3 Strecke als Flächeninhalt im t-v-Diagramm

Berechnung momentaner Geschwindigkeiten

Aus Bewegungsdiagrammen können verschiedene Informationen wie Zeit, Strecke usw. abgelesen werden. So lässt sich z. B. die Geschwindigkeit als Tangentensteigung im t-s-Diagramm bestimmen. Kennt man für einer Bewegung den funktionalen Zusammenhang von Ort und Zeit, z. B. durch eine Regressionsanalyse, kann die Geschwindigkeit v(t) mithilfe des Differenzenquotienten ermittelt werden.

Bestimmung der Geschwindigkeit ● Am Beispiel der Bewegung mit der Gleichung $s(t) = 2\frac{m}{s^2} \cdot t^2$ wird die Geschwindigkeit $v(t)$ für $t = 1\,s$ mit dem Differenzenquotienten ermittelt (▶ 4).

$$\overline{v} = \frac{s_2 - s_1}{t_2 - t_1}$$

Zunächst drücken wir die mittlere Geschwindigkeit abhängig von Δt aus. Es gilt: $t_1 = 1\,s$, $t_2 = 1\,s + \Delta t$ (wegen: $\Delta t = t_2 - t_1$) sowie $s_2 = s(1\,s + \Delta t)$ und $s_1 = s(1\,s)$:

$$\overline{v} = \frac{s_2 - s_1}{t_2 - t_1} = \frac{s(1\,s + \Delta t) - s(1\,s)}{\Delta t}.$$

Den Zähler der obigen Gleichung können wir vereinfachen, wenn wir jeweils die Zeiten ($1\,s$ und $1\,s + \Delta t$) in die Funktionsgleichung für die Bewegung $s(t) = 2\frac{m}{s^2} \cdot t^2$ einsetzen:

$$s(1\,s + \Delta t) - s(1\,s) = 2\frac{m}{s^2} \cdot (1\,s + \Delta t)^2 - 2\frac{m}{s^2} \cdot (1\,s)^2.$$

Wir multiplizieren das Quadrat aus und erhalten:

$$= 2\frac{m}{s^2} \cdot (1\,s^2 + 2\,s \cdot \Delta t + (\Delta t)^2) - 2\,m$$
$$= 2\,m + 4\frac{m}{s} \cdot \Delta t + 2\frac{m}{s^2} \cdot (\Delta t)^2 - 2\,m.$$

Die beiden Terme $2\,m$ heben einander auf. Anschließend können wir Δt ausklammern:

$$= 4\frac{m}{s} \cdot \Delta t + 2\frac{m}{s^2} \cdot (\Delta t)^2$$
$$= \Delta t \cdot (4\frac{m}{s} + 2\frac{m}{s^2} \cdot \Delta t).$$

Wenn wir diesen Term in den Zähler des Differenzenquotienten einsetzen, können wir Δt kürzen. So erhalten wir einen Term für $\overline{v}$:

$$\overline{v} = \frac{s(t + \Delta t) - s(t)}{\Delta t} = \frac{\Delta t \cdot (4\frac{m}{s} + 2\frac{m}{s^2} \cdot \Delta t)}{\Delta t} = 4\frac{m}{s} + 2\frac{m}{s^2} \cdot \Delta t.$$

Im Grenzfall $\Delta t = 0\,s$ fällt der zweite Summand $2\frac{m}{s^2} \cdot \Delta t$ weg und die mittlere Geschwindigkeit wird zur momentanen Geschwindigkeit zum Zeitpunkt $t = 1\,s$:

$$v(1\,s) = 4\frac{m}{s}.$$

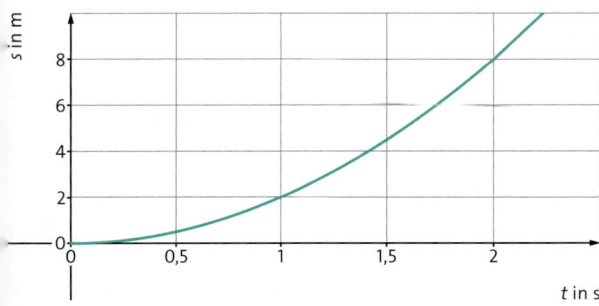

4 t-s-Diagramm zum Funktionsterm $s(t) = 2\frac{m}{s^2} \cdot t^2$

Berechnung der momentanen Geschwindigkeit durch stetige Ergänzung ● Eine alternative Möglichkeit mithilfe der Funktionsgleichung die Geschwindigkeit zu errechnen, ist die stetige Ergänzung von v. Hierzu berechnet man die mittlere Geschwindigkeit für kleine Zeitintervalle $(t_1 - t)$ um den gesuchten Zeitpunkt:

$$\overline{v} = \frac{\Delta s}{\Delta t} = \frac{s(t_1) - s(t)}{t_1 - t}, \text{ mit } s(t) = 2\frac{m}{s^2} \cdot t^2.$$

Die Tabelle ▶ 5 zeigt die mittleren Geschwindigkeiten für $t_1 = 1\,s$ und verschiedene t. Für $t_1 = 1\,s$ ergänzen wir die Geschwindigkeit $v = v(1\,s)$ stetig zu den berechneten Werten, d. h. ohne einen Sprung und erhalten so $v(1\,s) = 4\frac{m}{s}$. Die Sprungfreiheit der stetigen Ergänzung zeigt ▶ 6 deutlich.

t_1 in s	0,985	0,99	0,995	1	1,005	1,01	1,015
$\overline{v}$ in $\frac{m}{s}$	3,97	3,98	3,99	–	4,01	4,02	4,03

5 Mittlere Geschwindigkeit abhängig von der Intervallgrenze t_1

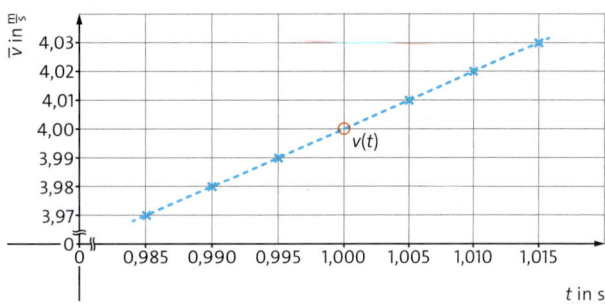

6 Mittlere Geschwindigkeit und stetige Ergänzung von $v(t)$

1 Wie im Beispiel wird eine Bewegung durch die Funktion $s(t) = 2\frac{m}{s^2} \cdot t^2$ beschrieben.

a ✎ Berechnen Sie die momentane Geschwindigkeit für den Zeitpunkt $t = 2\,s$ mithilfe des Differenzenquotienten.

b ✎ Überprüfen Sie Ihr Ergebnis, indem Sie die Geschwindigkeit durch die Methode der stetigen Ergänzung bestimmen.

c ■ Bestimmen Sie einen allgemeinen Ausdruck für die momentane Geschwindigkeit $v(t)$, d. h. $t_1 = t$ und $t_2 = t + \Delta t$.

2 ■ Eine Bewegung wird durch folgende Funktion beschrieben: $s(t) = 5\,cm \cdot \sin(\frac{\pi}{4\,s} \cdot t)$. Berechne für den Zeitpunkt $t = 2\,s$ durch stetige Ergänzung die momentane Geschwindigkeit $v(t)$.

Versuch A: Messen von Geschwindigkeiten bei verschiedenen Bewegungen

V1 Rosinen im Hefeteig

1 Hefeteig mit Rosinen

Materialien: Hefeteig, Rosinen, Lineal, Uhr

Arbeitsauftrag:

– Anhand der Geschwindigkeit, mit der sich die Rosinen im Teig voneinander entfernen, wird bestimmt, ob der Teig gleichmäßig aufgeht.

– Machen Sie einen Hefeteig, der Rosinen enthält. Markieren Sie an der Oberfläche die Mitte und bestimmen Sie für vier Rosinen die Entfernungen zur Mitte.

– Messen Sie nach zwei Stunden wieder die vier Entfernungen und bestimmen Sie die vier mittleren Geschwindigkeiten.

– Teilen Sie für jede Rosine die Geschwindigkeit durch den Abstand. Wenn die vier Quotienten gleich sind, dann ist der Teig gleichmäßig aufgegangen.

V2 Radtour

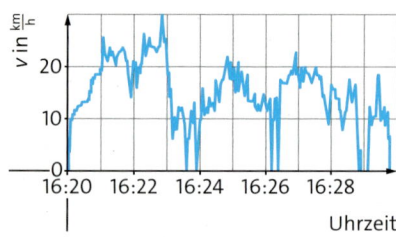

2 Radtour: t-v-Diagramm

Materialien: Fahrrad, Smartphone

Arbeitsauftrag:

– Installieren Sie auf Ihrem Smartphone eine App zur Aufzeichnung des Ortes und der Geschwindigkeit mithilfe von GPS. Fahren Sie mit dem Fahrrad bei aktivierter App einige Kilometer weit.

– Versuchen Sie, eine Teilstrecke mit möglichst konstanter Geschwindigkeit zu fahren und eine andere Teilstrecke möglichst schnell zu fahren.

– Übertragen Sie die Messdaten, um Sie mithilfe einer Tabellenkalkulation grafisch darzustellen.

– Bestimmen Sie Ihre maximale Geschwindigkeit wie in ▶ 2.

– Bestimmen Sie für die erste Teilstrecke die mittlere Geschwindigkeit und die größte Abweichung vom Mittelwert.

V3 Abgeschossener Fußball

Materialien: Fußball, Digitalkamera, Maßband oder Gliedermaßstab

Arbeitsauftrag:

– Legen Sie auf dem Sportplatz den Ball auf den Boden und stellen Sie in Schussrichtung eine Markierung 1 m vor dem Ball als Maßstab auf. Schießen Sie den Ball flach ab, während eine andere Person von der Seite ein Video vom Schuss aufzeichnet.

– Bestimmen Sie die Zeitspanne in Sekunden zwischen zwei aufeinanderfolgenden Bildern. Finden Sie dazu mithilfe von Herstellerangaben heraus, wie viele Bilder Ihre Kamera pro Sekunde aufnimmt.

– Bestimmen Sie für zwei aufeinanderfolgende Einzelbilder mithilfe des Maßstabs die Strecke, die der Ball zurückgelegt hat.

– Bestimmen Sie daraus die Geschwindigkeit des Balls und erörtern Sie, inwiefern dies als momentane Geschwindigkeit genutzt werden kann.

Material A: Auswerten eines t-s-Diagramms

Material ▶ A1 zeigt die gefahrene Strecke eines ICE als t-s-Diagramm.

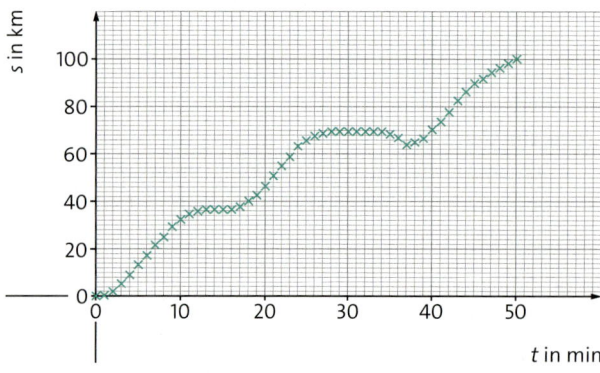

A1 Bahnfahrt: t-s-Diagramm

1 a ☐ Bestimmen Sie die mittlere Geschwindigkeit für die Zeitspanne von $t = 0$ min bis $t = 10$ min.

b ☐ Ermitteln Sie die mittlere Geschwindigkeit für die ganze Zeitspanne.

2 a ☐ Geben Sie eine Zeitspanne an, während der der Zug stand.

b ☐ Bestimmen Sie eine Zeitspanne, während der der Zug zurückfuhr.

c ☐ Geben Sie eine Zeitspanne an, während der die Geschwindigkeit konstant war.

3 ☐ Bestimmen Sie eine Zeitspanne, während der der Zug
a schneller,
b langsamer wurde.

Material B: Luftkissenbahn

Auf einer Luftkissenbahn bewegt sich ein Gleiter zwischen zwei Lichtschranken. An der ersten beginnt die Zeit- und Ortsmessung. Beim Durchgang durch die zweite Schranke hat der Wagen die Strecke s in der Zeit t zurückgelegt. Auf dem Gleiter ist ein Pappstreifen der Breite $\Delta s = 2{,}0$ cm befestigt. Solange sich der Streifen durch die zweite Lichtschranke bewegt, unterbricht er den Lichtstrahl der Schranke. Diese Zeitspanne Δt wird von der zweiten Lichtschranke gemessen.

1 ☐ Zeichnen Sie das t-s-Diagramm.

2 ☑ Bestimmen Sie aus der Messung für die Zeitspanne der Unterbrechung die Geschwindigkeit an den einzelnen Messstellen.

3 ☑ Erstellen Sie ein t-v-Diagramm und interpretieren Sie es. Bestimmen Sie auf zweierlei Weise die Beschleunigung: geometrisch aus dem t-v-Diagramm und rechnerisch aus den Messwerten. Geben Sie die t-v-Funktion an, die diese Bewegung beschreibt.

4 ◼ Überprüfen Sie Ihr Ergebnis durch Linearisierung, indem Sie die Werte der Ortsmessung über die Quadrate der Zeit auftragen. Bestimmen Sie damit eine t-s-Funktion, die sich an die Messwerte gut anpasst.

t in s	s in m	Δt in s
0,621	0,055	0,104
0,755	0,091	0,081
0,904	0,130	0,069
1,115	0,191	0,058
1,336	0,267	0,049
1,550	0,356	0,043
1,753	0,449	0,038
1,928	0,534	0,035
2,113	0,642	0,033
2,522	0,912	0,027

B1 Messwerte für das Experiment auf der Luftkissenbahn

Material C: Metronom

Bei einem Metronom schwingt ein Zeiger in einer einstellbaren Zeitspanne hörbar hin und her.

Mit dem Gerät kann man so beim Üben eines Instruments eine bestimmte Spielgeschwindigkeit einhalten.

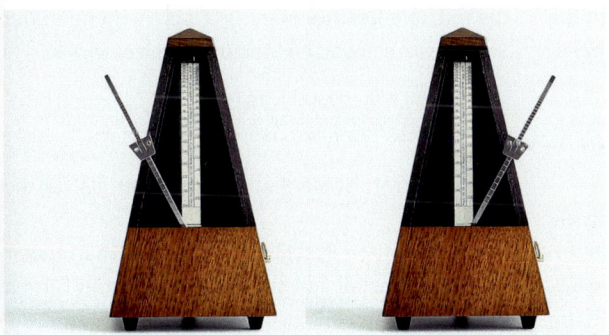

C1 Schwingung des Zeigers beim Metronom (zwei Momentaufnahmen)

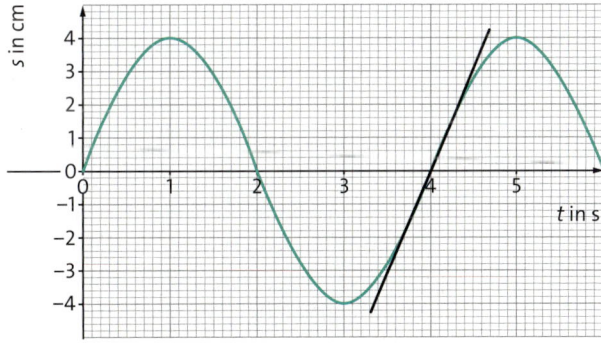

C2 t-s-Diagramm der Schwingung zeigt die Auslenkung des Zeigers aus seiner Mittelstellung (Ruhelage)

1 ☑ Beschreiben und deuten Sie das t-s-Diagramm (▶ C2) der Bewegung des Zeigers beim Metronom (▶ C1).

2 a ☐ Bestimmen Sie die mittlere Geschwindigkeit für die Zeitspanne von $t = 3$ s bis $t = 5$ s.

b ☐ Bestimmen Sie die momentane Geschwindigkeit $v(t)$ für den Zeitpunkt $t = 4$ s.

c ☑ Vergleichen Sie die Ergebnisse aus a) und b) und erklären Sie, wie es zu dem Unterschied kommt.

1.2 Die Beschleunigung

1 In 3,7 s von 0 auf 100 $\frac{km}{h}$

Aus dem Stand erreichte das Auto innerhalb von 3,7 Sekunden eine Geschwindigkeit von 100 $\frac{km}{h}$ und nach 11,5 Sekunden 160 $\frac{km}{h}$. War die Geschwindigkeitszunahme immer gleichmäßig?

Die Einheit der Beschleunigung wird nach den Regeln der Bruchrechnung bestimmt. Im Zähler steht die Einheit der Geschwindigkeit, im Nenner die der Zeit:
$\frac{1\frac{m}{s}}{1\,s}$

Vereinfachen ergibt:
$1\frac{m}{s} \cdot \frac{1}{s} = 1\frac{m}{s^2}$.

Die mittlere Beschleunigung • Schon aus den angegebenen Zeiten ist zu erkennen, dass das Auto nicht gleichmäßig schneller wurde. Zur genaueren Untersuchung können wir ähnlich wie bei der Ermittlung der mittleren Geschwindigkeit mithilfe des Differenzenquotienten $\frac{\Delta s}{\Delta t}$ aus der Geschwindigkeitsänderung Δv und dem Zeitintervall Δt einen Quotienten bilden. Er heißt **mittlere Beschleunigung** $\overline{a}$ (oder Durchschnittsbeschleunigung) und gibt die auftretende Geschwindigkeitsänderung für ein bestimmtes Zeitintervall an:

$$\overline{a} = \frac{\Delta v}{\Delta t} = \frac{v_2 - v_1}{t_2 - t_1} = \frac{100\frac{km}{h}}{3,7\,s} = \frac{27,8\frac{m}{s}}{3,7\,s} = 7,5\frac{m}{s^2}.$$

In der Rechnung wurde die Geschwindigkeit in die Einheit $\frac{m}{s}$ umgerechnet. Eine mittlere Beschleunigung von 7,5 $\frac{m}{s^2}$ bedeutet anschaulich, dass die Geschwindigkeit des Fahrzeugs in jeder Sekunde um 7,5 $\frac{m}{s}$ (27 $\frac{km}{h}$) zugenommen hat.

> Die mittlere Beschleunigung ist die Änderung der Geschwindigkeit Δv pro Zeitintervall Δt:
> $\overline{a} = \frac{\Delta v}{\Delta t} = \frac{v_2 - v_1}{t_2 - t_1}$.

Die momentane Beschleunigung • Die **momentane Beschleunigung** $a(t)$ für einen beliebigen Zeitpunkt t bestimmen wir wie bei der momentanen Geschwindigkeit $v(t)$ zeichnerisch. Hierzu benötigen wir ein t-v-Diagramm, das wir aus den Zwischenwerten (▶ **2**) mithilfe einer Ausgleichskurve (▶ **3**) konstruieren.

Zunächst berechnen wir im Intervall [3,7 s; 11,5 s] die mittlere Beschleunigung $\overline{a}$ als Steigung m der Sekante im schwarzen Steigungsdreieck in ▶ **3**.

$$\overline{a} = \frac{\Delta v}{\Delta t} = \frac{44,7\frac{m}{s} - 27,8\frac{m}{s}}{11,5\,s - 3,7\,s} = \frac{16,9\frac{m}{s}}{7,8\,s} = 2,17\frac{m}{s^2}.$$

Wie erwartet, ist sie deutlich geringer als für die ersten 100 $\frac{km}{h}$.

Die momentane Beschleunigung $a(t)$ erhalten wir für den Grenzfall $\Delta t = 0$ s. Diesen Grenzfall führen wir zeichnerisch durch, indem wir die Tangente, die den Graphen im Zeitpunkt $t = 3,7$ s berührt einzeichnen. Die Tangentensteigung m entspricht dann der momentanen Beschleunigung $a(t)$. Diese bestimmen wir mithilfe des grünen Steigungsdreiecks in ▶ **3**.

$$a(t) = m = \frac{\Delta v}{\Delta t} = \frac{33,5\frac{m}{s}}{8\,s} = 4,2\frac{m}{s^2}.$$

> Die momentane Beschleunigung $a(t)$ ist die Steigung m der Tangente, die im Zeitpunkt t den t-v-Graphen berührt.

t in s	0,0	1,5	2,1	2,8	3,7	4,8	6,4	8,5	11,5
$v(t)$ in $\frac{m}{s}$	0,0	13,4	17,9	22,4	27,8	31,3	35,8	40,2	44,7

2 Zwischenwerte für die gemessene Geschwindigkeit

Konstante Beschleunigung • Die Beschleunigung des Autos nimmt mit der Zeit immer weiter ab. Zur Vereinfachung kann man für bestimmte Zeitabschnitte diese als konstant ansehen.

Den Idealfall einer Bewegung mit konstanter Beschleunigung nennt man **gleichmäßig beschleunigte Bewegung**. Die Geschwindigkeit $v(t)$ zum Zeitpunkt t berechnet sich dann einfach wie folgt:

$v(t) = a \cdot t$, mit a = konst.

Falls zum Zeitpunkt $t = 0\,$s eine Anfangsgeschwindigkeit v_0 vorliegt, gilt:

$v(t) = v_0 + a \cdot t$.

Das t-v-Diagramm einer gleichmäßigt beschleunigten Bewegung ohne Anfangsgeschwindigkeit entspricht einer Ursprungsgeraden (▶ 4). Mit der t-Achse bildet die Gerade zu einem Zeitpunkt t ein rechtwinkliges Dreieck. Dessen Flächeninhalt ist die zurückgelegte Wegstrecke und entspricht gerade der halben Fläche des dazugehörigen Rechtecks:

$s(t) = \frac{1}{2} \cdot v(t) \cdot t = \frac{1}{2} \cdot 13{,}4\,\frac{m}{s} \cdot 1{,}5\,s = 10{,}05\,m$.

Wenn wir für $v(t)$ den Term $a \cdot t$ einsetzen, erhalten wir eine allgemeine Gleichung für die beim Anfahren zurückgelegte Strecke:

$s(t) = \frac{1}{2} \cdot a \cdot t^2$.

Das entsprechende t-s-Diagramm ist eine Parabel (▶ 6). Allgemein kann die beschleunigte Bewegung eines Körpers bei einem Ort s_0 und mit einer konstanten Anfangsgeschwindigkeit v_0 erfolgen. Die zum Zeitpunkt t zurückgelegte Strecke ist dann:

$s(t) = s_0 + v_0 \cdot t + \frac{1}{2} a \cdot t^2$.

> Wenn sich ein Körper mit einer konstanten Beschleunigung a bewegt, dann legt er in der Zeit t die Strecke $s(t) = s_0 + v_0 \cdot t + \frac{1}{2} a \cdot t^2$ zurück.

Ganz allgemein gilt, dass die Fläche unter dem $v(t)$-Diagramm der zurückgelegten Strecke entspricht. Bei einem Verlauf wie in ▶ 3 unterteilt man das Zeitintervall in kleinere Teilintervalle (▶ 5). Die dazugehörige Strecke stellen wir durch ein Rechteck dar und addieren die Flächeninhalte aller Rechtecke. Je kleiner die Teilintervalle sind, desto eher entspricht die Gesamtfläche der Rechtecke der zurückgelegten Strecke.

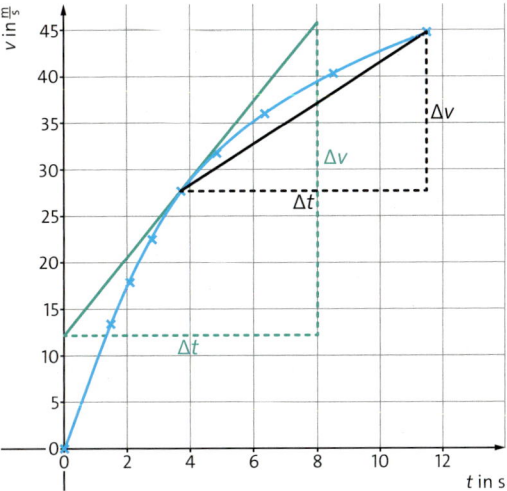

3 t-v-Diagramm des anfahrenden Autos: Annäherung der momentanen Beschleunigung durch Sekante und Tangente ▣

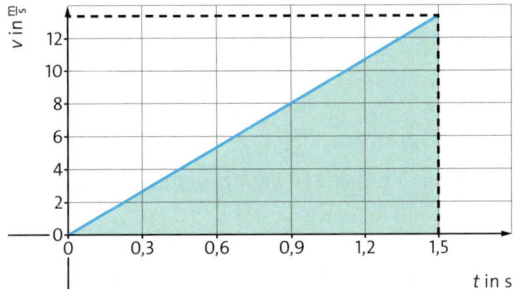

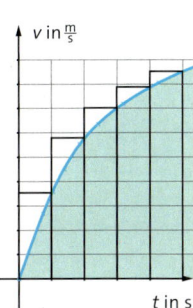

4 Im t-v-Diagramm einer Bewegung mit konstanter Beschleunigung entspricht der Flächeninhalt unter der Kurve der zurückgelegten Strecke.

5 Zerlegung der Fläche durch Teilintervalle (Rechtecke)

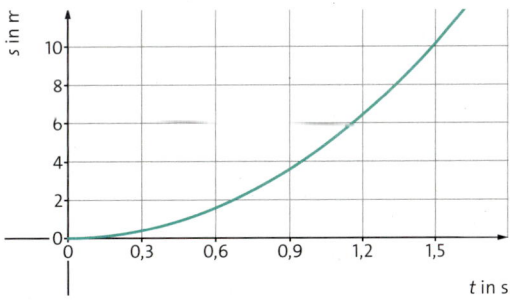

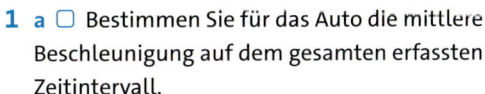

6 Dazugehörige t-s-Diagramm einer Bewegung mit konstanter Beschleunigung

1 a ☐ Bestimmen Sie für das Auto die mittlere Beschleunigung auf dem gesamten erfassten Zeitintervall.

b ☑ Bestimmten Sie mithilfe des t-v-Diagramms die momentane Beschleunigung des Autos bei $t = 2{,}1\,$s und $t = 8{,}5\,$s.

c ☑ Interpretieren Sie das t-v-Diagramm.

Vollbremsung • Mithilfe einer Beschleunigungs-App kann die auftretende Beschleunigung bei der Vollbremsung mit einem Fahrrad aufgezeichnet werden. Überträgt man die Daten in eine Tabellenkalkulation, kann man die Bewegung analysieren und weitere Größen wie Geschwindigkeit und Anhalteweg berechnen.

Im t-a-Diagramm sind die gemessenen Beschleunigungen zwischen $t = [0\,s;\ 5\,s]$ dargestellt (▶ **1**). Obwohl die Daten teilweise stark schwanken, kann man drei Fahrabschnitte unterscheiden. Bis zum Zeitpunkt $t = 1{,}2\,s$ rollte das Fahrrad, dabei schwankte die Beschleunigung um den Mittelwert $-0{,}5\,\frac{m}{s^2}$. Am negativen Vorzeichen erkennt man, dass die Geschwindigkeit auch schon beim Rollen geringer wird. Das Fahrrad wurde zwischen den Zeitpunkten $t = 1{,}2\,s$ und $t = 3{,}5\,s$ stark gebremst. Das zeigt sich in ▶ **1** an einer Beschleunigung, die um $-3\,\frac{m}{s^2}$ schwankt. Danach steht das Rad und die Beschleunigung ist praktisch null.

> Ein Körper wird abgebremst, solange er entgegen seiner Bewegungsrichtung beschleunigt wird.

Bestimmen wir den Inhalt der Fläche zwischen dem t-a-Graphen und der Zeitachse mithilfe einer Tabellenkalkulation, können wir die Geschwindigkeit ermitteln. Für benachbarte Zeitpunkte t und $t + \Delta t$ stellt die Fläche ein Trapez dar (▶ **4**). Sie wird wie folgt berechnet:

$$A(\text{Trapez}) = \Delta v = \tfrac{1}{2} \cdot [a(t) + a(t + \Delta t)] \cdot \Delta t.$$

Die negative Geschwindigkeitsänderung Δv muss man zur Anfangsgeschwindigkeit v_0 addieren. Zur Ermittlung von v_0 wurde die Geschwindigkeit zum Zeitpunkt $t = 5\,s$ gleich null gesetzt. Daraus folgt $v_0 = 7{,}6\,\frac{m}{s}$. Im t-v-Diagramm erkennt man, dass sich die Schwankungen im t-a-Diagramm weitgehend wegmitteln (▶ **2**). Die drei Phasen Rollen, Vollbremsung und Stehen sind durch drei verschiedene Steigungen des Graphen gut zu erkennen.

Die zurückgelegte Strecke ermitteln wir wieder aus dem Flächeninhalt zwischen dem t-v-Graphen und der Zeitachse mithilfe von Trapenzflächen:

$$\Delta s = \tfrac{1}{2} \cdot [v(t) + v(t + \Delta t)] \cdot \Delta t.$$

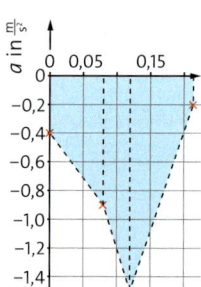

4 Die eingeschlossene Fläche zwischen zwei Messpunkten ist ein (rechtwinkeliges) Trapez.

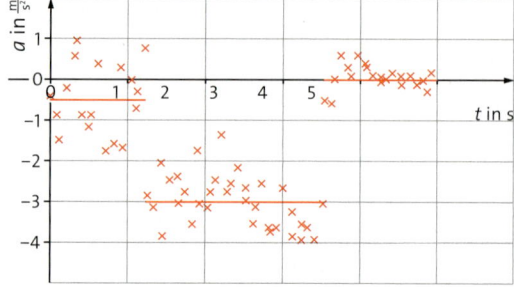

1 t-a-Diagramm der Vollbremsung

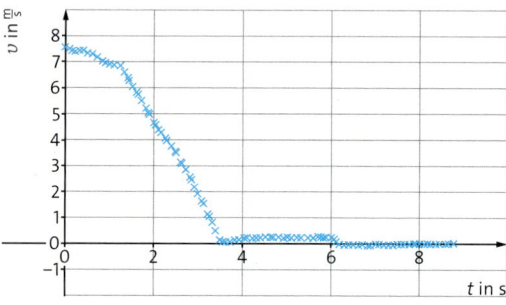

2 Auswertung: t-v-Diagramm aus dem t-a-Diagramm

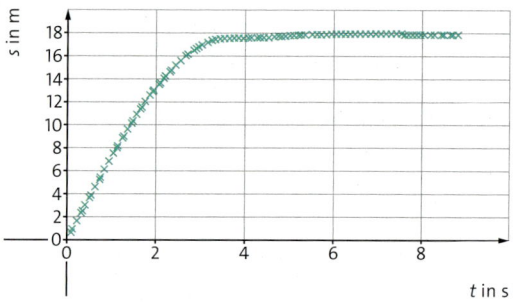

3 Auswertung: t-s-Diagramm aus dem t-v-Diagramm

Der Anhalteweg des Fahrrads beträgt etwa $17{,}6\,m$ (▶ **3**). Der reine Bremsweg s_B beträgt :

$$s_B = s(3{,}5\,s) - s(1{,}2\,s) = 17{,}6\,m - 8{,}2\,m = 9{,}4\,m.$$

Bei $v_0 = 7{,}6\,\frac{m}{s}$, also etwa $27\,\frac{km}{h}$, sind Bremswege von $6\,m$ bis $8\,m$ üblich. Unsere Untersuchung zeigt: Die Fahrradbremsen sind deutlich optimierbar.

1 ☑ Berechnen Sie jeweils die Steigung des Graphen in den drei Fahrabschnitten im t-v-Diagramm (▶ **2**). Vergleichen Sie mit den Mittelwerten der Beschleunigungen in ▶ **1**.

2 ☑ Berechnen Sie den Anhalteweg, wenn das Fahrrad mit der im Fahrabschnitt 1 gemessenen Durchschnittsbeschleunigung ausgerollt wäre. Geben Sie die Zeitdauer dafür an.

Umgang mit physikalischen Größen

In der Physik werden Phänomene und Gesetzmäßigkeiten mithilfe mathematischer Zusammenhänge beschrieben. Beim Umgang der dazugehörigen physikalischen Größen, die man z. B. durch Messungen erhalten hat, gibt es einiges zu beachten.

Darstellung von Größen ● Mit physikalischen Größen kann man Objekte und Vorgänge quantitativ beschreiben. Dazu hat man für jede Größe eine **Maßeinheit** oder kurz **Einheit** festgelegt. Nur mit Zahlenwert und Einheit ist eine Größe bestimmt.

Oft sind die Zahlenwerte unanschaulich groß oder klein. Um solche Größen darzustellen, verwendet man Zehnerpotenzen oder **Präfixe** vor den Einheiten. In der **Normdarstellung** schreibt man den Zahlenwert in der Form $a \cdot 10^b$, wobei der Vorfaktor a zwischen 1 und unter 10 liegt (▶ 5).

Angabe mit Präfix	Angabe ohne Präfix	Angabe in Normdarstellung	Anzahl signifikanter Ziffern
$s = 2{,}5\,\text{km}$	$s = 2\,500\,\text{m}$	$s = 2{,}5 \cdot 10^3\,\text{m}$	2
$t = 0{,}165\,\text{ms}$	$t = 0{,}000\,165\,\text{s}$	$t = 1{,}65 \cdot 10^{-4}\,\text{s}$	3

5 Angabe von Größen mit großen und kleinen Zahlenwerten

Signifikante Ziffern ● Gemessene Größen sind nicht exakt bestimmt. Die Anzahl der sogenannten **signifikanten Ziffern** ist ein Maß für die Genauigkeit von Größen. In der Normdarstellung $a \cdot 10^b$ ist die Anzahl der signifikanten Ziffern gleich der Anzahl an bekannten Ziffern des Faktors a (▶ 5). Bei einer Angabe wie $s = 1\,000\,\text{m}$ ist die Anzahl der signifikanten Ziffern nicht eindeutig. Es ist daher besser, eine eindeutige Präfixdarstellung wie $s = 1\,\text{km}$ oder die Normdarstellung $s = 1 \cdot 10^3\,\text{m}$ zu verwenden.

Schritt	Beispiel
1 Notieren Sie die gegebenen Größen möglichst in den Grundeinheiten und mit Zehnerpotenzen.	Geg.: $v = 14{,}3\,\frac{\text{mm}}{\text{s}} = 1{,}43 \cdot 10^{-4}\,\frac{\text{m}}{\text{s}}$ $t = 0{,}12\,\text{s}$
2 Notieren Sie die gesuchte Größe.	Ges.: s
3 Notieren Sie die zur Berechnung erforderliche Gleichung.	Lösung: $v = \frac{s}{t}$
4 Formen Sie die Gleichung nach der gesuchten Größe um.	$s = v \cdot t$
5 Setzen Sie die gegebenen Größen mit Zahlenwerten und Einheiten ein.	$= 1{,}43 \cdot 10^{-4}\,\frac{\text{m}}{\text{s}} \cdot 0{,}12\,\text{s}$
6 Berechnen Sie den Zahlenwert und runden Sie nach der Ziffernregel.	$= 1{,}7 \cdot 10^{-5}\,\text{m}$

6 Musterbeispiel zur Lösung von Aufgaben

Rechnen mit Größen ● Aus bekannten Größen können unbekannte Größen berechnet werden. Bei einer gleichförmigen Bewegung wird aus der gemessenen Geschwindigkeit v und der dafür benötigten Zeit t die zurückgelegte Strecke berechnet (▶ 6).

Ziffernregel ● Sowohl die Geschwindigkeit als auch die Zeitdauer sind als gemessene Größen nicht genau bekannt. Daher kann auch die daraus berechnete Strecke nicht exakt angegeben werden. Folglich muss ihr Zahlenwert gerundet werden.

Die **Ziffernregel** besagt, dass die berechnete Größe auf die gleiche Anzahl signifikanter Ziffern gerundet wird wie die gegebene Größe mit der kleinsten Anzahl an signifikanten Ziffern.
Im Beispiel hat die Geschwindigkeit drei und die Zeit zwei signifikante Ziffern. Also wird die Geschwindigkeit auf zwei Ziffern gerundet (▶ 6).

Einheitenkontrolle ● Eine Kontrolle der Einheiten kann auf einen Fehler in der Berechnung hinweisen. Dazu rechnet man mit den Einheiten wie mit den entsprechenden Größen.

Im Beispiel (▶ 7) ist dies leicht zu sehen, bei komplizierteren Formeln lohnt sich eine Kontrolle immer.

Einheitenkontrolle

In der Aufgabe wird die Strecke s berechnet. Die Strecke ist eine Längenangabe und hat die Einheit m (Meter). Mithilfe der benutzten Gleichung $s = v \cdot t$ kann die Einheit ermittelt werden.

$$[s] = [v] \cdot [t]$$
$$= \frac{\text{m}}{\text{s}} \cdot \text{s} \qquad \text{(Einheit s kürzen)}$$
$$= \text{m}$$

Für die Einheiten gelten die gleichen Rechenregeln wie für die Werte, z. B. können gleiche Einheiten aus Brüchen gekürzt oder in Produkten zusammengefasst werden.

7 Musterbeispiel: Einheitenkontrolle

Versuch A • Messen von Beschleunigungen bei verschiedenen Bewegungen

V1 Anfahren mit dem Fahrrad

Materialien: Fahrrad, Kissen, Smartphone, App zur Aufzeichnung von Beschleunigungen

Arbeitsauftrag:
– Installieren Sie auf Ihrem Smartphone eine App zur Aufzeichnung der Beschleunigung abhängig von der Zeit.
– Befestigen Sie das Smartphone auf einem Kissen am Gepäckträger, sodass eine seiner Kanten in Fahrtrichtung zeigt.
– Aktivieren Sie die App und fahren Sie möglichst schnell an.
– Übertragen Sie nach der Fahrt die Daten auf einen Computer und stellen Sie sie mit einer Tabellenkalkulation grafisch dar.
– Bestimmen Sie die mittlere und die maximale Beschleunigung.
– Ermitteln Sie die Geschwindigkeit $v(t)$ und die Strecke $s(t)$ und erstellen Sie mit einer Tabellenkalkulation die dazugehörigen Diagramme.

V2 Bremsweg und Beschleunigung

Materialien: Fahrrad, Fahrradtachometer, Maßband oder Gliedermaßstab

Arbeitsauftrag:
– Vereinbaren Sie auf einem Radweg eine Markierung für den Beginn einer Vollbremsung.
– Bringen Sie Ihr Fahrrad auf eine Anfangsgeschwindigkeit v_0 und lesen Sie diese am Tachometer ab. Alternativ können Sie die Anfangsgeschwindigkeit auch mit einem Smartphone und einer passenden App aufzeichnen. Beginnen Sie bei der Markierung mit einer Vollbremsung und bringen Sie dabei das Fahrrad zum Stehen.
– Messen Sie die Länge des Bremswegs.
– Gehen Sie von einer gleichmäßig beschleunigten Bewegung aus und berechnen Sie mit der entsprechenden Gleichung die Dauer des Bremsvorgangs.

V3 Kugelstoßen

Materialien: Kugel, Digitalkamera, Maßband oder Gliedermaßstab, Videoanalysesoftware

Arbeitsauftrag:
– Stellen Sie eine Markierung in Stoßrichtung 1 m vor den Ort des Abstoßens als Maßstab auf. Stoßen Sie die Kugel, während eine andere Person von der Seite ein Video aufzeichnet.
– Bestimmen Sie die Zeitspanne zwischen zwei aufeinanderfolgenden Bildern. Finden Sie dazu mithilfe von Herstellerangaben heraus, wie viele Bilder Ihre Kamera pro Sekunde aufnimmt.
– Erzeugen Sie mithilfe einer Software zur Videoanalyse ein t-v-Diagramm.
– Ermitteln Sie aus dem t-v-Diagramm die momentane Beschleunigung mithilfe der Tangentensteigung. Wählen Sie dazu einen Zeitpunkt mit einer besonders großen Beschleunigung aus.

Material A • Beschleunigung, Geschwindigkeit und Strecke

Bei einem anfahrenden Zug wurden das t-a-Diagramm, das t-v-Diagramm und das t-s-Diagramm aufgezeichnet (▶ **A1**). In der dazugehörigen Abbildung sind die Achsenbeschriftungen unvollständig und die Reihenfolge der Diagramme ist nicht korrekt (▶ **A1**).

1 ☐ Ordnen Sie den drei Diagrammen die drei Größen Beschleunigung, Geschwindigkeit und Strecke zu.

3 a 🖊 Bestimmen Sie jeweils einen Funktionsterm für $a(t)$, $v(t)$ und $s(t)$.
   b ☐ Bestimmen Sie die zum Zeitpunkt $t = 5\,\text{s}$ erreichte Geschwindigkeit.
   c 🖊 Berechnen Sie die bis zum Zeitpunkt $t = 10\,\text{s}$ zurückgelegte Strecke.

4 a 🖊 Berechnen Sie, zu welchem Zeitpunkt die Geschwindigkeit $v = 100\,\frac{\text{km}}{\text{h}}$ erreicht wird.
   b 🖊 Berechnen Sie, zu welchem Zeitpunkt der Zug eine Strecke von 100 m zurückgelegt hat. Berechnen Sie auch die Geschwindigkeit, die der Zug dann erreicht hat.

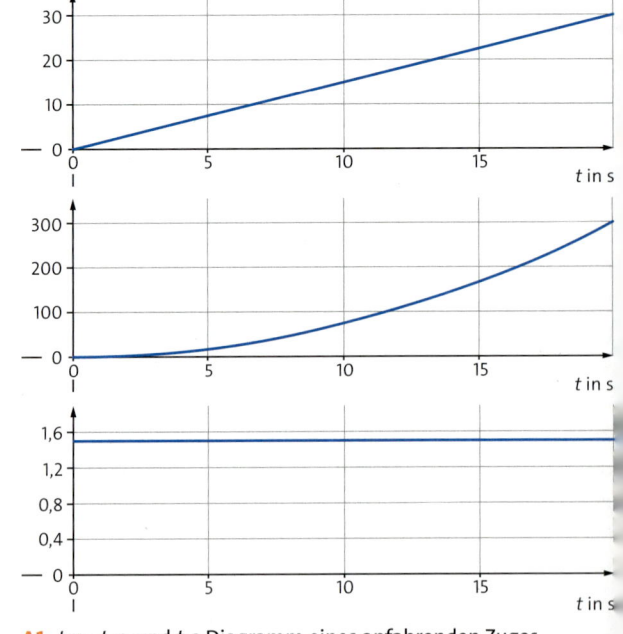

A1 t-a-, t-v- und t-s-Diagramm eines anfahrenden Zuges

Material B • Auswerten eines Crashtests mit dem *t-v*-Diagramm

Um die Sicherheit von Fahrzeugen bei Unfällen zu überprüfen und zu verbessern, werden Crashtests durchgeführt.
Das Fahrzeug wird dazu auf eine bestimmte Geschwindigkeit beschleunigt und dann gezielt zur Kollision gebracht,
z. B. ein Frontalzusammenstoß mit einem Hindernis (▶ B1).
Sensoren im und am Fahrzeug messen viele verschiedene
Größen für den Crash, die dann ausgewertet werden.
Im folgenden Beispiel ist das *t-v*-Diagramm eines Crashtests
gegeben (▶ B2), das aus den gemessenen Daten erstellt wurde.

1 **a** ☐ Geben Sie die Zeitspanne an, während der das Auto
aufprallte.
  b ☐ Geben Sie die Anfangsgeschwindigkeit v_0 in $\frac{m}{s}$ und
in $\frac{km}{h}$ an.

2 **a** ◩ Bestimmen Sie die mittlere Beschleunigung für die
Zeitspanne des Aufpralls.
  b ◩ Bestimmen Sie die momentanen Beschleunigun-
gen für die Zeitpunkte $t = 0{,}07\,s$, $t = 0{,}08\,s$, $t = 0{,}09\,s$,
$t = 0{,}10\,s$ und $t = 0{,}11\,s$. Zeichnen Sie dazu Tangenten an
den Graphen und bestimmen Sie jeweils die Steigung.

3 ◩ Für verschiedene Körperbereiche gibt es Grenzwerte
der Beschleunigung, ab denen man mit Verletzungen
rechnen muss (▶ B3).
Vergleichen Sie mit den in Aufgabe 2 ermittelten Beschleunigungen.

B1 Crashtest

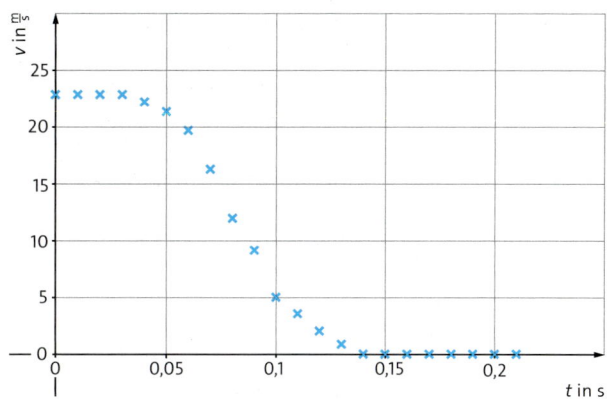

B2 *t-v*-Diagramm eines Crashtests

Köperteil	Kopf	Brustkorb	Becken	Fuß
Beschleunigung in $\frac{m}{s^2}$	800	600	800	1500

B3 Grenzwerte der Beschleunigung

Material C • Ein Verkehrsunfall wird untersucht

Bei einem Verkehrsunfall wird eine Bremsspur von 13 m
Länge gemessen (▶ C1). Die Polizei geht beim Bremsen von
einer Beschleunigung von $-7\,\frac{m}{s^2}$ bis $-8\,\frac{m}{s^2}$ aus.

C1 Die Polizei untersucht einen Unfall

1 ◩ Nehmen Sie an, dass die Räder ab dem Beginn des
Bremsvorgangs blockierten und die Bremsspur
erzeugten.
  a Bestimmen Sie die Geschwindigkeit, die das Auto zum
Beginn der Vollbremsung mindestens hatte.
  b Berechnen Sie die Geschwindigkeit, die das Auto zum
Beginn der Vollbremsung höchstens hatte. Wurden $50\,\frac{km}{h}$
überschritten?

2 ☐ Bei der vorliegenden Situation benötigte der Fahrer
1,1 s bis 1,6 s, um die Gefahr zu erkennen und zu reagieren.
  a Bestimmen Sie den Reaktionsweg.
  b Ermitteln Sie den Anhalteweg, also die Summe aus
Bremsweg und Reaktionsweg.

1.3 Bewegungen in einer Ebene

1 Containerbrücken im Hafen

Im Hafen sollen Schiffe möglichst schnell be- und entladen werden. Dazu läuft an der Containerbrücke eine sogenannte Laufkatze zwischen Schiff und Kaimauer. An der Laufkatze hängt der Container am Seil. Pro Sekunde bewegt sie sich 4 m auf die Kaimauer zu und zieht zugleich die Stahlbox 3 m nach oben. Welche Geschwindigkeit erreicht der Container?

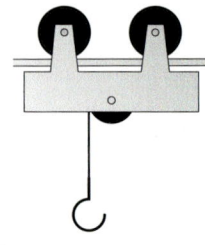

2 Laufkatze: Prinzip

Überlagerung von Bewegungen • Die Bewegung des Containers in ►**1** beschreibt man am besten als eine gleichförmige Bewegung, die von links unten nach rechts oben verläuft (►**3A**). Jemand, der die Bewegung genau von vorne beobachtet, sieht allerdings nur, wie der Container von unten nach oben gezogen wird (►**3B**). Von oben beobachtet, sieht man nur die Bewegung des Containers vom Schiff zur Kaimauer, aber nicht mehr, wie er dabei angehoben wird (►**3C**).

Der Perspektivwechsel zeigt, dass man sich Vorgänge wie die Bewegung des Containers aus mehreren Einzelbewegungen zusammengesetzt denken kann: Der Container bewegt sich gleichzeitig nach oben und zur Kaimauer hin. Für die Beobachtungen in ►**3B**

und ►**3C** macht es auch keinen Unterschied, ob sich der Container tatsächlich gleichzeitig auch zur Kaimauer (►**3B**) oder nach oben (►**3C**) bewegt. Das lässt den Schluss zu, dass sich die beiden (Einzel-)Bewegungen bei der Überlagerung nicht gegenseitig beeinflussen. Diese Tatsache bezeichnet man als Unabhängigkeitsprinzip oder **Superpositionsprinzip**.

Verkettung von Bewegungen • Bei schnellem Transport beträgt die Geschwindigkeit der Laufkatze $v_\mathrm{L} = 4\,\frac{\mathrm{m}}{\mathrm{s}}$, während sie das Seilende mit der Geschwindigkeit $v_\mathrm{S} = 3\,\frac{\mathrm{m}}{\mathrm{s}}$ nach oben zieht. Das Superpositionsprinzip können wir nun nutzen, um die Geschwindigkeit v des Containers aus den beiden bekannten Geschwindigkeiten zu ermitteln.

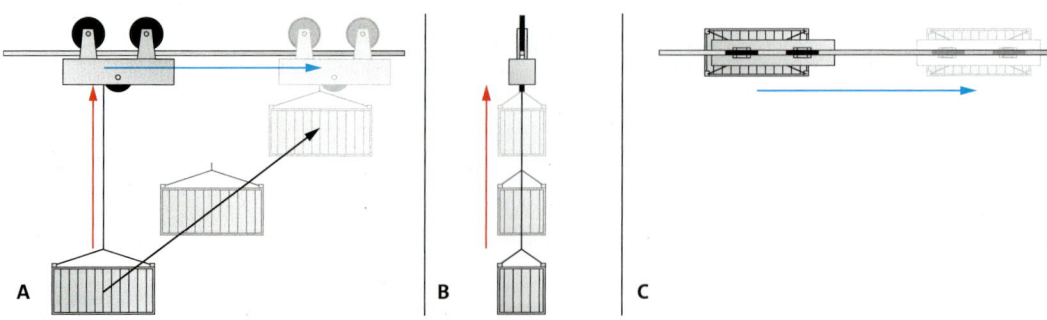

3 Perspektiven der Bewegung: **A:** Seitenansicht; **B:** Frontalansicht; **C:** Ansicht von oben (Vogelperspektive)

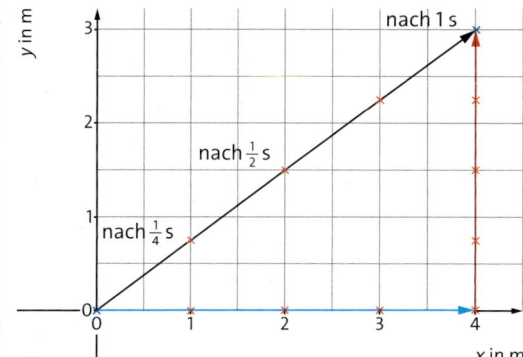

4 Verschiebung von Laufkatze und Container in 1 s

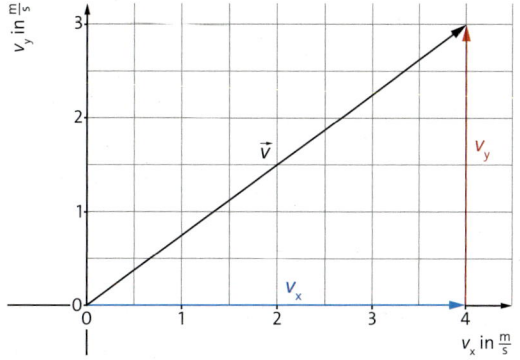

5 Geschwindigkeitsvektor und seine Komponenten

Dazu bestimmen wir die Strecke, die der Container in einer Sekunde zurücklegt. Diese tragen wir in ein Koordinatensystem ein (▶ 4). Den Ausgangspunkt legen wir in den Ursprung. Die von der Laufkatze zur Kaimauer zurückgelegte Strecke stellen wir durch einen Pfeil der Länge 4 m auf der x-Achse dar. Die von der Laufkatze gezogene Seillänge tragen wir als dazu senkrechten Pfeil der Länge 3 m ab. Dieser Pfeil geht vom Ende des ersten Pfeils aus, damit wir zu der Position gelangen, die der Container nach 1 s einnimmt.

Wir tun zunächst also so, als würde der Container erst zur Kaimauer und dann nach oben gezogen. Tatsächlich erreicht er die Endposition aber auf dem direkten geradlinigen Weg. Diesen zeichnen wir als dritten Pfeil vom Ausgangspunkt des ersten Pfeils zum Endpunkt des zweiten Pfeils. Man sagt, der erste und zweite Pfeil sind **verkettet**. Die gesamte zurückgelegte Strecke ist die Länge des dritten Pfeils im Koordinatensystem. Wir messen die Länge 5 m. Der Container hat also die Geschwindigkeit $v = 5\,\frac{m}{s}$.

Vektordarstellung • Aus der Verkettung der Bewegung können wir erkennen, dass die Geschwindigkeit eine **vektorielle Größe** ist. Weil die Darstellung in ▶ 4 gerade die Verschiebung des Containers für eine Sekunde darstellt, können wir den schwarzen Pfeil als **Geschwindigkeitsvektor** für die Bewegung des Containers deuten, dessen Länge die Geschwindigkeit (in $\frac{m}{s}$) und dessen Lage im Koordinatensystem die Richtung der Bewegung darstellen.

Einen Vektor kann man durch seine **Komponenten** beschreiben. Für den Geschwindigkeitsvektor des Containers ist das zum Beispiel:

$$\vec{v} = \begin{pmatrix} v_x \\ v_y \end{pmatrix} = \begin{pmatrix} 4 \\ 3 \end{pmatrix}\frac{m}{s}.$$

v_x und v_y sind jeweils die **x**- bzw. **y-Komponente** des Vektors. Zeichnet man den dazugehörigen Pfeil vom Koordinatenursprung, dann entsprechen die Komponenten den Koordinaten der Pfeilspitze (▶ 5). In der Komponentendarstellung ist der Zahlenwert der Geschwindigkeit nicht mehr zu erkennen. Er wird auch **Betrag** von $\vec{v}$ genannt und entspricht der Länge des Vektors. Da der Vektor mit seinen Komponenten ein rechtwinkliges Dreieck bildet (▶ 5), kann sein Länge als Hypotenuse mit dem Satz des Pythagoras berechnet werden:

$$v = \sqrt{v_x^2 + v_y^2} = \sqrt{\left(4\,\tfrac{m}{s}\right)^2 + \left(3\,\tfrac{m}{s}\right)^2} = \sqrt{4^2 + 3^2}\,\tfrac{m}{s} = 5\,\tfrac{m}{s}.$$

> Bei der Überlagerung von Bewegungen gilt das Superpositionsprinzip. Die Geschwindigkeit ist eine vektorielle Größe, die durch Zerlegung in ihre Komponenten dargestellt werden kann.

1 ☐ Beim stehenden Hubschrauber Sikorsky S-65 bewegt sich die Rotorblattspitze mit einer Geschwindigkeit von $837\,\frac{km}{h}$. Die Blattspitze darf nicht die Schallgeschwindigkeit von $1235\,\frac{km}{h}$ erreichen. Bestimmen Sie die entsprechende Höchstgeschwindigkeit des Hubschraubers im Vorwärtsflug.

2 ☑ Ein Schwimmer schwimmt mit einer Geschwindigkeit von $v_S = 1{,}2\,\frac{m}{s}$ auf das gegenüberliegende Flussufer zu, während das Wasser mit der Geschwindigkeit $v_W = 0{,}5\,\frac{m}{s}$ fließt (▶ 6). Bestimmen Sie die Geschwindigkeit v_G, mit der sich der Schwimmer über Grund bewegt.

a Lösen Sie die Aufgabe zeichnerisch durch Verkettung der beiden Geschwindigkeitsvektoren und ausmessen der Länge.

b Lösen Sie die Aufgabe rechnerisch.

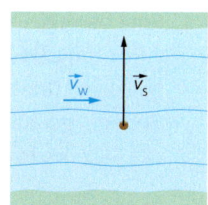

6 Schwimmer in der Strömung

Umgang mit Vektoren

In der Physik unterscheidet man grundsätzlich zwischen vektoriellen und skalaren Größen. Skalare Größen wie die Temperatur haben nur einen Zahlenwert und Einheit: So kann ein Gegenstand eine Temperatur von 30 °C oder 300 °C haben. Vektorielle Größen haben nicht nur einen Betrag, sondern auch eine Richtung, z. B. können zwei Fahrzeuge gleich schnell sein, aber in unterschiedlichen Richtungen unterwegs sein. Daher ergeben sich für vektorielle Größen einige wichtige Rechenregeln.

Darstellung von Vektoren ● Vektoren können zeichnerisch als Pfeile dargestellt werden. Die Länge des Pfeils steht dann für den Zahlenwert der Größe und die Pfeilspitze zeigt in die Richtung der Größe. Hat man ein Koordinatensystem, kann man einen Vektor durch seine Komponenten darstellen (x- und y-Koordinate). Die Komponenten repräsentieren dann den „x-" und „y-Anteil" des Vektors, z. B. $\vec{v} = \begin{pmatrix} v_x \\ v_y \end{pmatrix} = \begin{pmatrix} 1 \\ 2 \end{pmatrix} \frac{km}{h}$.

Eine vektorielle physikalische Größe wird in einer Formel mit einem Pfeil über dem Größensymbol dargestellt, wenn es im Kontext auf die Richtung ankommt, z. B. $\vec{v}$, $\vec{F}$. Benötigt man nur den Betrag der Größe, lässt man den Pfeil wie gewohnt weg.

Addition und Subtraktion von Vektoren ● Physikalische Größen wie die Geschwindigkeit können addiert oder subtrahiert werden – auch als vektorielle Größen.
Als Beispiel betrachten wir ein Boot, das mit der Geschwindigkeit $\vec{v}_B = \begin{pmatrix} 1 \\ 2 \end{pmatrix} \frac{km}{h}$ auf dem Wasser fährt, während das Wasser mit der Geschwindigkeit $\vec{v}_W = \begin{pmatrix} 3 \\ -5 \end{pmatrix} \frac{km}{h}$ strömt.
Die Geschwindigkeit $\vec{v}$ über dem Grund bestimmen wir rechnerisch durch die Addition der Vektoren, indem wir jeweils die Komponenten addieren:

$$\vec{v} = \vec{v}_B + \vec{v}_W = \begin{pmatrix} 1 \\ 2 \end{pmatrix} \frac{km}{h} + \begin{pmatrix} 3 \\ -5 \end{pmatrix} \frac{km}{h} = \begin{pmatrix} 1+3 \\ 2+(-5) \end{pmatrix} \frac{km}{h} = \begin{pmatrix} 4 \\ -3 \end{pmatrix} \frac{km}{h}.$$

Zeichnerisch kann man die Vektoren durch Verketten addieren, d.h., man hängt sie aneinander und zeichnet einen Vektor vom Anfang des ersten Pfeils zum Ende des letzten Pfeils (▶ 1A).

Betrag von Vektoren ● Eine wichtige Größe von Vektoren ist ihr Betrag. Der Betrag ist die Länge des Vektors und entspricht bei einer physikalischen Größe dem Zahlenwert – bei einer Geschwindigkeit also die Zahl, die auf dem Tacho steht. Errechnet wird der Betrag aus den Komponenten des Vektors. Im Beispiel hat das Boot die Geschwindigkeit $\vec{v} = \begin{pmatrix} 4 \\ -3 \end{pmatrix} \frac{km}{h}$. Das Boot bewegt sich also mit $4\,\frac{km}{h}$ in x-Richtung und mit $-3\,\frac{km}{h}$ in y-Richtung. Da beide Komponenten die Katheten eines rechtwinkligen Dreiecks bilden, ist die Länge des Vektors – also sein Betrag – gerade die Hypotenuse des Dreiecks. Mit dem Satz des Satz des Pythagoras ergibt sich dann:

$$v^2 = \left(4\,\tfrac{km}{h}\right)^2 + \left(-3\,\tfrac{km}{h}\right)^2 = 25\left(\tfrac{km}{h}\right)^2 \Rightarrow v = 5\,\tfrac{km}{h}$$

Allgemein gilt für den Betrag a eines Vektors $\vec{a}$:

$$a = \left| \begin{pmatrix} a_x \\ a_y \end{pmatrix} \right| = \sqrt{a_x^2 + a_y^2}.$$

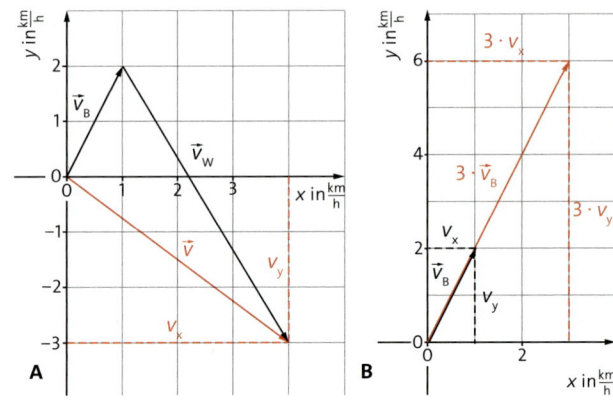

1 A: Addition von Vektoren; **B:** Vielfache von Vektoren

Vielfache von Vektoren ● Um gegen die Strömung fahren zu können, müsste das Boot seine Geschwindigkeit erhöhen, beispielsweise verdreifachen. Wir könnten den Pfeil dreimal so lang zeichnen. Stattdessen können wir auch die Komponenten jeweils mit drei multiplizieren:

$$3 \cdot \vec{v}_B = 3 \cdot \begin{pmatrix} 1 \\ 2 \end{pmatrix} \frac{km}{h} = \begin{pmatrix} 3 \cdot 1 \\ 3 \cdot 2 \end{pmatrix} \frac{km}{h} = \begin{pmatrix} 3 \\ 6 \end{pmatrix} \frac{km}{h}.$$

Demnach berechnet man **Vielfache von Vektoren,** indem man jede Komponente mit dem Faktor multipliziert.

Gleichheit von Vektoren ● Zwei Vektoren sind gleich, wenn sie den gleichen Betrag (Länge), die gleiche Richtung und die gleiche Orientierung haben.
Fährt ein zweites Boot mit der betragsmäßig gleichen Geschwindigkeit genau parallel zum ersten, hat es den gleichen Geschwindigkeitsvektor, auch wenn es 20 m neben dem ersten fährt. Wenn seine Geschwindigkeit einen anderen Betrag hat, es entgegengesetzt oder nicht parallel zum ersten fährt, sind die Geschwindigkeitsvektoren der beiden Boote dagegen nicht gleich.

1 ✏ Bestimmen Sie den Betrag der dreifachen Geschwindigkeit des Bootes $\begin{pmatrix} 3 \\ 6 \end{pmatrix} \frac{km}{h}$ mithilfe des Satzes des Pythagoras und vergleichen Sie diesen mit der ursprünglichen Geschwindigkeit des Bootes.

2 ✏ Vektoren im Raum werden genauso addiert wie Vektoren in der Ebene.
a Addieren Sie die Vektoren $\begin{pmatrix} 1 \\ 4 \\ 6 \end{pmatrix}$ und $\begin{pmatrix} 4 \\ 3 \\ 2 \end{pmatrix}$.

b Zeigen Sie, dass der Vektor $\begin{pmatrix} 4 \\ 4 \\ 2 \end{pmatrix}$ den Betrag 6 hat.

Versuch A • Messen von Beschleunigungen bei verschiedenen Bewegungen

V1 Ebener Verschiebungsvektor

Materialien: Smartphone, Beschleunigungsapp, Tisch, Lineal

Arbeitsauftrag:

– Installieren Sie auf Ihrem Smartphone eine App zur Aufzeichnung der Beschleunigung. Legen Sie das Phone flach auf den Tisch und starten Sie die Aufzeichnung der x-Koordinate a_x sowie der y-Koordinate a_y der Beschleunigung (▶2).

– Stellen Sie die Lage der x- und der y-Achse auf dem Display fest.

– Verschieben Sie das Smartphone zügig und messen Sie mit dem Lineal die Koordinaten Δx und Δy des Verschiebungsvektors.

– Ermitteln Sie mithilfe einer Tabellenkalkulation für alle aufgezeichneten Zeitpunkte die x-Koordinate der Geschwindigkeit $v_x(t)$ als entsprechende Fläche unter dem t-a_x-Graphen. Berechnen Sie analog $v_y(t)$.

– Ermitteln Sie entsprechend die Verschiebungen Δx und Δy aus den Koordinaten der Geschwindigkeit $v_x(t)$ und $v_y(t)$.

– Vergleichen Sie die mit dem Lineal und mit dem Smartphone gemessenen Verschiebungen und erörtern Sie Messungenauigkeiten.

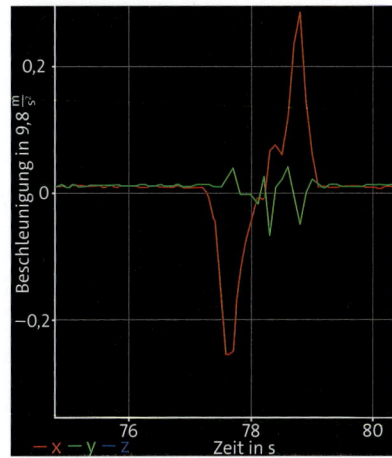

2 Aufgezeichnete Beschleunigung mithilfe einer Smartphone-App

Material A • Bordwind beim Boot

In der Seefahrt unterscheidet man wahren Wind, Fahrtwind und Bordwind. Der wahre Wind ist der vom ruhenden Beobachter gemessene Wind, der Fahrtwind ist der beim fahrenden Schiff auftretende Gegenwind und der Bordwind ist der Wind, wie er vom fahrenden Schiff aus wahrgenommen wird. An der Mastspitze eines Bootes wird daher der Bordwind $\vec{v}_B$ gemessen (▶A1).

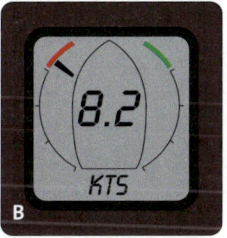

A1 **A** Messgerät, **B** Windanzeige in Knoten (kts)

1 🖉 Das Display zeigt an, dass der Bordwind $\vec{v}_B$ von vorne links kommt und einen Betrag von 8,2 Knoten hat (▶A1B). Zeichnen Sie den Bordwind in ein Koordinatensystem. Verwenden Sie den Maßstab „1 kts = 1 cm".

2 🖉 Gleichzeitig wird über GPS für das Schiff eine Geschwindigkeit von 6,2 Knoten gemessen. Demnach hat der Fahrtwind $\vec{v}_F$ den gleichen Betrag. Zeichnen Sie den Fahrtwind in die Skizze.

3 ■ Bei einem ankernden Boot ist der wahre Wind $\vec{v}_W$ gleich dem Bordwind. Die vektorielle Summe des wahren Windes und des Fahrtwindes ergibt den Bordwind. Bestimmen Sie zeichnerisch den wahren Wind.

Material B • Flugzeugabsturz

Jeder Flugzeugabsturz wird ausführlich untersucht, damit man in Zukunft ähnliche Flugzeugabstürze verhindern und noch sicherer fliegen kann. Dabei gibt der Flugschreiber wichtige Informationen über den Flug wie Flughöhe über dem Meeresspiegel oder Geschwindigkeit in der Luft (▶B1).

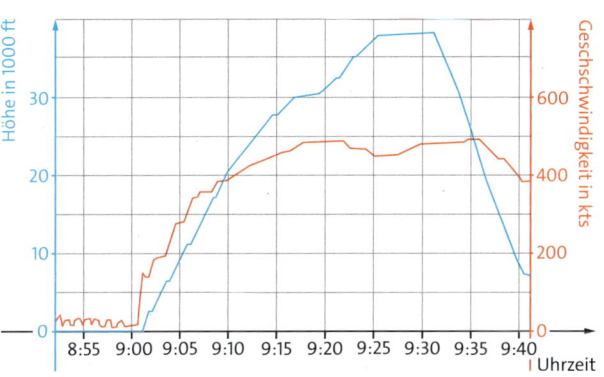

B1 Aufzeichnung der Flughöhe (blau; in Fuß, 1 ft = 30,48 cm) und Geschwindigkeit (rot; in Knoten, 1 kts = 1,852 $\frac{km}{h}$)

1 🖉 Das Flugzeug ging um 9.32 Uhr in den Sinkflug über.

a Bestimmen Sie für den Anfang und das Ende des Sinkflugs die Geschwindigkeit. Ein Knoten (kts) entspricht 1,852 $\frac{km}{h}$.

b Ermitteln Sie die vertikale Koordinate v_y der Geschwindigkeit.

c Lesen Sie für den Anfang und das Ende des Sinkflugs die horizontale Koordinate v_x der Geschwindigkeit ab.

2 ■ Berechnen Sie die entsprechenden Neigungswinkel der Flugbahn des Sinkflugs.

Der freie Fall

| 0,0 s | 0,15 s | 0,30 s | 0,45 s | 0,60 s | 0,75 s |

1 Welcher Ball ist zuerst unten?

Ein etwa 60 g schwerer Tennisball und ein 10-mal so schwerer Basketball werden gleichzeitig losgelassen und fallen aus der zweiten Etage senkrecht nach unten. Welcher Ball wird zuerst unten auftreffen?

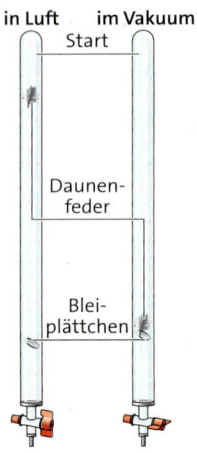

2 Fallröhre mit Luft, Fallröhre mit Vakuum

Der freie Fall • Alltagserfahrungen zeigen uns, dass schwere Gegenstände vermutlich schneller fallen als leichte. Gleichzeitig hat auch die Größe des Gegenstands häufig einen Einfluss auf die Fallgeschwindigkeit, weil die Luft bremsend wirkt. Welcher Ball zuerst auf den Boden ankommt, ist daher gar nicht so leicht zu beantworten (▶ **1**).

Aus der Bildreihe kann man erkennen, dass die beiden Bälle gleich schnell fallen und sehr wahrscheinlich gleichzeitig aufkommen werden. Man erkennt auch, dass die Bälle beim Fallen beschleunigen. Bei gleichen Zeitintervallen wird die zurückgelegte Strecke immer größer (▶ **1**).

Um die Fallbewegung systematischer zu untersuchen, müssen wir störende Einflussfaktoren wie die Luft ausschalten. Diese Möglichkeit bietet eine Fallröhre (▶ **2**). Mit einer Vakuumpumpe kann man die Luft herauspumpen, sodass im Inneren der Röhre ein Vakuum entsteht.

In der Fallröhre befinden sich eine Feder und ein Bleiplättchen, die beim Umdrehen der Röhre gleichzeitig fallen. Ist sie mit Luft gefüllt, passiert das, was wir erwarten: Das Bleiplättchen fällt schneller als die Feder (▶ **2, links**). Wiederholen wir den Versuch, nachdem die Luft aus der Fallröhre gepumpt wurde, fallen überraschend Bleiplättchen und Feder gleich schnell! Ihre Fallgeschwindigkeit ist gleich (▶ **2, rechts**).

> Der freie Fall ist eine idealisierte Fallbewegung, bei der die Luftreibung vernachlässigt wird. Im Vakuum fallen alle Körper gleich schnell. Die Fallgeschwindigkeit ist von der Masse unabhängig.

Um die Fallbewegung genauer zu untersuchen, reicht der Versuch mit der Fallröhre nicht aus. Unsere Vermutung zu Beginn, dass beide aus der gleichen Höhe losgelassene Bälle gleich schnell fallen, konnte zwar bestätigt werden, aber für eine Messung mit der Stoppuhr ist die Fallbewegung viel zu schnell. Wir vermessen die Fallbewegung daher mit der Soundkarte eines Computers, um Messwerte mit einer hohen Genauigkeit zu erhalten (▶ **Beispiel**).

Die Auswertung zeigt, dass es sich beim freien Fall um eine gleichmäßig beschleunigte Bewegung handelt, d. h., ein fallender Körper führt eine Bewegung mit konstanter Beschleunigung aus, bei der er immer schneller wird. Im Experiment haben wir eine Fallbeschleunigung von $9{,}6 \frac{m}{s^2}$ gemessen. Bei diesem Versuch wird beim Passieren des Magneten durch eine Spule ein Teil der Bewegungsenergie in elektrische Energie umgewandelt, weshalb die Beschleunigung etwas geringer ist. Andere Experimente mit genaueren Messungen liefern für die **Fallbeschleunigung** einen Wert von $9{,}8 \frac{m}{s^2}$.

Dieser Wert in dieser Genauigkeit ist an jedem Ort der Erde gleich. Der freie Fall läuft (im Rahmen der Messgenauigkeit) überall auf der Erde gleich ab. Wegen dieser Bedeutung hat die Fallbeschleunigung ein eigenes Größensymbol g und wird häufig als **Ortsfaktor** bezeichnet.

Für einen frei fallenden Gegenstand aus der Anfangshöhe h_0 lautet die Bewegungsgleichung deshalb wie folgt:

$$s_y(t) = h_0 - \frac{g}{2} \cdot t^2$$

> Der freie Fall ist eine gleichmäßig beschleunigte Bewegung. Auf der Erde werden frei fallende Körper mit ca. $9{,}8\,\frac{m}{s^2}$ beschleunigt.

Auf der Erde ist die Fallbeschleunigung überall gleich und kann nicht verändert werden. Im Internet gibt es aber Videos zum Fall verschiedener Gegenstände auf dem Mond. Die Gegenstände fallen dort langsamer als auf der Erde, also ist die Fallbeschleunigung dort offenbar geringer.

1 ☐ Berechnen Sie die Flugdauer für den freien Fall eines Turmspringers, der aus einer Höhe von 3 m (5 m, 10 m) auf dem Wasser auftrifft.

2 ☑ Berechnen Sie die Höhe, aus der ein Körper frei fallen muss, um auf eine Geschwindigkeit von $10\,\frac{km}{h}$ ($20\,\frac{km}{h}$, $30\,\frac{km}{h}$, $50\,\frac{km}{h}$) beschleunigt zu werden.

Beispiel **Experimentelle Bestimmung des Ortsfaktors mithilfe einer Soundkarte**

Ablauf: Ein 1 m langes PVC-Rohr ist so mit Kupferlackdraht umwickelt, dass x Wicklungen in jeweils 10 cm Abstand zehn Spulen ergeben (▶ 3). Die Spulen markieren so Wegpunkte s_y für 0, 10, 20 cm usw. Die Drahtenden sind über einen Klinkenstecker mit dem Mikrofoneingang eines Computers verbunden.
Nach dem Start der Aufnahme im Soundanalyseprogramm lässt man einen kleinen Magneten durch das Rohr fallen.

Auswertung: Beim Passieren des Magneten durch die Spulen wird jeweils ein Spannungsimpuls erzeugt, der im Programm als Pegelausschlag sichtbar ist. Dabei entsteht ein Signal beim Hineinfliegen des Magneten in die Spule und ein Signal, wenn er die Spule wieder verlässt.
Die gemessenen Zeitpunkte überträgt man in ein t-s_y-Diagramm mit den Wegmarken. Eine quadratische Regression der Form $s_y(t) = mt^2 + nt$ liefert:

$$s_y(t) = 4{,}8t^2 + 1{,}02t \Rightarrow m = 4{,}8; \ n = 1{,}02$$

Da s_y eine Strecke ist, sind die beiden Summanden ($mt^2 + nt$) ebenfalls Strecken. Eine Einheitenbetrachtung zeigt: m = 4,8 hat die Einheit der Beschleunigung und n = 1,02 die Einheit der Geschwindigkeit. Die Gleichung entspricht daher einer gleichmäßig beschleunigten Bewegung mit Anfangsgeschwindigkeit v_0:

$$s = \frac{a}{2} \cdot t^2 + v_0 \cdot t$$

Ein Vergleich der Koeffizienten ergibt:

$$a = 2 \cdot m = 9{,}6\,\frac{m}{s^2}; \ v_0 = n = 1{,}02\,\frac{m}{s}$$

An diesen Parametern erkennen wir, dass die Geschwindigkeit beim 1. Signal, also beim Durchfallen der 1. Spule, v_0 war, die gemessene Fallbeschleunigung betrug $9{,}6\,\frac{m}{s^2}$.
Ein Teil der Bewegungsenergie wird in den Spulen bei der Erzeugung der Spannung in elektrische Energie umgewandelt. Dennoch liegt die Abweichung von der bekannten Fallbeschleunigung bei nur 2 %.

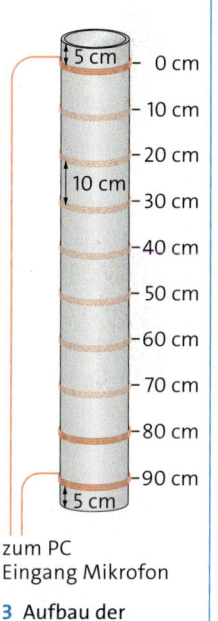

3 Aufbau der Fallröhre

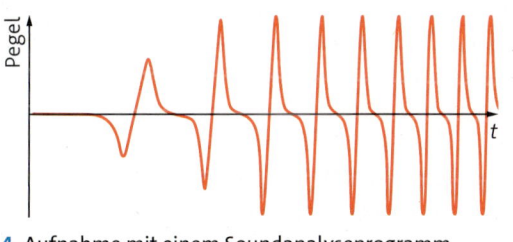

4 Aufnahme mit einem Soundanalyseprogramm

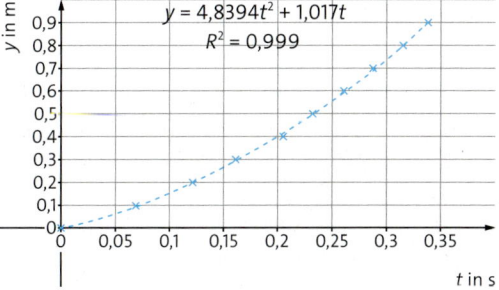

5 Messwerte und Regression

Geschichte und Physik – der freie Fall

Menschen beobachten die Natur schon immer. Lange bevor es Naturwissenschaften wie die Physik gab, versuchten Menschen auch Erklärungen für diese Beobachtungen zu liefern. Die Überlegungen der ersten sogenannten Naturphilosophen prägten sehr lange die Vorstellung von der Natur. Es dauerte über 2000 Jahre, bis man begann, durch erste Experimente die Naturgesetze grundlegend zu erforschen und zu verstehen.

Aristoteles • ARISTOTELES war ein Naturphilosoph und einer der bekanntesten Universalgelehrten des Altertums. Er lebte etwa von 384 bis 322 v. Chr. und war in der Antike als Schüler von PLATON und Lehrer von Alexander dem Großen eine unbestrittene Autorität. Aristoteles beobachtete die Natur, experimentierte jedoch nicht. Bewegungen klassifizierte er in zwei Gruppen: die Bewegung der Himmelskörper und die irdischen Bewegungen. Letztere wiederum unterteilte er in die Bewegung der Lebewesen, die natürlichen und die erzwungenen Bewegungen:

Lebewesen – seien es schwimmende Fische, fliegende Vögel oder einkaufende Menschen – bewegen sich selbstständig. Aristoteles zufolge ist diese Bewegung naturgegeben, weil es Lebewesen sind.

Ein Stein fällt nach unten, weil nach Aristoteles' Auffassung unten sein angestammter Platz ist. Die natürliche Bewegung ist daher für leichte Körper nach oben und für schwere nach unten gerichtet. Diese Bewegung dient der Wiederherstellung einer natürlichen Ordnung. Ein Karren wiederum bewegt sich nur, weil eine äußere Kraft wirkt. Die natürliche Ordnung des Karrens liegt nach Aristoteles in der Ruhe.

Die Mechanik des Aristoteles hatte fast 2000 Jahre lang Bestand und wurde so auch an den Universitäten gelehrt. Doch warum dauerte es so lange, dieses Weltbild zu erschüttern? Das aristotelische Weltbild war ein in sich geschlossenes System, in dem die einzelnen Komponenten untereinander konsistent waren. So war es schwer, einen Aspekt zu widerlegen, ohne am gesamten System zu rütteln. Außerdem passten die Gesetze des Aristoteles zu den Beobachtungen im Alltag, auch wenn sie mit dem heutigen Wissen um die Gesetze der Mechanik als falsch angesehen werden müssen.

Galilei • Der italienische Universalgelehrte GALILEO GALILEI (1564 bis 1642) war einer der Ersten, die das Experiment zum Bestandteil wissenschaftlicher Untersuchungen machten. Mit dem in ▶ 1 dargestellten Gedankenexperiment begann er, das Weltbild des Aristoteles zu erschüttern:

Nach Aristoteles fallen schwere Gegenstände wie Körper A schneller als leichte (Körper B). Seine Überlegung war, wenn nun aber Körper A über Körper B liegt, dann müsste Körper B den Fall des Körpers A abbremsen. Da aber Körper A und B zusammen schwerer sind als Körper A, müssten die verbundenen Körper schneller fallen als Körper A. Körper A müsste also gleichzeitig schneller und langsamer fallen. Dieser Widerspruch in der Mechanik des Aristoteles inspirierte Galilei, die Gesetze beim Fall zu untersuchen.

Um 1600 waren Zeitmessungen nur sehr ungenau möglich z. B. über den Pulsschlag. Galilei musste also einen Weg finden, die zu untersuchende Fallbewegung zu verlangsamen, um sie mit seinen Möglichkeiten messen zu können. Statt eine Kugel senkrecht fallen zu lassen, ließ er sie in einer schrägen Fallrinne hinabrollen (▶ 2). Er ging davon aus, dass die Bewegung für einen Neigungswinkel von 90° dem senkrechten Fall entspräche. Galilei wiederholte die Messungen wieder und wieder, wobei er die Neigung der Fallrinne variierte. Die Beobachtung war stets dieselbe: Die zurückgelegten Strecken sind proportional zum Quadrat der dazugehörigen Zeit: $s \sim t^2$. Diese Versuche mögen vor dem Hintergrund der heutigen Möglichkeiten trivial wirken. Zur damaligen Zeit waren sie jedoch eine herausragende Leistung eines mutigen, genialen Denkers. Zudem zeigte Galilei den Zusammenhang zwischen mathematischer Formulierung von Naturgesetzen und deren experimenteller Überprüfung auf.

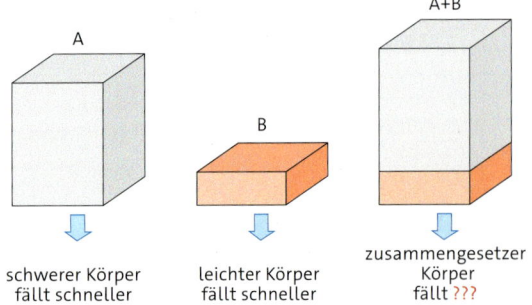

1 Gedankenexperiment zum freien Fall zweier ungleich schwerer Körper

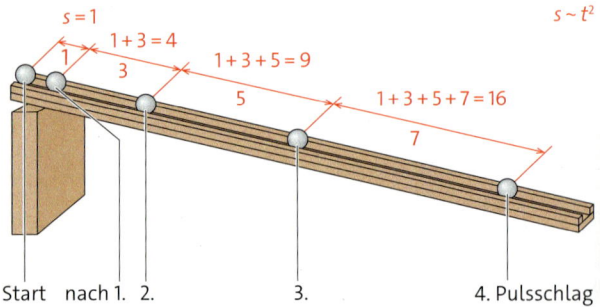

2 Galileis „Fallversuche" erbrachten den bekannten Zusammenhang einer gleichmäßigt beschleunigten Bewegung.

Versuch A • Zusammenhang zwischen Fallzeit und Fallstrecke hörbar machen

V1 Knotenseil

Materialien: 2 dünne Seile (ca. 2,5 m), 20 Muttern (M5 oder größer – abhängig von der Dicke des Seils), Metallblech, z. B. Backblech

Arbeitsauftrag:

– Knoten Sie 10 Muttern in Abständen von 10 cm in eines der Seile. Beachten Sie, dass durch das Verknoten der Muttern die Seillänge reduziert wird.
– Legen Sie das Metallblech (z. B. ein Backblech) auf einen Tisch.
– Halten Sie das Seil an einem Ende in voller Länge über das Backblech.
– Lassen Sie das Seil los.

– Beschreiben Sie die Abstände der Geräusche, die durch die Aufschläge der Muttern zu hören sind.
– Begründen Sie Ihre Beobachtung.
– Erläutern Sie, wie ein Knotenseil aussehen müsste, bei dem die Aufschläge in gleichen Zeitabständen zu hören sind.
– Bauen Sie ein solches Knotenseil aus den verbliebenen Materialien.
– Überprüfen Sie die Zeitabstände der Aufprallgeräusche für beide Knotenseile mit dem Smartphone mithilfe einer geeigneten App.

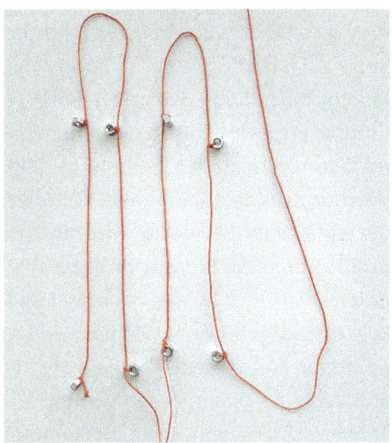

3 Knotenseil

Material A: Auswerten von *t-s*-Diagrammen eines Fallschirmsprungs

Ein Fallschirmspringer springt in 2000 m Höhe aus dem Flugzeug. In etwa 200 m Höhe öffnet er den Fallschirm. Die drei *t-s*-Diagramme zeigen verschiedene Zeitintervalle des Fallschirmsprungs.

1 ☑ Beschreiben Sie anhand des ersten *t-s*-Diagramms die Bewegung des Fallschirmspringers aus physikalischer Sicht (▶A1). Unterteilen Sie den Sprung hierzu in sinnvolle Abschnitte.

2 a ☑ Bestimmen Sie die momentane Geschwindigkeit für die Zeitpunkte $t = 0$ s, $t = 0,2$ s, $t = 0,4$ s und $t = 0,8$ s.
b ☑ Erstellen Sie daraus ein *t-v*-Diagramm und deuten Sie es im Sachkontext.

3 Nach einer Weile scheint sich die Geschwindigkeit auf einen Wert zu stabilisieren (▶A2).
a ☑ Bestimmen Sie die mittleren Geschwindigkeiten für folgende Zeitintervalle: [3 s; 4 s] und [4 s; 5 s] sowie [20 s; 30 s].
b ☑ Deuten Sie die Geschwindigkeiten im Sachkontext.

4 ☑ In 200 m Höhe öffnet der Fallschirmspringer den Fallschirm (▶A3). Bestimmen Sie die Geschwindigkeit, mit der er landet.

5 ■ Formulieren Sie eine begründete Vermutung, warum der Fallschirmspringer im Fallen nicht immer schneller wird – auch wenn der Schirm noch geschlossen ist.

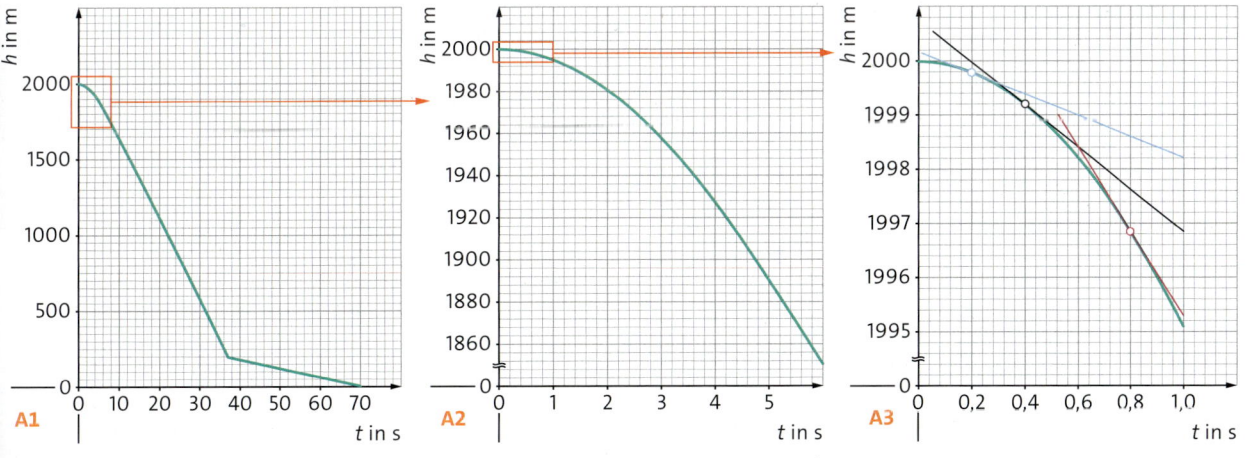

t-s-Diagramme: **A1** des gesamten Fallschirmsprungs; **A2** Fallschirm geschlossen; **A3** Absprung

Einsatz der Soundkarte im Physikunterricht

Bei der Aufnahme von schnell ablaufenden Bewegungen ist die Zeitmessung häufig sehr ungenau. Mithilfe der Soundkarte eines Computers ist es jedoch möglich, Zeitmessungen mit einer höheren Genauigkeit durchzuführen. Dabei gibt es verschiedene Möglichkeiten, die Audioeingänge des Computers zu nutzen.

Eigenschaften von Soundkarten • Die Soundkarte eines Computers ist im Prinzip ein sehr genauer Messwertaufnehmer, der ein analoges (Spannungs-)Signal in einen digitalen Wert umwandeln kann (A/D-Wandler). Dabei haben selbst die einfachsten Soundkarten eine Auflösung von 16 bit, was 65 536 Stufen der Elongation entspricht (2^{16}). Spannungen im Bereich von ±1 V können so mit einer Genauigkeit von etwa 0,03 mV aufgezeichnet werden. Die Samplingrate bzw. Abtastrate von 44,1 kH bedeutet, dass Messwerte in einem Abstand von 22,7 µs aufgenommen werden können. Die Soundkarte kann Wechselspannungen im Frequenzbereich von 20 Hz bis 20 kHz mit einer Spannung zwischen 5 mV und 1 V aufzeichnen.

Zur Aufzeichnung der Signale dienen z. B. frei zugängliche Programme zur Soundanalyse. Es ist aber auch möglich eigene Programme zur Signalverarbeitung zu schreiben.
Bei der Arbeit mit der Soundkarte ist darauf zu achten, die Grenzen der Eingangsspannung von 1 V nicht signifikant zu überschreiten.
Es können sowohl im Computer integrierte Soundkarten als auch externe USB-Soundkarten genutzt werden.

Ohrhörer als Mikrofon • Der einfachste Fall ist die direkte Aufzeichnung akustischer Signale mithilfe eines Mikrofons. Hierzu können auch die Ohrhörer eines Smartphones verwendet werden, da sie prinzipiell in der Lage sind, auch umgekehrt Schall in Spannungssignale umzuwandeln. So wie bei einer Stereowiedergabe verschiedene Signale auf beide Lautsprecher gelangen, so können auch getrennte Signale mit den Ohrhörern aufgenommen werden (▶ 1). Auf den Eingang der Soundkarte gelangen dabei Spannungssignale.
Zur Aufzeichnung des Geräuschs (bspw. ein Klatschen) werden die Ohrhörer in einem bekannten Abstand positioniert. Das Geräusch erreicht die Ohrhörer zu verschiedenen Zeitpunkten, welche mithilfe eines Soundanalyseprogramms bestimmt werden können (▶ 2). Der Screenshot zeigt die Signale des Klatschens, dessen Geräusch mit der Zeitdifferenz Δt die Lautsprecher erreicht.
Aus der bekannten Strecke Δs und der berechneten Zeit Δt kann dann die Schallgeschwindigkeit berechnet werden.

Messungen zur Fallgeschwindigkeit • Mit einem selbst gebastelten Fallrohr können auch die Zeiten beim freien Fall sehr genau bestimmt werden. Der fallende Magnet verursacht in den Spulen eine elektrische Spannung, die auf den Audioeingang der Soundkarte gelegt wird. Hierzu ist zuvor zu prüfen, dass die Grenze der Eingangsspannung nicht überschritten wird, sonst muss mit einem Vorwiderstand abgesichert werden. Die aufgenommenen Spannungsimpulse werden im Soundanalyseprogramm dargestellt und können zeitlich sehr genau abgelesen werden (▶ 3).
An den Spannungsimpulsen ist deutlich zu erkennen, wie der Magnet in die Spulen eintaucht und sie wieder verlässt.
Die daraus ermittelten Zeiten können z. B. mit einer Regression ausgewertet werden. Bei allen gängigen Soundanalyseprogrammen lässt sich sowohl die zeitliche Auflösung als auch die Lautstärke anpassen.

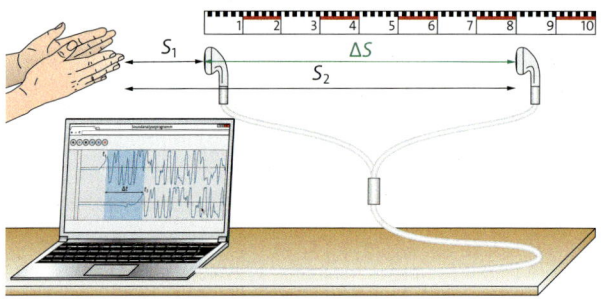

1 Experimentaufbau: Aufnahme getrennter Signale

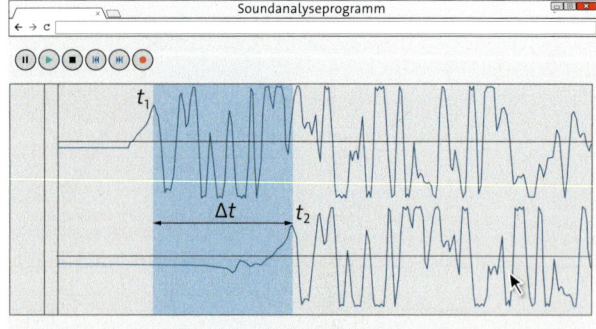

2 Screenshot: Signalaufzeichnung über die beiden Lautsprecher

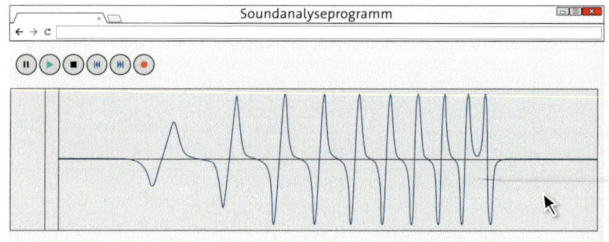

3 Screenshot: Signale des fallenden Magneten

Auswertung von Messungen mithilfe der Regression

Das Ziel vieler Experimente ist es, einen mathematischen bzw. funktionellen Zusammenhang zwischen zwei physikalischen Größen zu finden, z. B. welchen Zusammenhang gibt es zwischen der zurückgelegten Strecke und der verstrichenen Zeit beim freien Fall.

Regression am Beispiel freier Fall • Der Fall einer Kugel aus 2 m Höhe wurde mit acht Lichtschranken in jeweils 20 cm Abstand untersucht (▸ 4). Die Messwerte wurden in ein Tabellenkalkulationsprogramm übertragen und grafisch dargestellt (▸ 5). Mithilfe der Tabellenkalkulation ist es möglich, die Messwerte auf mathematische Zusammenhänge zu untersuchen. Ein solches Verfahren nennen wir **Regression.** Bei der Regression mit Taschenrechner oder Computer wählt man zunächst einen Regressionstyp. Es gibt verschiedene Möglichkeiten wie linear, quadratisch, kubisch, exponentiell, potenziell usw. Für die Wahl des Regressionstyps gibt es zwei wesentliche Auswahlkriterien:

- Passt die Funktion zu den Daten?
- Was ist physikalisch sinnvoll?

Passt die Funktion zu den Daten? • Das Bestimmtheitsmaß R^2 gibt an, wie gut eine gefundene Funktion mit den Daten übereinstimmt. Es nimmt Werte von 0 bis 1 an. Je dichter das Bestimmtheitsmaß an 1 liegt, desto besser ist der gefundene Zusammenhang. Einige Taschenrechner arbeiten auch mit dem Korrelationskoeffizienten R, der Werte von −1 bis 1 annehmen kann.

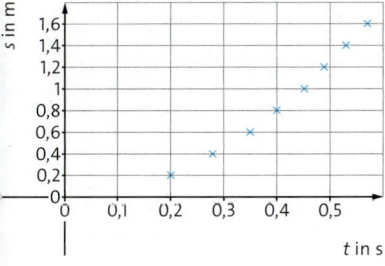

fallende Kugel

20 cm
20 cm
…

Lichtschranken zur Zeitmessung der Falldauer

200 cm

4 Experiment: Kugel fällt längs einer Strecke von Lichtschranken

Was ist physikalisch sinnvoll? • Ist eine passende Regressionsgleichung gefunden, müssen wir überlegen, ob diese auch über die Grenzen der Messwerte hinaus sinnvoll ist oder ob ein physikalischer Zusammenhang bekannt ist. Das Schließen auf Werte außerhalb des untersuchten Bereichs nennen wir **Extrapolation.**

Wir wollen dies für die Messung aus ▸ 4 untersuchen.

Die lineare Regression (blauer Graph in ▸ 6) liefert ein akzeptables Bestimmtheitsmaß, scheint aber für erwartete Messwerte über 0,6 s permanent zu flach zu verlaufen. Auch der y-Achsenabschnitt bei −0,66 widerspricht den Erwartungen nach dem Experiment. Der Graph der exponentiellen Regression (roter Graph in ▸ 6) liefert ein akzeptables Bestimmtheitsmaß, scheint aber für Messwerte über 0,6 s deutlich stärker zu steigen.

Der Graph in ▸ 7 zeigt eine quadratische Regression. Das Bestimmtheitsmaß ist nahe 1 und zeigt den besten Zusammenhang zwischen Regressionsfunktion und Messdaten. Der zugehörige Funktionsterm lautet:

$$y = 4{,}84\,x^2 + 0{,}077\,x - 0{,}0082\,.$$

Da wir die Strecke in Abhängigkeit von der Zeit dargestellt haben, entspricht die Variable y der Strecke s und die Variable x der Zeit t. Die Gleichung erinnert an die gleichmäßig beschleunigte Bewegung:

$$s = \frac{a}{2} \cdot t^2 + v_0 \cdot t + s_0$$

Mit den Zahlenwerten erhalten wir die Beschleunigung $a = 9{,}68\,\frac{m}{s^2}$, die Anfangsgeschwindigkeit $v_0 = 0{,}077\,\frac{m}{s}$ und die Anfangshöhe $s_0 = 0{,}0082$ m.

Mithilfe der Regression ist es möglich, mathematische Zusammenhänge zwischen gemessenen Werten zu überprüfen. Dabei liefert die Regression eine Näherung. v_0 und s_0 sind so klein, dass sie vor dem Hintergrund einer Näherung vernachlässigt werden können.

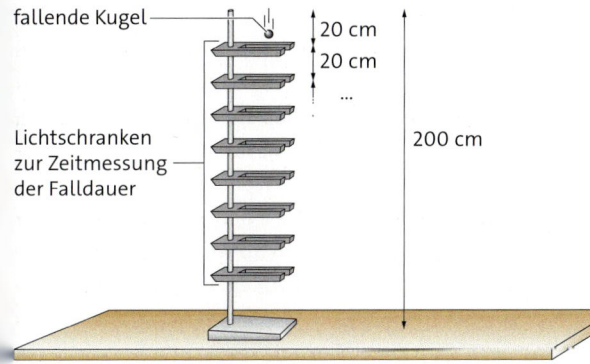

5 Messwerte

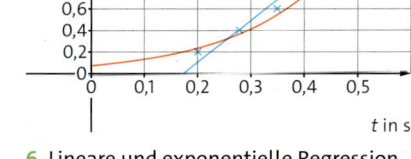

6 Lineare und exponentielle Regression

In figure 6:
$y = 3{,}8247x - 0{,}6634$
$R^2 = 0{,}9812$
$y = 0{,}0802e^{5{,}478x}$
$R^2 = 0{,}9764$

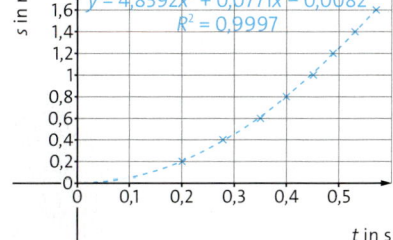

7 Quadratische Regression

In figure 7:
$y = 4{,}8392x^2 + 0{,}0771x - 0{,}0082$
$R^2 = 0{,}9997$

1.5 Der waagerechte Wurf

1 Turmspringer

Max steht auf dem Sprungturm. Er stellt sich die Frage, ob er länger in der Luft ist, wenn er mit einem Anlauf über den Rand des Sprungbretts läuft.

Bahnkurve des waagerechten Wurfs • Für eine Bewegung wie die von Max ist nicht nur die Dauer oder Weite (des Flugs) interessant, sondern auch seine Positionen zu einem beliebigen Zeitpunkt im Flug – also sein Weg durch die Luft, bevor er auf die Wasseroberfläche trifft. Diesen „Weg" nennt man in der Physik die **Bahnkurve der Bewegung** (kurz: Bahn). Beobachtet man Max seitlich vom Beckenrand, können wir für seine Bahn verschiedene Hypothesen aufstellen (▶ **2**).

Bahn A sieht etwas „unphysikalisch" aus, ist aber aus verschiedenen Zeichentrickfilmen bekannt, wenn die Figur über einen Abgrund läuft. Aber auch die Bahnen B, C und D wären denkbar.

Um die Hypothesen zu überprüfen, filmen wir eine vergleichbare Bewegung (▶ **3**). Die Stroboskopaufnahme zeigt eine Kugel die über die Tischkante rollend auf den Boden fällt. Ihre Bahn ähnelt der Hypothese B, da sie zu Beginn eher waagerecht verläuft, bevor sie immer steiler nach unten geht. Solch eine Bewegung nennt man **waagerechter Wurf,** weil die Kugel zu Beginn der Bewegung nur eine waagerechte Anfangsgeschwindigkeit hatte.

Dauer des waagerechten Wurfs • Um die Frage zu beantworten, ob Max mit Anlauf länger in der Luft ist, führen wir folgendes Experiment durch (▶ **4**): Eine Kugel (A) rollt über die Anlaufbahn bis zur waagerechten Abwurfkante. Wenn diese Kugel die Kante passiert, dann löst sie einen Schalter aus. Dieser Schalter unterbricht den Stromkreis zur Spule, die hier als Haltemagnet für Kugel (B) wirkt. Diese beginnt daher genau in dem Moment zu fallen, wenn die andere Kugel die Kante passiert.

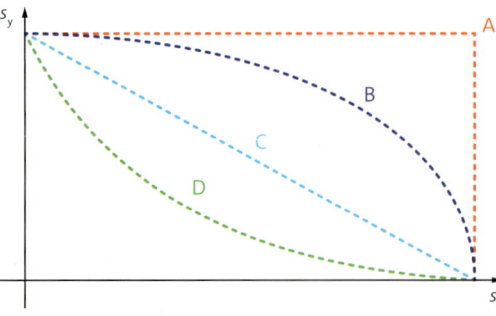

2 Hypothesen für die Bahn von Max

3 Stroboskopaufnahme eines waagerechten Wurfs

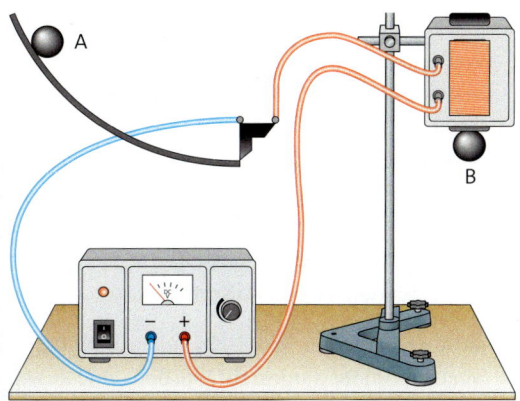

4 Experiment zur Fallzeit waagerecht geworfener und frei fallender Kugeln 🔲

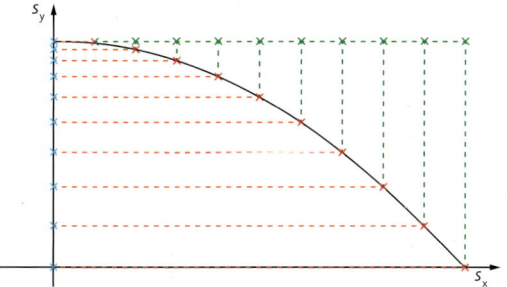

5 Ortsdiagramm der waagerecht geworfenen Kugel

Durch die Anordnung lassen wir also gleichzeitig die Kugel an der Spule frei fallen, während die andere Kugel durch die Anlaufbahn einen waagerechten Wurf ausführt.

Wir beobachten, dass beide Kugeln zur gleichen Zeit auf dem Boden aufkommen. Auch wenn wir den Versuch für verschiedene Höhen beider Kugeln und Anfangsgeschwindigkeiten der Kugel A wiederholen, treffen jedes Mal beide Kugeln gleichzeitig auf. Die Flugzeit für einen freien Fall und einen waagerechten Wurf aus gleicher Höhe ist identisch.

> Eine waagerecht geworfene Kugel trifft stets gleichzeitig mit einer aus gleicher Höhe frei fallenden Kugel auf dem Boden auf.

Komponentenzerlegung • Ganz überraschen sollte uns das Ergebnis nicht. Nach dem Superpositionsprinzip können wir die Wurfbewegung jeweils in unabhängige Teilbewegungen für die x- und y-Richtung zerlegen. Das Ortsdiagramm in ▶ **5** zeigt diese Zerlegung der Bahn von Kugel A.

Zwischen zwei Punkten auf der Bahn ist immer das gleiche Zeitintervall vergangen. In x-Richtung haben alle Punkte den gleichen Abstand (grüne Linie), d.h. in gleichen Zeiten werden gleiche Strecken in x-Richtung zurückgelegt. Die Kugel führt in x-Richtung eine gleichförmige Bewegung mit der Anfangsgeschwindigkeit v_0 aus. Es gilt:

$s_x - v_x \cdot t = v_0 \cdot t$ Strecke in x-Richtung
$v_x = v_0$ Geschwindigkeit in x-Richtung
$a_x = 0$ Beschleunigung in x-Richtung

Je länger die Kugel in der Luft ist, desto größer werden in y-Richtung die Strecken zwischen zwei Marken (rote Linie). Es liegt also eine beschleunigte Bewegung vor. Die y-Komponente entspricht beim waagerechten Wurf dem freien Fall aus der Anfangshöhe h_0. Für die Bewegung in y-Richtung gilt daher:

$s_y = h_0 - \frac{g}{2} \cdot t^2$ Strecke in y-Richtung
$v_y = -g \cdot t$ Geschwindigkeit in y-Richtung
$a_y = -g$ Beschleunigung in y-Richtung

Die Bahnkurve im Ortsdiagramm stellt einen funktionalen Zusammenhang zwischen s_y und s_x her. Hierzu ersetzen wir die Zeit t in der Gleichung s_y mit der nach t aufgelösten Gleichung für s_x.

$t = \frac{s_x}{v_0}$

$s_y(s_x) = h_0 - \frac{g}{2} \cdot \frac{s_x^2}{v_0^2}$

Die Bahnkurve ist der rechte Teil einer nach unten geöffneten Parabel. Sie heißt deshalb **Wurfparabel**.

1 ▨ Max läuft mit einer Geschwindigkeit von $3\frac{m}{s}$ auf dem 10-m-Turm an.
a Stellen Sie die Flugbahn von Max in einem $s_y(s_x)$-Diagramm dar.
a Das quadratische Sprungbecken ist 10 m lang. Berechnen Sie die maximale Geschwindigkeit, mit der Max anlaufen darf, um noch im Becken zu landen.

2 Ein Ball wird in einer Höhe von 10 m mit einer Geschwindigkeit von $15\frac{m}{s}$ waagerecht abgeworfen.
b ☐ Berechnen Sie die Flugzeit des Balls.
c ☐ Berechnen Sie die Strecke, die der Ball in horizontaler Richtung zurücklegt.
d ▨ Berechnen Sie die erforderliche Abwurfgeschwindigkeit, wenn der Ball in horizontaler Richtung 40 m zurücklegen soll.

Normierte Länge: Dem Geschwindigkeitsvektor wird eine Länge zugeordnet, z. B. $10 \frac{m}{s} \rightarrow 1\,cm$

Ortsdiagramm: Darstellung der Bahnkurve in einem Diagramm, z. B. die Bewegung in der Ebene in einem x-y-Diagramm.

Geschwindigkeit beim waagerechten Wurf • Während des waagerechten Wurfs wird der geworfene Körper immer schneller, da er durch den freien Fall in y-Richtung beschleunigt wird. Seine momentane Geschwindigkeit $\vec{v}$ liegt jeweils tangential an der Bahnkurve an. Betrag und Richtung erhält man, wenn man die Geschwindigkeitskomponenten v_x und v_y in normierter Länge in das Diagramm zeichnen. Sie spannen ein Rechteck auf. Die Diagonale im Rechteck ist der Geschwindigkeitsvektor $\vec{v}$ (► 1). Ihre Länge ist der Betrag der Geschwindigkeit mit:

$$v = \sqrt{v_x{}^2 + v_y{}^2}\,.$$

Außerdem gilt für den Winkel zum Boden: $\tan \alpha = \frac{v_y}{v_x}$.

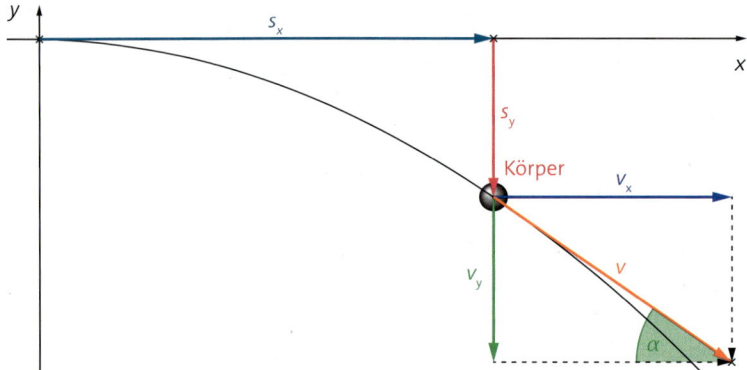

1 Geschwindigkeitskomponenten beim waagerechten Wurf

1 ☐ Das Flugzeug der Bundeswehr fliegt einen weiteren Einsatz im Katastrophengebiet. Dieses Mal fliegt es mit einer Geschwindigkeit von $320 \frac{km}{h}$ in einer Höhe von 80 m (► Beispiel).
a Berechnen Sie die Abwurfposition der Hilfsgüter relativ zum gewünschten Landeort.
b Berechnen Sie die Geschwindigkeit, mit der die Hilfsgüter auf dem Boden auftreffen.
c Berechnen Sie den Auftreffwinkel.

2 ◩ Auf der letzten Seite ist in einer Abbildung ein Experiment dargestellt, bei dem eine Kugel A über eine Anlaufbahn rollt und von dort waagerecht abfliegt. In dem Moment, wo sie die Bahn verlässt, wird der freie Fall einer Kugel B ausgelöst (► 4, S. 31).
Die fallende Kugel B befindet sich im Abstand von 50 cm von der Abwurfposition. Mit welcher Geschwindigkeit v_x muss die Kugel A waagerecht abgeworfen werden, damit sich beide Kugeln 1 m unterhalb der Startposition treffen?

3 ◩ Zeichnen Sie die Bahnkurve eines Körpers, der mit einer Geschwindigkeit von $5 \frac{m}{s}$ waagerecht aus einer Höhe von 10 m abgeworfen wurde. Zeichnen Sie die Geschwindigkeitsvektoren (v_x und v_y) nach jeweils 2 m, 4 m, 6 m, 8 m und 10 m Fallhöhe ein.

Beispiel **Berechnung der Auftreffgeschwindigkeit und des Auftreffwinkels**

Aufgabe: Ein Flugzeug der Bundeswehr transportiert Hilfsgüter in ein Katastrophengebiet. Die Hilfsgüter werden aus einer Höhe von 50,0 m bei einer Geschwindigkeit von $250 \frac{km}{h}$ abgeworfen.
Berechnen Sie, wie weit die Hilfsgüter vor dem Ziel ausgeklinkt werden müssen, mit welcher Geschwindigkeit und unter welchem Winkel sie auf dem Boden auftreffen.

Lösung: Die Hilfsgüter führen nach dem Ausklinken einen waagerechten Wurf aus. In horizontaler Richtung bewegen sie sich mit der Geschwindigkeit des Flugzeugs weiter $v_x = 250 \frac{km}{h} = 69,4 \frac{m}{s}$. Mit v_x fliegen sie so lange weiter, wie sie fallen. Aus der Fallzeit kann somit die Strecke s_x ermittelt werden. Am Boden gilt $s_y = 0$.

$$s_y = 0 = h_0 - \frac{g}{2} \cdot t^2 \Leftrightarrow h_0 = \frac{g}{2} \cdot t^2.$$

$$t = \sqrt{2 \cdot \frac{h_0}{g}} = \sqrt{\frac{2 \cdot 50\,m \cdot s^2}{9,8\,m}} \approx 3,19\,s.$$

Die zurückgelegte Strecke s_x ist dann:

$$s_x = v_x \cdot t = 69,4 \frac{m}{s} \cdot 3,19\,s \approx 221\,m.$$

Um Auftreffwinkel und Auftreffgeschwindigkeit v zu bestimmen, benötigen wir noch die vertikale Geschwindigkeitskomponente v_y:

$$v_y = g \cdot t = 9,8 \frac{m}{s^2} \cdot 3,19\,s = 31,3 \frac{m}{s}.$$

Aus v_x und v_y berechnen wir den Auftreffwinkel α und die Auftreffgeschwindigkeit v:

$$\tan \alpha = \frac{v_y}{v_x} = \frac{31,3\,m \cdot s}{69,4\,m \cdot s} = 0,45 \Rightarrow \alpha = \arctan 0,45 = 24,2°.$$

$$v = \sqrt{v_x^2 + v_y^2} = 76,3 \frac{m}{s} = 275 \frac{km}{h}.$$

Antwort: Die Hilfsgüter müssen 221 m vor dem Ziel abgeworfen werden. Sie treffen dort mit $275 \frac{km}{h}$ unter einem Winkel von 24,2° auf.

Versuch A · Abwurfgeschwindigkeit und Abwurfhöhe

V1 **Wasserstrahl**

Materialien: Schlauch mit Anschluss-möglichkeit an einen Wasserhahn; Gefäß zum Auffangen des Wassers, Smartphone zum Fotografieren, Fotobearbeitungsprogramm

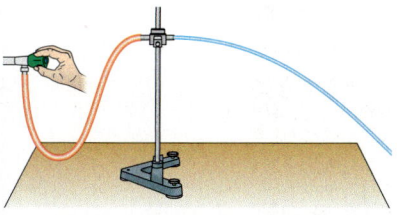

2 Versuchsaufbau zum Wasserstrahl

Arbeitsauftrag:
– Bauen Sie das in der Abbildung gezeigte Experiment auf und führen Sie die Versuche durch (▶ **2**). Nehmen Sie Fotos der Experimente auf. Achten Sie darauf, dass sie genau senkrecht zum Versuch fotografieren, um perspektivische Verzerrungen zu vermeiden. Variieren Sie:
  1. die Höhe des Wasserauslasses,
  2. die Geschwindigkeit des Wassers, indem Sie den Wasserhahn weiter aufdrehen oder schließen.

– Beschreiben Sie Ihre Beobachtungen in 1. und 2. und fassen Sie diese in zwei Je-desto-Sätzen zusammen.
– Fügen Sie die angefertigten Fotos in eine geeignete Software ein und ermitteln Sie einen funktionalen Zusammenhang zwischen $s_x(h_0)$ und $s_x(v_0)$.
– Führen Sie den Versuch bei unterschiedlich weit geöffnetem Wasserhahn durch. Berechnen Sie anhand geeigneter Messdaten die Geschwindigkeit, mit der das Wasser den Schlauch verlässt.

Versuch B · Trickreich experimentieren

V1 **Rollen auf der schiefen Ebene**

Würfe laufen in der Regel sehr schnell ab. Um den Bewegungsablauf genauer zu untersuchen, bedienen wir uns einer Idee von Galilei: Statt eine Kugel im freien Fall zu beobachten, lassen wir sie über eine schiefe Ebene rollen. Dabei wird die Kugel ebenfalls gleichmäßig nach unten beschleunigt – allerdings mit einer deutlich geringeren Beschleunigung als der Fallbeschleunigung.

Materialien: Kugel, gebogenes Rohr, Brett als schiefe Ebene, Winkelmesser, Lineal

Arbeitsauftrag:
– Bauen Sie das in der Abbildung gezeigte Experiment auf (▶ **3**). Das Rohr dient dazu, die Anfangsgeschwindigkeit v_0 für alle Versuchsteile konstant zu halten.
– Variieren Sie den Anstellwinkel des Bretts und nehmen Sie die Wurfweite für mindestens fünf verschiedene Winkel auf.
– Ermitteln Sie die Anfangsgeschwindigkeit v_0.

– Ermitteln Sie einen mathematischen Zusammenhang zwischen der Beschleunigung, die die schräg fallende Kugel erfährt, und dem Anstellwinkel: $a = f(\alpha)$.

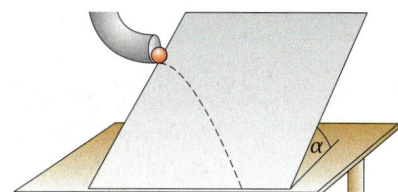

3 Kugel rollt auf einer schiefen Ebene.

Material A · Treffen zweier Kugeln

Eine waagerecht geworfene und eine frei fallende Kugel sollen sich in der Luft treffen.

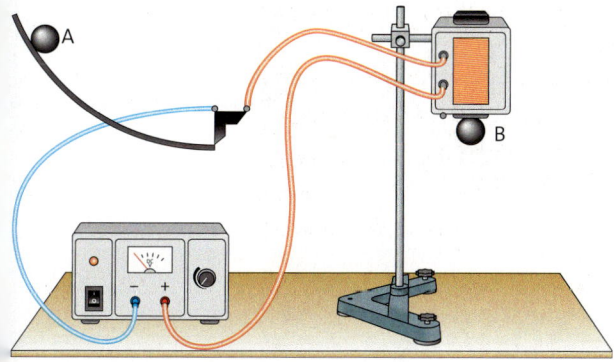

A1 Versuch mit zwei Kugeln

1 ☑ Beschreiben Sie den Aufbau des in der Abbildung gezeigten Versuchs und erläutern Sie die Bedeutung der einzelnen Elemente (▶ **A1**).

4 ☑ Beschreiben Sie, wie Sie das Experiment aufbauen müssen, damit sich beide Kugeln in der Luft treffen.

5 ☑ Die erste Kugel (A) rollt auf einer gekrümmten Schiene aus einer Höhe von 20 cm über dem Torzeitschalter ab. Berechnen Sie, wie weit die zweite Kugel (B) vom Torzeitschalter entfernt hängen muss, damit sich beide Kugeln nach 10 cm, 20 cm oder 50 cm Fallstrecke in der Luft treffen.

1.6 Der schiefe Wurf

1 Kugelstoßerin

Klar! Beim Kugelstoßen geht es darum, die größte Weite zu erreichen. Neben einem kraftvollen Rausstoßen ist vor allem auch der Winkel wichtig, unter dem die Kugel abgestoßen wird. Welcher Winkel ist hier optimal?

Der Kugelstoß – ein schiefer Wurf ● Beim waagerechten Wurf beträgt der Abwurfwinkel immer 0°. Im Moment des Abwurfs fliegt die Kugel nur in x-Richtung.

Niemand würde aber auf die Idee kommen für eine möglichst große Weite die Kugel waagerecht rauszustoßen. Wie in ▶ 1 zu sehen, stößt man immer schräg nach oben, sodass sich die Kugel im Moment des Abstoßes sowohl in x- als auch in y-Richtung bewegt. Auch beim Wurf eines Balls oder eines Steins wirft man immer schräg nach oben. Eine solche Bewegung bezeichnet man als **schiefen Wurf.**

Auch wenn es die Sportlehrkraft nicht gerne hört, physikalisch betrachtet ist der Kugelstoß ein schiefer Wurf.

Planung eines Experiments ● Die Größen Abwurfwinkel, Abwurfgeschwindigkeit und Abwurfhöhe haben Einfluss auf die maximale Wurfweite.

Wir untersuchen zuerst die Abwurfgeschwindigkeit v_0 und den Abwurfwinkel α. Die Höhe, von der der Abwurf erfolgt, werden wir später berücksichtigen. Im Experiment ist es notwendig, dass wir entweder nur die Geschwindigkeit oder nur den Abwurfwinkel variieren können, während die anderen Größen jeweils unverändert bleiben.

Den schiefen Wurf untersuchen wir an einem Wasserstrahl, mit dem die Bahnkurve gut sichtbar gemacht werden kann. Dazu spannt man das Ende eines Wasserschlauchs in einem festen Winkel ein und variiert die Geschwindigkeit des Wassers, indem

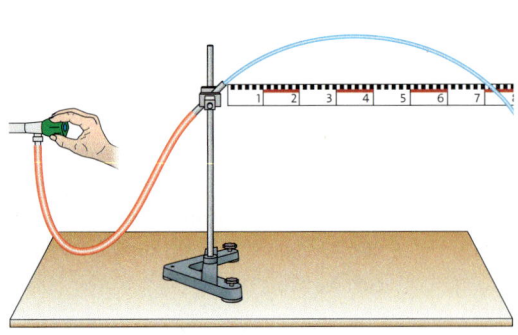

2 Variation der Abwurfgeschwindigkeit

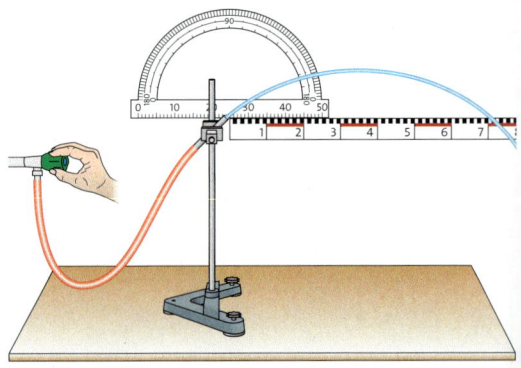

3 Variation des Abwurfwinkels

der Wasserhahn stärker auf- oder zugedreht wird (▸ 2). Wie beim waagerechten Wurf zeigt das Experiment: je größer die Abwurfgeschwindigkeit, desto größer die Wurfweite.

Für die Untersuchung des Abwurfwinkels wählt man eine feste Einstellung des Wasserhahns, um die Abwurfgeschwindigkeit konstant zu halten (▸ 3). Jetzt variieren wir den Abwurfwinkel. Die Beobachtungen zeigen, dass die Wurfweiten bis zu einem Abwurfwinkel von 45° zunehmen. Oberhalb von 45° nehmen die Wurfweiten wieder ab.

Beträgt der optimale Abwurfwinkel beim Kugelstoßen 45°?

Wurfparabel des schiefen Wurfs • Wie auch beim waagerechten Wurf nehmen wir wieder eine Zerlegung der Bewegung in ihre s_x- und s_y-Komponenten vor.

Die Kugel wird unter dem Winkel α zur Horizontalen abgeworfen. Der Geschwindigkeitsvektor v_0 hat deshalb sowohl eine v_x- als auch eine v_y-Komponente, d. h., im Moment des Abwurfs gibt es sowohl in x- als auch in y-Richtung eine Anfangsgeschwindigkeit (▸ 5). Zudem wird die Kugel in y-Richtung durch die Fallbeschleunigung gleichmäßig nach unten beschleunigt. Daher müssen wir die Geschwindigkeit der Fallbewegung ($g \cdot t$) zum jeweiligen Zeitpunkt t von der v_y-Komponente subtrahieren. Damit ergibt sich für die Geschwindigkeitskomponenten:

$$v_x(t) = v_0 \cdot \cos \alpha,$$
$$v_y(t) = v_0 \cdot \sin \alpha - g \cdot t.$$

Für die Komponenten s_x und s_y gilt dann:

$$s_x(t) = v_0 \cdot t \cdot \cos \alpha,$$
$$s_y(t) = v_0 \cdot t \cdot \sin \alpha - \frac{g}{2} \cdot t^2.$$

Um ein **Ortsdiagramm** zu erstellen, muss s_y als Funktion von s_x dargestellt werden. Dazu stellen wir die Gleichung für s_x nach t um und setzen diese in s_y ein:

$$t = \frac{s_x}{v_0 \cdot \cos \alpha}$$
$$s_y = v_0 \cdot \frac{s_x}{v_0 \cdot \cos \alpha} \cdot \sin \alpha - \frac{g}{2} \cdot \frac{s_x^2}{v_0^2 \cdot \cos^2 \alpha},$$
$$s_y = s_x \cdot \tan \alpha - \frac{g}{2} \cdot \frac{s_x^2}{v_0^2 \cdot \cos^2 \alpha} \cdot s^2$$

> Der schiefe Wurf ist eine Überlagerung aus einer waagerechten gleichförmigen Bewegung mit Anfangsgeschwindigkeit und einer senkrechten Fallbewegung mit Anfangsgeschwindigkeit.

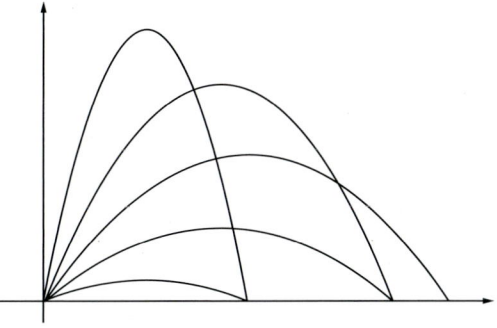

4 Wurfweiten für verschiedene Abwurfwinkel

Maximale Wurfweite und Wurfhöhe • Die Kugel bewegt sich auf einer Parabelbahn (▸ 4). Dabei gibt die Komponente s_y die Höhe der Kugel an. Der Wurf beginnt und endet bei der Höhe $s_y = 0$.

$s_y(s_x)$ ist eine quadratische Funktion. Wenn wir $s_y = 0$ setzen, können wir s_x einmal ausklammern und beide Lösungen für s_x leicht finden:

$$0 = s_x \cdot \tan \alpha - \frac{g}{2} \cdot \frac{s_x^2}{v_0^2 \cdot \cos^2 \alpha} = s_x \left(\tan \alpha - \frac{g}{2} \cdot \frac{s_x}{v_0^2 \cdot \cos^2 \alpha} \right)$$
$$s_{x,1} = 0; \quad s_{x,2} = \frac{v_0^2 \cdot 2 \cos \alpha \cdot \sin \alpha}{g} = \frac{v_0^2 \cdot \sin 2\alpha}{g}.$$

$s_{x,1} = 0$ ist der Abwurf, sodass $s_{x,2}$ die maximale Wurfweite darstellt. Für 90° ist die Sinusfunktion am größten (sin 90° = 1). Da der Winkel α in der Sinusfunktion verdoppelt wird, wird s_x für $\alpha = 45°$ maximal.

Die Parabelbahn verläuft symmetrisch zur Senkrechten durch ihr Maximum. Damit liegt die maximale Höhe gerade auf der Hälfte der maximalen Wurfweite. Für $s_{y,max}$ ergibt sich.

$$s_{y,max} = \frac{v_0^2 \cdot \sin^2 \alpha}{2 \cdot g}$$

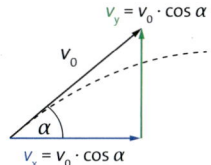

5 Zerlegung der Anfangsgeschwindigkeit v_0 in v_x und v_y-Komponente

Trigonometrische Beziehungen:
$$\tan \alpha = \frac{\sin \alpha}{\cos \alpha}$$
$$2 \sin \alpha \cos \alpha = \sin 2\alpha$$

1 ☑ Eine Kugel wird mit einer Anfangsgeschwindigkeit von $12 \frac{m}{s}$ unter einem Winkel von 40° abgeworfen.
a Berechnen Sie die Wurfweite.
b Ermitteln Sie den Winkel, unter dem die Kugel auf der Erde auftrifft.
c Berechnen Sie die maximale Höhe, die die Kugel erreicht.
a Stellen Sie die Bewegung in einem Ortsdiagramm ($s_y(s_x)$-Diagramm) dar.

2 ☑ Berechnen Sie die Abwurfgeschwindigkeit, die nötig ist, damit die Kugel bei einem Abwurfwinkel von 45° eine Weite von 50 m erreicht.

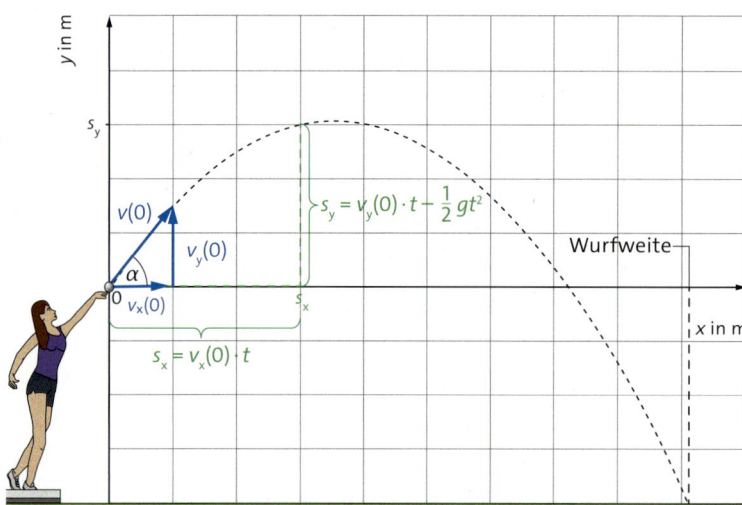

1 Wurf mit einer Anfangshöhe

Wir wissen, dass der Wurf beendet ist, wenn die Kugel den Boden, also die s_y-Koordinate $-1{,}8\,\text{m}$, erreicht hat. Wir berechnen also zunächst die Zeit, die die Kugel bis zum Auftreffen benötigt:

$$s_y(t) = v_0 \cdot t \cdot \sin \alpha - \frac{g}{2} t^2 = v_y(0) \cdot t - \frac{g}{2} t^2.$$

Einsetzen der Zahlenwerte liefert:

$$-1{,}8\,\text{m} = 6{,}4\,\tfrac{\text{m}}{\text{s}} \cdot t - 4{,}9\,\tfrac{\text{m}}{\text{s}^2} \cdot t^2.$$

Wir erkennen eine quadratische Gleichung. Die Lösung der Gleichung ergibt: $t_1 = -0{,}14\,\text{s}$ und $t_2 = 1{,}54\,\text{s}$. Die Lösung für t_1 entfällt, da dies eine Zeit vor dem Abwurf wäre. t_2 setzen wir in die Gleichung für die s_x-Komponente des Weges ein:

$$s_x(t) = v_0 \cdot t \cdot \cos \alpha = v_x(0) \cdot t$$

$$s_x(1{,}54\,\text{s}) = 7{,}7\,\tfrac{\text{m}}{\text{s}} \cdot 1{,}54\,\text{s} = 11{,}9\,\text{m}.$$

Die Kugel wird 11,9 m weit gestoßen. Für $\alpha = 45°$ erhält man 11,8 m, also etwas weniger.

Einfluss der Masse • In den Gleichungen für den schiefen Wurf ist die Masse des Körpers nicht enthalten. Wir wissen aber aus eigener Erfahrung im Sportunterricht, dass schwere Gegenstände wie ein Medizinball nicht so weit geworfen bzw. gestoßen werden können wie leichte.
Das liegt daran, dass der geworfene Körper durch den Arm zuerst auf die Anfangsgeschwindigkeit v_0 beschleunigt werden muss. Je größer seine Masse ist, desto kleiner ist bei gleicher Kraft aber die Beschleunigung. Daher sind die Anfangsgeschwindigkeit und somit auch die Wurfweite kleiner.

1 ◪ Den deutschen Rekord im Kugelstoßen stellte 1988 Ulf Timmermann auf. Er stieß die Kugel aus einer Höhe von 2,10 m mit einer Geschwindigkeit von $14{,}55\,\tfrac{\text{m}}{\text{s}}$ unter einem Winkel von 40° ab. Berechnen Sie seine Wurfweite.

2 ■ Ein Kugelstoßer stößt die Kugel in einer Höhe von 2,0 m mit einer Geschwindigkeit von $10\,\tfrac{\text{m}}{\text{s}}$ ab.
a Ermitteln Sie grafisch den optimalen Abwurfwinkel auf 1° genau.
a Berechnen Sie für einen Abwurfwinkel von 40° die Anfangsgeschwindigkeit v_0, bei der die Kugel 10 m (15 m, 20 m) weit gestoßen werden soll.

Würfe mit Anfangshöhe • Bei den meisten schiefen Würfen sind Abwurfort und Auftreffort nicht auf einer Höhe. Bei einem realen Wurf oder beim Kugelstoßen erfolgt der Abwurf mit einer Anfangshöhe, weil z. B. in aufrechter Haltung geworfen wird.

Vom schiefen Wurf ohne Anfangshöhe wissen wir, dass der optimale Abwurfwinkel 45° beträgt. Verlängert man die Flugbahn der Kugel nach hinten bis zu einer Höhe von 0 m, wäre dieser Winkel zu erkennen (▶**1**). Weil die Flugbahn umso flacher wird, je mehr man sich dem Maximum nähert, gilt: Je höher die Abwurfstelle der Kugel ist, desto kleiner wird der optimale Abwurfwinkel.

Um die zuvor aufgestellten Gleichungen des schiefen Wurfs nutzen zu können, wurde das Koordinatensystem so verschoben, dass der Abwurfort bei einer Anfangshöhe wieder im Koordinatenursprung liegt (▶**1**).
Wir betrachten hierzu folgendes Beispiel: Die Kugel verlässt die Hand der Kugelstoßerin mit einer Anfangsgeschwindigkeit von $10\,\tfrac{\text{m}}{\text{s}}$ im Koordinatenursprung unter einem Winkel von 40°. Der Auftreffpunkt liegt jetzt aber bei $s_y = -1{,}8\,\text{m}$, da der Boden wegen der Anfangshöhe unterhalb des Abwurforts liegt. Zunächst berechnen wir die Komponenten der Anfangsgeschwindigkeit mithilfe der bekannten Gleichungen:

$$v_x(0) = v_0 \cdot \cos \alpha \qquad v_x(0) = 7{,}7\,\tfrac{\text{m}}{\text{s}},$$
$$v_y(0) = v_0 \cdot \sin \alpha - g \cdot 0\,\text{s} \qquad v_y(0) = 6{,}4\,\tfrac{\text{m}}{\text{s}}.$$

Versuch A • Abwurfgeschwindigkeit und Abwurfwinkel

V1 Wasserstrahl

Materialien: Wasserhahn mit Schlauch, Stativ und Ausflussröhrchen, Auffangrinne und Messzylinder, Lineal, Stoppuhr, Winkelmesser, Maßband

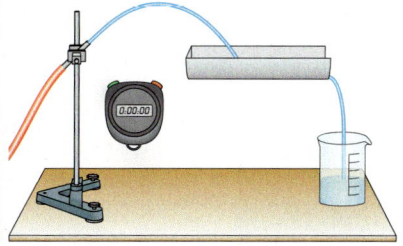

2 Versuchsaufbau zum Wasserstrahl

Arbeitsauftrag:
– Bauen Sie den Versuch auf (▶ 2).
– Bestimmen Sie den Durchmesser der Öffnung des Ausflussröhrchens. Berechnen Sie daraus die Querschnittsfläche A der Öffnung.
– Drehen Sie den Wasserhahn in einer festen Stellung für 10 s auf und messen Sie das Volumen der in dieser Zeit ausgeflossenen Wassermenge.
– Aus dem ausgeflossenen Volumen V des Wassers, der Querschnittsfläche A des Röhrchens und der Zeit t kön-

nen Sie die Geschwindigkeit des Wasserstrahls berechnen: $v = \frac{V}{A \cdot t}$.
– Variieren Sie die Austrittsgeschwindigkeit des Wassers und den Winkel, unter dem das Wasser das Röhrchen verlässt. Beschreiben Sie Ihre Beobachtungen zur Bahn des Wasserstrahls mit einer Je-desto-Beziehung:
  1. in Abhängigkeit von v_0,
  2. in Abhängigkeit vom Winkel α.
– Berechnen Sie für drei verschiedene Winkel die theoretische Wurfweite.
– Überprüfen Sie diese experimentell.

Material A • Modellieren von Wurfbewegungen

Mithilfe eines Tabellenkalkulationsprogramms lassen sich Wurfbewegungen modellieren. Beachten Sie, dass Tabellenkalkulationen nicht mit Winkelangaben in Grad, sondern in Bogenmaß rechnen. Die Winkel müssen also in das Bogenmaß umgerechnet werden:

$$[\text{Winkel im Bogenmaß}] = \frac{[\text{Winkel in Grad}] \cdot \pi}{180}$$

1 Modellieren Sie den schiefen Wurf eines Körpers mithilfe einer Tabellenkalkulation (▶ A1). Sie können die Ausgangsgrößen in den grün unterlegten Feldern beliebig anpassen.
Hinweise zur möglichen Syntax für s_x und s_y:
s_x: B4*COS(B5*PI()/180)*A9
s_y: B4*SIN(B5*PI()/180)*A9-4,9*A9^2

a ☑ Körper 1 mit einer Anfangsgeschwindigkeit $v_0 = 20\,\frac{m}{s}$ und einem Abwurfwinkel $\alpha = 45°$.
b ☑ Erstellen Sie die Tabelle für einen zweiten Körper und stellen Sie die Bewegung beider Körper in einem gemeinsamen $s_y(s_x)$-Diagramm dar.

2 a ☑ Passen Sie Ihr Diagramm und die Tabelle so an, dass die Werte unterhalb der s_x-Achse nicht dargestellt werden.
b ☑ Passen Sie die Tabelle so an, dass Sie auch den Ortsfaktor (Fallbeschleunigung) g variieren können.

3 ■ Finden Sie die optimalen Abwurfwinkel für einen Wurf mit Anfangshöhe, z. B. $h_0 = 1,8$ m.
Hinweis: Fügen Sie hierzu in die Berechnung von s_y das Feld mit der Anfangshöhe als neuen Summanden ein.

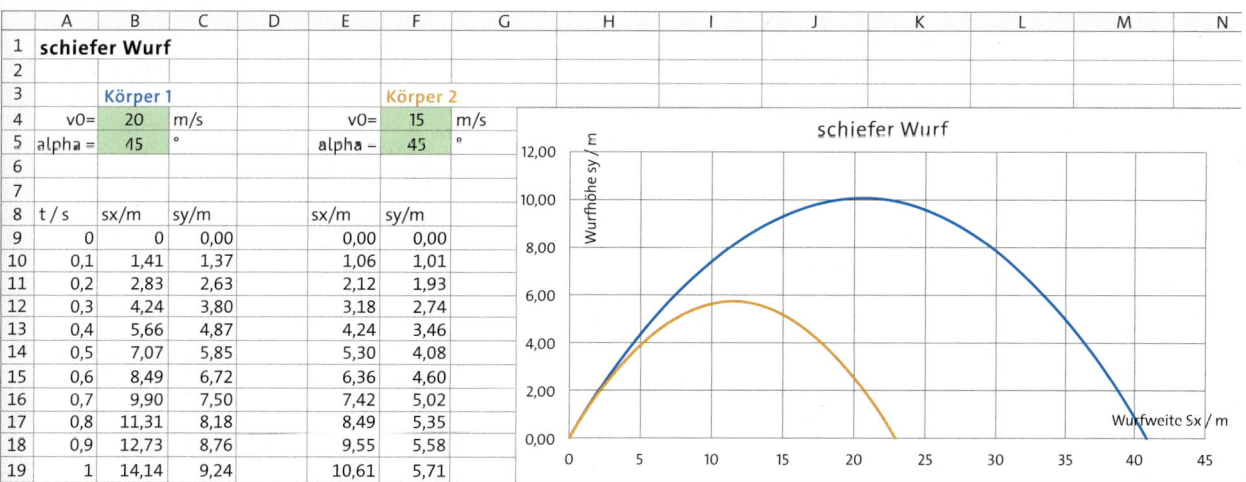

A1 Modellieren mithilfe eines Tabellenkalkulationsprogramms

Bewegungen beschreiben

Geschwindigkeit	Die mittlere Geschwindigkeit ist der Quotient aus einer Strecke Δs und dem dafür benötigten Zeitintervall Δt: $\overline{v} = \frac{\Delta s}{\Delta t}$. Je kleiner Δt ist, desto genauer beschreibt $\overline{v}$ die momentane Geschwindigkeit $v(t)$ zu einem Zeitpunkt t. Die momentane Geschwindigkeit ist gegeben durch die Steigung der Tangente, die den t-s-Graphen an der Stelle t berührt.
Beschleunigung	Die mittlere Beschleunigung ist der Quotient aus der Geschwindigkeitsänderung Δv und dem benötigten Zeitintervall Δt: $\overline{a} = \frac{\Delta v}{\Delta t}$. Die momentane Beschleunigung $a(t)$ zu einem Zeitpunkt t ist gegeben durch die Steigung der Tangente, die den t-v-Graphen an der Stelle t berührt.
Gleichförmige Bewegung	Bei einer gleichförmigen Bewegung ist die Geschwindigkeit konstant. Für den Ort gilt: $s(t) = s_0 + v \cdot t$, mit $s_0 = s(t = 0)$. Die zurückgelegte Strecke im Intervall Δt entspricht dem Flächeninhalt des Rechtecks im t-v-Diagramm: $\Delta s = v \cdot \Delta t$.
Gleichmäßig beschleunigte Bewegung	Eine Bewegung mit konstanter Beschleunigung heißt gleichmäßig beschleunigte Bewegung. $v(t) = v_0 + a \cdot t$, $s(t) = s_0 + v_0 \cdot t + \frac{1}{2} a \cdot t^2$ v_0: Anfangsgeschwindigkeit für $t = 0\,\text{s}$
Freier Fall	Idealisierte Fallbewegung ohne Berücksichtigung des Luftwiderstands, wodurch alle Körper unabhängig von Größe und Masse gleich fallen. Der freie Fall ist eine gleichmäßig beschleunigte Bewegung: $s_y(t) = h_0 - \frac{g}{2} \cdot t^2$ mit h_0: Anfangshöhe; g: Fallbeschleunigung (Ortsfaktor) Auf der Erde beträgt die Fallbeschleunigung $g = 9{,}8\,\frac{\text{m}}{\text{s}^2}$.
Superpositionsprinzip bei Bewegungen	Teilbewegungen eines Körpers überlagern sich unabhängig voneinander zu einer Gesamtbewegung, z. B. die horizontale gleichförmige Bewegung und der freie Fall zum waagerechten Wurf.
Waagerechter Wurf	Beim waagerechten Wurf überlagern sich eine gleichförmige Bewegung in x-Richtung und der freie Fall in y-Richtung. Eine waagerecht geworfene Kugel trifft stets gleichzeitig mit einer aus gleicher Höhe frei fallenden Kugel auf dem Boden auf. $s_x(t) = v_0 \cdot t$ $s_y(t) = h_0 - \frac{1}{2} \cdot g \cdot t^2$ Wurfparabel: $s_y(s_x) = h_0 - \frac{g}{2} \cdot \frac{s_x^2}{v_0^2}$
Schiefer Wurf	Beim schiefen Wurf wird ein Körper schräg zur Horizontalen mit einer Anfangsgeschwindigkeit geworfen. Dadurch überlagern sich eine gleichförmige Bewegung in x-Richtung und der freie Fall mit einer Anfangsgeschwindigkeit. Die größte Abwurfweite bei einer Abwurfhöhe von 0 m erreicht man mit einem Abwurfwinkel von 45°.

Übungsaufgaben

1 Bei einem 200-m-Sprint wurden folgende Zwischenzeiten erfasst.

s in m	20	40	60	80	100	120	140	160	180	200
t in s	2,6	4,8	6,6	8,5	10,5	12,6	14,8	17,1	19,4	21,9

a ○ Zeichnen Sie aus den Werten das t-s-Diagramm.
b ○ Bestimmen Sie aus der Laufzeit die Durchschnittsgeschwindigkeit.
c ☑ Fertigen Sie mithilfe der Werte ein t-v-Diagramm an und geben Sie den Zeitabschnitt mit der größten Durchschnittsgeschwindigkeit an.

2 ☑ Der Astronaut David Scott ließ 1971 auf dem Mond einen Hammer und eine Feder, die er jeweils in einer Hand hielt, fallen. Beide Gegenstände erreichten nach einer Zeit von 1,2 s gleichzeitig den Boden. Seine Hände befanden sich in etwa 1,20 m Höhe.
a Erläutern Sie die Beobachtungen und erklären Sie den Verlauf des Versuchs, wenn er auf der Erde durchgeführt wird.
b Berechnen Sie aus den Angaben die Fallbeschleunigung auf dem Mond. Geben Sie die Bewegungsgleichung an und erstellen Sie ein t-h-Diagramm mithilfe einer Messwerttabelle.

3 ☑ Ein Fahrzeug beschleunigt gleichmäßig für 12 s aus dem Stand auf 50 $\frac{km}{h}$, fährt dann für 2 min gleichförmig, reduziert vor einer roten Ampel die Geschwindigkeit mit einer Verzögerung von 0,6 $\frac{m}{s^2}$ auf 35 $\frac{km}{h}$.
a Erstellen Sie jeweils das t-s-, t-v- und t-a-Diagramm der Bewegung.
b Ermitteln Sie aus dem t-v-Diagramm die zurückgelegte Gesamtstrecke.

4 ☑ Bei einer Katapultachterbahn wird der Wagen beim Start nach vorne katapultiert. Dabei kann man die zurückgelegte Strecke abhängig von der Zeit durch folgende Gleichung beschreiben: $s(t) = 2\frac{m}{s^2} \cdot t^2$. Berechnen Sie die momentane Geschwindigkeit zum Zeitpunkt $t = 0,5$ s mithilfe des Differenzenquotienten. Hinweise: Gehen Sie von einem Term für die mittlere Geschwindigkeit für das Zeitintervall von 0,5 s bis 0,5 s + Δt aus, wobei Δt variabel bleibt.

5 ☑ Ein Pfeil wird abgeschossen. Für die Bewegung des Pfeils kann man die Strecke abhängig von der Zeit durch folgende Gleichung beschreiben:
$s(t) = 0,5 \text{ m} \cdot \left[1 - \cos\left(\frac{200}{5} \cdot t\right)\right]$
Die zum Zeitpunkt $t = 0,004$ s auftretende momentane Geschwindigkeit soll mithilfe einer Tabelle und stetiger Ergänzung berechnet werden.
a Erstellen Sie eine Tabelle mit mittleren Geschwindigkeiten für Zeitintervalle von $t = 0,004$ s bis $t = 0,004$ s + Δt, wobei Sie für Δt Werte wählen, die immer kleiner werden.
b Ergänzen Sie in der Tabelle passend eine momentane Geschwindigkeit.
c Erläutern Sie den Begriff der stetigen Ergänzung.

6 ☑ Ole hilft seiner Oma beim Gießen des Gartenbeets. Wenn er die Öffnung des Wasserschlauchs 1,10 m waagerecht über dem Boden hält, trifft der Wasserstrahl genau den gegenüberliegenden Rand des Beets.
a Beschreiben Sie die Bewegung des Wasserstrahls. Zeichnen Sie die Bahnkurve (s_x-s_y-Diagramm).
b Ole weiß, dass das Beet 3,30 m breit ist. Berechnen Sie die Geschwindigkeit des Wassers beim Austritt aus dem Schlauch.

Mithilfe des Kapitels können Sie:	Aufgabe	Hilfe
✓ für die Größen Geschwindigkeit und Beschleunigung Durchschnitts- und Momentanwerte aus den entsprechenden Diagrammen ermitteln.	3	S. 8-10, S. 14-15
✓ gleichförmige und gleichmäßig beschleunigte Bewegungen anhand von t-s- und t-v-Diagrammen unterscheiden und beschreiben.	1	S. 9-10, S. 15
✓ den freien Fall als gleichmäßig beschleunigte Bewegung benennen und die Idealisierungen, die zum freien Fall führen, beschreiben.	2	S. 24-25
✓ den waagerechten und schiefen Wurf als Überlagung zweier Teilbewegungen beschreiben und Wurfweite, Wurfhöhe und Flugzeit berechnen.	6	S. 30-32, S. 34-35
✓ Verfahren zur Berechnung der momentanen Geschwindigkeit anwenden.	4, 5	S. 11

▶ Die Lösungen zu den Übungsaufgaben finden Sie im Anhang.

2

Kraft, Impuls und Energie

▶ Bewegungen können nicht nur durch verschiedene Größen wie Ort, Geschwindigkeit und Beschleunigung beschrieben werden. Setzt sich ein Körper in Bewegung, muss es dafür eine Ursache geben.

▶ Bewegt sich z.B. ein Körper auf einer Kreisbahn muss es Kräfte geben, die ihn auf seiner Bahn halten.

▶ Bewegungen lassen sich auch unter dem Aspekt der Energie betrachten. So lassen sich nicht nur physikalische Vorgänge beschreiben, sondern es können bestimmte Probleme mithilfe der Energieerhaltung gelöst werden.

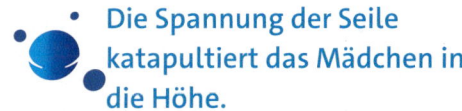

Die Spannung der Seile
katapultiert das Mädchen in
die Höhe.

2.1 Kraft, Beschleunigung und Masse

1 Flugzeugstart

Ein Pilot gibt Vollgas. Er beschleunigt mit der ganzen Schubkraft von 600 000 N, um die Startmasse von 240 000 kg auf die fürs Abheben nötige Geschwindigkeit von 300 $\frac{km}{h}$ zu bekommen. Die Startbahn in Gibraltar hat nur eine Länge von 1777 m. Ist sie lang genug?

Ursache der Bewegung ● Bisher haben wir Bewegungen mithilfe von Strecken, Geschwindigkeiten und Beschleunigungen beschrieben und charakterisiert. Dabei interessierte noch nicht, was die Bewegung verursacht hat. Die untersuchten Beispiele ließen allerdings schon vermuten, dass Kräfte eine Rolle spielen: Beim Kugelstoßen ist z. B. die Schnellkraft im Arm ausschlaggebend dafür, wie groß die Anfangsgeschwindigkeit der Kugel beim Loslassen ist und der freie Fall wird durch die Schwerkraft zwischen fallendem Körper und Erde verursacht. Ohne die Schubkraft seiner Triebwerke würde sich ein Flugzeug beim Start nicht in Bewegung setzen (▶1). Daher untersuchen wir in einem Modellversuch, wie die Bewegungsänderung und die auf einen Körper mit einer Masse m wirkende Kraft F zusammenhängen.

Modellversuch ● Auf einer Luftkissenbahn, auf der Bewegungen weitgehendst reibungsfrei stattfinden können, wird der Start des Flugzeugs simuliert (▶2). Wir nehmen die Schubkraft idealerweise als konstant an. Dies realisieren wir durch eine bestimmte Anzahl an Massestücke, die durch ihre Gewichtskraft F_G den Schlitten anziehen. Die Masse m des bewegten Körpers (Flugzeugs) entspricht nicht nur der Masse m_S des Schlittens, sondern setzt sich zusätzlich aus der Masse m_G der angehängten Massestücke zusammen: $m = m_S + m_G$.

Die Bewegung des Schlittens zeichnen wir mithilfe einer Hochgeschwindigkeitskamera auf. Wir werten die Bildfolge mit einem Videoanalyseprogramm aus und erhalten die Geschwindigkeit v in Abhängigkeit von der Zeit t nach dem Start des Schlittens (▶3).

Schlitten mit Massestücke — Hochgeschwindigkeitskamera

m_S $\vec{F}$

m_G

$\vec{F}_G$

2 Modellversuch 1 zum Flugzeugstart

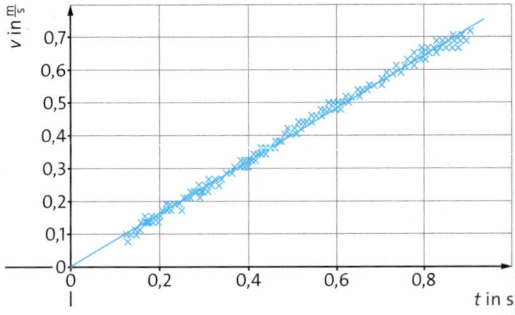

v in $\frac{m}{s}$

t in s

3 t-v-Diagramm mit Ursprungsgerade

Im dazugehörigen Diagramm ist zu erkennen, dass es zwischen den beiden Größen einen proportionalen Zusammenhang gibt. Eine lineare Regression ergibt eine Ursprungsgerade (▶ 3). Der Anstieg dieser Gerade – also die Proportionalitätskonstante für $\frac{\Delta v}{\Delta t}$ ist bekannt: Es ist eine Beschleunigung.

Das erste Ergebnis lautet damit: Wenn eine konstante Kraft F auf einen Körper der Masse m wirkt, dann erfährt der Körper eine konstante Beschleunigung. Der Körper führt dann eine gleichmäßig beschleunigte Bewegung aus.

Wovon hängt die Beschleunigung ab? • Zum Abheben des Flugzeugs muss die Beschleunigung genügend groß sein, damit das Flugzeug am Ende der Startbahn auf die notwendige Startgeschwindigkeit kommt (▶ 1). Daher untersuchen wir die Abhängigkeit dieser Beschleunigung von der Kraft.

Im Modellversuch variieren wir die beschleunigende Kraft, lassen aber die Gesamtmasse m des beschleunigten Körpers konstant, indem wir die Massestücke vom Schlitten und angehängte Massestücke jeweils unterschiedlich aufteilen (▶ 4). Die Beschleunigung messen wir direkt, z. B. mit dem Beschleunigungssensor eines Smartphones. Die Messwerte tragen wir in einem F-a-Diagramm auf. Auch hier zeigt eine lineare Regression, dass sie auf einer Ursprungsgeraden liegen (▶ 5). Das zweite Ergebnis lautet: Wenn eine Masse m von einer Kraft F beschleunigt wird, dann ist die Beschleunigung a proportional zur Kraft: $a \sim F$ (für eine gleichbleibende Masse m).

Die Beschleunigung des Flugzeugs hängt vermutlich auch von seiner Masse ab. Dabei dürfte die Beschleunigung bei kleiner Masse größer sein als bei großer Masse. Eine passende Hypothese ist $a \sim \frac{1}{m}$. Bei konstanter Kraft $F_G = 0,1\,\text{N}$ variieren wir die Masse auf dem Schlitten. Wir stellen die Messwerte der Beschleunigung a abhängig von $\frac{1}{m}$ dar. So erhalten wir eine Ursprungsgerade (▶ 6). Das dritte Resultat lautet damit: Wenn eine Masse m von einer Kraft F beschleunigt wird, dann ist die Beschleunigung a proportional zum Kehrwert der Masse: $a \sim \frac{1}{m}$ (für eine konstante Kraft F).

> Wirkt auf einen Körper eine Kraft, wird er beschleunigt. Es gilt:
> $a \sim F$; mit m = const.
> $a \sim \frac{1}{m}$; mit F = const.

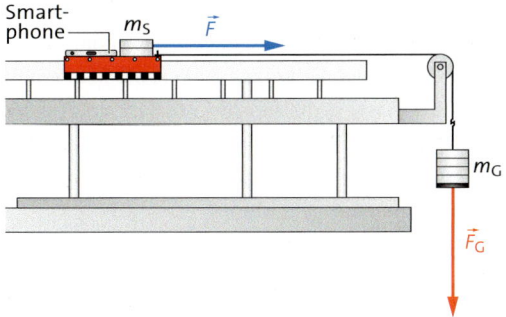

4 Modellversuch 2 zum Flugzeugstart 🔲

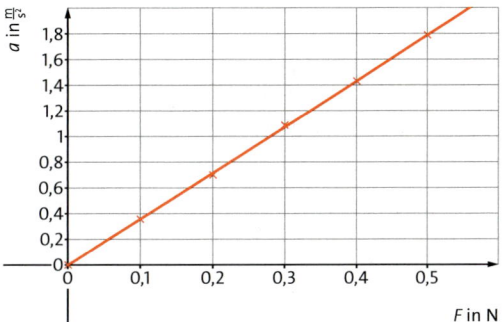

5 Beschleunigung abhängig von der Kraft

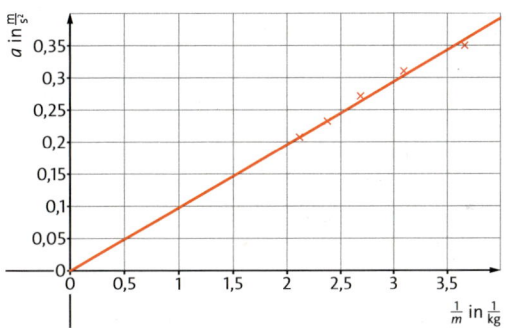

6 Beschleunigung abhängig vom Kehrwert der Masse

1 Eine Rakete erzielt mit einem Triebwerk eine Beschleunigung von $10\,\frac{\text{m}}{\text{s}^2}$.

a ☑ Ein zweites, gleichartiges Triebwerk wird gezündet. Bestimmen Sie die Beschleunigung der Rakete.

b ⬛ Nach 10 Minuten hat sich die Masse der Rakete auf ein Drittel reduziert. Erklären Sie den Massenverlust und ermitteln Sie die Beschleunigung.

2 ☑ Ein Sprinter hat eine Masse von 70 kg und erreicht eine Beschleunigung von $3\,\frac{\text{m}}{\text{s}^2}$. Bestimmen Sie die mittlere Kraft, die den Sprinter beschleunigt.

Grundgleichung der Mechanik • Wir haben durch Untersuchungen an der Luftkissenbahn herausgefunden, dass beim Einwirken einer Kraft F auf einen Körper der Masse m die die erreichte Beschleunigung a sowohl von der Kraft als auch von der Masse des Körpers abhängen. Die dazugehörigen proportionalen Zusammenhänge lauten:

$a \sim F$; für m = const.,
$a \sim \frac{1}{m}$; für F = const.

Daraus folgt, dass die Beschleunigung a auch proportional zum Produkt aus F und $\frac{1}{m}$ ist:

$a \sim F \cdot \frac{1}{m}$.

Diesen Ausdruck kann man als Gleichung für F darstellen: $F = k \cdot m \cdot a$, wobei k ein zu bestimmender Proportionalitätsfaktor ist.
Die Daten aus unserer ersten Versuchsreihe zu $a \sim F$ (▶ **5, S. 43**) zeigen, dass die Kraft F praktisch den gleichen Betrag wie das Produkt $m \cdot a$ hat – zumindest, wenn man die angegebenen Einheiten nutzt (▶ **1**). Passend hierzu hat man 1874 festgelegt, dass die Einheit der Kraft 1 N heißt und gleich der Einheit $1 \frac{\text{kg} \cdot \text{m}}{\text{s}^2}$ ist. Das gilt auch im heutigen **internationalen Einheitensystem** (SI, système international d'unités). In diesen Einheiten ist der Proportionalitätsfaktor 1 (▶ **1**), sodass sich die Beziehung zur **Grundgleichung der Mechanik** vereinfacht: $F = m \cdot a$. Mit ihr kann man die Bewegungsänderung beim Einwirken einer Kraft berechnen (▶ **Beispiel**).

> Wenn eine Kraft F auf einen Körper der Masse m ausgeübt wird, dann erfährt er eine Beschleunigung a.
> Das ist die Grundgleichung der Mechanik: $F = m \cdot a$.

Randspalte links:
Wirkt eine Kraft F während eines Zeit-intervalls Δt auf einen beweglichen Körper, so bezeichnet man das Produkt $F \cdot \Delta t$ als **Kraftstoß**.

NEWTON hat die Mechanik durch drei Axiome charakterisiert. Die Grundgleichung stellt das **2. NEWTON'sche Axiom** dar. Man bezeichnet es auch als **Aktionsprinzip**.

F in N	$m \cdot a$ in kg $\cdot \frac{\text{m}}{\text{s}^2}$	$\frac{F}{m \cdot a}$ in $\frac{\text{N} \cdot \text{s}^2}{\text{kg} \cdot \text{m}}$
0	0	–
0,1	0,096	1,041
0,2	0,191	1,047
0,3	0,300	1,000
0,4	0,396	1,010
0,5	0,491	1,018

1 Kraft F in Abhängigkeit vom Produkt $m \cdot a$

Kraft und Bewegungsänderung • Wir schauen uns die Grundgleichung der Mechanik einmal genauer an. Die in der Gleichung vorkommende Beschleunigung a ist gleich der Änderung der Geschwindigkeit während der Zeitspanne Δt: $a = \frac{\Delta v}{\Delta t}$.
Wir setzen dies in die Grundgleichung ein und multiplizieren beide Seiten mit Δt.

$F = m \cdot a \quad = m \cdot \frac{\Delta v}{\Delta t} \mid \cdot \Delta t$
$F \cdot \Delta t \quad\quad = m \cdot \Delta v$
„Ursache"   „Auswirkung"

Die Gleichung $F \cdot \Delta t = m \cdot \Delta v$ beschreibt die Bewegungsänderung. Auf der linken Seite steht die **Ursache** für die Änderung, auf der rechten Seite steht, welche **Auswirkung** die Kraft auf einen bestimmten Körper hat. Eine große Kraft während einer kurzen Zeitspanne hat dieselbe Auswirkung auf einen Körper wie eine kleine Kraft während einer entsprechend größeren Zeitspanne.
Bei einem Kopfball (▶ **2**) ändert der Ball seine Geschwindigkeit infolge der Richtungsänderung um z. B. $\Delta v = 20 \frac{\text{m}}{\text{s}}$. Das geschieht entweder mit einer großen Kraft in einer kleinen Zeitspanne oder mit einer kleinen Kraft in einer großen Zeitspanne, z. B. indem ein Torwart den Ball fängt und wieder abwirft.

Beispiel Grundgleichung beim Flugzeugstart

Aufgabe: Berechnen Sie aus der Grundgleichung der Mechanik, ob die Startbahn in Gibraltar mit 1777 m Länge für den Start des Flugzeugs reicht. Nutzen Sie hierzu die Angaben am Bild (▶ **1, S. 42**).

Lösung: Nimmt man eine konstante Beschleunigung an, kann man diese aus der Grundgleichung der Mechanik berechnen.

$a = \frac{F}{m} = \frac{600\,000\,\text{N}}{240\,000\,\text{kg}} = 2,5 \frac{\text{m}}{\text{s}^2}$.

Das Flugzeug führt eine gleichmäßig beschleunigte Bewegung aus. Die Strecke, um auf $300 \frac{\text{km}}{\text{h}}$ zu beschleunigen, lässt sich damit berechnen.

$s = \frac{1}{2} \cdot a \cdot t^2 \quad\quad\quad \mid \text{ mit } v = a \cdot t \Leftrightarrow t = \frac{v}{a}$

$= \frac{1}{2} \cdot a \cdot \left(\frac{v}{a}\right)^2 = \frac{1}{2} \cdot \frac{v^2}{a}$

$= \frac{1}{2} \cdot \frac{(83,3 \frac{\text{m}}{\text{s}})^2}{2,5 \frac{\text{m}}{\text{s}^2}} = 1388\,\text{m}$

Die Länge der Startbahn reicht mit 1777 m aus.

2 Bewegungsänderung beim Kopfball

3 Der Dummy wurde im Auto beschleunigt.

Kräfte erkennen • Kräfte kann man nicht direkt sehen. Man kann sie nur an ihren Auswirkungen erkennen.

Ändert ein Körper seinen Bewegungszustand, z. B. wird er schneller oder ändert die Richtung seiner Bewegung, kann das nur infolge einer Kraft geschehen. Man kann zudem die wirkende Kraft bestimmen, indem man die Beschleunigung misst und die Grundgleichung der Mechanik anwendet. Das erkennt man schon an der Einheit der Kraft $1\,N = 1\,kg \cdot \frac{m}{s^2}$. Sie besagt, dass eine Kraft von $1\,N$ einen beweglichen Körper mit einer Masse von $1\,kg$ um $1\,\frac{m}{s^2}$ beschleunigt. Beschleunigungen sind die Grundlage für den **dynamischen Kraftbegriff.**

Kräfte bewirken aber auch Verformungen z. B. von Stahlfedern. Kräfte im Inneren der Feder führen dazu, dass die äußere Kraft irgendwann ausgeglichen wird. Diese Verformungen kann man deshalb zur Kraftmessung nutzen. Bei einer gedehnten Feder gibt es aber keine Bewegung, weil ein Kräftegleichgewicht entsteht. Somit sind Verformungen die Grundlage für den **statischen Kraftbegriff.**

Grundgleichung beim Crashtest • Beim Crashtest prallt ein Auto auf eine Wand. Im Auto prallt der Dummy gegen die Windschutzscheibe (▶ 3). Offenbar wird der Dummy im Auto nach vorne beschleunigt. Eine solche Beschleunigung nach vorne ist dem dynamischen Kraftbegriff zufolge ein Beleg für eine nach vorne gerichtete Kraft. Beim Crash wirkt aber keine nach vorne gerichtete Kraft auf den Dummy. Das erscheint widersprüchlich. Man löst diesen scheinbaren Widerspruch, indem man zwei Beobachter unterscheidet:

Ein **ruhender Beobachter** stellt fest, dass die Wand eine der Fahrtrichtung entgegengesetzte Kraft auf das Auto ausübt. Dadurch wird die Windschutzscheibe langsamer. Diese Kraft wirkt (noch) nicht auf den Dummy. Er bewegt sich weiter und muss erst gegen die Scheibe prallen.

Ein festangeschnallter Beobachter im Auto ist beim Aufprall ein **beschleunigter Beobachter.** Er könnte den Dummy von hinten mit einem Federkraftmesser halten und am Federkraftmesser eine Kraft ablesen, obwohl gar keine Kraft auf den Dummy wirkt. Er sollte diese Kraft als **Trägheitskraft** deuten.

Je nachdem, ob ein Beobachter beschleunigt oder unbeschleunigt ist, befindet er sich in einem beschleunigten oder unbeschleunigten **Bezugssystem.** Die Grundgleichung gilt nur in unbeschleunigten Bezugssystemen.

> Die Grundgleichung der Mechanik gilt in unbeschleunigten Bezugssystemen.

Grundgleichung im Raum • Bewegungen finden im dreidimensionalen Raum statt. Gilt $F = m \cdot a$ auch dann? Ja, man kann z. B. eine Luftkissenbahn in jede Raumrichtung ausrichten und so für jede Richtung die Grundgleichung der Mechanik finden. Die Gleichung stellt man dann vektoriell dar: $\vec{F} = m \cdot \vec{a}$.

1 ☐ Bei einem Dragster-Rennen erzielt ein Auto mit der Masse $500\,kg$ eine Beschleunigung von $60\,\frac{m}{s^2}$. Bestimmen Sie die Kraft.

2 ☐ Ein Floh hat eine Masse von $1\,mg$ und springt mit einer Kraft von $1{,}7\,mN$ ab. Ermitteln Sie seine Beschleunigung beim Absprung.

Dragster sind Fahrzeuge, die speziell für das Drag Racing (Beschleunigungsrennen) gebaut werden.

Versuch A • Versuche zur Grundgleichung der Mechanik

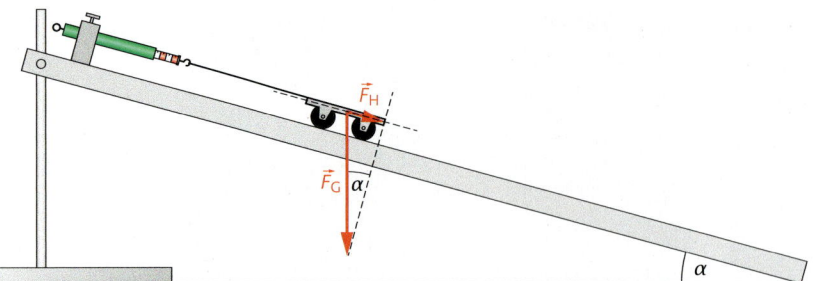

1 Hangabtriebskraft: Versuchsskizze mit Komponentenzerlegung

2 Beschleunigung beim Skateboard

V1 Hangabtriebskraft

Materialien: Wagen, Schiene, Federkraftmesser

Arbeitsauftrag:
– Bauen Sie eine geneigte Bahn auf. Messen Sie den Neigungswinkel α der Bahn und die Gewichtskraft F_G des Wagens (▶1).
– Stellen Sie den Wagen auf die Bahn. Messen Sie die Hangabtriebskraft F_H, mit der der Wagen parallel zur Schiene gehalten wird (▶1).
– Ermitteln Sie diese Kraft auch zeichnerisch mithilfe einer Komponentenzerlegung (▶1).
– Stellen Sie einen Term auf, mit dem Sie die Hangabtriebskraft abhängig von der Gewichtskraft und dem Neigungswinkel berechnen können.

V2 Hinabrollen

Materialien: Wagen, Schiene, Smartphone

Arbeitsauftrag:
– Bauen Sie eine geneigte Schiene auf, bestimmen Sie deren Neigungswinkel α (▶1). Stellen Sie einen Wagen auf die Schiene und ermitteln Sie die Hangabtriebskraft.
– Lassen Sie den Wagen hinabrollen und zeichnen Sie die Bewegung als Video auf.
– Bestimmen Sie mithilfe einer Videoanalyse die Geschwindigkeit $v(t)$ und stellen Sie diese in einem t-v-Diagramm dar.
– Ermitteln Sie die mittlere Beschleunigung.
– Führen Sie den Versuch für verschiedene Neigungswinkel und Massen des Wagens durch und zeigen Sie, dass dabei immer $F = m \cdot a$ gilt.

V3 Beschleunigen

Materialien: Skateboard, Expander, Smartphone

Arbeitsauftrag:
– Messen Sie Ihre Masse und installieren Sie auf Ihrem Smartphone eine App zur Aufzeichnung von Beschleunigungen.
– Bestimmen Sie für einen Expander die Federkonstante D.
– Stellen Sie sich auf ein Skateboard und starten Sie die App zur Messung der Beschleunigung. Halten Sie ein Ende des Expanders, an dem Sie ein Mitschüler beschleunigt (▶1), während Sie ein anderer absichert. Dabei soll der Expander fotografiert werden. Ermitteln Sie die beschleunigende Kraft.
– Untersuchen Sie quantitativ und erörtern Sie die Genauigkeit, mit der $F = m \cdot a$ hier erfüllt ist.

Material A • Kraftstoß

Ein Ball mit der Masse 400 g fällt aus 1,5 m Höhe auf den Boden und springt wieder hoch. Beim Aufprall wirkt dabei vom Boden auf den Ball eine Kraft $F(t)$ (▶A1).

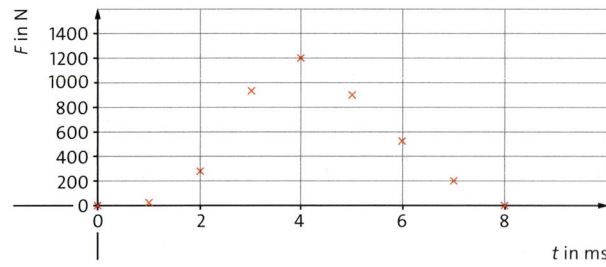

A1 t-F-Diagramm

1 ☑ Das Produkt $F \cdot \Delta t$ entspricht im Diagramm gerade der Fläche unter dem Graphen (▶A1).
a Bestimmen Sie mit einer geeigneten Methode die Fläche unter dem Graphen.
b Ermitteln Sie daraus die Änderung der Geschwindigkeit Δv des Balls.

2 ☑ Der Ball fällt zuvor mit einer bestimmten Geschwindigkeit auf den Boden.
a Bestimmen Sie die Geschwindigkeit des Balls beim Aufprall. Nehmen Sie hierzu einen freien Fall an.
b Bestimmen Sie die Geschwindigkeit, mit der der Ball vom Boden abhebt. Vergleichen Sie beide Werte.

Material B • Start der Saturn-V-Rakete

Am 21. Juli 1969 landeten mit NEIL ARMSTRONG und EDWIN ALDRIN die ersten Menschen auf dem Mond. Sie flogen mit der Saturn-V-Rakete dorthin. Diese Rakete hatte eine Startmasse von 2770 t.

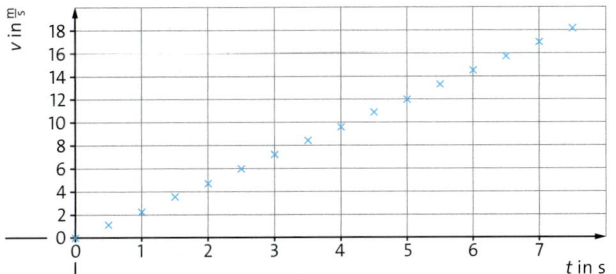

B1 Raketenstart: t-v-Diagramm

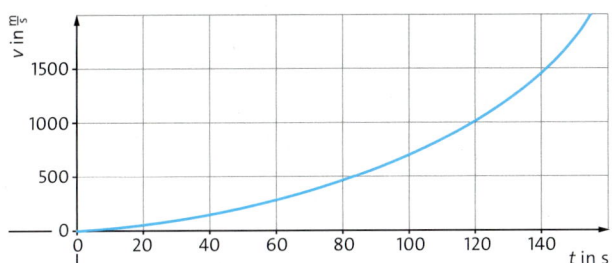

B2 Stufe 1 des Raketenstarts: t-v-Diagramm

1 ⬛ Die Rakete startete am 16. Juli senkrecht nach oben. Dabei nahm die Geschwindigkeit anfangs zu (▶B1).

a Begründen Sie anhand des Diagramms, dass die Bewegung in der Startphase gleichmäßig beschleunigt war und bestimmen Sie die Beschleunigung.

b Ermitteln Sie die Schubkraft der Rakete und beachten Sie dabei auch deren Gewichtskraft ($F_G = m \cdot g$).

2 Die erste Stufe der Rakete arbeitete 150 s lang. Dabei verbrannte sie gleichmäßig sehr viel Treibstoff und stieg weitgehend senkrecht auf. Die Geschwindigkeit wurde dabei aufgezeichnet (▶B2).

a ⬛ Erklären Sie, warum die Geschwindigkeit in ▶B2 mit der Zeit überproportional zunimmt.

b ⬛ Ermitteln Sie die momentane Beschleunigung der Rakete zum Zeitpunkt $t = 100$ s.

c ⬛ Bestimmen Sie die Masse, die die Rakete zum Zeitpunkt $t = 100$ s hat.

d ⬛ Berechnen Sie daraus, wie viel Treibstoff die Rakete pro Sekunde verbrennt und welche Masse die Rakete zum Zeitpunkt $t = 150$ s noch hat.

e ⬛ Trotz gleichmäßiger Verbrennung nimmt die von der Rakete aufgenommene Leistung mit der Zeit zu. Begründen Sie dies.

Material C • Anwendungen zur Grundgleichung der Mechanik

Bei der Anwendung der Grundgleichung der Mechanik gelten folgende zwei Punkte:

1. Falls auf den betrachteten Körper mehrere Kräfte wirken, dann muss F deren resultierende Kraft sein.
2. Man muss aus einem unbeschleunigten Bezugssystem die Beschleunigung messen.

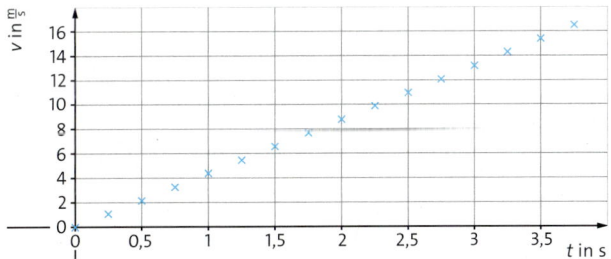

C1 t-v-Diagramm des Skifahrers

C2 Das Rohr schoss durch die Fahrerkabine.

1 Ein Skifahrer mit der Masse 80 kg fährt einen Hang mit einem Neigungswinkel von 30° hinab.

a ☐ Ermitteln Sie aus dem Geschwindigkeitsverlauf seine Beschleunigung (▶C1).

b ⬛ Zeigen Sie, dass hier für die folgenden drei Größen $F_H < m \cdot a$ gilt. (*Hinweis:* Nutzen Sie ▶1, S. 46).

c ⬛ Erklären Sie dies durch die Wirkung einer weiteren Kraft und bestimmen Sie deren Betrag.

2 ⬛ Auf der B 58 hatte ein abbiegender Bus einen Lkw übersehen. Dessen Fahrer bremste stark. Dabei schoss ein Rohr von hinten durch die Fahrerkabine (▶C2).

a Aus Sicht des Lkw-Fahrers wurde das Rohr nach vorne beschleunigt. Nach der Grundgleichung der Mechanik müsste hierfür eine Kraft die Ursache gewesen sein. Begründen Sie, dass dies nicht die Bremskraft sein kann. Begründen Sie mit dem Ausschlussverfahren, dass hier niemand eine Kraft auf das Rohr ausgeübt hat.

b Beschreiben Sie den Vorgang aus der Perspektive eines am Straßenrand stehenden Beobachters.

c Deuten Sie den Vorgang im Rahmen der Grundgleichung sowohl aus der Sicht des Fahrers als auch aus der des stehenden Beobachters.

2.2 Reibung und Trägheit

1 Curling: Bei der WM 2017

Die Spielerin schiebt den Curlingstein an, sodass er über das Eis gleitet. In 45,72 m oder 150 Fuß Entfernung befindet sich das Ziel, in dem der Stein zum Stehen kommen muss. Mit welcher Geschwindigkeit muss der Stein angeschoben werden?

Die Reibungskraft bewirkt ein Abbremsen, weshalb F_R und a hierbei negative Werte haben. Durch das negative Vorzeichen wird insgesamt die Strecke s positiv.

Reibungskraft • Durch das Anschieben des Steins zu Beginn wird dieser auf eine bestimmte Anfangsgeschwindigkeit beschleunigt. Nach dem Loslassen wirken eigentlich keine Kräfte mehr auf den Stein und er sollte sich gleichförmig fortbewegen. Alltagserfahrungen zeigen uns, dass solche Bewegungen irgendwann stoppen, denn auch zwischen dem Stein und der Eisoberfläche gibt es Reibung. Auf den Curlingstein wirkt eine **Reibungskraft**.

Diese Reibungskraft ist entgegengesetzt zur Bewegungsrichtung des Steins gerichtet. Das führt zu einer negativen Beschleunigung, also zum Abbremsen. Der Curlingstein bleibt irgendwann liegen. Den Betrag der Reibungskraft kann man experimentell bestimmen. Dazu zieht man mithilfe eines Zugschlittens den Stein an einem Federkraftmesser mit konstanter Geschwindigkeit über das Eis (▶ **2**). Der Federkraftmesser zeigt hier eine Reibungskraft von 3 N an.

> Reale Bewegungen sind nie gleichförmig. In der Realität wirkt immer eine Reibungskraft. Dadurch kommt ein Körper irgendwann zum Stillstand, wenn auf ihn keine weitere Kraft ausgeübt wird.

Gleiten – eine gleichmäßig beschleunigte Bewegung • Beim Gleiten wird auf den Curlingstein die Reibungskraft $F_R = -3\,\text{N}$ gegen die Bewegungsrichtung des Steins ausgeübt. Der Stein hat eine Masse von 20 kg. Also beträgt die Beschleunigung:

$$a = \frac{F_R}{m} = \frac{-3\,\text{N}}{20\,\text{kg}} = -0{,}15\,\frac{\text{m}}{\text{s}^2}.$$

Der Stein startet mit der gesuchten Geschwindigkeit v_0 und bewegt sich nach dem Loslassen mit einer Geschwindigkeit $v(t)$ weiter. Für $v(t)$ gilt:

$$v(t) = v_0 + a \cdot t = v_0 - 0{,}15\,\frac{\text{m}}{\text{s}^2} \cdot t.$$

Der Stein führt somit eine gleichmäßig beschleunigte Bewegung mit Anfangsgeschwindigkeit aus. Also nimmt die Geschwindigkeit linear mit der Zeit ab. Das ist beispielhaft für eine Anfangsgeschwindigkeit $v_0 = 4{,}5\,\frac{\text{m}}{\text{s}}$ in ▶ **3** gezeigt.

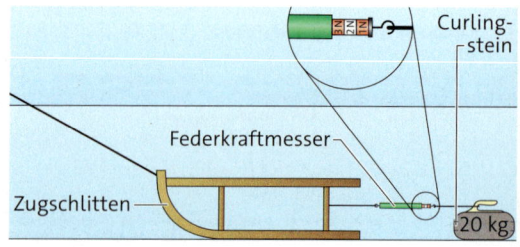

2 Skizze zur Messung der Reibungskraft

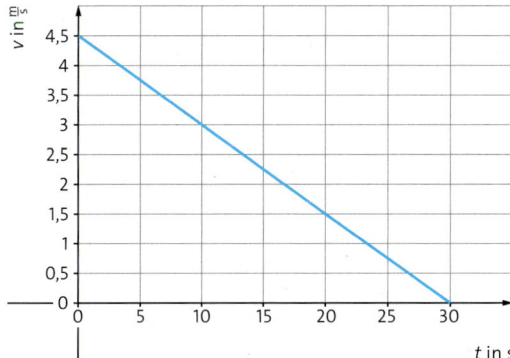

3 $v(t)$ beim Curlingstein beispielhaft für $v_0 = 4{,}5\,\frac{m}{s}$

Dauer und Strecke des Gleitens • Die Spielerin möchte den Stein so nah wie möglich an das Ziel bringen, d. h. er soll nach genau 45,72 m zum Stillstand kommen. Mithilfe der bekannten Bewegungsgesetze können wir daraus die Anfangsgeschwindigkeit, mit der der Stein losgelassen werden muss, berechnen.

Hierzu kann man sich folgende Überlegungen machen: Der Stein bleibt zu dem Zeitpunkt t_1 stehen, an dem der Graph in ▶ **3** die Zeitachse schneidet. Seine Geschwindigkeit ist dann null, sodass gilt:

$$0 = v(t_1) = v_0 + a \cdot t_1 = v_0 - 0{,}15\,\tfrac{m}{s^2} \cdot t_1.$$

Auflösen nach t_1 ergibt:

$$t_1 = \frac{v_0}{-a} = \frac{v_0}{0{,}15\,\frac{m}{s^2}}.$$

Zwischen der Gleitdauer t_1 und der Anfangsgeschwindigkeit besteht eine einfache Proportionalität: Der Stein gleitet umso länger, je größer die Anfangsgeschwindigkeit v_0 ist. Um mithilfe der Gleitdauer t_1 die zurückgelegte Strecke zu bestimmen, sollte man sich in Erinnerung rufen, dass die Fläche unter dem Graphen im t-v-Diagramm gerade dieser Strecke entspricht (▶ **3**).

Es ist die Fläche eines Dreiecks. Das Dreieck wird durch die Schnittstellen des Graphen mit der x- und y-Achse gebildet. Die Höhe ist die Anfangsgeschwindigkeit v_0 und die Grundseite ist die Dauer t_1 des Gleitens. Also gilt für die zurückgelegte Strecke:

$$s(t_1) = \tfrac{1}{2} \cdot v_0 \cdot t_1.$$

Wir setzen für t_1 den obigen Term ein und für $s(t_1)$ die gewünschte Strecke von 45,72 m:

$$45{,}72\,\text{m} = \tfrac{1}{2} \cdot \frac{v_0^2}{0{,}15\,\frac{m}{s^2}} = \frac{v_0^2}{0{,}30\,\frac{m}{s^2}}.$$

Auflösen nach v_0 ergibt die gesuchte Anfangsgeschwindigkeit:

$$v_0 = \sqrt{45{,}72\,\text{m} \cdot 0{,}3\,\tfrac{m}{s^2}} = 3{,}7\,\tfrac{m}{s}.$$

Damit haben wir unsere Ausgangsfrage beantwortet. Die Spielerin sollte den Curlingstein mit der Anfangsgeschwindigkeit $3{,}7\,\frac{m}{s}$ $(13{,}3\,\frac{km}{h})$ anschieben.

Bei dieser Geschwindigkeit handelt es sich natürlich nur um einen idealisierten Wert. In der Realität ist es nicht möglich, den Stein so exakt loszulassen, und die Reibungskraft ist auch nicht über die gesamte Strecke gleich. Durch Polieren der Eisfläche vor dem Stein kann diese sogar verändert werden (▶ **1**). Welche Auswirkungen hat das genau?

Verringerung der Reibung • Statt konkrete Werte in die hergeleitete Gleichung für die Strecke einzusetzen, formulieren wir eine allgemein gültige Beziehung:

$$s(t_1) = \tfrac{1}{2} \cdot v_0 \cdot t_1 = \tfrac{1}{2} \cdot \frac{v_0^2}{-a} = \tfrac{1}{2} \cdot v_0^2 \cdot \frac{m}{-F_R}.$$

Wenn wir den Curlingstein mit einer Geschwindigkeit v_0 anschieben, dann ist die insgesamt zurückgelegte Strecke also proportional zum Kehrwert des Betrages der Reibungskraft: $s(t) \sim \frac{1}{F_R}$.
Beispielsweise verdoppelt sich die zurückgelegte Strecke, wenn man die Reibungskraft halbiert. Das Polieren der Eisfläche kann also wirksam die vom Stein zurückgelegte Strecke vergrößern. Die Proportionalität deckt auch die ursprüngliche Ausgangssituation ab, bei der es keine Reibungskraft gibt ($F_R = 0$). Der Curlingstein würde sich in einer gleichförmigen Bewegung eine unendliche Strecke zurücklegen können. Dabei hätte der Stein zu jedem Zeitpunkt die Anfangsgeschwindigkeit v_0. Diesen Idealfall beschrieb bereits GALILEI (1564–1642) als das **Trägheitsprinzip:**

> Ein Körper behält seine geradlinig gleichförmige Bewegung bei – oder er bleibt in Ruhe –, solange keine Kraft auf ihn ausgeübt wird.

NEWTON hat die Mechanik durch drei Axiome charakterisiert. Das Trägheitsprinzip bezeichnet man als **1. NEWTON'sches Axiom.**

1 ☑ Ein Radler hat zusammen mit dem Fahrrad eine Masse von 80 kg. Er fährt mit $36\,\frac{km}{h}$ und macht eine Vollbremsung. Er steht nach 12 m.
  a Bestimmen Sie die Bremskraft.
  b Erläutern Sie, warum der Radler dabei fühlt, eine Beschleunigung nach vorne zu erfahren.

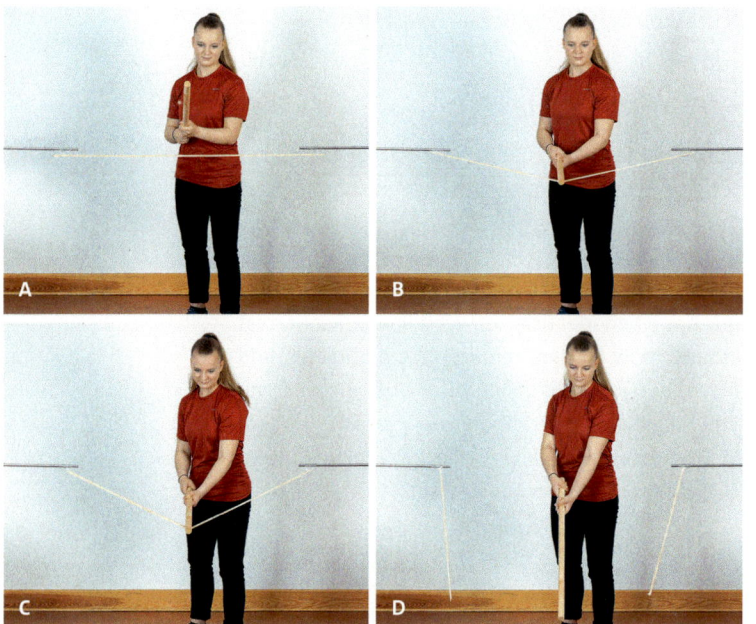

1 Eine lose angeklebte Holzleiste wird durchschlagen.

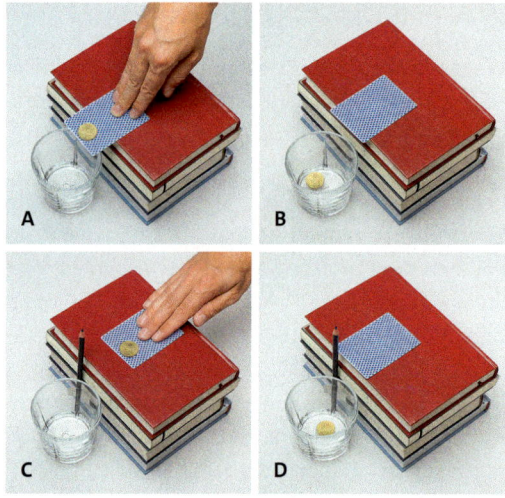

2 Die träge Münze fällt ins Glas.

3 Der träge Hammer treibt den Nagel in die Wand.

Trägheit und Kraftstoß • Das Trägheitsprinzip können wir durch einen Schlag auf eine Holzleiste deutlich machen. Wir kleben eine Holzleiste an den Enden mit Klebestreifen lose an zwei Stativstangen fest (▸**1**). Anschließend versuchen wir, die Leiste mit einer breiten Holzlatte zu durchschlagen. Wenn wir die Latte langsam bewegen, dann lösen sich die Klebestreifen und die Leiste fällt herunter. Bewegen wir dagegen die Latte schnell, dann bricht die Leiste in zwei Teile (▸**1**). Was genau geschieht hier?

Die dünne Leiste kann von der Mitte aus nur eine kleine Kraft an die Enden übertragen. Da außerdem die Zeitspanne Δt sehr klein ist, erfahren die Enden der Leiste nur einen kleinen Kraftstoß $F \cdot \Delta t$. Aus diesem ergibt sich wegen $F \cdot \Delta t = m \cdot \Delta v$ eine nur kleine Geschwindigkeitsänderung Δv für die Enden der Leiste. Diese bewegen sich daher kaum, während die Leistenmitte durch die Latte weit nach unten gedrückt wird. Das führt zum Bruch der Holzleiste.

1 ◪ Erläutern Sie mithilfe des Trägheitsprinzips, weshalb die Holzleiste (▸**1A**) beim Versuch, sie langsam mit der Latte zu durchschlagen, nur herunterfällt.

2 ◪ Jemand legt auf ein Glas erst eine Karte und darauf eine Münze (▸**2A**). Dann zieht er die Karte so weg, dass die Münze
• ins Glas fällt,
• nicht ins Glas fällt.
a Erklären Sie die beiden Versuche.
b Probieren Sie es selbst aus.

3 ◪ Jemand legt auf ein Podest eine Karte und darauf eine Münze (▸**2C**). Dann schiebt er die Karte so, dass die Münze
• ins Glas fällt,
• nicht ins Glas fällt.
a Probieren Sie es selbst aus.
b Begründen Sie den Unterschied zu ▸**2A**.

4 Die Person in ▸**3** möchte mit einem Hammer einen Nagel waagerecht in eine Wand schlagen.
a ◪ Erläutern Sie mit dem Trägheitsprinzip, wie die Person mit dem Hammer schlagen muss, damit sich der Nagel vorwärts bewegt.
b ◼ Entscheiden Sie begründet, ob der Nagel mithilfe der Gewichtskraft des Hammers bewegt wird.

Trägheitsprinzip in der Technik

Für das Trägheitsprinzip gibt es in der Technik eine Reihe interessanter Anwendungen. Sensoren, die im Smartphone verbaut sind, können nicht nur die Lage des Geräts bestimmen, sondern liefern Daten für Anwendungen. So kann das Smartphone als Messgerät beim Erfassen von Bewegungen dienen.

Auch im Alltag greift die Technik auf das Trägheitsprinzip zurück. Beispielsweise können Sie bei Ihren Fotos Verwackeln vermeiden, indem Sie eine Kamera mit einem Bildstabilisator nutzen (▶4). Verwackelte Fotos haben zwei Ursachen, für die es zwei passende Kompensationen gibt.

Eine Ursache ist eine seitliche Bewegung der Kamera. Diese Bewegung wird durch einen **Beschleunigungssensor** erfasst. Zur Kompensation werden die Linsen oder der Bildsensor durch kleine Motoren entsprechend bewegt. Der Beschleunigungssensor nutzt die Trägheit eines Körpers, der auf einer elastischen Befestigung beweglich angebracht ist (▶5). Beispielsweise bleibt der Körper bei einer Beschleunigung der Kamera nach rechts entsprechend dem Trägheitsprinzip etwas zurück. Dadurch verbiegt sich die elastische Halterung nach links. Diese Verbiegung wird im Sensor z. B. elektrisch erfasst und in die ursächliche Beschleunigung umgerechnet. Der Beschleunigungssensor kann auch verwendet werden, um die Gewichtskraft zu erfassen (▶5C).

Eine zweite Ursache für das Verwackeln eines Bildes beim Fotografieren ist eine drehende Bewegung der Kamera. Zur Messung bestimmt man den Drehwinkel $\Delta\alpha$, der während einer Zeitspanne Δt auftritt. Analog zur Geschwindigkeit bezeichnet man hier den Quotienten aus Drehwinkel und Zeitspanne als Winkelgeschwindigkeit ω. Es gilt $\omega = \frac{\Delta\alpha}{\Delta t}$. Die Einheit ist ein Grad pro Sekunde. Diese Winkelgeschwindigkeit wird beim Bildstabilisator durch einen sogenannten **Gyroskopsensor** erfasst. Zur Kompensation können Linsen durch kleine Motoren entsprechend bewegt werden.

Um die Funktionsprinzipien des Sensors zu erkennen, kann man einen Modellversuch durchführen. Wir befestigen auf einem Rolltisch ein Fadenpendel (▶6). Der Pendelkörper bewegt sich in eine Richtung, die innerhalb einer Ebene liegt, der sogenannten Pendelebene.
Während das Pendel schwingt, drehen wir den Tisch um die Achse, die lotrecht durch den Aufhängepunkt verläuft. Dabei bleibt gemäß dem Trägheitsprinzip die Geschwindigkeit des Pendelkörpers unverändert. Somit steht die Pendelebene unbewegt im Raum, während sich der Tisch dreht. So kann man die Drehgeschwindigkeit ermitteln. Beim Gyroskopsensor entspricht dem Tisch das Gehäuse des Sensors. Dem Faden entspricht eine elastische Halterung eines Probekörpers im Sensor (▶7).

4 Bildstabilisator

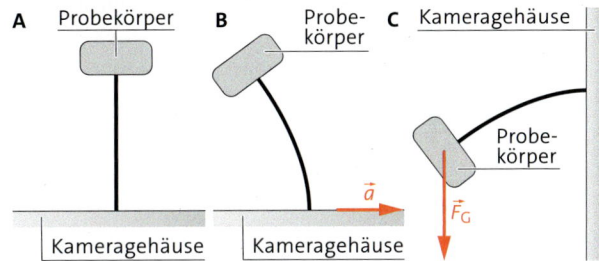

5 **A** Prinzip eines Beschleunigungssensors: **B** beschleunigt, **C** geneigt

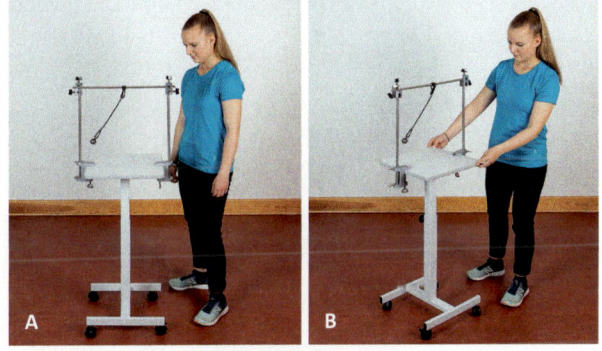

6 Die Pendelebene bleibt fest im Raum.

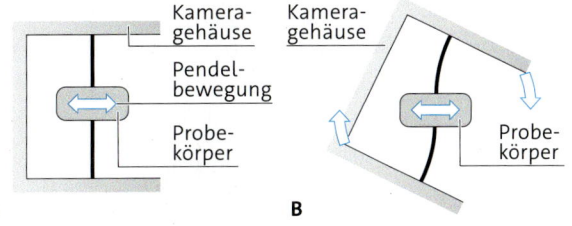

7 Prinzip eines Gyroskopsensors

Versuch A • Auswirkung der Trägheit bei verschiedenen Bewegungen

V1 Trägheit beim Anfahren

Materialien: Wasserwaage, Smartphone, Fahrzeug, z. B. Auto, Bus oder Zug

Arbeitsauftrag:

– Installieren Sie auf Ihrem Smartphone eine App zur Aufzeichnung der Beschleunigung.

– Zeichnen Sie die Beschleunigung beim Anfahren im Zug (oder in einem anderen Fahrzeug) auf.

– Legen Sie beim Anfahren eine Wasserwaage auf den Tisch und beobachten Sie die Luftblase (▶ 2). Erklären Sie die Beobachtung.

– Stellen Sie sich in den Zug, schließen Sie die Augen und balancieren Sie beim Anfahren. Beschreiben Sie, was Sie spüren und wie Sie balancieren.

– In Ihrem Gleichgewichtsorgan befindet sich das Maculaorgan (▶ 1). Es enthält eine elastische Basis, auf der sich Kalkkristalle befinden. In der elastischen Basis befinden sich Nervenzellen, die Verformungen signalisieren. Erklären Sie, wie dieses Organ Beschleunigungen erfasst und beim Balancieren hilft.

– Erklären Sie die Funktionsweise der Wasserwaagen-App.

V2 Trägheit im Karussell

Materialien: Wasserwaage, Smartphone, Stoppuhr, Kinderkarussell (Spielplatz)

Arbeitsauftrag:

– Installieren Sie auf Ihrem Smartphone eine App zur Aufzeichnung der Winkelgeschwindigkeit, also eine Gyroskopsensor-App und eine Wasserwaagen-App.

– Fahren Sie mit dem Karussell und messen Sie dabei die Winkelgeschwindigkeit mit der Stoppuhr sowie mit der Gyroskopsensor-App (▶ 3). Vergleichen Sie die Ergebnisse miteinander.

– Legen Sie bei der Fahrt eine Wasserwaage im Karussell ab und halten Sie diese fest. Beobachten Sie die Luftblase. Testen Sie verschiedene Ausrichtungen der Wasserwaage. Deuten Sie die Beobachtungen mithilfe der Beschleunigung.

– Führen Sie den gleichen Versuch mit einer Wasserwaagen-App durch.

– Schließen Sie die Augen, beschreiben Sie, was Sie bei konstantem Betrag der Geschwindigkeit spüren und deuten Sie das mit dem Maculaorgan.

V3 Flachschuss beim Fußball

Materialien: Fußball, Smartphone

Arbeitsauftrag:

– Legen Sie einen Fußball auf den Sportplatz, platzieren Sie eine Markierung einen Meter vor dem Ball in Schussrichtung.

– Schießen Sie den Ball möglichst schnell flach ab, während ein Mitschüler von der Seite aus ein Video erstellt.

– Bestimmen Sie mithilfe von Herstellerangaben, welche Zeitspanne zwischen zwei aufeinanderfolgenden Bildern auftritt. Ermitteln Sie daraus die Abschussgeschwindigkeit.

– Schießen Sie den Ball wieder möglichst schnell ab, wobei Sie weder Anlauf nehmen, noch mit dem Bein ausholen. Stattdessen stellen Sie einen Fuß anliegend hinter den Ball und beschleunigen. Dabei bestimmen Sie wie oben die Abschussgeschwindigkeit.

– Vergleichen Sie die beiden Abschussgeschwindigkeiten und erklären Sie den Unterschied mit dem Trägheitsprinzip.

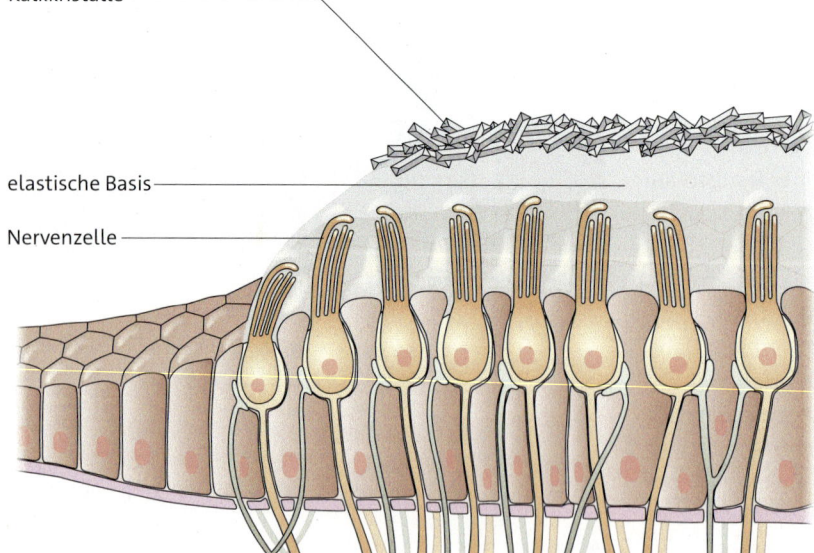

Kalkkristalle

elastische Basis

Nervenzelle

1 Maculaorgan

2 Wasserwaagen-/App

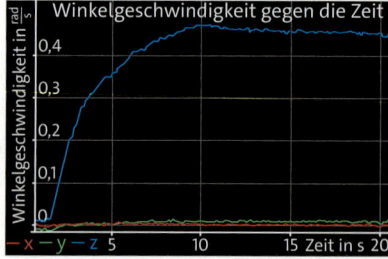

3 Gyroskopsensor-App

Material A • Bogengangsorgan

Im menschlichen Innenohr befinden sich die Gleichgewichtsorgane. Diese bestehen aus dem Maculaorgan und dem Bogengangsorgan (▶A1).

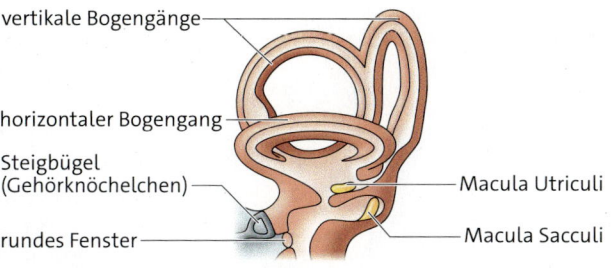

vertikale Bogengänge

horizontaler Bogengang

Steigbügel (Gehörknöchelchen)

rundes Fenster

Macula Utriculi

Macula Sacculi

A1 Bogengangsorgan

1 ☑ Die Bogengänge sind im Wesentlichen mit Flüssigkeit gefüllte ringförmige Röhren. In den Röhren befindliche Nervenzellen erfassen jede Bewegung der Flüssigkeit innerhalb der Röhre.
a Begründen Sie mit dem Trägheitsprinzip, dass das Bogengangsorgan Drehungen des Körpers (des Kopfs) erfassen kann (Änderung der Winkelgeschwindigkeit).
b Erklären Sie, warum sich in jedem Ohr drei Bogengänge befinden.
c Beschreiben Sie eine Wahrnehmung, die durch Signale aus den Bogengängen entsteht.

Material B • Schwingkölbchen

Schnaken haben hinter den beiden Flügeln zwei zusätzliche Organe, die Schwingkölbchen (▶B1). Diese schwingen ungefähr 200-mal pro Sekunde auf und ab.

B1 Schwingkölbchen einer Schnake (Pfeile)

1 ☑ Begründen Sie, dass die Schnake mit den Schwingkölbchen Drehungen ihres Körpers erfassen kann.

2 ■ Im Nebel kollidieren ständig winzige Nebeltröpfchen mit den Schwingkölbchen und beeinflussen deren Bewegung. Obwohl Schnaken im Regen bei viel größeren Regentropfen fliegen können, straucheln sie im Nebel. Bestätigen Sie damit begründet, dass die Schwingkölbchen der Erfassung von Drehungen dienen.

3 a ☑ Schwingkölbchen können eine Geschwindigkeit von $0{,}1\,\frac{m}{s}$ erreichen. Diese ändern in 2,5 ms ihre Richtung. Begründen Sie dies mit den gegebenen Informationen.
b ☑ Ermitteln Sie die Beschleunigung, die für diese schnelle Bewegungsumkehr nötig ist.
c ■ Eine möglichst hohe Geschwindigkeit der Schwingkölbchen ist günstig für eine genaue Erfassung der Winkelgeschwindigkeit. Erklären Sie.

Material C • Sternschnuppe und Meteoritenfall

Am 15. März 2015 wurde eine Sternschnuppe beobachtet. Dabei entstand am Himmel in 16 s eine 300 km lange Leuchtspur (▶C1). Die Ursache war ein Meteorit, der die Erdatmosphäre traf. Durch die Luftreibung kam es zum Glühen und die Leuchtspur entstand.

C1 Leuchtspur eines Meteoriten

1 ☑ Erklären Sie mithilfe des Trägheitsprinzips, warum die Leuchtspur so lang war.

2 ☑ Der Körper trat mit einer Geschwindigkeit von $21\,600\,\frac{m}{s}$ in die Atmosphäre ein. Gehen Sie dabei näherungsweise von einer gleichmäßig beschleunigten Bewegung aus.
a Bestimmen Sie die Beschleunigung, die der Meteorit in der Atmosphäre erfuhr.
b Ermitteln Sie die nach 16 s erreichte Geschwindigkeit.
c Berechnen Sie die Reibungskraft, mit der der Körper ($m \approx 100\,kg$) abgebremst wurde.

Reibungskräfte

1 Tauziehen

Die Jugendlichen wollen das Tauziehen gewinnen. Wie können sie eine möglichst große Kraft am Seil zur Wirkung bringen?

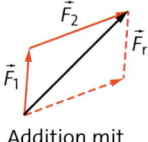

Addition mit Kräfteparallelogramm

Addition mit Kräftedreieck

2 Addition zweier Kräfte

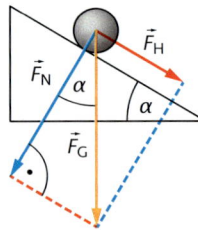

3 Beispiel für eine Kräftezerlegung: Die Gewichtskraft $\vec{F}_G$ wird in die Normalkraft $\vec{F}_N$ und die Hangabtriebskraft $\vec{F}_H$ zerlegt.

Kräfte beim Tauziehen • Beim Tauziehen geht es darum, das Seil bis zu einem bestimmten Punkt auf die eigene Seite zu ziehen. Hierzu ziehen die Teilnehmenden mit ihrer Kraft am jeweiligen Ende des Seils. Beim Tauziehen sind deshalb verschiedene Kräfte beteiligt, die man betrachten kann.

Kräfte können nur an ihrer Wirkung erkannt werden, z. B. durch das gespannte Seil oder den Fuß, der sich in den Sand gräbt. Greifen dabei mehrere Kräfte an einem Punkt an, addieren sie sich zu einer resultierenden Kraft (▶ **2**). Nur ihre Wirkung ist messbar. Umgekehrt kann eine Kraft deshalb auch in Teilkräfte zerlegt werden (▶ **3**). Das haben wir z. B. schon für die wirkenden Kräfte am Hang genutzt. Da Kräfte vektorielle Größen sind, müssen für ihre Addition und Zerlegung die Richtung beachtet werden.

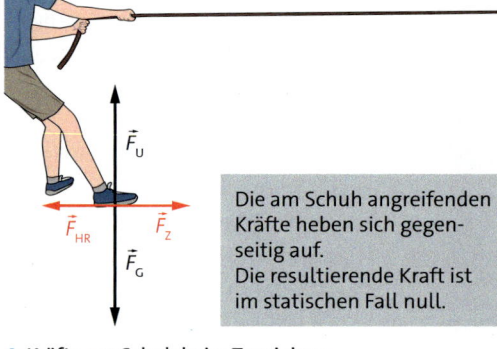

Die am Schuh angreifenden Kräfte heben sich gegenseitig auf.
Die resultierende Kraft ist im statischen Fall null.

4 Kräfte am Schuh beim Tauziehen

Wir stellen zunächst zusammen, welche Kräfte dabei am Körper angreifen. Hierzu wählen wir als Angriffspunkt einen Schuh (▶ **4**). Wir untersuchen also nicht die Übertragung von Kräften innerhalb des Körpers.

Von der gegnerischen Mannschaft wird eine Zugkraft $\vec{F}_Z$ auf das Seil zur Wirkung gebracht, die den Körper des Sportlers nach vorne zieht. Er kann sich dieser Zugkraft entgegenstellen, weil die Haftreibung seiner Schuhe ihn festhält. Nur dadurch kann er selbst mit gleich großer Kraft am Seil ziehen wie der Gegner. Nach hinten wirkt also die **Haftreibungskraft** $\vec{F}_{HR}$. Wir betrachten zunächst eine Situation ohne Beschleunigung, wenn also beide Mannschaften mit gerade gleich großer Kraft ziehen. Dann sind die Beträge dieser beiden Kräfte gleich groß. So lange der Sportler sich nicht bewegt, halten Haftreibungskraft und Zugkraft am Schuh sich die Waage. Je größer die Zugkraft ist, desto größer ist demzufolge auch die Haftreibungskraft. Nach unten wirkt die Gewichtskraft $\vec{F}_G = m \cdot \vec{g}$. Dieser wirkt von unten eine gleich große Kraft $\vec{F}_U$ entgegen, mit der der Erdboden gegen den Schuh drückt (▶ **4**).

Um die Zugkraft $\vec{F}_Z$ zu maximieren, muss daher auch die Reibungskraft maximiert werden. Diese hängt von den Materialien des Schuhs und des Untergrunds, von der Masse des Sportlers sowie von der Art der Reibung ab.

Modellversuche • In einem Modellversuch wird die Haftreibungskraft des Schuhs untersucht. Wir vermuten, dass die Gewichtskraft Einfluss darauf hat, da schwere Gegenstände nur mit einer großen Kraft angeschoben werden können. Hierzu beschweren wir einen Schuh mit verschiedenen Massestücke und erfassen mit einem Federkraftmesser die Zugkraft, bis zu der sich der Schuh gerade nicht bewegt. Das entspricht dann der maximalen Haftreibungskraft F_{HR} (▶5). In einer Versuchsreihe variieren wir die Masse m und stellen F_{HR} abhängig von m im Diagramm dar (▶6).

Das Diagramm zeigt, dass die Haftreibungskraft proportional zur Gewichtskraft ist (▶6). Das deuten wir wie folgt: Die Gewichtskraft drückt den Schuh senkrecht an den Fußboden. Dadurch kann die Kontaktfläche eine Haftreibungskraft ausüben, die umso größer ist, je stärker der Schuh an den Boden gedrückt wird.

Die maximale Haftreibungskraft F_{HR} ist für eine bestimmte Masse umso größer, je besser das Material des Schuhs auf dem Boden haftet. Die Gerade im Diagramm hat dann für dieses Material eine größere Steigung (▶6). Man nennt sie **Haftreibungskoeffizient** μ_{HR}. Beispielsweise ist für den Turnschuh $\mu_{HR} = 0,7$ und für den Lederschuh $\mu_{HR} = 0,5$.

Eine Person mit einer Masse von 65 kg kann bei einem Haftreibungskoeffizienten von 0,7 dann folgende Haftreibungskraft zur Wirkung bringen:

$$F_{HR} = \mu_{HR} \cdot 65\,\text{kg} \cdot 9,8\,\tfrac{\text{N}}{\text{kg}} = 509,6\,\text{N}.$$

Gleitreibungskraft • Gerät der Schuh ins Rutschen, also in Bewegung, wirkt statt der Haftreibungskraft die **Gleitreibungskraft** $\vec{F}_{GR}$. Zur Untersuchung der **Gleitreibungskraft** führen wir ein analoges Experiment durch. Diesmal ziehen wir am Schuh mit einer Zugkraft F_Z so, dass der Schuh sich mit konstanter Geschwindigkeit bewegt. Als Ergebnis erhalten wir wieder eine Proportionalität der Gleitreibungskraft zur Gewichtskraft. Entsprechend nennt man die Steigung dieser Geraden **Gleitreibungskoeffizient** μ_{GR}. Typische Werte zeigt die ▶7. Wir sehen, dass der Gleitreibungskoeffizient kleiner ist als der Haftreibungskoeffizient.

Bei den Versuchen drückt die Gewichtskraft den Schuh senkrecht auf den Boden, allgemein kann dies wie am Hang auch eine Normalkraft $\vec{F}_N$ sein (▶3).

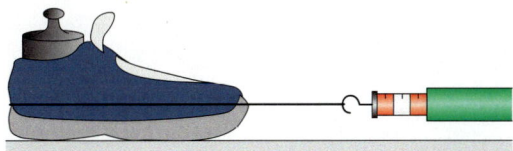

5 Modellversuch zum Tauziehen

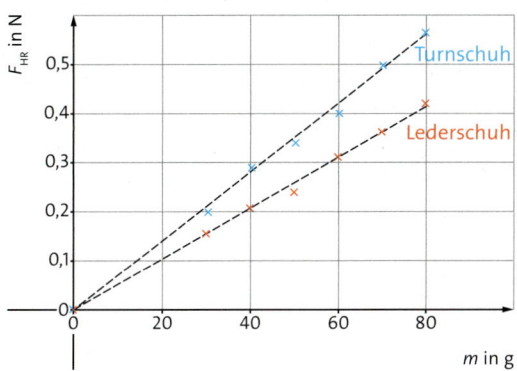

6 Messwerte: Turnschuh (blau), Lederschuh (rot)

	μ_{HR}	μ_{GR}
Reifen auf trockener Straße	0,8	0,5
Reifen auf nasser Straße	0,5	0,2
Reifen auf Eis	0,1	0,05
Gummi auf trockenem Beton	1,0	0,8
Gummi auf nassem Beton	0,3	0,25
Leder auf Metall	0,6	0,4
Stahl auf Eis	0,03	0,01

7 Haft- und Gleitreibungskoeffizienten (Beispielwerte)

Reibungskoeffizienten sind vom Material abhängig, sie können z. B. je nach Asphaltsorte und Reifenmaterial in einem weiten Bereich liegen.

Die Haftreibungskraft F_{HR} ist das Produkt aus dem Haftreibungskoeffizienten μ_{HR} und der Normalkraft F_N: $F_{HR} = \mu_{HR} \cdot F_N$.
Die Gleitreibungskraft F_{GR} ist das Produkt aus dem Gleitreibungskoeffizienten μ_{GR} und der Normalkraft F_N: $F_{GR} = \mu_{GR} \cdot F_N$.

1 ◢ Ein 300 g schwerer Gegenstand steht auf einer schiefen Ebene und fängt bei einem Neigungswinkel von 30° an zu rutschen.
a Fertigen Sie eine Skizze mit Kraftvektoren vor dem Rutschen und im Rutschen an.
b Berechnen Sie die maximale Haftreibungskraft und den Haftreibungskoeffizienten.

Körper	c_W-Wert
Fallschirm	1,33
Stehender Mensch	0,78
Fahrrad	0,6
Kleinbus	0,5
1-Liter-Auto	0,159
Flugzeug	0,08
Pinguin	0,03

1 c_W-Werte

2 Viele Waren werden auf der Straße transportiert.

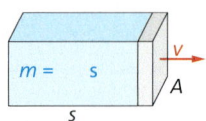

3 Zur Ermittlung der Luftreibung

Ein Körper mit einem Volumen V und einer Dichte ϱ hat folgende Masse: $m = \varrho \cdot V$.

Rollreibung und Rollreibungskraft • Viele Fortbewegungsmittel wie Pkws, Lkws, Busse, Fahrräder oder Roller haben Räder, durch die die Bewegung stattfindet. Beim Abrollen der Räder tritt – ähnlich zur Gleitreibungskraft – eine **Rollreibungskraft** F_{RR} auf. Sie wirkt entgegengesetzt zur Bewegungsrichtung und sorgt u. a. dafür, dass ein Fahrzeug ohne Antriebskraft irgendwann zum Stehen kommt: Es rollt aus.

Ähnlich wie bei der Gleitreibung kann man auch diese Kraft bestimmen und zwar als Produkt aus der Normalkraft und einem Rollreibungskoeffizienten μ_{RR}. Bei Stahlrädern auf Schienen beträgt dieser $\mu_{RR} = 0{,}001$ und bei Reifen auf Asphalt ist $\mu_{RR} = 0{,}01$. Vergleicht man z. B. für eine Ladung von 10 t, die von ihr verursachte Rollreibungskraft beim Transport mit der Bahn mit dem Transport mit dem Lkw, erhalten wir eine 10-mal so große Kraft:

Bahn: $F_{RR} = 0{,}001 \cdot 10\,000\,\text{kg} \cdot 9{,}8\,\frac{\text{N}}{\text{kg}} = 98{,}0\,\text{N}$.
Lkw: $F_{RR} = 0{,}01 \cdot 10\,000\,\text{kg} \cdot 9{,}8\,\frac{\text{N}}{\text{kg}} = 980\,\text{N}$.

Damit diese Kraft beim Transport zusätzlich aufgebracht werden kann, benötigt man Energie. Der genaue Betrag hängt dabei von der zurückgelegten Strecke ab: $E = E_{RR} = F_{RR} \cdot s$. Auf einer Strecke von $s = 1000\,\text{km}$ wird für den Lkw im Vergleich zur Bahn auch die 10-fache Energie benötigt, um gegen die Reibungskraft zu arbeiten:

Bahn: $E_{RR} = F_{RR} \cdot s = 98{,}0\,\text{MJ} = 27{,}22\,\text{kWh}$.
Lkw: $E_{RR} = 980\,\text{MJ} = 272{,}2\,\text{kWh}$.

Es macht also einen großen Unterschied in der Umweltbilanz von Warengütern, wenn diese auf der Schiene statt auf der Straße transportiert werden.

Luftreibung • Neben der Rollreibung spielt beim Transport auch die Luftreibung eine Rolle. Hierfür entwickeln wir mit einer einfachen Überlegung eine Formel: Wenn sich eine Platte mit einer Geschwindigkeit v und einer Querschnittsfläche A um eine Strecke s bewegt, dann wird die in dem überstrichenen Volumen $V = s \cdot A$ befindliche Luft ungefähr auf die Geschwindigkeit v gebracht (►**3**). Diese Luft hat eine Dichte von $\varrho = 1{,}3\,\frac{\text{kg}}{\text{m}^3}$ und nimmt daher folgende Bewegungsenergie auf:

$$E_{LR} = \tfrac{1}{2} \cdot m \cdot v^2 = \tfrac{1}{2} \cdot \varrho \cdot V \cdot v^2 = \tfrac{1}{2} \varrho \cdot s \cdot A \cdot v^2.$$

Diese Energie ist gleich dem Produkt aus der Reibungskraft F_{LR} und der Strecke s. Also ist die Luftreibungskraft gleich E_{LR} geteilt durch s:

$$F_{LR} = \tfrac{1}{2} \cdot \varrho \cdot A \cdot v^2.$$

Wenn man die Platte durch einen stromlinienförmigen Körper mit gleicher Querschnittsfläche ersetzt, denn ist die Luftreibungskraft ein wenig geringer. Das beschreibt man durch den sogenannten c_W-Wert als Faktor (►**1**):

$$F_{LR} = \tfrac{1}{2} \cdot c_W \cdot A \cdot \varrho \cdot v^2.$$

Bei unserem Beispiel gehen wir von einer Fläche $A = 10\,\text{m}^2$, einer Geschwindigkeit von $72\,\frac{\text{km}}{\text{h}}$ sowie einem c_W-Wert von 1 aus und berechnen:

$$F_{LR} = \tfrac{1}{2} \cdot 10\,\text{m}^2 \cdot \frac{1{,}3\,\text{kg}}{\text{m}^3} \cdot (20\,\tfrac{\text{m}}{\text{s}})^2 = 2600\,\text{N}.$$

Wie oben bestimmen wir die Energie:

$$E_{LR} = F_{LR} \cdot s = 2600\,\text{N} \cdot 1000\,\text{km} = 2600\,\text{MJ} = 722\,\text{kWh}.$$

Eine Lokomotive kann viele Waggons ziehen, wobei jeder im Windschatten rollt. Daher benötigt ein Transport mit der Bahn weniger Energie aufgrund der Luftreibung als ein Transport per Lkw.

> Reibungskräfte wirken immer entgegengesetzt der Bewegungsrichtung. Dadurch entstehen bei einer Bewegung zusätzliche Energieaufwände.

1 ☐ Ein Fahrrad mit Fahrer hat die Masse 70 kg, die Querschnittsfläche von $0{,}5\,\text{m}^2$ und die Rollreibungskraft 3 N.
a Bestimmen Sie den Rollreibungskoeffizienten.
b Ermitteln Sie für einen c_W-Wert von 1 und eine Geschwindigkeit von $18\,\frac{\text{km}}{\text{h}}$ die Luftreibungskraft.

Versuch A • Untersuchung von Reibungskräften

V1 Gesetz von Stokes

Materialien: Hohes Glas mit Wasser, Lineal, Stoppuhr, einige Gramm Käse, Waage

Arbeitsauftrag:

– Formen Sie eine Käsekugel mit einem Durchmesser von etwa 1 mm (▶ 4). Befestigen Sie das Lineal lotrecht am Wasserglas. Lassen Sie die Kugel im Wasser sinken. Erstellen Sie ein *t-s*-Diagramm und bestimmen Sie die sich langfristig einstellende Geschwindigkeit *v*.

– Ermitteln Sie die Masse der Kugel. Bestimmen Sie daraus die sich langfristig einstellende Reibungskraft.

– Führen Sie den Versuch mit Kugeln unterschiedlicher Radien *r* durch. Bestätigen Sie, dass folgender Quotient konstant ist: $\eta = \frac{F_R}{6\pi \cdot r \cdot v}$.

– η ist die dynamische Viskosität. Ermitteln Sie ihn für Wasser.

V1 Haftreibungskraft

Materialien: Brett, Geodreieck, Schuhe

Arbeitsauftrag:

– Stellen Sie den Schuh auf das Brett und heben Sie das Brett an einer Seite etwas an (▶ 5).

– Vergrößern Sie die Neigung des Bretts, bis der Schuh gerade anfängt zu rutschen und messen Sie den entsprechenden Neigungswinkel φ.

– Begründen Sie, dass für die Haftreibungskraft gilt: $F_{HR} = m \cdot g \cdot \sin \varphi$.

– Begründen Sie, dass für den Haftreibungskoeffizienten gilt: $\mu_{HR} = \tan \varphi$.

– Wenn der Schuh rutscht, dann können Sie diesen durch Absenken der Platte wieder anhalten. Überprüfen Sie dies.

– Bestimmen Sie den dazugehörigen Neigungswinkel φ und ermitteln sie daraus den Gleitreibungskoeffizienten μ_{GR}.

V1 Gleitreibungskraft

Materialien: Langes Brett, Smartphone

Arbeitsauftrag:

– Installieren Sie eine App zur Aufzeichnung der Beschleunigung. Legen Sie das Phone auf das Brett, starten Sie die App und heben Sie das Brett an einer Seite gleichmäßig an (▶ 5), bis das Phone gerade anfängt zu rutschen. Behalten Sie die Neigung bei. Beschreiben Sie das aufgezeichnete *t-a*-Diagramm (▶ 6).

– Zeigen Sie, dass die Haftreibungskraft F_{HR} gleich dem Produkt aus der Masse *m* des Phones sowie dem aufgezeichneten Spitzenwert der Beschleunigung ist, und ermitteln Sie F_{HR}.

– Begründen Sie mithilfe des *t-a*-Diagramms, dass auf das rutschende Smartphone eine fast konstante Gleitreibungskraft F_{GR} wirkt.

– Bestimmen Sie die Gleitreibungskraft.

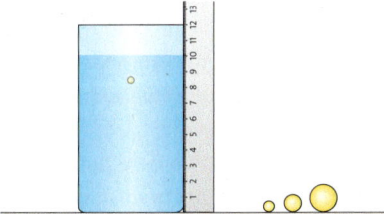

4 Sinkende Kugel

5 Rutscht der Schuh?

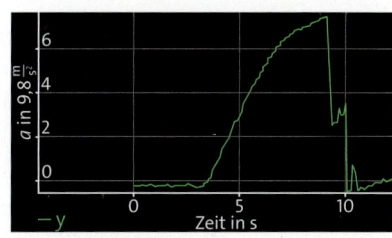

6 *t-a*-Diagramm

Material A • Befestigen von Ladung

Drei Surfbretter mit einer Gesamtmasse von 30 kg werden auf einem Dachgepäckträger mit Spanngurten niedergezogen (▶ A1).

A1 Ladung mit Spanngurten befestigt

1 Die Spanngurte üben auf die Bretter eine Normalkraft von 300 N aus.

a ☐ Berechnen Sie die maximale Haftreibungskraft für $\mu_{HR} = 0,8$.

b ■ Auf die Spanngurte wirkt an den Enden beim Dachgepäckträger eine größere Kraft als 300 N. Ermitteln Sie den Betrag.
Hinweis: Der Neigungswinkel der Spanngurte beträgt näherungsweise 45°.

c ◪ Analysieren Sie die Befestigung für eine Beschleunigung von $-8\,\frac{m}{s^2}$.

2.4 Dynamik im Straßenverkehr

Die beiden Autos geraten in eine Gruppe Elche. Als Fahrender im hinteren Fahrzeug muss man nicht nur aufpassen, dass man mit keinem Elch kollidiert, sondern auch vermeiden, auf das bremsende Fahrzeug aufzufahren. Wie kann man zumindest diese Gefahr verringern?

Unfallgefahr • Im Straßenverkehr kann jederzeit etwas das vorausfahrende Fahrzeug zum Bremsen zwingen. Um die Gefahr eines Auffahrunfalls wirksam zu vermeiden, müssen Geschwindigkeit und Abstand aneinander angepasst sein. Das wird leider nicht immer beachtet. So führt das Statistische Bundesamt etwa 30 % der Verkehrstoten in Deutschland auf eine unangepasste oder überhöhte Geschwindigkeit bzw. einen zu geringen Abstand zurück.

Welchen Sicherheitsabstand sollten zwei fahrende Autos aber haben, damit im Gefahrenfall ein Auffahren vermieden werden kann?

Sicherheitsabstand • Für einen sinnvollen Sicherheitsabstand lernt man in der Fahrschule folgende Faustformel: Der Sicherheitsabstand sollte außerhalb geschlossener Ortschaften den halben Tachostand in Metern betragen. Man nennt diese Regel noch kürzer **„halber Tachostand"**. Fährt man z. B. mit einer Geschwindigkeit von maximal 80 $\frac{km}{h}$, sollte man zum vorausfahrenden Auto einen Abstand von 40 m haben. Die Gefahren, die beim Unterschreiten auftreten, zeigen wir an folgendem Beispiel: Wir nehmen an, dass zwei Autos im Abstand von zwei Pkw-Längen fahren. Das sind etwa 9 m.

Reaktionsweg • Querende Elche kann man vielleicht auch als weiter entfernter Fahrender sehen, aber nehmen wir an, ein Wildschwein bricht aus dem Gebüsch.

Wir gehen davon aus, dass das vordere Auto in der Gefahrensituation plötzlich stark bremst, während das Tier für uns im nachfolgenden Fahrzeug verdeckt ist. Daher kann man nur auf die Bremslichter des vorderen Fahrzeugs reagieren. Man fährt also während der Reaktionszeit mit 80 $\frac{km}{h}$ auf das vordere Auto zu. Die dabei zurück gelegte Strecke ist der sogenannte **Reaktionsweg**. Häufig geht man dabei von einer Reaktionszeit von 1 s aus, weil man nicht die ganze Zeit mit einer Gefahrensituation rechnet und man deshalb einen Moment länger braucht („Schrecksekunde"). Dann beträgt der Reaktionsweg s_R für uns im hinteren Auto:

$$s_R = v \cdot t = \frac{80}{3,6}\,\frac{m}{s} \cdot 1\,s = 22,2\,m\,.$$

Durch die notwendige Umrechnung der Geschwindigkeit in $\frac{m}{s}$ gibt es für den Reaktionsweg auch eine Faustformel: Man teilt den Tachostand durch 10, multipliziert mit 3 und erhält den Reaktionsweg s_R in Metern. Für eine Geschwindigkeit von 80 $\frac{km}{h}$ berechnen wir: $\frac{80}{10} \cdot 3\,m = 24\,m$.

Bei einem Abstand von nur 9 m würde man auf das vordere Auto auffahren. Bei dem empfohlenen „halber-Tacho-Abstand" von 40 m, bliebe genug Zeit zur Reaktion, damit man selbst den Bremsvorgang rechtzeitig einleiten kann.

Der Sicherheitsabstand nützt also nur, wenn er mindestens gleich dem Reaktionsweg ist. Wer zu dicht auffährt, kann nicht mehr rechtzeitig reagieren und gefährdet sich und andere im Straßenverkehr.

> Wer die Faustregel „halber Tachostand" einhält, kann trotz der Reaktionszeit noch rechtzeitig bremsen und einen Auffahrunfall vermeiden.

Anhalteweg • In unserem Beispiel haben wir im hinteren Fahrzeug auf das Bremsen des vorausfahrenden Autos reagiert. Der Bremsweg war für beide Fahrzeuge dann (in etwa) gleich. Wir untersuchen nun, ob die obige Faustregel auch schützt, wenn das vorausfahrende Auto ohne Bremsweg abrupt stehenbleibt, z. B. weil es auf ein Hindernis auffährt. Damit man im hinteren Fahrzeug nicht auch auffährt, müsste man einen Sicherheitsabstand einhalten, der dem gesamten Anhalteweg entspricht: Dieser setzt sich aus dem Reaktionsweg und dem Bremsweg zusammen.

Der Bremsweg hängt vom Zustand der Bremsen und Reifen, vom Straßenbelag, vom Wetter und vom Bremsverhalten ab. Wir gehen vom ungünstigsten Fall blockierender Räder aus. Dabei gleiten die Räder über den Asphalt. Der Gleitreibungskoeffizient ist dann etwa $\mu_{GR} = 0{,}5$. Damit erhalten wir für die Bremskraft folgende Formel:

$$F = -\mu_{GR} \cdot m \cdot g.$$

Mithilfe der Grundgleichung der Mechanik leiten wir für die Bremsbeschleunigung her:

$$a = \frac{F}{m} = \frac{-\mu_{GR} \cdot m \cdot g}{m} = -\mu_{GR} \cdot g = -0{,}5 \cdot g.$$

Damit nimmt die Geschwindigkeit wie folgt ab:

$$v(t) = v_0 + a \cdot t = v_0 - 0{,}5 \cdot g \cdot t.$$

Ist die Anfangsgeschwindigkeit $v_0 = 80 \frac{km}{h} = 22{,}2 \frac{m}{s}$, beträgt v nach $t_B = 4{,}5$ s null (▶ **2**). Mit abnehmender Geschwindigkeit sinkt auch der Streckenzuwachs (▶ **3**). Bis zum Stillstand nach 4,5 s hat das Auto den Bremsweg s_B von 50 m zurückgelegt. Der Anhalteweg s_A ergibt sich wie folgt:

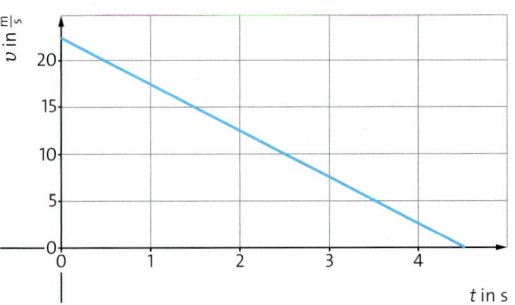

2 Verlauf der Geschwindigkeit beim Bremsen

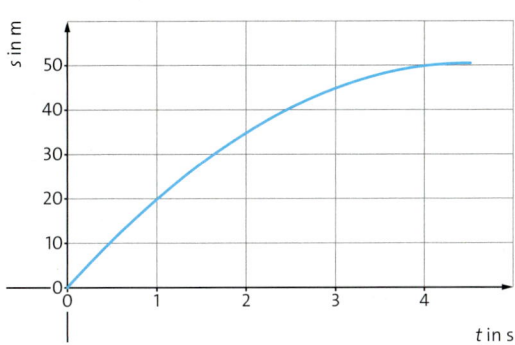

3 Beim Bremsen zurückgelegte Strecke

$$s_A = s_R + s_B = 22{,}2 \text{ m} + 50 \text{ m} = 72{,}2 \text{ m}.$$

Auch für den Bremsweg lernt man eine Faustformel: Man teilt den Tachostand durch 10, quadriert und erhält den Bremsweg s_B in Metern. Für die beiden Autos berechnen wir:

$$\left(\frac{80}{10}\right)^2 \text{ m} = 64 \text{ m}.$$

Entsprechend berechnen wir mithilfe der beiden Faustformeln einen Anhalteweg von 88 m.

Bei einem Abstand von 9 m kann man im hinterherfahrenden Auto auf das plötzliche Anhalten des verunfallten Fahrzeugs überhaupt nicht mehr angemessen reagieren.

Die in der Fahrschule gelernten Faustformeln entsprechen also relativ genau der Newton'schen Mechanik.

1 Die beiden Diagramme zeigen exemplarisch den Bremsvorgang eines Fahrzeugs (▶ **2, 3**).

a ☐ Beschreiben Sie den Verlauf der beiden Diagramme.

b ☐ Benennen Sie anhand der Diagramme den vorliegenden Bewegungstyp.

c ☑ Erläutern Sie den Zusammenhang zwischen beiden Verläufen.

Grundgleichung der Mechanik, auch 2. NEWTON'sches Gesetz:
$F = m \cdot a$

1 Kann der Pkw hier sicher überholen?

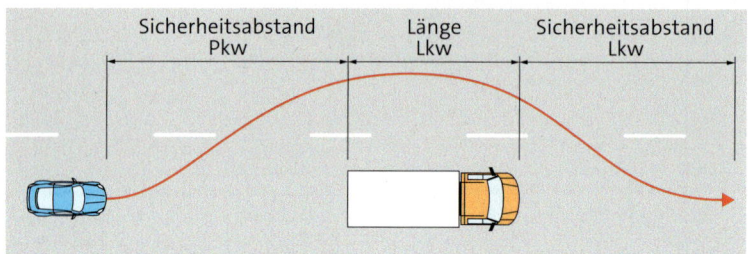

2 Die gesamte Überholstrecke setzt sich aus mehreren Teilstrecken zusammen.

Überholen • Wie lang muss die freie Strecke sein, damit ein schnellerer Pkw einen langsameren Lkw gefahrlos überholen kann (▸ **1**)?
Um die **Überholstrecke** zu berechnen (▸ **2**), nehmen wir an, dass der Pkw mit $100 \frac{km}{h}$ und der Lkw mit $60 \frac{km}{h}$ fährt. Der Pkw hat eine Länge von 4,5 m und der Lkw von 15 m. Zunächst bestimmen wir die Sicherheitsabstände. Sie betragen nach der Regel „halber Tachostand" 50 m für den Pkw und 30 m für den Lkw.

Besonders einfach ist es, den Überholvorgang aus der Perspektive des Lkw zu untersuchen: Die Überholstrecke stellt sich aus dieser Perspektive wie folgt dar: Der Pkw startet 50 m hinter dem Lkw, passiert die Lkw-Länge von 15 m, fährt seine Autolänge und den Sicherheitsabstand von 30 m und schert ein (▸ **2**). Wir berechnen diese Überholstrecke s_{Lkw}:

$$s_{Lkw} = 50\,m + 15\,m + 4,5\,m + 30\,m = 99,5\,m.$$

Aus der Perspektive des Lkw ist die Geschwindigkeit des Pkw gleich der Geschwindigkeitsdifferenz zwischen beiden Fahrzeugen:

$$\Delta v = 100 \frac{km}{h} - 60 \frac{km}{h} = 40 \frac{km}{h} = 11,1 \frac{m}{s}.$$

Daher hat der Überholvorgang aus der Perspektive des Lkw folgende Überholdauer:

$$\Delta t = \frac{s_{Lkw}}{\Delta v} = \frac{99,5\,m}{11,1 \frac{m}{s}} = 9,0\,s.$$

Für einen am Straßenrand stehenden Beobachter ist die Überholdauer gleich lang – also 9 s. Allerdings stellt er als Überholstrecke die vom Pkw während dieser Überholdauer gefahrene Strecke s_{Pkw} fest. Diese ist länger als die 99,5 m, weil der Lkw sich aus Sicht des still stehenden Beobachters mitbewegt. Die Überholstrecke s_{Pkw} ergibt sich aus der Überholdauer von 9,0 s und der Pkw-Geschwindigkeit von $100 \frac{km}{h}$. Damit ergibt sich:

$$s_{Pkw} = v_{Pkw} \cdot \Delta t = \frac{100\,m}{3,6\,s} \cdot 9,0\,s = 250\,m.$$

Um nicht immer erst die Überholdauer zu berechnen, kann man in der Formel Δt durch die erste Gleichung ersetzen und erhält eine allgemeine Gleichung zur Berechnung der Überholstrecke:

$$s = v_{Pkw} \cdot \Delta t = v_{Pkw} \cdot \frac{s_{Lkw}}{\Delta v} = 100 \frac{km}{h} \cdot \frac{99,5\,m}{40 \frac{km}{h}} = 249\,m.$$

In beiden Fällen müsste man also eine freie Strecke von 250 m vor sich auf der Gegenfahrbahn sehen. Muss man zum Überholen zusätzlich beschleunigen, weil man schon länger direkt hinter dem Lkw fährt, dann ist die Strecke noch etwas länger als 250 m. Um diese zusätzliche Strecke abzuschätzen, braucht es viel Erfahrung. Eine Hilfe kann der Abstand der Leitpfosten sein, der in Deutschland auf übersichtlichen Strecken in der Regel 50 m beträgt. Allerdings stehen die Leitpfosten bei ▸ **1** wesentlich dichter als 50 m, denn die Strecke ist nicht übersichtlich. Das zeigt auch das Hinweisschild auf eine voraus liegende Rechtskurve. Der Pkw sollte hier also keinesfalls überholen.

1 ◻ Ein Autofahrer hat eine so lange Reaktionszeit, dass sein Reaktionsweg gleich dem „halben Tachostand" entspricht.
Berechnen Sie seine Reaktionszeit und beurteilen Sie das Ergebnis.

2 ◩ Eine Unfallstatistik des ADAC gibt an, dass 58 % der Überholunfälle durch Personen verursacht werden, die unter 25 Jahre alt sind, wogegen diese Personen nur 39 % aller Unfälle verursachen. Deuten Sie dies.

3 ◩ Ein Pkw fährt $100 \frac{km}{h}$ und möchte einen 20 m langen Lkw überholen, der mit $80 \frac{km}{h}$ auf einer Landstraße fährt.
a Berechnen Sie die Überholstrecke aus der Perspektive des Lkw-Fahrers.
b Berechnen Sie die Überholstrecke.

Versuch A • Messung relevanter Zeiten und Kräfte

V1 Reaktionszeit

Miss deine Reaktionszeit

Klicke auf „Los" und warte, bis auf dem Bildschirm ein Stern erscheint. Dann klicke auf „Stopp".

Los   Stopp

Deine Reaktionszeit beträgt:
0,317 s

3 Messung der Reaktionszeit

Materialien: Smartphone, App

Arbeitsauftrag:

– Suchen Sie eine App zur Messung der Reaktionszeit (▶ 3). Messen Sie Ihre Reaktionszeit 10-mal.

– Ermitteln Sie den Mittelwert und die maximale Abweichung vom Mittelwert.

– Ermitteln Sie die Reaktionszeit, die Sie haben, wenn Sie abgelenkt sind. Notieren Sie dazu innerhalb von 3 Minuten möglichst viele unregelmäßige Verben und führen Sie simultan 10 Messungen ihrer Reaktionszeit durch.

– Deuten Sie die Ergebnisse.

V2 Reibungskräfte bei Eis

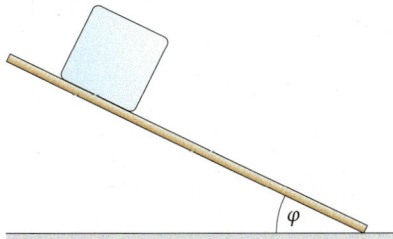

4 Rutscht der Eiswürfel?

Materialien: Brett, Geodreieck, Eiswürfel

Arbeitsauftrag:

– Legen Sie den Eiswürfel auf das Brett und neigen Sie das Brett so, dass ein rutschender Eiswürfel gerade noch weiterrutscht (▶ 4), d. h. er soll sich mit einer möglichst konstanten Geschwindigkeit rutschen.

– Messen Sie den entsprechenden Neigungswinkel φ und ermitteln Sie aus dem Winkel den Gleitreibungskoeffizienten $\mu_{GR} = \tan(\varphi)$.

– Berechnen Sie für diesen Gleitreibungskoeffizienten für den Fall blockierender Räder den Bremsweg für eine Geschwindigkeit von $80 \frac{km}{h}$.

V1 Gleitreibungskraft bei Eis

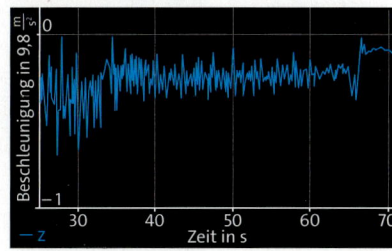

5 Gleitreibung auf der Eisbahn

Materialien: Lange zugefrorene Pfütze oder Eisbahn, Smartphone, Personenwaage

Arbeitsauftrag:

– Installieren Sie eine App zur Aufzeichnung der Beschleunigung.

– Nehmen Sie Anlauf und rutschen Sie auf der Eisbahn. Zeichnen Sie dabei die Beschleunigung auf (▶ 5).

– Ermitteln Sie aus der Beschleunigung und Ihrer durch Waage ermittelten Masse die Gleitreibungskraft.

– Bestimmen Sie daraus den Gleitreibungskoeffizienten.

– Berechnen Sie für diesen Gleitreibungskoeffizienten für den Fall blockierender Räder den Bremsweg für eine Geschwindigkeit von $80 \frac{km}{h}$.

Material A • Faustformeln

Ein Auto fährt in dichtem Nebel (▶ A1). Die Sichtweite beträgt ungefähr 50 m.

A1 Auto im Nebel

Faustformel für den Reaktionsweg:

$$[\text{Reaktionsweg in m}] = \frac{[\text{Tachostand}]}{10} \cdot 3$$

Faustformel für den Bremsweg:

$$[\text{Bremsweg in m}] = \left(\frac{[\text{Tachostand}]}{10}\right)^2$$

1 a ☑ Bestimmen Sie mithilfe der Faustformeln für den Reaktionsweg und den Bremsweg die Geschwindigkeit, bei welcher der Anhalteweg 50 m beträgt.

b ☑ Die Straßenverkehrsordnung schreibt vor: „Beträgt die Sichtweite durch Nebel, Schneefall oder Regen weniger als 50 m, so darf nicht schneller als $50 \frac{km}{h}$ gefahren werden, wenn nicht eine geringere Geschwindigkeit geboten ist." Beurteilen Sie diese Vorschrift.

c ☑ Beurteilen Sie die Anwendbarkeit der Faustformel „halber Tachostand" bei Nebel.

2.5 Wechselwirkungsprinzip

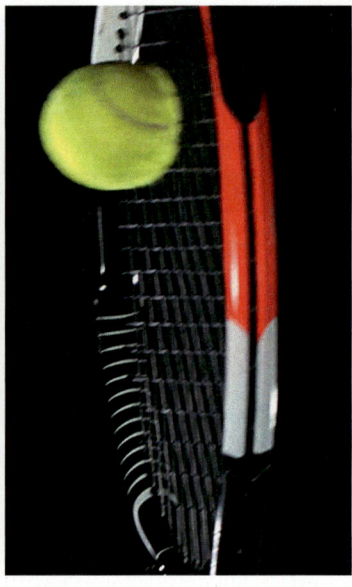

1 Dreiteilige Bildfolge eines Tennisschlags

Beim Schlag mit dem Tennisschläger wird der Ball heftig verformt, bevor er sich vom Schläger löst und mit einer großen Geschwindigkeit davonfliegt. Durch den Schlag erfährt der Tennisball eine große Beschleunigung. Erstaunlicherweise wird auch die Schlagfläche deutlich verformt. Was führt zu dieser Verformung?

Ursache der Verformung ● Für die Verformung des Balls ist eine auf ihn wirkende Kraft verantwortlich. Wie bei einer Feder, auf die eine Kraft ausgeübt wird, kommt es auch beim Ball zum Zusammenpressen der Form. Da der Ball in Kontakt mit der Schlägerfläche steht, kann diese Kraft nur vom Schläger ausgeübt werden (▶ **1**). Umgekehrt erkennt man auch eine Verformung der Schlagfläche selbst, d. h. auch auf die Bespannung muss eine Kraft ausgeübt werden. Diese kann nur vom Ball ausgehen, der er der einzige Gegenstand ist, der in Kontakt mit der Schlagfläche steht.

Dies wirft zwei weitere Fragen auf: Wie groß ist die zweite Kraft? Können wir erklären, warum der Ball plötzlich die zweite Kraft ausübt?

2 Das rote Boot übt über das Ruder eine Kraft auf das blaue Boot aus und stößt es weg.

Bestimmung der zweiten Kraft ● Wir betrachten eine ähnliche Situation, bei der zwei Körper gegenseitig Kräfte aufeinander ausüben (▶ **2**).

Ein rotes und ein blaues Boot stehen sich, ohne sich zu bewegen, gegenüber, d. h. der Abstand zwischen beiden Booten ist gleich und verändert sich nicht. Die Person im roten Boot will das blaue Boot mit dem Ruder wegstoßen. Um auch Berechnungen der beteiligten Kräfte durchführen zu können, legen wir fest, dass mit dem Ruder eine Sekunde lang eine Kraft von $F = 200\,\text{N}$ auf das blaue Boot ausgeübt wird. Jedes der Boote hat mitsamt Bootsfahrer eine Masse von 100 kg. Das blaue Boot erfährt somit entsprechend der Grundgleichung der Mechanik folgende Beschleunigung:

$$a = \frac{F}{m} = \frac{200\,\text{N}}{100\,\text{kg}} = 2\,\frac{\text{m}}{\text{s}^2}.$$

Durch die Beschleunigung erreicht das Boot folgende Geschwindigkeit:

$$v = a \cdot t = 2\,\frac{\text{m}}{\text{s}^2} \cdot 1\,\text{s} = 2\,\frac{\text{m}}{\text{s}}.$$

Gleichzeitig beobachtet man aber, dass auch das rote Boot eine Beschleunigung erfährt und sich in entgegengesetzter Richtung mit genau der gleichen Geschwindigkeit bewegt. Das rote Boot erreicht also eine Geschwindigkeit von $v = -2\,\frac{\text{m}}{\text{s}}$.

Betrachtet man also nur die Situation nach dem Wegstoßen, kann man gar nicht mehr sagen, von welchem Boot jetzt die „ursprüngliche" Kraft ausging. Aus der gemessenen Geschwindigkeit können wir umgekehrt die Beschleunigung und die auf das rote Boot wirkende Kraft berechnen:

$$a = \frac{v}{t} = \frac{-2\,\frac{m}{s}}{1\,s} = -2\,\frac{m}{s^2}.$$

$$F = m \cdot a = 100\,kg \cdot \left(-2\,\frac{m}{s^2}\right) = -200\,N.$$

Diese Kraft von −200 N hat das blaue Boot auf das rote ausgeübt, denn es ist kein weiterer Körper beteiligt. Die Kraft hat den gleichen Betrag wie die, die das rote auf das blaue Boot ausgeübt hat, aber wirkt in entgegengesetzter Richtung.
Das gilt auch für unser Beispiel mit dem Tennisball und Schläger. Wie das blaue Boot übt auch der Tennisball auf den Tennisschläger eine Kraft aus, die den gleichen Betrag hat wie die Kraft, die der Schläger auf den Ball ausübt, aber entgegengesetzte Richtung (▸ 1).
Eine solche Kraft nennt man passend zu ihrer entgegengesetzten Richtung **Gegenkraft**. Dieses Prinzip ist universell und wird das **Wechselwirkungsprinzip** genannt. Es besagt:

> Wenn ein Körper A eine Kraft $\vec{F}_{AB}$ auf einen zweiten Körper B ausübt, dann übt gleichzeitig der Körper B eine Gegenkraft $\vec{F}_{BA}$ auf den Körper A aus. Dabei gilt: $\vec{F}_{AB} = -\vec{F}_{BA}$

Ursache des Wechselwirkungsprinzips • Um das Auftreten der Gegenkraft zu verstehen, betrachten wir nochmal das Beispiel mit den Booten. Während des Wegstoßens können wir Reibungskräfte vernachlässigen. Damit stellen die beiden Boote ein System dar, auf das von außen keine weiteren Kräfte einwirken. Wie für einen einzelnen Körper gilt auch für das System das **Trägheitsprinzip**: Der Bewegungszustand, z. B. die Geschwindigkeit ändert sich ohne äußere Kräfte nicht. Zu Beginn war das System in Ruhe. Da das blaue Boot eine Geschwindigkeit von $2\,\frac{m}{s}$ nach rechts erhält, kann die Geschwindigkeit des gesamten Systems nur unverändert null bleiben, wenn das rote Boot eine Geschwindigkeit von $2\,\frac{m}{s}$ nach links erreicht. Das geht aber nur mit der Gegenkraft. Ohne diese zweite Kraft wäre das Trägheitsprinzip verletzt, da sich der Bewegungszustand des Systems ändern würde.

3 Drohender Überschlag bei Vollbremsung

Relevanz dieses Prinzips • Der Tennisball hat eine Masse von 58 g und kann beim Aufschlag Geschwindigkeiten von über 252 $\frac{km}{h}$ oder 70 $\frac{m}{s}$ erreichen. Um diese Geschwindigkeit mit einer gleichmäßigen Beschleunigung über einer Strecke von 2 m zu erreichen, muss der Schläger auf den Ball eine Kraft von 21 121 N ausüben.

Entsprechend dem Wechselwirkungsprinzip übt der Ball eine Gegenkraft von −21 121 N auf den Schläger aus. Diese Gegenkraft stellt nicht nur für den Schläger eine starke Belastung dar, sondern auch für den Arm. Dabei kann es zu einer Überlastung kommen, die langfristig zu einer Entzündung im Arm führen kann, die als Tennisarm bezeichnet wird.
Wenn man die Auswirkungen einer Kraft F umfassend beurteilen will, dann sollte man also immer auch an die Gegenkraft denken. Wir betrachten dazu folgende Zusammenhänge:
• Gegenkraft und Trägheitskraft sowie
• Gegenkraft und Reibungskraft.

Gegenkraft und Trägheitskraft • Wenn jemand auf einem Motorrad plötzlich bremst, dann spürt diese Person eine nach vorn gerichtete Trägheitskraft, die sogar zu einem Überschlag führen kann (▸ 3). Eine am Straßenrand stehende Person dagegen sieht keine Ursache für die Trägheitskraft. Sie erklärt sich den drohenden Überschlag durch die Trägheit des Motorrads: Während das Vorderrad gebremst wird, verharrt der Rest des Motorrads in seiner Bewegung nach vorn.
Ob eine Trägheitskraft wahrgenommen wird, hängt also von der Perspektive ab. Insofern hat eine Trägheitskraft keine Gegenkraft.

Newton hat die Mechanik durch drei Axiome charakterisiert. Das Wechselwirkungsprinzip stellt das **3. NEWTON'sche Axiom** dar. Man nennt es auch **Reaktionsprinzip.**

Nach dem **Trägheitsprinzip,** auch 1. NEWTON'sches Gesetz, verharrt ein Körper in Ruhe oder der gleichförmigen geradlinigen Bewegung, wenn keine äußeren Kräfte auf ihn einwirken.

Gegenkraft und Reibungskraft • Eine Person beim Tauziehen übt auf ihren Schuh eine nach vorn gerichtete Kraft aus. Solange diese Kraft kleiner ist als die Haftreibungskraft, übt der Schuh auf die Person eine Gegenkraft nach hinten aus. Diese nach hinten gerichtete Gegenkraft ermöglicht der Person erst das Ziehen, also das Ausüben der Kraft.

Gegenkraft ohne Bewegung • Die grüne Spitze am Zeltfirst steht unbewegt (▶1). Also befindet sie sich im Kräftegleichgewicht. Konkret ziehen die beiden blauen Seile an der Spitze nach links unten und rechts unten, wobei die waagerechten Kraftkomponenten $\vec{F}_L$ und $\vec{F}_R$ einander aufheben. Zwischen diesen beiden herrscht ein **Kräftegleichgewicht.**

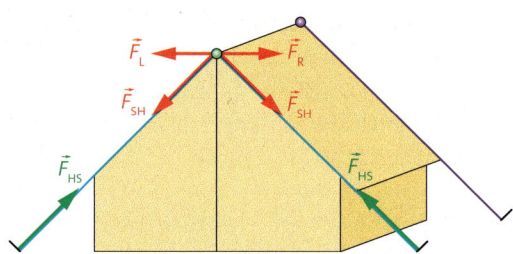

1 Zelt: Gegenkraft auch ohne Bewegung

2 Sprung vom Dreimeterturm

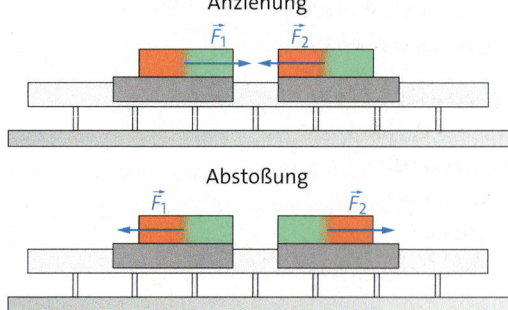

3 Gegenkraft auch ohne Berührung

Treten hier auch Gegenkräfte auf? Ja, der linke Hering zieht mit der Kraft $\vec{F}_{SH}$ an der Spitze, während diese mit der Gegenkraft $\vec{F}_{HS}$ am Hering zieht (analog auf der rechten Seite).
Die Spitze wird also durch ein Kräftepaar im Kräftegleichgewicht gehalten, während sie und jeder Hering durch Kraft und Gegenkraft miteinander wechselwirken.

Gegenkraft ohne Berührung • Springt eine Schülerin vom Dreimeterturm (▶2), übt die Erde eine nach unten gerichtete Gewichtskraft auf sie aus. Übt die Schülerin dann eine nach oben gerichtete Gegenkraft auf die Erde aus? Wäre dies dann auch eine Gewichtskraft?
Dies untersuchen wir mit einem Modellversuch: Die Gewichtskraft wirkt während des Sprungs ohne Berührung. Daher modellieren wir diese Kraft durch die magnetische Kraft. Erde und Schülerin modellieren wir durch zwei Magnete auf Schlitten (▶3), die freie Beweglichkeit während des Sprungs durch eine Luftkissenbahn. Wir halten die Schlitten anfangs fest und lassen sie dann los. Beide bewegen sich aufeinander zu. Somit übt der linke Schlitten auf den rechten eine Kraft $\vec{F}$ aus und gleichzeitig der rechte Schlitten auf den linken die Gegenkraft $\vec{F}_{WW}$.

Wir übertragen dieses Ergebnis vom Modellversuch auf die springende Schülerin (▶2): Beim Springen übt die Erde auf sie die Gewichtskraft $\vec{F}$ aus und gleichzeitig übt sie auf die Erde die Gegenkraft $\vec{F}_{WW}$ aus. Da für diese Gegenkraft keine andere Ursache als die Gewichtskraft zu erkennen ist, muss es ebenfalls eine Gewichtskraft sein. Die Schülerin übt also tatsächlich eine Gewichtskraft auf die Erde aus, die den gleichen Betrag hat wie die Gewichtskraft, welche die Erde auf sie ausübt. Allerdings wird die Erde dadurch nicht merklich beschleunigt. Denn nach der Grundgleichung der Mechanik ist diese Beschleunigung gleich der Kraft geteilt durch die Masse der Erde – und die ist mit $6 \cdot 10^{24}$ kg so groß, dass keine messbare Beschleunigung entsteht.

1 ☑ Betrachten Sie noch einmal die Grafik des Zelts (▶1). Analysieren Sie Lage und Anzahl der Kraftpfeile:
a beim Kräftegleichgewicht,
b beim Wechselwirkungsprinzip.

Versuch A • Wechselwirkung

V1 Magnetische Kraft

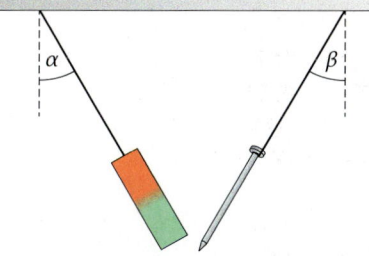

4 Magnet und Nagel ziehen sich an.

Materialien: Faden, Stabmagnet, Nagel, Geodreieck, Waage

Arbeitsauftrag:

– Messen Sie die Massen eines Stabmagneten und eines Nagels.
– Hängen Sie beide mit je einem Faden an eine Stange (▶ 4). Messen Sie die beiden Neigungswinkel α und β, um welche die Fäden ausgelenkt werden.
– Bestimmen Sie den Betrag F_G der Gewichtskraft des Stabmagneten und begründen Sie mithilfe einer Skizze, dass der Nagel den Stabmagneten mit einer Kraft vom Betrag $F_1 = \tan\alpha \cdot F_G$ anzieht.
– Berechnen Sie die Kraft F_1.
– Ermitteln Sie mithilfe des Winkels β die Kraft F_2, mit welcher der Stabmagnet den Nagel anzieht.

V2 Messung der Kraft

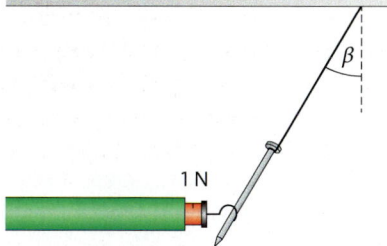

1 N

5 Waagerechte Kraft auf den Nagel

Materialien: Faden, Stabmagnet, Geodreieck, Federkraftmesser

Arbeitsauftrag:

– Messen Sie mithilfe des Federkraftmessers am Aufbau von Versuch V1 die waagerecht gerichtete Kraft F_2, mit der der gleiche Ablenkwinkel β des Nagels erzielt wird wie durch die magnetische Kraft in Versuch V1 (▶ 5). Messen Sie analog die Kraft F_1.
– Erörtern Sie die Genauigkeit, mit der die Kräfte F_1 und F_2 ermittelt wurden.
– Begründen Sie mithilfe der ermittelten Kräfte F_1 und F_2, dass bei magnetischen Kräften das Wechselwirkungsprinzip gilt.
– Erläutern Sie anhand der Versuche V1 und V2, wie der Nagel und der Magnet miteinander wechselwirken.

V3 Schaltbare Wechselwirkung

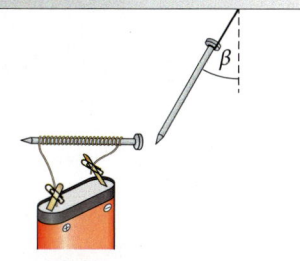

6 Einfacher Elektromagnet

Materialien: Faden, Nägel, Geodreieck, lackierter Kupferdraht, Batterie

Arbeitsauftrag:

– Wickeln Sie den Draht um einen Nagel, kratzen Sie an den Enden den Lack ab und schließen Sie den Stromkreis (▶ 6).
– Prüfen Sie, ob der gebaute Elektromagnet funktioniert.
– Positionieren Sie beim Versuchsaufbau von Versuch V1 den Elektromagneten so, dass der Faden des hängenden Nagels um den Winkel β ausgelenkt wird.
– Erklären Sie, wie man mit dem Elektromagneten eine Wechselwirkung ein- und ausschalten und sogar von anziehend auf abstoßend umschalten kann.

Material A • Wechselwirkungsprinzip und Beschleunigung

Die Oberfläche von Eis wurde mit einem Rasterelektronenmikroskop abgetastet. Dabei zeigten sich Eiskristalle mit einem Tiefenprofil von ungefähr 20 nm (▶ A1). An diesem Profil haftet ein sehr dünner Film von praktisch flüssigem Wasser.

A1 Oberfläche von Eis unter dem Rasterelektronenmikroskop

1 ☑ Erklären Sie jeweils mithilfe des Wechselwirkungsprinzips und einer Skizze.
 a Warum man mit Schuhen auf einer Eisfläche kaum beschleunigen kann.
 b Wie man mit den Ruderschlägen ein Boot beschleunigt.
 c Wie ein Auto auf einer Fähre beschleunigt.

2 ■ Stellen Sie eine Hypothese auf, welche Auswirkungen der dünne Wasserfilm auf den Eiskristallen auf die Eigenschaften einer Eisoberfläche hat. Beschreiben Sie, wie Sie sich im Gegensatz dazu die Oberfläche von Asphalt vorstellen.

2.6 Impuls und Impulserhaltung

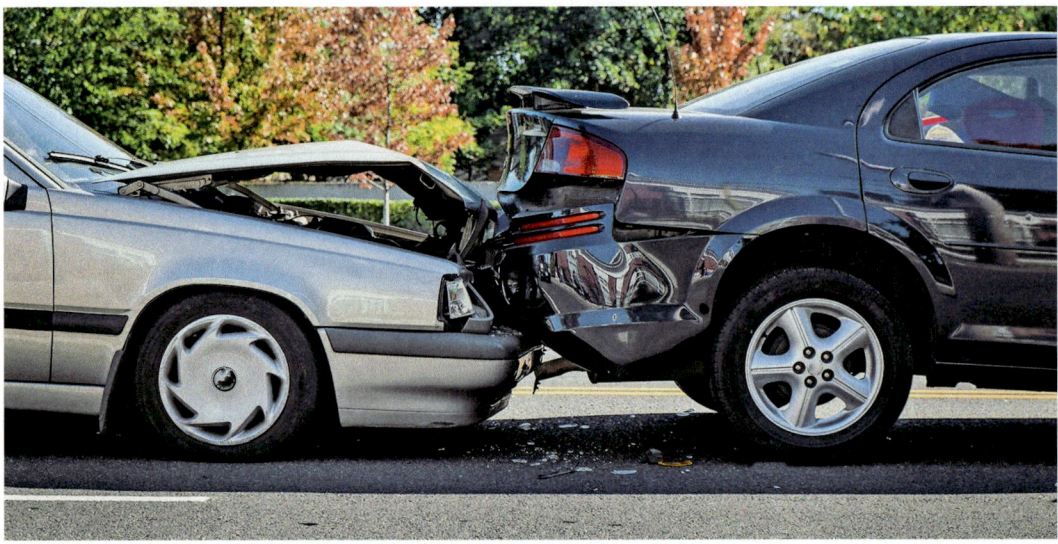

1 Auffahrunfall

Das helle Auto fuhr mit einer Geschwindigkeit von $20\frac{km}{h}$ auf das stehende dunkle Auto auf. Hierbei verhakten sich die beiden Autos und fuhren gemeinsam mit einer kleineren Geschwindigkeit weiter. Das vorher ruhende Auto wurde also auf diese gemeinsame Geschwindigkeit beschleunigt. Ist seine Geschwindigkeitsänderung größer als $10\frac{km}{h}$, besteht die Gefahr eines Schleudertraumas. Trat diese Gefahr auf?

Geschwindigkeitsänderung ● Der Autounfall ist zumindest aus physikalischer Sicht ein gutes Beispiel, um zu zeigen, wie man mit mathematischen Methoden zu neuen Erkenntnissen gelangen kann. Am Ende werden wir sogar eine neue physikalische Größe kennen gelernt haben. Hierzu analysieren wir die Situation des Unfalls: Während des Zusammenstoßes beschleunigt das helle Auto das dunkle, bis beide die gemeinsame Geschwindigkeit v' haben (▶ **2**). Erst später kommen beide gemeinsam zum Stillstand. Beide Autos ändern also ihre Geschwindigkeit während der kurzen Zeitspanne Δt des Zusammenstoßes. Die während des Zusammenstoßes auftretenden Kräfte oder Beschleunigungen kennen wir nicht (▶ **2**).

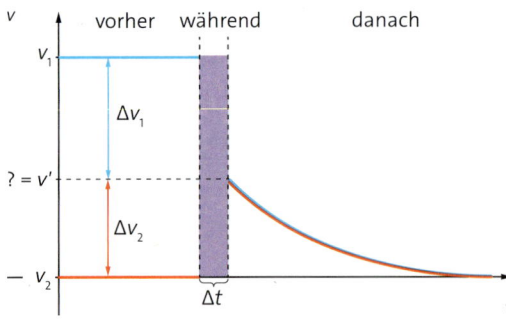

2 *t-v*-Diagramm: blau: helles Auto; rot: dunkles Auto

Dennoch können wir nur aus den beiden Geschwindigkeiten vor dem Zusammenstoß die Geschwindigkeit v' nach dem Zusammenstoß ableiten.

Die Geschwindigkeitsänderung Δv_2 des dunklen Autos wird durch die mittlere Beschleunigung (Durchschnittsbeschleunigung) $\overline{a}_2$ während der Zeitspanne des Zusammenstoßes verursacht:

$$\Delta v_2 = \overline{a}_2 \cdot \Delta t.$$

Die mittlere Beschleunigung ergibt sich gemäß der Grundgleichung der Mechanik aus der mittleren Kraft und der Masse m_2 des dunklen Autos:

$$\overline{a}_2 = \frac{\overline{F}_2}{m_2}.$$

Damit erhalten wir für die Geschwindigkeitszunahme des dunklen Autos folgenden Term:

$$\Delta v_2 = \frac{\overline{F}_2}{m_2} \cdot \Delta t.$$

Die gleichen Überlegungen gelten auch für die Geschwindigkeitsänderung Δv_1 des hellen Autos:

$$\Delta v_1 = \frac{\overline{F}_1}{m_1} \cdot \Delta t$$

Aufgrund des Wechselwirkungsprinzips ist die mittlere Kraft auf das erste Auto genauso groß wie die auf das zweite Auto, nur entgegengesetzt gerichtet, so dass gilt: $\overline{F}_1 = -\overline{F}_2$.

Damit lässt sich die eine Kraft durch die andere ersetzen:

$$\Delta v_1 = \frac{-\overline{F}_2}{m_1} \cdot \Delta t.$$

Somit haben wir ein Gleichungssystem für Δv_1 und Δv_2. Um dieses zu lösen, suchen wir nach Größen, die in beiden Gleichungen gleich sind, denn dann können wir das Gleichsetzungsverfahren anwenden. Diese Größen sind $\overline{F}_2$ und Δt. Wir bringen diese Größen auf die rechte Seite des Gleichheitszeichens und erhalten so:

$$m_2 \cdot \Delta v_2 = \overline{F}_2 \cdot \Delta t \quad \text{und} \quad m_1 \cdot \Delta v_1 = -\overline{F}_2 \cdot \Delta t.$$

Wir setzen gleich:

$$m_1 \cdot \Delta v_1 = -m_2 \cdot \Delta v_2.$$

Wir sehen schon jetzt, dass die erhaltene Gleichung weder die beteiligten Kräfte bzw. Beschleunigungen, noch die Zeitspanne enthält. Durch das Wechselwirkungsprinzip konnten diese eliminiert werden.
Im nächsten Schritt ersetzen wir die Geschwindigkeitsänderungen. Da das dunkle Auto vor dem Zusammenstoß stand, ist seine Anfangsgeschwindigkeit (v_2) null und $\Delta v_2 = v'$. Das helle Auto hatte eine Anfangsgeschwindigkeit (v_1). Für seine Geschwindigkeitsänderung gilt: $\Delta v_1 = v' - v_1$.

$$m_1 \cdot (v' - v_1) = -m_2 \cdot v'$$

Diese Gleichung kann in mehreren Schritten nach v' aufgelöst werden:

$$m_1 \cdot v' - m_1 \cdot v_1 = -m_2 \cdot v'$$

$$m_1 \cdot v' + m_2 \cdot v' = m_1 \cdot v_1$$

$$v' \cdot (m_1 + m_2) = m_1 \cdot v_1$$

$$v' = \frac{m_1}{m_1 + m_2} \cdot v_1$$

Wir haben eine Gleichung erhalten, die nur von der Anfangsgeschwindigkeit des hellen Autos und den Massen der beteiligten Fahrzeuge abhängt. Setzten wir $v_1 = 20 \frac{\text{km}}{\text{h}}$, erhalten wir:

$$v' = \frac{m_1}{m_1 + m_2} \cdot 20 \frac{\text{km}}{\text{h}}.$$

Die Endgeschwindigkeit, und damit die Geschwindigkeitszunahme beim zweiten Auto, ist dann größer als $10 \frac{\text{km}}{\text{h}}$, wenn die Masse m_1 des hellen Autos größer als die Masse m_2 des dunklen Autos ist. Die Gefahr eines Schleudertraumas ist besonders hoch, wenn das auffahrende Auto sehr schwer ist.

Impuls als neue Erhaltungsgröße • Wir konnten die Endgeschwindigkeit berechnen, weil beim Zusammenstoß das Produkt aus der mittleren Kraft und der Dauer des Zusammenstoßes für beide Autos den gleichen Betrag $F_2 \cdot \Delta t$ hatte. Diesen Betrag haben wir schon bei der Untersuchung der Grundgleichung der Mechanik kennengelernt und dort als Ursache für eine Bewegungsänderung erkannt. In der Physik heißt dieses Produkt **Kraftstoß.** Auch das Produkt $m_2 \cdot \Delta v_2$ haben wir schon kennengelernt und als Wirkung bezeichnet. In der Physik heißt dieses Produkt Impulsänderung Δp. Der dazugehörige **Impuls** p ist das Produkt aus der Masse m eines Körpers und seiner Geschwindigkeit v:

$$p = m \cdot v.$$

Die Einheit des Impuls ist $1 \frac{\text{kg} \cdot \text{m}}{\text{s}}$. Wegen des Wechselwirkungsprinzips folgte, dass die Impulsänderung der beiden Autos jeweils um den gleichen Betrag erfolgte, aber mit umgekehrten Vorzeichen:

$$m_1 \cdot \Delta v_1 = -m_2 \cdot \Delta v_2.$$

Das bedeutet, dass das auffahrende Fahrzeug einen Teil seines Impulses auf das stehende Fahrzeug übertrug, ohne dass sich die Summe beider Impulse dabei geändert hat:

$$m_2 \cdot \Delta v_2 + m_1 \cdot \Delta v_1 = 0.$$

Während des Zusammenstoßes bilden die beiden Autos ein abgeschlossenes System, auf das von außen keine Kräfte wirken. In diesem abgeschlossenen System ist der (Gesamt-)Impuls eine **Erhaltungsgröße.** Der Gesamtimpuls eines Systems ist die Summe der Einzelimpulse:

vor dem Stoß: $p = m_1 v_1 + m_2 v_2$,
nach dem Stoß: $p' = m_1 v'_1 + m_2 v'_2$.
Im abgeschlossenen System ist $p = p'$.

> Das Produkt aus Masse m und Geschwindigkeit $\vec{v}$ heißt Impuls $\vec{p} = m \cdot \vec{v}$.
> In einem abgeschlossenen System ist die Summe aller Impulse erhalten.

1 Erläutern Sie, warum die Wagen nach dem Zusammenstoß zum Stehen kommen (▶ 2), obwohl der Impuls eine Erhaltungsgröße ist.

2 Leiten Sie die Geschwindigkeit v' für einen Zusammenstoß her, bei dem $v_2 \neq 0$ ist.

1 Hammer

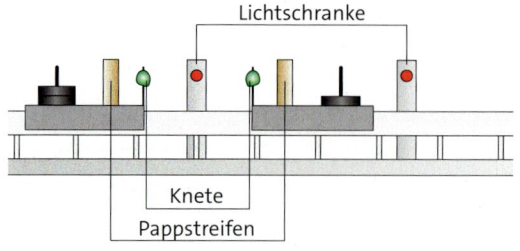

2 Modellversuch

Nummer	1	2	3	4	5
m_1 in kg	0,25	0,25	0,35	0,25	0,25
m_2 in kg	0,25	0,35	0,25	0,25	0,25
v_1 in $\frac{m}{s}$	0,52	0,52	0,52	0,70	0,30
v' in $\frac{m}{s}$	0,25	0,21	0,30	0,34	0,14
p in kg $\frac{m}{s}$	0,130	0,130	0,182	0,175	0,075
p' in kg $\frac{m}{s}$	0,125	0,126	0,180	0,170	0,070

3 Die im Modellversuch gemessenen Größen

Aufgabe einer Knautschzone:
Autos werden mit einer sogenannten Knautschzone gebaut. Diese wird beim Unfall zusammen-geknautscht und soll dabei möglichst viel Energie aufnehmen, um die beim Unfall gefährliche Bewegungsenergie zu verringern.

Modellversuch • Den Zusammenstoß der beiden Autos und das Prinzip der Impulserhaltung untersuchen wir in einem Modellversuch. Wir modellieren die beiden Autos durch Schlitten auf der Luftkissenbahn (▶ **2**). Wir messen die Anfangsgeschwindigkeit v_1 des Schlittens mit der Masse m_1 und die Endgeschwindigkeit v' beider aneinander haftender Schlitten ($m_1 + m_2$) mit Lichtschranken und variieren die Massen m_1 und m_2. Angebrachte Knetkügelchen an den Enden der Schlitten sorgen für das Aneinanderhaften. ▶ **3** zeigt die Messwerte sowie die Impulse $p = m_1 \cdot v_1$ vor und $p' = (m_1 + m_2) \cdot v'$ nach dem Zusammenstoß. p und p' sind im Rahmen der Messungenauigkeiten gleich, das Prinzip der Impulserhaltung ist somit bestätigt.

Bedeutung der Masse • Auch der Modellversuch zeigt, dass eine große Masse m_1 eine große Endgeschwindigkeit bewirkt. Während dies beim Auffahrunfall zum Schleudertrauma führen kann, kann man die Masse auch sinnvoll nutzen – z.B., wenn man einen Pfahl mit einem Hammer in den Boden schlägt. Der Aufprall des Hammers auf den Pfahl stellt einen Kraftstoß dar. Da der Hammer anschließend zum Stillstand kommt, wird gemäß dem Prinzip der Impulserhaltung der gesamte Impuls des

Hammers auf den Pfahl übertragen. Wollen wir den Impuls des Hammers verdoppeln, können wir entweder die Masse oder die Geschwindigkeit des Hammers verdoppeln. Bei welcher Möglichkeit müssen wir weniger Energie aufwenden? Dazu betrachten wir den Term der Bewegungsenergie des Hammers:

$$E = \frac{1}{2} \cdot m \cdot v^2 .$$

Verdoppeln wir die Masse, benötigen wir die doppelte Energie. Verdoppeln wir die Geschwindigkeit, benötigen wir die vierfache Energie. Wir müssen bei gleichem Impuls also weniger schwitzen, wenn wir mit einem schweren Hammer etwas langsamer schlagen, als wenn wir mit einem leichteren Hammer schneller schlagen.

Die Bewegungsenergie • Unsere Untersuchung des Hammerschlags zeigt, dass beim Kraftstoß zwar der Impuls erhalten ist, nicht aber die **Bewegungsenergie**. Wo bleibt die Bewegungsenergie? Schlägt man den Pfahl in die Erde, tritt Reibung auf und ein Teil der Energie wird in thermische Energie umgewandelt. Beim Auffahrunfall wird das Blech verformt. Dazu wird Energie benötigt. Wir berechnen die Bewegungsenergie für den Auffahrunfall. Haben beide Autos eine Masse von 1000 kg, beträgt die kinetische Energie vor dem Zusammenstoß:

$$E_{kin} = \frac{1}{2} \cdot 1000\,kg \cdot \left(20\,\tfrac{km}{h}\right)^2 = 15\,432\,J .$$

Nach dem Zusammenstoß hat sie den Betrag:

$$E_{kin} = \frac{1}{2} \cdot 2000\,kg \cdot \left(10\,\tfrac{km}{h}\right)^2 = 7716\,J .$$

Die Differenz von 7 716 J hat die Knautschzone aufgenommen, als sie verformt wurde.

1 ☑ Ein Kleinbus mit einer Masse von 4000 kg fährt mit einer Geschwindigkeit von 20 $\frac{km}{h}$ auf ein stehendes Auto mit einer Masse von 1000 kg auf. Beide Autos verhaken sich.
a Berechnen Sie die gemeinsame Endgeschwindigkeit v' unmittelbar nach dem Auffahrunfall. Beurteilen Sie die Gefahr eines Schleudertraumas.
b Nun soll das Auto mit einer Geschwindigkeit von 20 $\frac{km}{h}$ auf den stehenden Kleinbus auffahren. Beide verhaken sich wieder. Berechnen Sie die gemeinsame Endgeschwindigkeit v' und beurteilen Sie die Gefahr eines Schleudertraumas für die Insassen des Busses.

Versuch A • Messung von Impulsen beim Fußball

Mit Radarsensoren wurde gemessen, dass Dario Vidosic den Fußball mit $134 \frac{km}{h}$ auf das Tor schoss. Mit den folgenden Versuchen können Sie analysieren, wie eine so hohe Geschwindigkeit möglich ist.

V2 Springender Ball	V2 Abgeschossener Fußball	V2 Abschussgeschwindigkeit

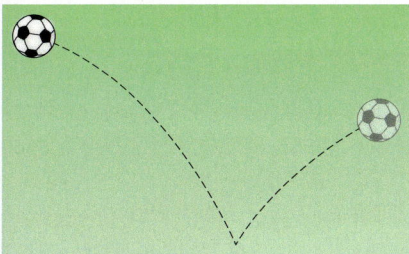

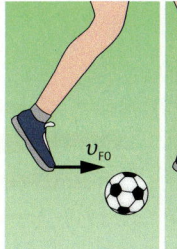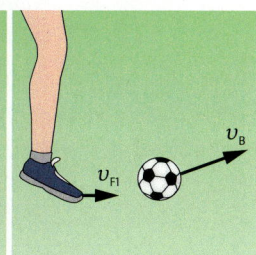

4 Springender Ball

5 Geschossener Ball

6 Abschussgeschwindigkeit

Materialien: Ball, Lineal, Waage

Arbeitsauftrag:

– Messen Sie die Masse des Balls.

– Lassen Sie den Ball fallen und vom Boden wieder hochspringen (▶ 4). Messen Sie die Fallhöhe und die maximale Steighöhe.

– Der fallende Ball wird mit der Fallbeschleunigung $g = 9{,}8 \frac{m}{s^2}$ beschleunigt. Die nach einer Fallstrecke s erreichte Geschwindigkeit berechnet man mit: $v = \sqrt{2 \cdot g \cdot s}$.

– Ermitteln Sie mithilfe der berechneten Geschwindigkeiten die Impulse p_1 unmittelbar vor dem Aufprall und p_2 unmittelbar danach.

– Nun führen Sie den Versuch für verschiedene Fallhöhen durch und bestimmen Sie den mittleren relativen Erhalt des Impulses $e = \left|\frac{p_2}{p_1}\right|$ des Balls beim Aufprall, der die Elastizität charakterisiert und entsprechend e genannt wird.

– Führen Sie den Versuch für verschiedene Bälle und Böden durch und ermitteln Sie günstige Bälle und Böden.

Materialien: Fußball, Kamera, Maßstab, Waage

Arbeitsauftrag:

– Messen Sie die Masse m des Balls. Legen Sie den Ball auf den Sportplatz und platzieren Sie in Schussrichtung 1 m vor dem Ball eine Markierung als Maßstab.

– Schießen Sie den Ball ab, während ein Mitschüler oder eine Mitschülerin von der Seite ein Video aufzeichnet.

– Bestimmen Sie die Zeitspanne in Sekunden zwischen zwei aufeinanderfolgenden Bildern. Finden Sie dazu mithilfe von Herstellerangaben heraus, wie viele Bilder Ihre Kamera pro Sekunde aufnimmt und bestimmen Sie den Kehrwert.

– Bestimmen Sie für zwei aufeinanderfolgende Einzelbilder mithilfe des Maßstabs die vom Ball zurückgelegte Strecke.

– Bestimmen Sie die Geschwindigkeit v_{F0} des Fußes unmittelbar vor und die Geschwindigkeit v_B des Balls nach dem Schuss.

– Ermitteln Sie den relativen Geschwindigkeitsverlust $e = \left|\frac{v_{F0}}{v_B - v_{F0}}\right|$.

– Experimentieren Sie mit verschiedenen Bällen.

Materialien: Fußball, Kamera, Maßstab, Waage

Arbeitsauftrag:

– Bereiten Sie das Abschießen eines Fußballs wie im Versuch V2 vor. Schießen Sie den liegenden Ball ab und zeichnen Sie die Bewegung mit der Kamera des Smartphones auf.

– Ermitteln Sie die Geschwindigkeit v_{F0} des Fußes unmittelbar vor dem Abschuss, die Geschwindigkeit v_{F1} des Fußes unmittelbar nach dem Abschuss sowie die Geschwindigkeit v_B des Balles unmittelbar nach dem Abschuss.

– Überprüfen Sie mit Ihren Aufzeichnungen, dass die Abschussgeschwindigkeit v_B des Balls gleich der Endgeschwindigkeit des Fußes v_{F1} plus e-mal die Anfangsgeschwindigkeit v_{F0} des Fußes ist, also:

$v_B = v_{F1} + e \cdot v_{F0}$

– Begründen Sie die obige Formel, indem Sie die Bewegung des Balls aus der Perspektive des Fußes beschreiben, wobei der Ball auf den Fuß mit v_{F0} zukommt und sich nach dem Schuss mit der Geschwindigkeit $e \cdot v_{F0}$ vom Fuß entfernt.

– Berechnen Sie mit Hilfe obiger Formel die maximale Abschussgeschwindigkeit, die ein Torschütze bei einem Ball mit $e = 0{,}5$ und $v_{F0} = 90 \frac{km}{h}$ erzielen kann.

2.7 Modellierung

1 Kurvenfahrt beim Autorennen

Beim Formel-1-Rennen in Spielberg 2017 steuerten die Piloten durch viele Kurven. Dabei fuhren sie eine möglichst optimale Route. Wie können wir diese herausfinden?

Modellieren als Methode • Bein einem Autorennen geht es letztendlich darum, als Erster ins Ziel zu kommen – also für eine bestimmte Anzahl an Runden die schnellste Zeit zu haben. Dabei können viele Parameter eine Rolle spielen, z. B. wie eng durchfährt man die Kurven, wie stark bremst oder beschleunigt man, wie und wo nutzt man die Breite der Rennstrecke aus. Antworten auf diese Fragen kann man finden, indem man viele Testfahrten durchführt, diese vergleicht und so die optimale Route bestimmt. Dies ist jedoch sehr aufwendig.

Mit den heutigen Computern kann man Testfahrten auch simulieren. Die Methode der Computersimulation erlaubt es, komplexe Systeme und komplizierte Abläufe nach den Regeln der Physik mit verschiedenen Parametern durchzuspielen und zu untersuchen.

Im Experiment ist es dagegen oftmals nötig, sich auf einen Teil eines Ablaufs oder Systems zu beschränken. Daher ergänzt und erweitert dieses neue Verfahren der Modellierung mit Simulation die sonst im Physikunterricht übliche Untersuchung einer begrenzten Situation, wie beispielsweise eines Auffahrunfalls.

Komplexe Modellberechnungen, z. B. zur Auswirkung der Treibhausgases auf das Klima, berücksichtigen unzählige Parameter und Variablen.

Schrittweise Darstellung der Route • Wir wollen das Verfahren anhand der Optimierung der Rennroute für das Formel-1-Beispiel demonstrieren. Das Spiel kann man anschließend durch den Computer simulieren. Wenn ein Rennauto auf der Rennstrecke in Spielberg (▶ 2) eine Runde fährt, dann benötigt es dazu eine bestimmte Fahrtdauer. Wir suchen also eine Route mit einer möglichst kurzen Fahrtzeit. Dazu stellen wir die Zeit und die Route mithilfe von Intervallen dar. Für das Spiel wählen wir dabei recht grobe Schritte, die wir für den Computer verfeinern können. Konkret zerlegen wir die Rennstrecke (▶ 2) mithilfe von Karopapier (▶ 3). Dabei entspricht einer Kästchenlänge die Längeneinheit 10 m. Als Zeiteinheit wählen wir $\Delta t = 1\,s$. Entsprechend betragen die Geschwindigkeitseinheit $10\,\frac{m}{s}$ und die Beschleunigungseinheit $10\,\frac{m}{s^2}$.

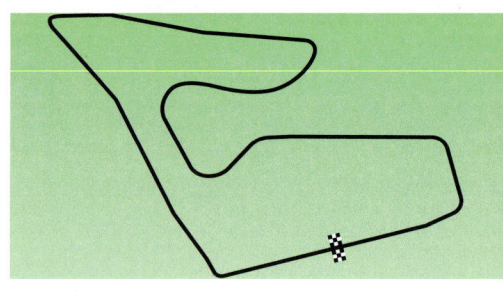

2 Verlauf der Rennstrecke in Spielberg, Österreich

Verhalten des Autos modellieren • Bei jedem Zeitschritt steuert der Pilot, indem er beschleunigt, bremst oder lenkt. Das modellieren wir durch die beiden Komponenten der Beschleunigung a_x und a_y. Diese nehmen jeweils den Wert $0\,\frac{m}{s^2}$ oder $10\,\frac{m}{s^2}$ oder $-10\,\frac{m}{s^2}$ an.

Eine maximale Beschleunigung von $10\,\frac{m}{s^2}$ ist realistisch. Denn die beschleunigende Kraft entspricht der Haftreibungskraft der Reifen. Diese ist weitgehend durch die Normalkraft $m \cdot g$ begrenzt. Entsprechend der Grundgleichung der Mechanik ist die beschleunigende Kraft gleich $m \cdot a$. Somit ist die Beschleunigung a weitgehend durch den Ortsfaktor g begrenzt.

Ausgehend von Geschwindigkeit und Position, die das Auto zu Beginn eines Zeitintervalls (1 s) hat, ergeben sich Position und Geschwindigkeit am Ende des Zeitintervalls (▶ 4).

NEWTON'sche Mechanik im Modell • Entsprechend der Beschleunigungen beträgt die x-Komponente der Geschwindigkeitsänderung:

$$\Delta v_x = a_x \cdot \Delta t = \pm 10\,\tfrac{m}{s^2} \cdot 1\,s = \pm 10\,\tfrac{m}{s}.$$

oder: $\Delta v_x = a_x \cdot \Delta t = 0\,\frac{m}{s^2} \cdot 1\,s = 0\,\frac{m}{s}.$

Die neue x-Komponente der Geschwindigkeit beträgt daher:

$$v_x(t + \Delta t) = v_x(t) + \Delta v_x.$$

Analog gilt für die Änderung der x-Koordinate:

$$\Delta x = v_x \cdot \Delta t.$$

Die neue x-Koordinate berechnen wir wie folgt:

$$x(t + \Delta t) = x(t) + \Delta x.$$

Für die y-Koordinaten der Größen gilt Entsprechendes. Insgesamt ist ein möglicher Zug in ▶ 4 gezeigt.

Spiel des Formel-1-Rennens • Wir spielen das Fahren einer Runde mit Bleistift und Papier durch, wobei ein Spieler seine Route selbst entwickelt. Eine solche Route zeigt ▶ 5, wobei der Spieler mit der roten Route 43 Züge oder 43 s für einen Weg von ungefähr 1,2 km benötigte. Die reale Rekordrundenzeit beträgt 68 s bei einer Strecke von 4,3 km. Auf unserer kürzeren Rennbahn kann man nicht so schnell fahren wie auf der langen realen Strecke. Bei einem Wettspiel fahren mehrere Spieler simultan (▶ 5) und setzen im Falle einer Kollision 5 Züge aus.

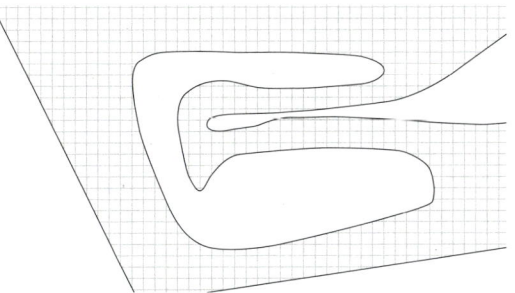

3 Zerlegung der Rennstrecke

4 Möglicher Zug 🔲

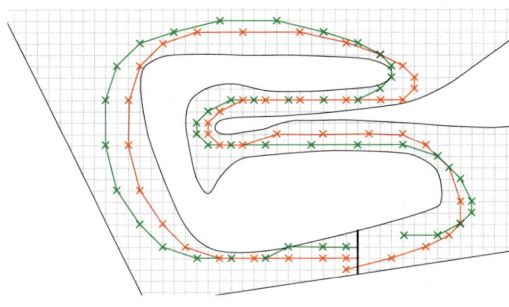

5 Modelliertes Rennen

1 ☑ Modellieren Sie ein Auto, das mit einer Geschwindigkeit von $100\,\frac{km}{h}$ fährt und eine Vollbremsung durchführt. Nutzen Sie die im Text verwendeten Parameter.
a Ermitteln Sie so die Bremsdauer.
b Ermitteln Sie so den Bremsweg.

2 ☑ Modellieren Sie ein Auto, das mit $50\,\frac{km}{h}$ wendet, also seine Fahrtrichtung um 180° ändert. Nutzen Sie die im Text verwendeten Parameter.
a Ermitteln Sie so die Fahrtdauer.
b Ermitteln Sie so den ungefähren Radius der entstehenden Route.

3 ☑ Ein Lkw mit einer Länge von 20 m und einer Geschwindigkeit von $60\,\frac{km}{h}$ wird von einem Pkw möglichst schnell überholt. Der Pkw fährt anfangs 30 m hinter dem Lkw mit ebenfalls $60\,\frac{km}{h}$. Modellieren Sie den Vorgang mit den im Text verwendeten Parametern.
a Ermitteln Sie so die Dauer des Überholvorgangs.
b Ermitteln Sie so die Strecke zum Überholen.

4 ☑ Ein Gepard erreicht eine Beschleunigung von $10\,\frac{m}{s^2}$. Modellieren Sie, wie ein Gepard beim Verfolgen der Beute eine Wende läuft. Nutzen Sie die im Text verwendeten Parameter. Ermitteln Sie den ungefähren Radius der Route.

Landung einer Rakete • Im Weltall arbeiten über 1000 Satelliten in Bereichen wie Kommunikation, GPS, Wetter oder Geoinformation. Ständig werden neue Satelliten mit Raketen ins All gebracht. Dabei sind Raketenflüge sehr aufwendig und teuer, weil man u.a. die Rakete nur ein einziges Mal verwenden kann. Im Jahr 2015 gelang es aber erstmals, die Hauptstufe der Falcon 9 nach Abtrennung in einem autonom geregelten Rückwärtsflug kontrolliert zu landen (▸ **1**).

Modellierung des Raketenflugs • Die Rakete erreichte 225 s nach dem Start die größte Höhe von 110 km, setzte dort die Nutzlast ab, begann den Sinkflug und landete weitere 225 s später. Diesen Sinkflug mit der Landung modellieren wir. Die Leermasse der Rakete beträgt 15 000 kg. Dabei vernachlässigen wir, dass die Rakete aus zwei separaten Antriebsstufen besteht.

Im unkontrollierten Sinkflug wird die Rakete durch ihre Gewichtskraft beschleunigt und schlägt mit einer großen Geschwindigkeit wahrscheinlich auf der Meeresoberfläche auf. Durch eine entgegengerichtete Schubkraft kann der Flug kontrolliert werden. Dabei soll das Triebwerk so reguliert werden, dass es zu Beginn nur einen geringen Schub gibt, der aber mit abnehmender Höhe immer größer wird. Modelliert wird das durch eine **Schubkraft** F_P, die proportional zur Abweichung der aktuellen Flughöhe y von einer Orientierungshöhe w ist:

$$F_P = -k \cdot (y - w).$$

Proportionalitätsfaktor k und die Orientierungshöhe w sind frei wählbar. Diese Parameter müssen so festgelegt werden, dass die Rakete nach 225 s mit der Geschwindigkeit $v = 0$ landet.

Wir modellieren also den zeitlichen Verlauf der Höhe y. Im höchsten Punkt ist $y = 110$ km, $v = 0\frac{m}{s}$ und $t = 0$. Auf die Rakete wirken die Gewichtskraft $m \cdot g$ und die Kraft F_P:

$$F = -m \cdot g - k \cdot (y - w).$$

Simulation • Wir berechnen gemäß der Grundgleichung der Mechanik die Beschleunigung:

$$a = -g - k \cdot \frac{(y - w)}{m}.$$

Hiermit ermitteln wir die Geschwindigkeit v und die Höhe y ähnlich wie beim Autorennen. Dazu verwenden wir eine Tabellenkalkulation (▸ **2**).

1 Landung der Rakete Falcon 9

t	F	a	v	y
0	−127 150,0	−8,476667	0,00	110 000,0
0,1	−127 150,0	−8,476667	−0,85	110 000,0
0,2	−127 149,8	−8,476655	−1,70	109 999,9
0,3	−127 149,5	−8,476633	−2,54	109 999,7

2 Tabellenkalkulation mit $w = 120$ km und $k = 2\frac{N}{m}$ ▣

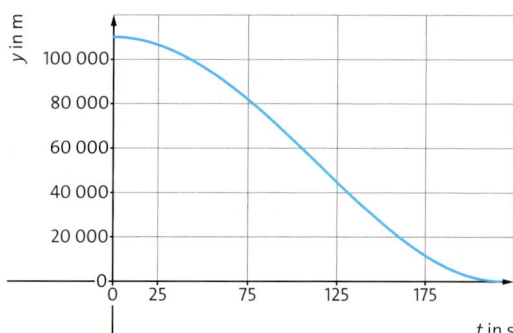

3 Autonome Landung: Höhe abhängig von der Zeit

Die beiden Parameter w und k ermitteln wir durch Probieren. So erhalten wir für $w = 120$ km und $k = 2\frac{N}{m}$ eine Bruchlandung nach etwa 200 s Flugdauer. Wir probieren weiter, bis die Rakete nach 225 s sanft mit $v = 0$ landet (▸ **3**). Das funktioniert mit $k = 2,93\frac{N}{m}$ und $w = 105$ km.

1 ▣ Modellieren Sie eine sanfte Landung nach 300 s Flugdauer.

2 ▣ Bestimmen Sie die zur Landung in ▸ **3** maximal benötigte Schubkraft.

Material A • Analyse eines Flugs der Falcon 9

Der Flug der Rakete Falcon 9 Version v 1.1 ist in ▶A1 dargestellt.

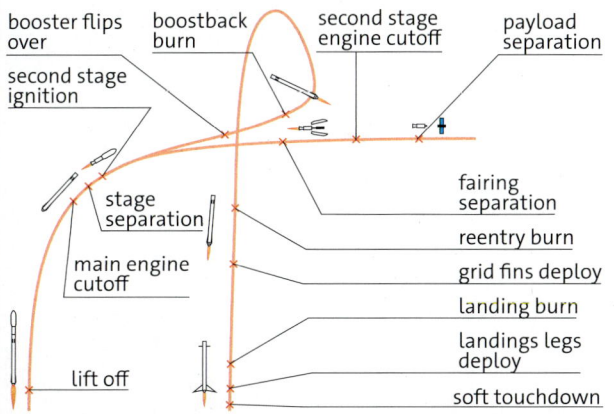

A1 Flugphasen der Falcon 9

1 a ☐ Beschreiben Sie den Ablauf des Flugs.

b ☑ Die erste Stufe macht 75 % der Kosten aus. Wie wurde das beim Flug berücksichtigt?

2 ☑ Der Verlauf der Flughöhe wurde aufgezeichnet und im t-y-Diagramm in ▶B1 dargestellt. Modellieren Sie einen ähnlichen Verlauf zunächst vereinfachend, indem Sie von einer konstanten Masse von 15 000 kg ausgehen. Bestimmen Sie passende Parameter k und w, sodass die Rakete nach 225 s ihre Gipfelhöhe von 110 km erreicht und nach weiteren 225 s sanft mit $v = 0$ landet.

3 ☑ Untersuchen Sie für den Flugverlauf die Schubkraft.

a Deuten Sie Maxima und Minima der Schubkraft.

b Beschreiben Sie, wie die modellierte Rakete nach 450 s weiter fliegen würde, wenn man sie nicht am Boden abschalten würde.

Material B • Impulserhaltung bei der Rakete

Wir untersuchen nun, wie viel Treibstoff das Raketentriebwerk benötigt.

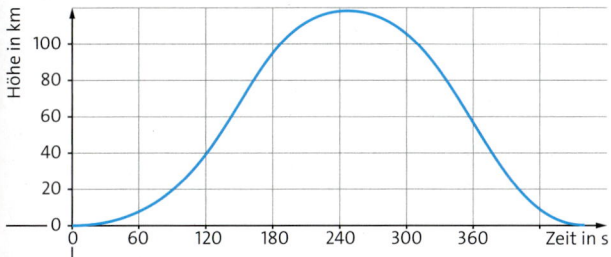

B1 Flughöhenverlauf der Falcon 9

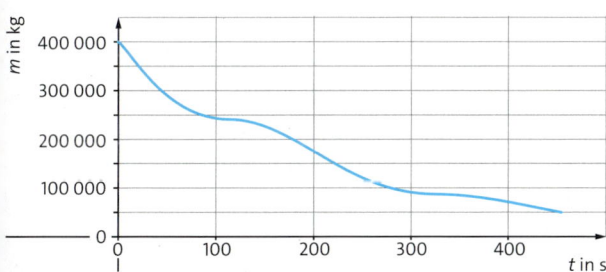

B2 Verlauf der Masse $m(t)$ der Falcon 9

1 ■ Weil das Triebwerk mit dem Rückstoßprinzip arbeitet, analysieren wir es mit dem Prinzip der Impulserhaltung. Das Triebwerk stößt Gas mit einer Geschwindigkeit v_{Gas} aus. Dabei verringert sich die Masse m der Rakete in einem Zeitintervall Δt um eine Massendifferenz Δm.

a Erläutern Sie, wie Sie diesen Zusammenhang in die Modellierung einbringen können.

b Begründen Sie folgende Gleichung:
$\Delta m \cdot v_{Gas} = m \cdot \Delta v$.

2 ☑ Wir gehen von einer Geschwindigkeit $v_{Gas} = 2000 \frac{m}{s}$ sowie von der Startmasse 400 t aus.

a Ermitteln Sie für Ihre Modellierung den zeitlichen Verlauf der Masse $m(t)$.

b Ein entsprechender Verlauf der Masse der Rakete wurde für den Fall eines langsamer austretenden Gases mit $v_{Gas} = 1500 \frac{m}{s}$ modelliert (▶B2). Vergleichen Sie mit Ihrer Modellierung.

c Erläutern Sie, wie sich der Verlauf der Masse ändert, wenn die Rakete beim Erreichen der Gipfelhöhe ihre Nutzlast absetzt (▶A1).

Material C • Verlauf der Schubkraft

Analysieren Sie für Ihre Modellierung den Verlauf der benötigten Schubkraft $F(t)$.

1 ■ Ermitteln Sie $F(t)$ mithilfe der Grundgleichung der Mechanik aus dem Massenverlauf $m(t)$ und der modellierten Beschleunigung $a(t)$.

a Stellen $F(t)$ grafisch dar.

b Erläutern Sie Minima und Maxima der Schubkraft.

2 ■ Erörtern Sie, ob der Treibstoffverbrauch durch einen anderen Flugverlauf gesenkt werden könnte.

2.8 Kreisbewegungen beschreiben

1 Hammerwerfer

Beim Hammerwerfen schleudert der Werfer einen 16 englische Pfund (7,26 kg) schweren Hammer, der an einem 4 Fuß (1,22 m) langen Draht befestigt ist. Dabei dreht sich der Sportler in einem Abwurfkreis mit einem Durchmesser von 7 Fuß (2,14 m) und lässt schließlich los. Wie ist es möglich, dass Spitzenathleten Wurfweiten von über 80 m erreichen?

Kenngrößen der Kreisbewegung • Bisher haben wir uns vor allem mit geradlinigen Bewegungen beschäftigt. Drehungen wie sie der Sportler ausführt, können damit aber nicht gut beschrieben werden. Betrachtet man z. B. die Kugel am Hammer, kann deren Drehbewegung auch nicht als eine zusammengesetzte Bewegung beschrieben werden. Die Kugel vollführt eine Bewegung auf einer kreisförmigen Bahn mit dem Werfer im Mittelpunkt. Es ist eine **Kreisbewegung**.

Um die Bewegung beschreiben zu können, benötigen wir einige Kenngrößen. Dabei beschränken wir uns auf die gleichförmige Kreisbewegung.

> Die Bewegung eines Körpers mit konstanter Geschwindigkeit auf einer Kreisbahn heißt gleichförmige Kreisbewegung.

ω – griech. „omega"
φ – griech. „phi"

Bei einer gleichförmigen Bewegung wird in gleichen Zeiträumen immer die gleiche Strecke zurückgelegt: $v = \frac{\Delta s}{\Delta t}$. Bei der Kreisbewegung heißt diese Größe **Bahngeschwindigkeit**.
Sie lässt sich leicht aus weiteren Kenngrößen der Kreisbewegung berechnen:

Die **Umlaufzeit** T ist die Zeit für einen Umlauf auf der Kreisbahn. Aus ihr leitet sich die **Drehfrequenz** f ab. Sie ist der Kehrwert der Umlaufzeit bzw. der Quotient aus der Anzahl n beliebiger Umläufe und der dafür benötigten Zeit t.

$$f = \frac{1}{T} = \frac{n}{t}. \qquad \text{Einheit: } [f] = \frac{1}{s} = 1 \, \text{Hz (Hertz)}$$

Nutzt man für die Berechnung der Bahngeschwindigkeit die Umlaufzeit T, dann entspricht die zurückgelegte Strecke Δs für einen Umlauf gerade dem Umfang der Kreisbahn $u = 2 \cdot \pi \cdot r$. Der Abstand r zum Mittelpunkt der Kreisbahn heißt **Bahnradius**.

$$v = \frac{\Delta s}{\Delta t} = \frac{2 \cdot \pi \cdot r}{T} = 2 \cdot \pi \cdot r \cdot f$$

Auf einer Drehscheibe liegen drei Münzen (▶ **2**). Die drei Körper bewegen sich jeweils auf ihrer Kreisbahn mit derselben – von der Drehscheibe vorgegebenen – Umlaufzeit bzw. Drehfrequenz, aber die Radien ihrer Bahnen sind verschieden. Folglich sind auch ihre Bahngeschwindigkeiten verschieden.
Die Änderung des Drehwinkels $\Delta\varphi$ ist aber bei allen Körpern auf der Drehscheibe gleich. Sie haben die gleiche **Winkelgeschwindigkeit** ω.

$$\omega = \frac{\Delta\varphi}{\Delta t}$$

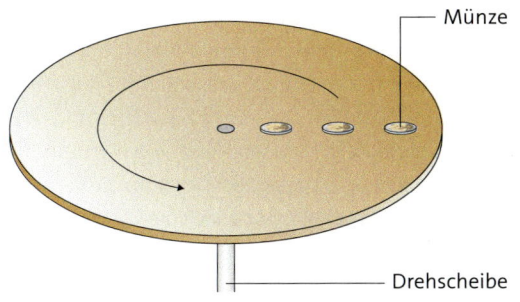

2 Drehscheibe mit Münzen ⟦◻⟧

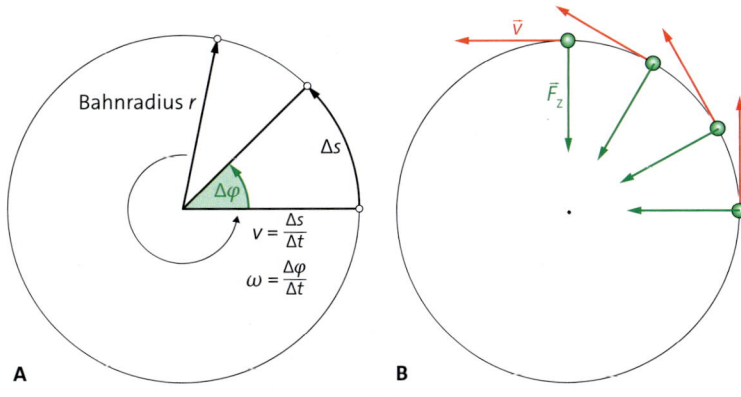

A　　　　　　　　　　　　　　**B**

3 A Größen und **B** Vektoren am Kreis ⟦◻⟧

Bevor wir die Winkelgeschwindigkeit genau angeben, betrachten wir den Zusammenhang von Gradmaß und Bogenmaß.

Bogenmaß • Bei Kreisbewegungen ist es besonders einfach, den Winkel aus der Länge des Kreisbogens zu bestimmen. Bisher haben wir Winkel meist in Grad angegeben. Eine weitere Möglichkeit, Winkel anzugeben, ist das **Bogenmaß**. Die Länge des Kreisbogens am Einheitskreis ist dabei ein Maß für den Winkel. So entspricht $\alpha = 360°$ einem Bogenmaß von $\alpha_{rad} = 2\pi$. Damit gilt für die Winkelgeschwindigkeit:

$$\omega = \frac{\Delta\varphi}{\Delta t} = \frac{2\pi}{T} = 2\pi \cdot f.$$

Die Einheit von ω ist nicht 1 Hz, sondern $1\frac{1}{s}$.

Kräfte am Kreis • Nach dem ersten NEWTON'schen Axiom verharrt ein Körper in Ruhe oder in geradlinig gleichförmiger Bewegung, solange keine Kraft auf ihn wirkt. Nach dem Loslassen des Hammers bewegt dieser sich bei Vernachlässigung von Reibung und Gravitation geradlinig gleichförmig. Die Richtung der Geschwindigkeit entspricht also der Tangente am Kreis (▶ **3B**). Was hält den Hammer aber vor dem Loslassen auf der Kreisbahn?

Dazu führen wir ein Experiment durch (▶ **4**). Eine elektrisch betriebene Modelllokomotive soll auf einer Kreisbahn fahren. Der Elektromotor realisiert jedoch eine geradlinig gleichförmige Bewegung. Damit wir die Lok auf der Kreisbahn halten, muss ständig eine zum Kreismittelpunkt gerichtete Kraft, die **Zentripetalkraft** F_Z, auf die Lok wirken (▶ **4**).

> Damit sich ein Körper auf einer Kreisbahn bewegt, muss ständig eine zum Kreismittelpunkt gerichtete Kraft, die Zentripetalkraft, auf ihn wirken.

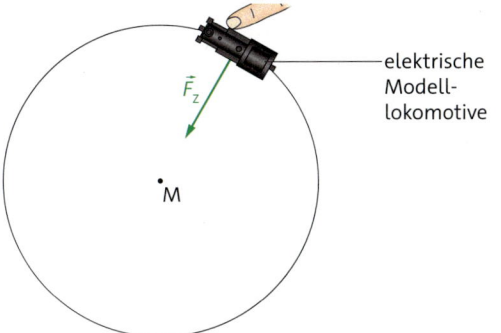

4 Die Lokomotive wird durch eine Zentripetalkraft auf der Kreisbahn gehalten.

Für eine große Wurfweite muss der Hammer eine möglichst große Bahngeschwindigkeit erreichen. Diese große Geschwindigkeit erreicht der Hammerwerfer durch seine Kreisbewegung mit großem Radius und hoher Drehfrequenz.

$$v = 2\pi \cdot r \cdot f = \omega \cdot r$$

Doch warum dreht sich der Hammerwerfer nicht noch öfter? Dazu müssen wir uns im nächsten Schritt die Zentripetalkraft genauer ansehen.

1 ◻ Die Drehscheibe (▶ **2**) dreht sich mit einer Umlaufzeit von 0,8 s. Die drei Münzen haben vom Drehpunkt einen Abstand von 5 cm, 10 cm und 15 cm. Berechnen Sie Winkelgeschwindigkeit und Bahngeschwindigkeit der Münzen.

2 ◪ Ein Hammerwerfer beschleunigt den Hammer auf eine Geschwindigkeit von $20\frac{m}{s}$. Draht- und Armlänge betragen zusammen 2,0 m. Berechnen Sie die Umlaufzeit und die Drehfrequenz, die der Hammerwerfer erreichen muss.

Ein Winkel im Bogenmaß hat die Einheit rad: $360° = 2\pi$ rad. Entsprechend gilt für die Einheit der Winkelgeschwindigkeit:
$[\omega] = \frac{rad}{s}$
rad ist jedoch eine dimensionslose Einheit und kann daher in Rechnungen durch 1 ersetzt werden.

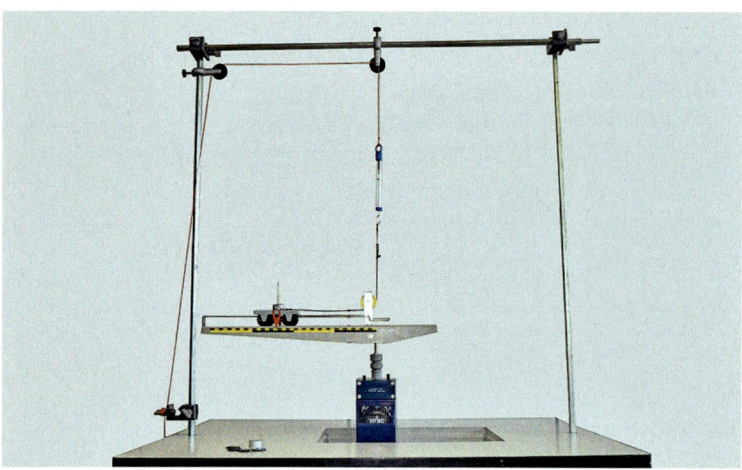

1 Zentralkraftgerät

	F_Z in N	m in kg
1	0,20	0,05
2	0,38	0,10
3	0,58	0,15
4	0,80	0,20
5	1,00	0,25

$y = 4{,}04x - 0{,}014$
$R^2 = 0{,}9989$

2 Abhängigkeit der Zentripetalkraft von der Masse

	F_Z in N	T in s	v in $\frac{m}{s}$
1	0,10	2,35	0,53
2	0,20	1,43	0,88
3	0,45	0,94	1,34
4	0,70	0,75	1,68
5	0,90	0,65	1,93

$y = 0{,}2218x^2 + 0{,}0395x + 0{,}0033$
$R^2 = 0{,}9994$

3 Abhängigkeit der Zentripetalkraft von der Bahngeschwindigkeit

	F_Z in N	T in s	r in m
1	1,00	0,63	0,10
2	0,65	0,94	0,15
3	0,50	1,26	0,20
4	0,40	1,57	0,25
5	0,33	1,88	0,30
6	0,28	2,20	0,35

$y = 0{,}0946x^{-1{,}037}$
$R^2 = 0{,}9998$

4 Abhängigkeit der Zentripetalkraft vom Radius

Zentripetalkraft • Um zu untersuchen, welche Größen Einfluss auf die Zentripetalkraft haben, betrachten wird noch einmal das Experiment mit den Münzen auf der Drehscheibe (▶ **2**, **S. 75**). Grundsätzlichen werden die Münzen durch die Haftreibung auf der Drehscheibe gehalten. Sie ist für die verwendeten Münzen gleich. Erhöhen wir die Drehfrequenz, fangen die Münzen von außen nach innen an zu rutschen. Der Radius und die Bahngeschwindigkeit (Winkelgeschwindigkeit) müssen also Einfluss auf die Zentripetalkraft haben.

Wir können auch vermuten, dass die Masse des Körpers Einfluss auf die Kraft hat, die erforderlich ist, um ihn auf der Kreisbahn zu halten. Beim Hammerwurf hat das Sportgerät der Frauen mit 4 kg eine über 3 kg geringere Masse als bei den Männern.

Mit einem Zentralkraftgerät (▶ **1**) untersuchen wir den Einfluss der Größen Masse, Geschwindigkeit und Umlaufzeit auf die Zentripetalkraft. Die Zentripetalkraft F_Z können wir am Federkraftmesser ablesen. Dieser ist über einen Faden mit einem beweglichen Wagen auf dem rotierenden Schlitten verbunden. Am Motor können wir die Drehzahl und damit die Umlaufzeit T einstellen. Über die Fadenlänge können wir den Bahnradius r variieren. Der Wagen bietet die Möglichkeit, verschiedene Massestücke aufzusetzen.

Abhängigkeit von der Masse • Bei konstanter Umlaufzeit und konstantem Radius ($T = 1{,}88$ s, $r = 0{,}25$ m, $v = 1{,}00\,\frac{m}{s}$) variieren wir die Masse m des Wagens. Die Messwerte zeigen, dass die Zentripetalkraft proportional zur Masse steigt: $F_Z \sim m$ (▶ **2**).

Abhängigkeit von der Bahngeschwindigkeit • Die Bahngeschwindigkeit ändern wir, indem wir die Drehzahl variieren. Masse und Radius halten wir konstant ($m = 0{,}05$ kg, $r = 0{,}20$ m). Die Messwerte zeigen, dass die Zentripetalkraft mit der Bahngeschwindigkeit zunimmt (▶ **3**). Es gilt: $F_Z \sim v^2$.

Abhängigkeit vom Radius • Um die Abhängigkeit von F_Z vom Radius zu untersuchen, wählen wir für den Wagen eine feste Masse ($m = 0{,}10$ kg) und eine feste Bahngeschwindigkeit ($v = 1{,}00\,\frac{m}{s}$). Mithilfe des Fadens variieren wir den Radius der Kreisbahn. Die Messwerte zeigen, dass die Zentripetalkraft mit zunehmendem Radius abnimmt (▶ **4**). Es gilt: $F_Z \sim \frac{1}{r}$.

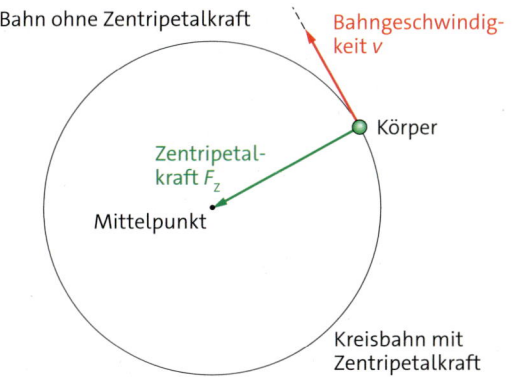

Bahn ohne Zentripetalkraft

Bahngeschwindig-keit v

Körper

Zentripetal-kraft F_Z

Mittelpunkt

Kreisbahn mit Zentripetalkraft

5 Zentripetalkraft

Aus den drei gewonnenen Zusammenhängen können wir schließen:

$F_Z \sim \frac{m \cdot v^2}{r}$.

Durch Einsetzen der aufgenommenen Messwerte zeigen wir, dass der Proportionalitätsfaktor 1 ist. Für die Zentripetalkraft gilt somit:

$F_Z = \frac{m \cdot v^2}{r}$.

Zentripetalbeschleunigung • Damit sich ein Körper auf einer Kreisbahn bewegt, muss es eine zum Mittelpunkt des Kreises gerichtete Kraft, die Zentripetalkraft, geben. Nach dem NEWTON'schen Grundgesetz gilt:

$F = m \cdot a$.

Es muss also auch eine zum Mittelpunkt gerichtete Beschleunigung geben (▶ 5). Dies ist die Zentripetalbeschleunigung a_Z:

$\left.\begin{array}{l} F_Z = \frac{m \cdot v^2}{r} \\[2mm] F_Z = a_Z \cdot m \end{array}\right\} \quad a_Z = \frac{v^2}{r}$

> Die Zentripetalbeschleunigung $a_Z = \frac{v^2}{r}$ wirkt senkrecht zur Bewegungsrichtung des Körpers und ist zum Kreismittelpunkt gerichtet.

Wir hatten die Frage gestellt, warum sich der Hammerwerfer nicht schneller dreht, um den Hammer auf eine noch größere Geschwindigkeit zu beschleunigen. Der Hammerwerfer muss den Hammer während der Drehung halten. Dabei muss er die Kraft F_Z aufbringen. Eine typische Abwurfgeschwindigkeit

bei Weiten um 80 m beträgt ca. $25\frac{m}{s}$. Ein typischer Radius ergibt sich aus der Draht- und Armlänge sowie der Bewegung im Wurfkreis und beträgt ca. 2,2 m. Mit der Hammermasse von 7,26 kg ergibt sich:

$F_Z = \frac{m \cdot v^2}{r} = \frac{7,26\,\text{kg} \cdot 625\frac{m^2}{s^2}}{2,2\,\text{m}} = 2063\,\text{N}$

Der Hammerwerfer muss kurzzeitig also eine Kraft von etwa 2060 N aufbringen. Das schaffen nur Spitzenathleten.

1 ☐ Die Trennscheibe eines Winkelschleifers (Flex) dreht sich mit 12 500 Umdrehungen pro Minute (▶ 6). Die Trennscheibe hat einen Durchmesser von 125 mm.
a Berechnen Sie die Winkelgeschwindigkeit der Trennscheibe und die Bahngeschwindigkeit, die ein Punkt am äußeren Rand der Trennscheibe hat.
b Berechnen Sie die Zentripetalbeschleunigung, die ein Punkt am äußeren Rand der Trennscheibe erfährt.

2 Die Erde dreht sich an einem Tag um die eigene Achse und in 365 Tagen um die Sonne. Gehen Sie bei beiden Bewegungen von einer Kreisbahn aus.
Berechnen Sie die Bahngeschwindigkeit, mit der sich ein Körper auf der Erdoberfläche bewegt
a ☐ bei der Rotation um die Erdachse,
b ☐ bei der Rotation um die Sonne.

3 ▨ Wäscheschleudern mit einem Trommeldurchmesser von 30 cm erreichen Drehzahlen von bis zu 2400 Umdrehungen pro Minute.
a Berechnen Sie die Geschwindigkeit, mit der sich die Trommelwand bewegt.
b Berechnen Sie die Zentripetalbeschleunigung auf ein Wasserteilchen an der Trommelwand.
c Berechnen Sie die Kraft, die auf ein Wasserteilchen in der Nähe der Trommelwand wirkt.

4 ■ Für Spielzeugautos gibt es Loopingbahnen, bei denen die Autos auf einer biegsamen Anlaufbahn beschleunigt werden (▶ 7). Der Looping der Bahn hat einen Durchmesser von 25 cm. Berechnen Sie die Höhe, aus der das Auto mindestens starten muss, um den Looping durchfahren zu können.

6 Funkenflug beim Winkelschleifer

7 Loopingbahn

Versuch A • Verhalten von Körpern bei der Kreisbewegung

V1 Kräfte sichtbar machen

Materialien: Experimentiermotor, Stativmaterial, Drehscheibe, Glas, Korken, Kerze, Windlicht, Klebstoff oder Klebeband

Arbeitsauftrag:

– Bauen Sie das Experiment entsprechend der Abbildung auf: Befestigen Sie einen Faden am Korken und kleben Sie diesen Faden an den Deckel des Glases. Der Faden sollte so lang sein, dass der Korken bei geschlossenem Deckel etwa 2 cm über dem Boden des Glases hängt. Füllen Sie das Glas mit Wasser und schließen Sie es mit dem Deckel.
– Stellen Sie das Glas umgekehrt auf die Drehscheibe.

– Regeln Sie die Drehzahl des Motors langsam hoch, sodass das Glas nicht herunterfällt.
– Beschreiben Sie Ihre Beobachtungen und erklären Sie diese.
– Wiederholen Sie das Experiment mit einer brennenden Kerze. Stellen Sie die Kerze dazu in das Windlicht. Vergleichen Sie Ihre Beobachtungen und erklären Sie diese.

1 Befestigung des Korkens am Deckel

2 Auf den Kopf gestelltes wassergefülltes Glas mit am Deckel befestigten Korken

Versuch B • Winkelgeschwindigkeit und Beschleunigung

V1 Analyse mit dem Smartphone

Materialien: Salatschleuder, Smartphone mit geeigneter App zur Aufzeichnung von Winkelgeschwindigkeit und Beschleunigung, Handtuch oder Schal

Arbeitsauftrag:

Hinweis: Achten Sie darauf, das Smartphone gut zu fixieren, sodass es bei dem Versuch nicht beschädigt wird.
– Öffnen Sie die App und starten Sie die Messung.
– Legen Sie das Smartphone an den Innenrand der Salatschleuder.
– Fixieren Sie das Smartphone mit dem Handtuch oder dem Schal so, dass es bei der Rotation der Salatschleuder an der gewählten Position bleibt und sich nicht in der Schüssel selbst bewegen kann.
– Schließen Sie den Deckel der Salatschleuder und drehen Sie diese möglichst gleichmäßig mit verschiedenen Geschwindigkeiten.

– Die App liefert das ω-a-Diagramm und das ω^2-a-Diagramm. Beschreiben Sie den Zusammenhang von Winkelgeschwindigkeit und Zentripetalbeschleunigung.
– Messen Sie den Radius, auf dem sich das Smartphone in der Salatschleuder gedreht hat. Berechnen Sie aus den gewonnenen Daten die Bahngeschwindigkeit des Smartphones.
– Überprüfen Sie den Zusammenhang von ω und a in weiteren Experimenten, z. B. während einer Kurvenfahrt.

4 Messung der Beschleunigung

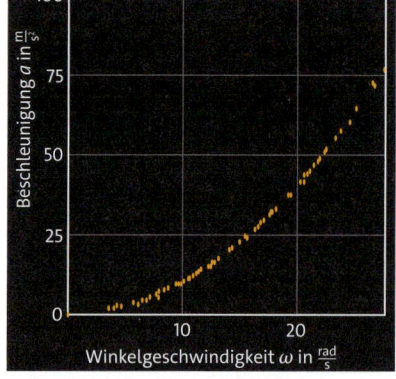

3 Smartphone in Salatschleuder

Material A • Höchstgeschwindigkeit bei Kreisbewegungen

Kurvenfahrten mit einem Fahrzeug können als Kreisbewegungen beschrieben werden. Die Abbildungen zeigen die Verläufe verschiedener Straßen.

Fahrbahn	Haftreibungszahl
trocken	0,8 (0,4–1,0)
nass	0,5 (0,4–0,6)
vereist	0,1

A2 Haftreibungszahlen für verschiedene Fahrbahnverhältnisse

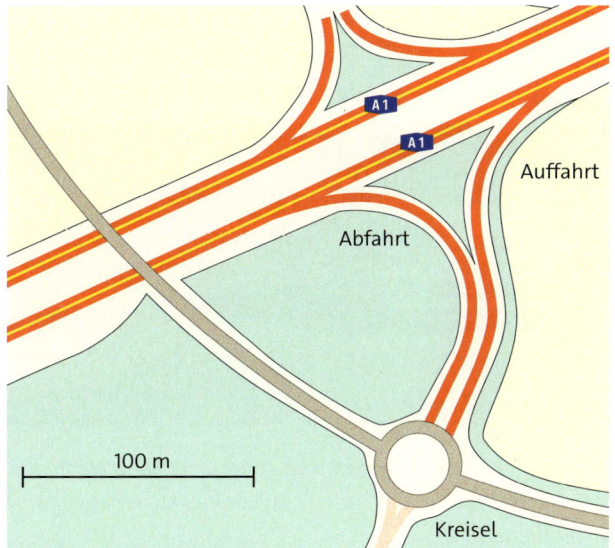

A1 Anschlussstelle Elsdorf

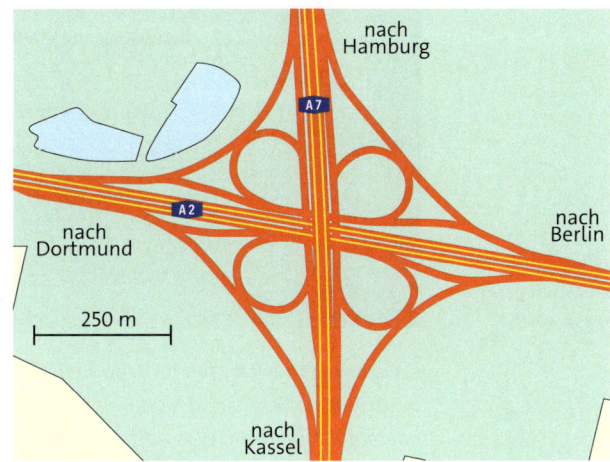

A3 Autobahnkreuz Hannover-Ost

1 ◰ Berechnen Sie für die Anschlussstelle Elsdorf jeweils die maximale Geschwindigkeit für trockene Straßenverhältnisse (▶ A1).
  a Abfahren von der Autobahn
  b Auffahren auf die Autobahn
  c Durchfahren des Kreisels

2 ◰ Wiederholen Sie ihre Berechnungen (▶ A1)
  a für eine nasse Fahrbahn,
  b für eine vereiste Fahrbahn.
  c Schlagen Sie ein jeweils geeignetes Tempolimit vor und begründen Sie ihre Entscheidung.

3 ◰ Berechnen Sie für das Autobahnkreuz Hannover-Ost jeweils die maximale Geschwindigkeit bei trockenen Straßenverhältnissen für die angegebenen Übergänge (▶ A3).
  a Von Berlin nach Hamburg
  b Von Dortmund nach Hamburg

4 ◰ Wiederholen Sie ihre Berechnungen
  a für eine nasse Fahrbahn,
  b für eine vereiste Fahrbahn.

Material B • Winkelgeschwindigkeit beim Hammerwerfen

Den Weltrekord im Hammerwerfen der Männer hält der Russe Jurij Sjedych mit einer Weite von 86,74 m. Diesen Rekord stellte er 1986 bei den Leichtathletik-Europameisterschaften in Stuttgart auf. Die Abwurfhöhe kann für die Berechnungen vernachlässigt werden.

Masse des Hammers in kg	7,26
Abstand der Metallkugel zur Drehachse in m	2,0
Wurfweite in m	86,74

B1 Daten zum Hammerwurf

1 ◰ Berechnen Sie die Winkelgeschwindigkeit und die Umlaufzeit, die Jurij Sjedych im Moment des Abwurfs erreichen musste.

2 ◰ Berechnen Sie die wirkende Zentripetalkraft kurz vorm Abwurf.

3 ◼ Jurij Sjedych hatte eine Körpergröße von 1,85 m. Erläutern Sie, ob und wie sich eine größere Körperlänge auf die Wurfweite auswirken kann.

2.9 Kreisbewegungen im Alltag

1 Ein Pkw fährt schnell durch einen Verkehrskreisel.

Kreisbewegungen treten im Alltag häufig auf. Vor allem im Straßenverkehr kann man viele Beispiele finden, bei denen die Bewegung (zumindest zum Teil) auf einer Kreisbahn stattfindet, z. B. bei einer Kurvendurchfahrt oder im Kreisverkehr. Was hält das Fahrzeug auf der Kreisbahn?

Die Schrägstellung der Vorderreifen ist zwar verantwortlich für die Kurvenfahrt. Würden aber keine Kräfte wirken, würde der Pkw aufgrund der Trägheit geradeaus weiterfahren. Die Vorderräder würden dann nicht mehr rollen, sondern einfach rutschen. Die Kraft, die den Pkw auf der Kreisbahn – also in der Kurve – hält, ist die Zentripetalkraft, die hier durch die Reibungskräfte zwischen Reifen und Fahrbahn realisiert ist. Daher ist es wichtig, keine abgefahrenen Reifen zu nutzen und den Fahrbahnbedingungen nach angemessen zu fahren.

Physik der Kurvenfahrt • Vom Rennsport ist bekannt, dass eine Kurve nur mit einer bestimmten Maximalgeschwindigkeit durchfahren werden kann. Quietschende Geräusche beim schnellen Durchfahren bedeuten, dass die Reifen die Haftung verlieren und ins (geräuschvolle) Rutschen kommen. Wir können daher vermuten, dass die folgenden Größen Einfluss auf die Kurvenfahrt und die mögliche Maximalgeschwindigkeit haben: Kurvenradius, Masse des Autos, Beschaffenheit von Reifen und Straße. Damit der Pkw in der Kurve die Spur hält, muss die Haftreibungskraft F_{HR} zwischen Straße und Reifen mindestens so groß wie die Zentripetalkraft sein:

$F_Z \leq F_{HR}$, wobei $F_Z = \frac{m \cdot v^2}{r}$ und $F_{HR} = \mu_{HR} \cdot F_N$.

Am Beispiel des Kreisverkehrs berechnen wir die maximale Kurvengeschwindigkeit. Der Pkw fährt dazu auf einen Kurvenradius von 20 m durch den Kreisel. Der Kleinwagen hat eine Masse von 1000 kg und der Asphalt ist trocken. Der Haftreibungskoeffizient μ_{HR} für die Reifen beträgt bei diesen Bedingungen z. B. 0,9.

$$F_Z \leq F_{HR}$$
$$\frac{m \cdot v^2}{r} \leq \mu_{HR} \cdot F_G$$
$$\frac{m_{Pkw} \cdot v^2}{r} \leq \mu_{HR} \cdot m_{Pkw} \cdot g$$
$$v \leq \sqrt{\mu_{HR} \cdot g \cdot r}$$
$$v \leq \sqrt{0{,}9 \cdot 9{,}8 \tfrac{m}{s^2} \cdot 20\,m} \approx 13{,}3 \tfrac{m}{s} \approx 47{,}8 \tfrac{km}{h}$$

Der Pkw kann den trockenen Kreisel mit einer Maximalgeschwindigkeit von 47 $\frac{km}{h}$ durchfahren. Wir erkennen in der Rechnung, dass die Masse des Pkw keinen Einfluss hat. Sie kann beim Lösen der Ungleichung gekürzt werden.

Es gibt Kurven, die eine sogenannte Kurvenüberhöhung aufweisen, d. h., dass die Fahrbahn an der Innenseite tiefer liegt als an der Außenseite (▶ 2). Durch die Überhöhung kann die Kurve schneller durchfahren werden, weil hier weitere Kräfte wirken.

Zentrifugalkraft • Häufig hört man im Zusammenhang mit der Kurvengeschwindigkeit von der Zentrifugal- bzw. Fliehkraft. Die Argumentation ist dann so, dass die Zentrifugalkraft zu groß wird, wenn das Fahrzeug beim Fahren aus der Kurve fliegt. Wir können die Kraft spüren, wenn man z. B. im Auto bei einer Kurvenfahrt an die Tür gedrückt wird (▶2, **rotes Kräfteparallelogramm**). Diese Kraft lässt sich mit dem Trägheitsprinzip erklären. Daher handelt es sich bei der Zentrifugalkraft um eine Trägheitskraft, die nur in bestimmten Bezugssystemen auftritt.

Zur näheren Untersuchung nehmen wir eine zweite Perspektive ein. Der Insasse im Fahrzeug führt aufgrund seiner Trägheit eine geradlinige Bewegung aus. Ein ruhender Beobachter am Straßenrand erkennt deshalb, dass die Fahrzeugtür (und auch der Sitz) eine nach innen gerichtete Kraft auf den Insassen ausübt (▶2, **blaues Kräfteparallelogramm**). Dies ist die Zentripetalkraft. Sie sorgt für die Richtungsänderung und hält den Insassen auf der Kreisbahn. Die nur für den Insassen spürbare Zentrifugalkraft $\vec{F}_{ZF}$ und die im ruhenden System beobachtete Zentripetalkraft $\vec{F}_Z$ sind betragsmäßig gleich und entgegengesetzt gerichtet. Da die beiden Kräfte aber nicht in einem gemeinsamen Bezugssystem auftreten, sind es weder Gegenkräfte noch bilden sie ein Kräftegleichgewicht.

> Die Zentrifugalkraft $\vec{F}_{ZF}$ bzw. Fliehkraft ist eine Trägheitskraft. Sie ist entgegen der Zentripetalkraft gerichtet, hat den gleichen Betrag wie die Zentripetalkraft und kann nur in beschleunigten Bezugssystemen gemessen werden.

In der Abbildung mit der überhöhten Kurve erkennt man, dass die Zentripetalkraft nicht ausschließlich durch die Haftreibungskraft aufgebracht werden muss (▶2). Auf den Pkw wirkt eine Trägheitskraft, die ihn stärker gegen die Fahrbahn drückt. So kann der Pkw bei der richtigen Geschwindigkeit auch ohne Reibung durch die Kurve fahren.
Die gleiche Situation beschreiben wir nun aus der Perspektive des Fahrers. Am Kräfteparallelogramm in ▶2 ist der Fall dargestellt, dass die Resultierende aus Zentrifugalkraft und Gewichtskraft gleich der Normalkraft ist. Auch aus dieser Perspektive treten keine weiteren Kräfte längs der Fahrbahn auf und der Pkw kann die Kurve reibungsfrei durchfahren.

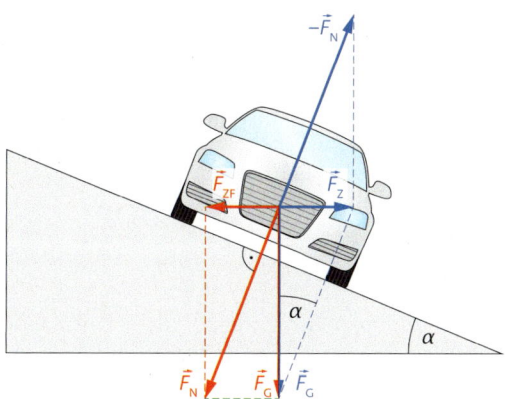

2 Kräfte bei Kurvenüberhöhung

Für welche Geschwindigkeit ist diese Bedingung erfüllt? Es gilt:

$$\vec{F}_Z = -\vec{F}_N + \vec{F}_G \text{ und } \vec{F}_{ZF} = \vec{F}_N - \vec{F}_G.$$

Für den Neigungswinkel α folgt, dass $\tan\alpha = \frac{F_Z}{F_G}$.

Einsetzen der Formeln für F_Z und F_G:

$$\tan\alpha = \frac{m \cdot v^2}{r \cdot m \cdot g} = \frac{v^2}{r \cdot g},$$

$$v = \sqrt{r \cdot g \cdot \tan\alpha}.$$

Mit dieser Formel berechnen wir die Geschwindigkeit, mit der ein Pkw eine überhöhte Kurve reibungsfrei durchfahren kann.

1 Ein Pkw durchfährt eine Kurve mit dem Radius 50 m. Die Kurve hat eine Neigung von 10°.
a ☐ Berechnen Sie die Geschwindigkeit für ein reibungsfreies Durchfahren der Kurve.
b ☑ Berechnen Sie die erforderliche Kurvenneigung, damit der Pkw die Kurve mit einer Geschwindigkeit von $60\frac{km}{h}$ durchfahren kann.

2 ☑ Bei trockener Fahrbahn kann der Pkw deutlich schneller durch die Kurve fahren.
a Skizzieren Sie den Pkw an einer geneigten Ebene (ähnlich ▶2). Zeichnen Sie die Vektoren der Reibungskräfte ein.
b Ergänzen Sie die Zeichnung um den Vektor der Hangabtriebskraft.
c Stellen Sie eine Gleichung auf, die alle zum Kreismittelpunkt gerichteten Kräfte zusammenfasst.

3 ■ Erläutern Sie, warum zum Durchfahren sehr stark überhöhter Kurven eine Mindestgeschwindigkeit notwendig ist.

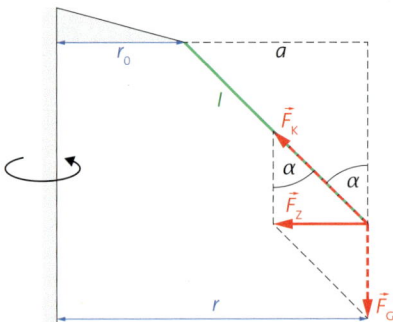

1 Kräfte am Kettenkarussell

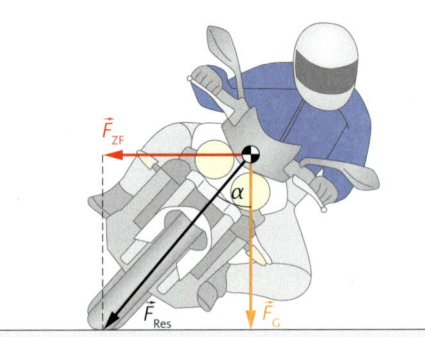

3 Kräfte aus Sicht des Motorradfahrers

2 Kettenkarussell

Kräfte am Kettenkarussell ● Im Kettenkarussell bewegen sich die Sitze bei der Rotation nach außen. Welche Kräfte wirken hier?

Im Ruhezustand hängen die Sitze an ihren Ketten gerade herunter. Auf die Sitze wirken die senkrecht nach unten gerichtete Gewichtskraft $\vec{F}_G$ und die gleichgroß entgegengesetzt gerichtete Spannkraft der Kette $\vec{F}_K$. Setzt sich das Kettenkarussell in Bewegung, dann bewegen sich die Sitze nach außen auf eine Kreisbahn mit einem größeren Bahnradius. Die Spannkraft der Kette $\vec{F}_K$ ist jetzt nicht mehr nach oben gerichtet. Sie spannt mit der Gewichtskraft $\vec{F}_G$ ein Kräfteparallelogramm auf, dessen Diagonale die Zentripetalkraft $\vec{F}_Z$ ist. Nach ▶ **1** gilt:

$$\tan\alpha = \frac{F_Z}{F_G} = \frac{m \cdot v^2}{r \cdot m \cdot g} = \frac{v^2}{r \cdot g}.$$

Mithilfe dieser Beziehung können wir ermitteln, welcher Winkel α sich einstellt, wenn sich das Karussell mit einer Umlaufzeit T bewegt. Dazu ersetzen wir die Bahngeschwindigkeit v durch:

$$v = \frac{2\pi \cdot r}{T}.$$

Wir erhalten:

$$\tan\alpha = \frac{v^2}{r \cdot g} = \frac{4\pi^2 \cdot r^2}{r \cdot g \cdot T^2} = \frac{4\pi^2 \cdot r}{g \cdot T^2}.$$

Wir müssen weiter berücksichtigen, dass die Kette nicht direkt an der Drehachse befestigt ist, sondern in einem Abstand r_0. Die Länge der Kette ist l. Mit $a = l \cdot \sin\alpha$ und $r = r_0 + a$ folgt schließlich:

$$\tan\alpha = \frac{4\pi^2 \cdot r}{g \cdot T^2} = \frac{4\pi^2 \cdot (r_0 + l \cdot \sin\alpha)}{g \cdot T^2}.$$

Diese Gleichung können wir nicht nach α umstellen. Wir können aber die Lösungsfunktion des Taschenrechners nutzen, um zu bekannten Werten von r_0, l und T den Winkel α ermitteln zu lassen. Für $r_0 = 8{,}0\,\text{m}$, $l = 5{,}0\,\text{m}$ und $T = 9{,}0\,\text{s}$ erhält man z. B. $\alpha \approx 27{,}1°$.

Kurvenfahrt eines Motorrads ● Wir betrachten die Kurvenfahrt eines Motorrads aus der Perspektive des Fahrers. Die vektorielle Summe aus Zentrifugalkraft $\vec{F}_{ZF}$ und Gewichtskraft $\vec{F}_G$ ergibt die resultierende Kraft $\vec{F}_{Res}$, mit der das Motorrad gegen die Straße gedrückt wird. Die Kräfte werden ausgehend vom Massenschwerpunkt des Systems aus Motorrad und Fahrer eingezeichnet (▶ **3**). Wir sehen, dass: $\vec{F}_{ZF} = \vec{F}_{Res} - \vec{F}_G$.

Die Zentrifugalkraft $\vec{F}_{ZF}$ darf nicht größer werden als die Haftreibungskraft $\vec{F}_{HR}$ der Reifen, sonst verliert das Motorrad seine Haftung auf der Straße.

Welchen Einfluss hat die Schräglage auf die Kurvenfahrt? Durch die stärkere Schräglage des Motorrads verlagert der Motorradfahrer seinen Schwerpunkt nach innen und verringert so den Radius und die Bahngeschwindigkeit. Damit das Motorrad nicht kippt, muss die resultierende Kraft $\vec{F}_{Res}$ durch die Schwerpunktachse des Motorrads verlaufen.

1 ☑ Die Umlaufzeit eines Kettenkarussells beträgt 4 s. Die Kette hat eine Länge von 5 m und ist im Abstand von 4 m von der Drehachse angebracht.
a Berechnen Sie den Winkel, um den die Sitze ausgelenkt werden.
b Berechnen Sie den Radius der Kreisbahn und die Bahngeschwindigkeit des Sitzes.

2 ☑ Beschreiben Sie den Einfluss der Masse der Passagiere auf den Auslenkwinkel.

3 ☑ Skizzieren Sie den Motorradfahrer aus ▶ **3**. Nehmen Sie einen Perspektivwechsel vor und zeichnen Sie die Kräfte aus der Sicht eines ruhenden Beobachters ein. Beschreiben Sie die wirkenden Kräfte.

Material A • Berechnungen am Kettenkarussell

Beim Kettenkarussell sind die Sitze an beweglichen Ketten aufgehangen. Dreht sich das Karussell, bewegen sich die Sitze nach außen.

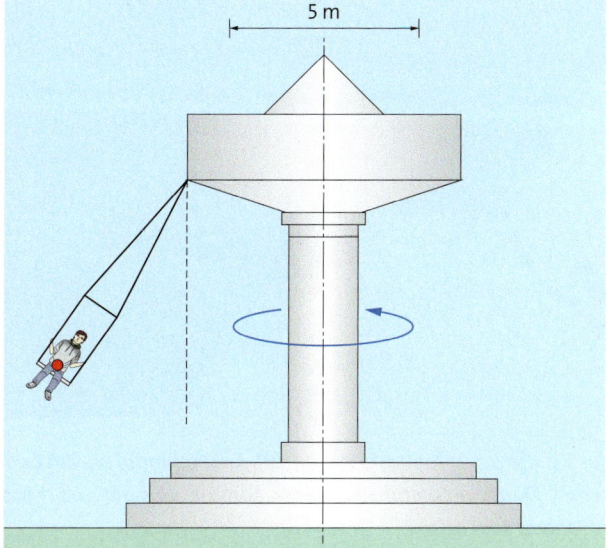

5 m

A1 Kettenkarussell

1 Die Abbildung zeigt die maßstäbliche Zeichnung eines Kettenkarussells. Der Massenschwerpunkt ist als roter Punkt in die Skizze gezeichnet (▶A1).

  a ☐ Nehmen Sie alle benötigten Maße aus ▶A1 auf.

  b ☑ Bestimmen Sie aus den Daten die Drehfrequenz und die Umlaufzeit des Kettenkarussells.

  c ☑ Berechnen Sie die Bahngeschwindigkeit der Person im Karussell.

  d ☑ Wiederholen Sie die Berechnungen aus 1b und 1c für einen doppelt so großen Winkel der Auslenkung der Kette.

2 Bei einem Kettenkarussell sind der Abstand der Aufhängung der Sitze von der Drehachse $r_0 = 8,0\,\text{m}$ und die Länge der Kette $l = 5,0\,\text{m}$. Das Karussell hat eine Umlaufzeit von $T = 10\,\text{s}$.

  a ☐ Ermitteln Sie den Winkel der Auslenkung.

  b ☑ Berechnen Sie die Kraft, die am Aufhängepunkt angreift, wenn Sitz und Passagier zusammen eine Masse von 80 kg haben.

Material B • Motorradfahren in Kurven

Eine weitere Technik zum Durchfahren von Kurven mit dem Motorrad ist das sogenannte Hanging-off. Dabei verändert der Fahrende seine Sitzposition so weit, dass es so aussieht, als ob er z. T. neben dem Motorrad hängt (daher auch der Name). Die Technik ist vor allem im Rennsport verbreitet und erfordert viel Kraft und Können, weshalb sie nicht im normalen Straßenverkehr angewendet werden sollte!

1 ☑ Übertragen Sie das Bild sinnvoll reduziert. Schätzen Sie die Position des Massenschwerpunkts des Systems Fahrer–Motorrad ab und zeichnen Sie diesen und die wirkenden Kräfte ein. Vergleichen Sie mit der Abbildung ▶3 von Seite 82.

B1 Starkes Hanging-off in einer Linkskurve

2 ☐ Beschreiben Sie, welchen Nutzen der Rennfahrer aus dem Hanging-off zieht.

Material C • Tempolimit in Kurven

In einer neuen Umgehungsstrecke hat die engste Kurve einen Innenradius von 80 m.

Fahrbahn	Haftreibungszahl (Beispielwerte)
trocken	0,8
nass	0,5
vereist	0,1

C1 Haftreibungszahlen für verschiedene Fahrbahnverhältnisse

1 ☑ Ein Pkw fährt mit $90\,\frac{\text{km}}{\text{h}}$ auf der regennassen Strecke.

  a Entscheiden Sie, ob das Fahrzeug die engste Kurve dieser Strecke durchfahren kann.

  b Wiederholen Sie die Rechnung für trockene Fahrbahnverhältnisse.

2 ☑ Entscheiden Sie auf Basis Ihrer Berechnungen, ob in dieser Kurve ein Tempolimit erforderlich ist.

2.10 Erhaltungssätze

1 Beim Bungee-sprung

Nur ganz Mutige wagen den Sprung in die Tiefe. Sie stürzen mit einem Seil an den Füßen hinab, bis das Seil sich strafft und die Bewegung allmählich abbremst. Damit niemand zu Schaden kommt, darf das Seil nicht zu lang sein. Woher wissen die Veranstalter, wie lang es sein muss?

Höhenenergie wird auch Lageenergie genannt.
Die kinetische Energie wird auch als Bewegungsenergie bezeichnet.

Energie wird umgewandelt • Der Zustand eines Körpers bzw. eines Systems kann durch eine wichtige physikalische Größe – der Energie – beschrieben werden. Ein Körper, der sich bewegt, hat z.B. kinetische Energie. Sie hängt von der Masse und der Geschwindigkeit des Körpers ab:

$$E_{kin} = \frac{1}{2} \cdot m \cdot v^2.$$

Die Springerin beim Bungeesprung fällt aus einer bestimmten Höhe zu Boden. Diese Höhe zu kennen, ist wichtig, um die richtige Seillänge zu berechnen. Die Höhe (Lage) eines Körpers kann mithilfe der Höhenenergie beschrieben werden:

$$E_H = m \cdot g \cdot h.$$

Als sogenannte Bilanzgröße bleibt die Energie erhalten. Die Höhenenergie, die die Springerin zu Beginn besitzt, wird während des Fallens in kinetische Energie umgewandelt. Sobald sich das Seil spannt auch in Spannenergie. Mit diesen Kenntnissen kann die notwendige Länge eines Bungeeseils abgeschätzt werden. Dazu betrachten wir ein System, das aus der Springerin, der Aufhängung des Seils und dem Seil selbst besteht. Die Luftreibung und die Reibung an der Seilaufhängung und im Seil können wir als sehr gering annehmen. Die Umwandlung in thermische Energie ist somit vernachlässigbar.

Energieerhaltung • Weil keine Energie nach außen abgegeben wird, bleibt die Summe der mechanischen Energien konstant. In diesem Fall handelt es sich um ein energetisch **abgeschlossenes System.**

> In einem abgeschlossenen, mechanischen System bleibt die Summe der mechanischen Energien erhalten. Die gesamte mechanische Energie E_{Ges} ist also zu jedem Zeitpunkt gleich und es gilt: $E_{Ges} = E_H + E_{kin} + E_{Spann}$.

Mit diesem Erhaltungssatz kann man viele Fragestellungen in der Mechanik einfach lösen, ohne Genaueres über die Kräfte zu wissen, die zu einem bestimmten Zeitpunkt wirken.

Wie lang darf das Seil sein? • Dafür müssen wir einige vereinfachende Annahmen machen. Ein Bungeeseil enthält eine große Anzahl an elastischen Gummifäden. Zur Vereinfachung nehmen wir an, dass sich dieses Seil entsprechend dem HOOKE'schen Gesetz verhält. Ein typischer Wert für die „Federkonstante" D eines Bungeeseils ist $60{,}0\,\frac{N}{m}$.
Als weitere Vereinfachung vernachlässigen wir die Masse des Gummiseils und gehen von einem freien Fall aus. Damit können wir die Fragestellung allein mit dem Energieerhaltungssatz beantworten.

Beispielhaft nehmen wir die folgenden Werte an: Die maximale Fallstrecke entspricht der Höhe $h = 80{,}0\,\text{m}$ der Brücke über einem Fluss. Die Springerin ist $l_k = 1{,}70\,\text{m}$ groß und ihre Masse beträgt $m = 65{,}0\,\text{kg}$.

Im Zustand I, vor dem Absprung, steht sie auf dem Startpodest (▶ 2). Das Seil ist an ihren Füßen befestigt. In diesem Zustand ist die Geschwindigkeit null und das Seil ist entspannt.
Damit sind die kinetische Energie und die Spannenergie null. Durch unsere Vereinfachungen kann die Gesamtenergie des Systems nur aus der Höhenenergie E_H der Springerin errechnet werden:

$$E_{Ges} = E_H = m \cdot g \cdot h = 65{,}0\,\text{kg} \cdot 9{,}8\tfrac{\text{m}}{\text{s}^2} \cdot 80{,}0\,\text{m} \approx 50\,960\,\text{J}.$$

Im Zustand II ist die Springerin so weit hinabgefallen, dass das Seil gerade noch entspannt ist. Jetzt ist die Höhe $h - l$ erreicht, wobei l die gesuchte Seillänge angibt.

Im Zustand III, wenn die Springerin am tiefsten Punkt angekommen ist, ist die gesamte Energie in Spannenergie E_{Spann} umgewandelt. Also ist die kinetische Energie null. Auch die für diese Höhendifferenz betrachtete Höhenenergie ist jetzt null (▶ 3). Damit können wir für den Zustand III die Verlängerung s des Seils aus dem Energieerhaltungssatz bestimmen:

$$E_{Ges} = E_{Spann}.$$

Da wir annehmen, dass sich das Seil nach dem Hooke'schen Gesetz verhält, gilt für die Spannenergie $E_{Spann} = \tfrac{1}{2} \cdot D \cdot s^2$:

$$E_{Ges} = \tfrac{1}{2} \cdot D \cdot s^2.$$

Lösen wir diese Gleichung nach s auf, erhalten wir:

$$s = \sqrt{\frac{2\,E_{ges}}{D}} = \sqrt{\frac{2 \cdot 50\,960\,\text{J}}{60{,}0\,\tfrac{\text{N}}{\text{m}}}} \approx 41{,}2\,\text{m}.$$

Die maximale Verlängerung des Seils beträgt also 41,2 m.
Die Höhe $h = 80{,}0\,\text{m}$ setzt sich aus der Seillänge l, der Körpergröße $l_K = 1{,}7\,\text{m}$ und der maximalen Verlängerung des Seils $s = 41{,}2\,\text{m}$ zusammen:

$$h = s + l + l_K.$$

$$l = h - s - l_K$$
$$= 80{,}0\,\text{m} - 41{,}2\,\text{m} - 1{,}7\,\text{m} = 37{,}1\,\text{m}$$

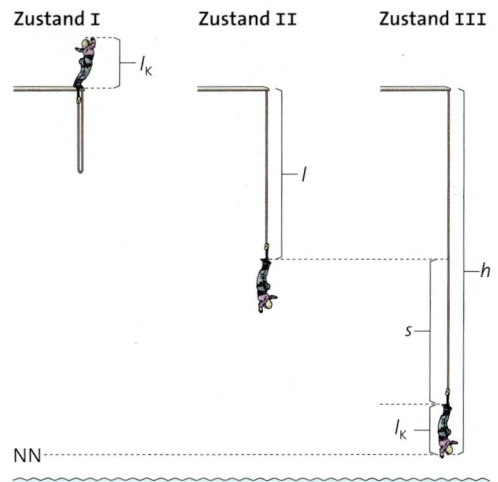

2 Besondere Zustände beim Bungeesprung ▣

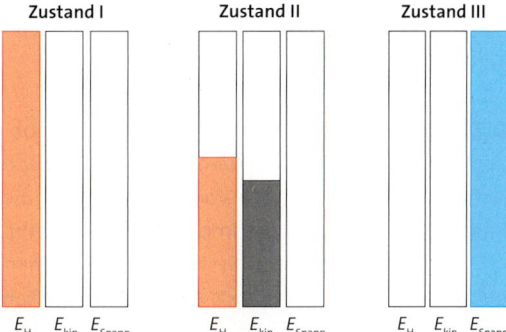

3 Energiebilanz der drei Zustände ▣

Ein Sicherheitsabstand ist bereits enthalten, weil ein Teil der Energie in der Realität in thermische Energie umgewandelt wird. Daher wird weniger Energie in Spannenergie umgewandelt und die maximale Ausdehnung des Seils fällt geringer aus.

1 ☑ Ein 1,8 m großer Mann ($m = 80\,\text{kg}$) möchte von einer 120 m hohen Brücke einen Bungeesprung wagen. Wegen der Bepflanzung in der Nähe der Brücke soll er zur Sicherheit 10 m über dem Boden den tiefsten Punkt erreichen. Das Seil hat eine Federkonstante von $60\,\tfrac{\text{N}}{\text{m}}$. Berechnen Sie die maximal mögliche Seillänge.

2 ☑ Erstellen Sie ein Energiekontendiagramm zum Fall der Bungeespringerin ähnlich wie in Bild ▶ 3. Wählen Sie dazu fünf besondere Zustände beim Bungeesprung aus und zeichnen Sie die zugehörigen Energiekonten. Betrachten Sie hier nur die mechanischen Energieformen.

1 Curling

2 Stöße beim Billard

Prinzip der Impulserhaltung • Physik beim Curling: Wenn der Rock genannte Stein beim Curling einen anderen zentral trifft, bewegt sich der getroffene Rock in der gleichen Richtung weiter. Warum bleibt der erste Rock liegen, statt dass sich beide Steine mit einer gemeinsamen Geschwindigkeit weiterbewegen?

Die Erhaltungssätze helfen weiter • Diese Beobachtung können wir nur erklären, wenn wir berücksichtigen, dass bei diesem Vorgang nicht nur die Energie, sondern auch der Impuls erhalten bleibt. Am Anfang führen wir dem System von außen Energie zu, indem wir einen Rock über das Eis gleiten lassen. Der Rock hat somit im Moment des Loslassens kinetische Energie und damit eine Geschwindigkeit v_1. Der zweite Rock hat die Geschwindigkeit $v_2 = 0$. Im Augenblick des Zusammenstoßes werden Energie und Impuls auf den ruhenden Stein übertragen, wobei die Steine beim Curling alle die gleiche Masse haben.

Der getroffene Rock bewegt sich weiter, während der erste Rock zum Stehen kommt, also muss die Energie auf den getroffenen Stein übergegangen sein. Der Energieerhaltungssatz ist erfüllt, da wir die Reibung vernachlässigen können. Für die kinetische Energie vor und nach dem Stoß gilt (Geschwindigkeiten nach dem Stoß: v'_1, v'_2):

$$E_{kin} = \frac{1}{2} \cdot m_1 \cdot v_1^2 + \frac{1}{2} \cdot m_2 \cdot v_2^2$$
$$= \frac{1}{2} \cdot m_1 \cdot v_1'^2 + \frac{1}{2} \cdot m_2 \cdot v_2'^2$$

und $m_1 = m_2 = m$.

Wenn wir alle Massen durch m ersetzen und durch $\frac{1}{2} m$ teilen, erhalten wir:

$$v_1^2 + v_2^2 = v_1'^2 + v_2'^2$$

Die Geschwindigkeit v_2 vor dem Stoß ist bekannt: $v_2 = 0$. Also gilt:

$$v_1^2 = v_1'^2 + v_2'^2 \tag{1}$$

Wir haben eine Gleichung mit zwei Unbekannten (v'_1 und v'_2). Diese sind somit nicht eindeutig festgelegt. Es fehlt eine weitere Gleichung, die v'_1 und v'_2 enthält. Wir wissen, dass der Impuls erhalten bleibt: $p = p'$, also gilt:

$$m_1 \cdot v_1 + m_2 \cdot v_2 = m_1 \cdot v'_1 + m_2 \cdot v'_2.$$

Wenn wir wieder nutzen, dass die Massen gleich groß sind und $v_2 = 0$ einsetzen, erhalten wir:

$$v_1 = v'_1 + v'_2.$$

Damit folgt aus Gleichung 1:

$$(v'_1 + v'_2)^2 = v_1'^2 + v_2'^2 \quad \text{bzw.} \quad 2 \cdot v'_1 \cdot v'_2 = 0.$$

Also muss entweder $v'_1 = 0$ oder $v'_2 = 0$ sein. Da der zweite Rock sich aufgrund des Impulsübertrages auf jeden Fall bewegen wird, kann nur $v'_1 = 0$ zutreffen. Folglich gilt:

$$v_1 = v'_1 + v'_2 = 0 + v'_2 = v'_2.$$

Der erste Rock bleibt also liegen, der zweite bewegt sich nach dem Stoß mit der Geschwindigkeit v_1.

Energieerhaltungssatz und Impulserhaltungssatz müssen auch bei allen anderen Stoßprozessen erfüllt sein, z. B. beim Billard. Dabei lassen sich mehrere Fälle unterscheiden.

Spezielle Stoßprozesse • Zum einen werden die Stöße danach unterschieden, ob die kinetische Energie beim Stoß erhalten bleibt oder nicht. Ist die kinetische Energie beim Stoß erhalten, so wie z. B. beim Curling, handelt es sich um einen **elastischen Stoß**. Wird ein Teil der kinetischen Energie in Wärme umgewandelt oder ein Körper dauerhaft verformt, liegt ein **inelastischer Stoß** vor.

Zum anderen wird nach den Bewegungsrichtungen unterschieden. Bewegen sich die beiden Körper vor und nach dem Stoß längs ein- und derselben Geraden durch ihre Schwerpunkte, handelt es sich um einen geraden **zentralen Stoß**. Andernfalls liegt ein **dezentraler Stoß** vor.

Nachfolgend sollen einige dieser speziellen Stoßprozesse genauer betrachtet werden.

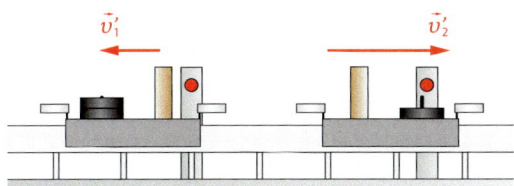

3 Luftkissenfahrbahn mit zwei Gleitern

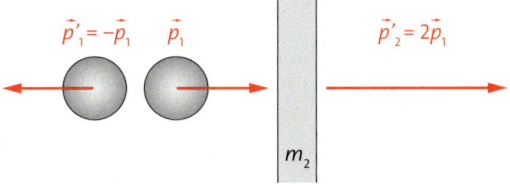

4 Impulsübertragung bei der Reflexion an einer Wand

Zentraler elastischer Stoß • Auf einer Luft-kissenfahrbahn (▶ 3) stoßen zwei Gleiter elastisch aufeinander. Die Gleiter haben unterschiedliche Massen und Anfangsgeschwindigkeiten. Wegen der Impulserhaltung gilt:

$$m_1 \cdot v_1 + m_2 \cdot v_2 = m_1 \cdot v'_1 + m_2 \cdot v'_2 .$$

Für die Geschwindigkeiten v'_1 und v'_2 nach dem Stoß gilt:

$$v'_1 = \frac{(m_1 - m_2) \cdot v_1 + 2m_2 \cdot v_2}{m_1 + m_2} ,$$

$$v'_2 = \frac{(m_2 - m_1) \cdot v_2 + 2m_1 \cdot v_1}{m_1 + m_2} .$$

Diese Gleichungen werden mit der Impulserhaltung und der Energieerhaltung später begründet (ME-THODE: Herleitung der Geschwindigkeiten nach dem zentralen elastischen Stoß).
Sind beide Massen gleich groß, ergibt sich:

$$v'_1 = v_2 \text{ und } v'_2 = v_1 .$$

Stößt ein Körper mit einer großen Masse m_1 gegen einen ruhenden Körper mit sehr viel geringerer Masse m_2, kann man m_2 vernachlässigen. Der angestoßene Körper bewegt sich mit doppelter Geschwindigkeit $v'_2 = 2v_1$ weiter. Dies nutzt man z. B. beim Abschlag mit dem Golfschläger.

Senkrechte Reflexion an einer Wand • Ein weiterer Spezialfall ist die Reflexion an einer Wand. Wenn wir einen Flummi gegen eine Wand werfen, liegt ein elastischer Stoß vor. Der Flummi wird in die Gegen-richtung gelenkt. Die Geschwindigkeit und der Im-puls haben nach dem Stoß die entgegengesetzte Richtung. Da die Wand im Vergleich zum Flummi jedoch eine sehr große Masse hat ($m_2 \gg m_1$), bleibt ihre Geschwindigkeit nach dem Stoß null. Die Im-pulserhaltung gilt natürlich auch hier. Es gilt:

$$p_1 = m_1 \cdot v_1 \text{ und:}$$

$$p'_1 = m_1 \cdot v'_1 = -m_1 \cdot v_1 = -p_1 .$$

Außerdem folgt wegen der Impulserhaltung:

$$p_1 = p'_1 + p'_2 = -p_1 + p'_2 , \text{ somit } p'_2 = 2p_1 .$$

Die Wand nimmt also einen Impuls auf, der doppelt so groß ist wie der des Flummis.

Unelastischer Stoß • Wenn nach dem Stoß beide Körper aneinanderhaften, liegt ein inelastischer Stoß vor. Beide Körper haben dann nach dem Stoß eine gemeinsame Geschwindigkeit v'.
Der Impulserhaltungssatz liefert:

$$m_1 \cdot v_1 + m_2 \cdot v_2 = (m_1 + m_2) \cdot v' .$$

Für die gemeinsame Geschwindigkeit gilt also:

$$v' = \frac{m_1 \cdot v_1 + m_2 \cdot v_2}{m_1 + m_2} .$$

Dezentrale Stöße • Die meisten Stöße sind nicht zentral. Sie können dezentrale Stöße zum Beispiel beim Billard beobachten. Die Impulse kann man dennoch bestimmen. Wenn eine Kugel nicht zentral auf eine andere stößt, lassen sich die Vektoren je-weils in zwei zueinander senkrechte Komponenten zerlegen (▶ 5). Für die eine Komponente ergibt sich dann ein zentraler Stoß, für den die bekannten Glei-chungen gelten, und die dazu senkrechte Kompo-nente ändert sich nicht.

1 ■ Zeigen Sie, dass beim Golf die Geschwindig-keit des Schlägers nach dem Stoß die gleiche ist wie vor dem Stoß.

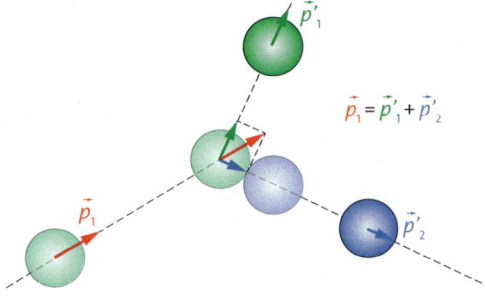

5 Die grüne Kugel stößt dezentral auf die ruhende blaue Kugel.

Herleitung der Geschwindigkeiten nach dem zentralen elastischen Stoß

Wir suchen die Geschwindigkeiten v'_1 und v'_2 nach dem Stoß. Wir haben für diese bereits eine Formel kennengelernt.

Zu zeigen ist, dass folgende Formeln gelten:

$$v'_1 = \frac{(m_1 - m_2) \cdot v_1 + 2m_2 \cdot v_2}{m_1 + m_2},$$

$$v'_2 = \frac{(m_2 - m_1) \cdot v_2 + 2m_1 \cdot v_1}{m_1 + m_2}.$$

Dafür nutzen wir den **Energieerhaltungssatz:**

$$\tfrac{1}{2} \cdot m_1 \cdot v_1^2 + \tfrac{1}{2} \cdot m_2 \cdot v_2^2 = \tfrac{1}{2} \cdot m_1 \cdot v_1'^2 + \tfrac{1}{2} \cdot m_2 \cdot v_2'^2, \qquad (1)$$

und den **Impulserhaltungssatz:**

$$m_1 \cdot v_1 + m_2 \cdot v_2 = m_1 \cdot v'_1 + m_2 \cdot v'_2. \qquad (2)$$

Da beide Gleichungen zusammen erfüllt sein müssen, bilden sie ein Gleichungssystem. Dieses lösen wir durch geschicktes Umformen der Gleichungen.

Betrachten wir zunächst den Energieerhaltungssatz und multiplizieren diesen mit 2, so erhalten wir:

$$m_1 \cdot v_1^2 + m_2 \cdot v_2^2 = m_1 \cdot v_1'^2 + m_2 \cdot v_2'^2.$$

Indem wir auf beiden Seiten dieser Gleichung $m_1 \cdot v_2'^1$ und $m_2 \cdot v_2'^2$ subtrahieren, erhalten wir:

$$m_1 \cdot v_1^2 - m_1 \cdot v_1'^2 = m_2 \cdot v_2'^2 - m_2 \cdot v_2^2.$$

Ausklammern liefert:

$$m_1 (v_1^2 - v_1'^2) = m_2 (v_2'^2 - v_2^2).$$

Nutzen der 3. binomischen Formel führt schließlich auf:

$$m_1 (v_1 + v'_1)(v_1 - v'_1) = m_2 (v'_2 + v_2)(v'_2 - v_2). \qquad (3)$$

Nun wenden wir uns dem Impulserhaltungssatz zu und subtrahieren $m_1 \cdot v'_1$ und $m_2 \cdot v_2$. Wir erhalten:

$$m_1 \cdot v_1 - m_1 \cdot v'_1 = m_2 \cdot v'_2 - m_2 \cdot v_2.$$

Ausklammern liefert:

$$m_1 (v_1 - v'_1) = m_2 (v'_2 - v_2).$$

Diese Gleichheit nutzen wir aus und ersetzen in Gleichung (3) $m_1 (v_1 - v'_1)$ durch $m_2 (v'_2 - v_2)$.

Anschließend teilen wir durch $m_2 (v'_2 - v_2)$ und erhalten:

$$(v_1 + v'_1) = (v'_2 + v_2).$$

Es gilt also auch:

$$v'_2 = v_1 + v'_1 - v_2. \qquad (4)$$

Diese Gleichung (4) nutzen wir wiederum und setzen ihre rechte Seite für v'_2 in den Impulserhaltungssatz (2) ein:

$$m_1 \cdot v_1 + m_2 \cdot v_2 = m_1 \cdot v'_1 + m_2 (v_1 + v'_1 - v_2).$$

Wir multiplizieren aus und erhalten:

$$m_1 \cdot v_1 + m_2 \cdot v_2 = m_1 \cdot v'_1 + m_2 \cdot v_1 + m_2 \cdot v'_1 - m_2 \cdot v_2.$$

Diese Gleichung stellen wir so um, dass alle (und nur) die Summanden mit dem Faktor v'_1 auf der rechten Seite des Gleichheitszeichens stehen.

Durch Subtraktion von $m_2 \cdot v_1$ und Addition von $m_2 \cdot v_2$ ergibt sich:

$$m_1 \cdot v_1 + 2m_2 \cdot v_2 - m_2 \cdot v_1 = m_1 \cdot v'_1 + m_2 \cdot v'_1.$$

Durch Ausklammern erhalten wir:

$$(m_1 - m_2)v_1 + 2m_2 \cdot v_2 = (m_1 + m_2)v'_1.$$

Im letzten Schritt teilen wir durch $(m_1 + m_2)$ und erhalten die gewünschte Gleichung:

$$\frac{(m_1 - m_2) \cdot v_1 + 2m_2 \cdot v_2}{m_1 + m_2} = v'_1$$

1 ☑ Führen Sie die Herleitung entsprechend für

$$v'_2 = \frac{(m_2 - m_1) \cdot v_2 + 2m_1 \cdot v_1}{m_1 + m_2}$$

durch.

2 ☑ Ein Medizinball ($m = 3\,\text{kg}$) wird mit $4\,\tfrac{\text{m}}{\text{s}}$ gegen einen ruhenden Basketball ($m = 0{,}6\,\text{kg}$) geschossen. Berechnen Sie die Geschwindigkeiten nach dem Stoß.

3 ☑ Eine Kugel mit der Geschwindigkeit v_1 stößt gegen eine ruhende Kugel ($v_2 = 0$).
Berechnen Sie die Geschwindigkeiten nach dem Stoß für beide Kugeln für folgende Fälle:
a Kugel 1 ist genauso schwer wie die ruhende Kugel 2.
b Kugel 1 ist sehr viel leichter als die ruhende Kugel 2, d. h., m_1 ist gegenüber m_2 vernachlässigbar.
c Kugel 1 ist sehr viel schwerer als die ruhende Kugel 2, d. h., m_2 ist gegenüber m_1 vernachlässigbar.

Versuch A • Energieumwandlung bei einem Pendel

V1 Bewegungsenergie beim Fadenpendel

Materialien: Stativmaterial, Schnur, Pendelkörper, Lichtschranke, Waage, Messwerterfassungssystem

Arbeitsauftrag:

– Befestigen Sie die Schnur mit dem Pendelkörper an einer waagerechten Stativstange. Positionieren Sie die Lichtschranke so, dass der Pendelkörper im tiefsten Punkt die Lichtschranke passiert (▶ 1A).

– Lassen Sie das Fadenpendel in unterschiedlichen Höhen starten. Bestimmen Sie jeweils die Geschwindigkeit im tiefsten Punkt.

– Berechnen Sie jeweils die Höhenenergie und die kinetische Energie.

– Vergleichen Sie die Werte und diskutieren Sie Ihr Ergebnis.

– Verändern Sie den Versuchsaufbau wie in ▶ 1B. Messen Sie, welche Höhe das Pendel auf der rechten Seite erreicht. Erklären Sie.

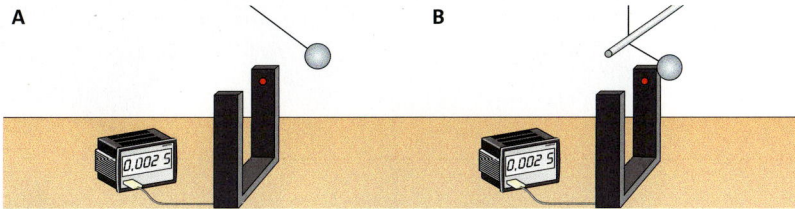

1 A Geschwindigkeitsmessung beim Pendel, **B** mit zusätzlicher Stange

Material A • Notfallspuren

An langen Hangstrecken mit starkem Gefälle befinden sich häufig Notfallspuren (▶ A1). Auf ihnen können Fahrzeuge, deren Bremsen versagen, zum Stillstand gebracht werden.

A1 Notfallspur an der Autobahn

1 ☑ Erläutern Sie anhand des Energieerhaltungssatzes, wie eine solche Notfallspur gebaut ist. Geben Sie an, welche Energieumwandlungen beim Benutzen der Notfallspur durch ein Fahrzeug stattfinden.

2 ☑ Ein Lkw fährt mit $90\frac{km}{h}$, als seine Bremsen versagen. Er nutzt eine Notfallspur mit 10 % Steigung. Berechnen Sie nach welcher Strecke der Lkw zum Stehen kommt. Nehmen Sie dazu an, dass es zu einer vollständigen Energieumwandlung kommt und betrachten Sie nur mechanische Energieformen.

3 ■ Begründen Sie, warum in der Regel ein tiefes Kiesbett als Bodenbelag eingesetzt wird.

Material B • Energie beim Stabhochsprung

Beim Stabhochsprung versucht man mithilfe eines biegsamen Stabes über die Latte zu kommen. Bei dieser sehr anspruchsvollen Disziplin kommt es neben der Anlaufgeschwindigkeit auch auf die richtige Technik beim Überqueren der Latte an.

B1 Schematischer Bewegungsablauf beim Stabhochsprung

1 ☑ Beschreiben Sie den prinzipiellen Bewegungsablauf beim Stabhochsprung. Erläutern Sie dabei die Funktion des Sprungstabs.

2 Ein Sportler mit einer Masse von 85 kg überquert beim Stabhochsprung eine Höhe von 6 m.
a ☐ Geben Sie an, welche Energieformen beim Sprung auftreten.
b ☑ Berechnen Sie die maximale Höhenenergie des Springers.
c ■ Schätzen Sie ab, welche Geschwindigkeit der Stabhochspringer beim Anlauf ungefähr erreichen kann. Bestimmen Sie seine Bewegungsenergie und vergleichen Sie sie mit der Höhenenergie. Erklären Sie mögliche Unterschiede.

2.11 Lösungsstrategie: Bilanzieren

1 Springender Ball

Wenn man einen Tennisball fallen lässt, springt er. Beobachtet man den Ball genauer, so stellt man fest, dass er während seiner Sprünge die Starthöhe nicht wieder erreicht. Woran liegt das?

Energieumwandlung beim springenden Ball • Die Energie als Bilanzgröße, kann betrachtet werden, um verschiedene Zustände eines Vorgangs zu beschreiben. Dabei wird die Energie des Systems auf jeweils verschiedene Energieformen aufgeteilt und der Unterschied zwischen zwei verschiedenen Zuständen durch die Umwandlung von Energieformen ineinander beschrieben: Vor dem Loslassen hat der Ball Höhenenergie, aber keine kinetische Energie. Während der Fallbewegung wandelt sich die Höhenenergie in kinetische Energie um. Wenn der Ball auf den Boden trifft, wird er abgebremst. Dabei verformt er sich und seine kinetische Energie wandelt sich in Spannenergie um. Anschließend bildet sich die Verformung wieder zurück und die gespeicherte Spannenergie wandelt sich wieder in kinetische Energie um. Während der Ball steigt, wird ein Teil der kinetischen Energie wieder in Höhenenergie umgewandelt. Am höchsten Punkt hat der Ball keine kinetische Energie mehr und seine Höhenenergie erreicht ein Maximum.

Energie bleibt erhalten • Während sich der Ball durch die Luft bewegt, wandelt sich auch ein Teil seiner kinetischen Energie durch Reibung in thermische Energie um. Diese thermische Energie verteilt sich in der Umgebung und der Ball springt nicht mehr so hoch wie zu Beginn. Die Energie ist zwar noch vorhanden, aber nicht mehr so leicht nutzbar. Deshalb sprechen wir davon, dass die Energie entwertet ist.

Wir sehen uns die besonderen Zustände beim springenden Ball im **Kontenmodell** an (▶ **2**).

Bevor der Ball losgelassen wird, ist sein Energiekonto der Höhenenergie E_H vollständig gefüllt, während des Fallens wandelt sich Höhenenergie in kinetische Energie um. Beide Energiekonten ergeben aber erst zusammen mit der Energie auf dem Konto der thermischen Energie E_{therm} wieder den Wert der anfänglichen Höhenenergie. Auch beim Aufprall auf den Boden wird das Energiekonto E_{therm} weiter gefüllt.

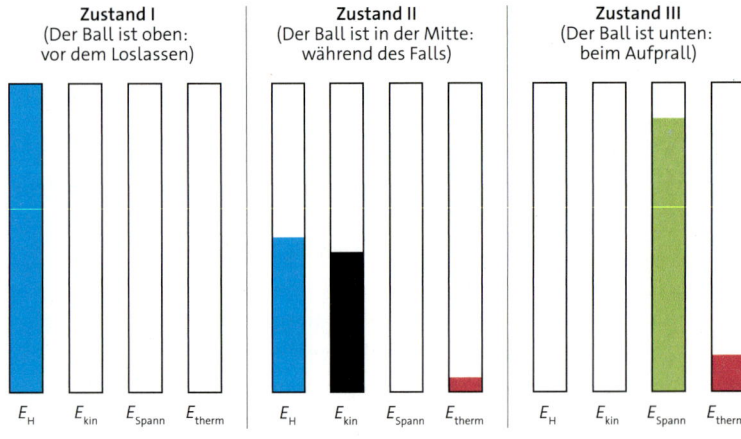

2 Kontenmodell des springenden Balls

Energiebilanz • Für verschiedene Zustände während der Ballbewegung bilden wir die Summe aller auftretenden Energieformen. Nach dem Energieerhaltungssatz bleibt diese Summe in einem abgeschlossenen System erhalten. Wir haben somit eine Bilanz der Energien aufgestellt. Verändert sich der Betrag einer Energieform beim Übergang von einem Zustand in einen anderen, so müssen sich die Beträge der übrigen Energieformen entsprechend ändern, sodass die Summe vor und nach dem Übergang gleich ist.

Die Methode des Bilanzierens der Energie kann für viele Vorgänge in der Mechanik eingesetzt werden, um auch dann weitere Größen berechnen zu können, wenn man nur wenig Information über ein System hat. Allerdings handelt es sich meist um Näherungen, da man oft vereinfachende Annahmen macht, wie z. B. die Reibungsfreiheit.

Beispiel **Bilanzieren beim Bouncen**

Aufgabe • Als Freizeit- und Sportgerät sind auf dem Markt verschiedene Sprungstelzen erhältlich. Sie bestehen aus einer bogenförmigen Sprungfeder, durch deren Spannung man deutlich höher springen kann (▸ 3).

Die Hersteller der Sprungstelzen für das Bouncen geben an, dass Sprintgeschwindigkeiten bis zu $45 \frac{km}{h}$ erreicht werden können. Die Federkonstanten von Sprungstelzen sind unterschiedlich, da sie für die Masse des Nutzers angepasst sein müssen. Die Federkonstante unserer Sprungstelze kann mit $100 \frac{N}{cm}$ abgeschätzt werden. Bisher wurden Höhen von 2 m und Weiten von 5 m erreicht. Es wird auch von 3 m Höhe berichtet. Beim Bouncen kann der Sportler nicht direkt aus dem Sprint in die Höhe springen, sondern wird unter einem bestimmten Winkel abspringen. Wir betrachten hier die Komponente der nach oben gerichteten Bewegung. In ▸ 4 ist die vektorielle Zerlegung der maximalen Geschwindigkeit in die x- und y-Komponente zu sehen.

a) Berechnen Sie die maximale Sprunghöhe der Sprungstelzen unter Annahme eines senkrechten Absprungs für $v_0 = 45 \frac{km}{h}$.
b) Berechnen Sie aus der bekannten maximalen Sprunghöhe von 3 m die Absprunggeschwindigkeit in y-Richtung und den Absprungwinkel α. Gehen Sie bei der Masse des Sportlers von 60 kg aus.

Lösung • **a)** Unter Vernachlässigung der Reibung gilt, dass die kinetische Energie vollständig in Höhenenergie umgewandelt wird: $E_H = E_{kin}$,

also: $m \cdot g \cdot h = \frac{1}{2} \cdot m \cdot v_0{}^2$.

An dieser Gleichung erkennt man, dass die maximale Sprunghöhe von der Masse des Sportlers unabhängig ist, da die Masse auf beiden Seiten der Gleichung steht, kann diese gekürzt werden.

$g \cdot h = \frac{1}{2} \cdot v_0{}^2$

3 Sprungstelzen zum Bouncen

Umstellen nach h und Einsetzen ergibt:

$$h = \frac{1}{2} \cdot \frac{v_0{}^2}{g} = \frac{\left(45 \frac{km}{h}\right)^2}{2 \cdot 9{,}8 \frac{m}{s^2}} = \frac{\left(12{,}5 \frac{m}{s}\right)^2}{2 \cdot 9{,}8 \frac{m}{s^2}} \approx 7{,}97 \, m \,.$$

Die theoretische maximale Sprunghöhe beträgt also fast 8 m.

b) Wenn wir eine Höhe von 3 m annehmen, können wir die Geschwindigkeit in y-Richtung beim Absprung berechnen:

$$v_y = \sqrt{2 \cdot g \cdot h} = \sqrt{2 \cdot 9{,}8 \frac{m}{s^2} \cdot 3 \, m} \approx 7{,}67 \frac{m}{s} \,.$$

Also gilt für die Geschwindigkeit in y-Richtung:

$v_y \approx 27{,}6 \frac{km}{h}$.

Um den Absprungwinkel zu berechnen, nutzen wir die Beziehung aus ▸ 4:

$$\sin \alpha = \frac{v_y}{v_0} = \frac{27{,}6 \frac{km}{h}}{45 \frac{km}{h}} \approx 0{,}613 \,.$$

Der Absprungwinkel α beträgt also etwa 37,8°.

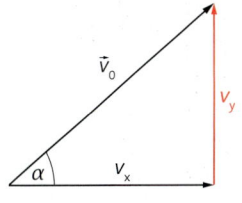

4 Zerlegung der Geschwindigkeit v_0

Bilanzieren mit dem Energiekontenmodell

Man kann die Energieerhaltung nutzen, um verschiedene Zustände in einem System zu untersuchen. Um sich einen Überblick über die Beiträge der beteiligten Energieformen zu verschaffen, weist man jeder Energieform ein eigenes Konto zu. Die Menge bzw. den Kontostand einer jeden Energieform veranschaulicht man im Energiekontenmodell durch eine Säule. Die Höhe der Säulen entspricht der Gesamtenergie. Je nach Zustand des Systems sind die Säulen für jede Energieform mehr oder weniger gefüllt.

Energiekontenmodell am Beispiel des Federpendels • Das Bilanzieren über das Energiekontenmodell soll am Beispiel eines idealen Federpendels durchgespielt werden. Hierzu werden exemplarisch drei verschiedene Zustände betrachtet, für die die Energiekonten aufgestellt werden. Bei einem Federpendel kann man vier verschiedene Energieformen betrachten: Die Höhenenergie E_H und die kinetische Energie E_{kin} des Massestücks, die Spannenergie E_{Spann} der Feder und die thermische Energie E_{therm}, die im Verlauf des Vorgangs den Anteil der nicht mehr umwandelbaren Energie darstellt.

Zu Beginn ist die Feder entspannt und die Masse in Ruhe. Die Gesamtenergie befindet sich im Konto der Höhenenergie, dieses ist vollständig gefüllt. Die Konten für Bewegungs- und Spannenergie sind dagegen leer. Wenn wir die Masse loslassen, bewegt sie sich nach unten und dehnt die Feder. Die Energie im Höhenenergiekonto nimmt ab, auf die Konten von Bewegungs- und Spannenergie wird „eingezahlt". Dieser Prozess setzt sich fort, bis nur noch das Spannenergiekonto gefüllt ist (▶ 1). Dann kehrt sich der Prozess um.

Aufstellen der Energiebilanz • Die Beiträge der einzelnen Konten summieren sich zur Gesamtenergie. Hier lautet die Bilanz (im reibungsfreien Fall, also E_{therm} immer null):

$$E_{ges} = E_H + E_{kin} + E_{Spann}.$$

Bestimmen der Gesamtenergie • Als Nächstes betrachten wir einen Zustand, bei dem nur Energieformen auftreten, deren Beträge wir aus gemessenen Größen berechnen können. Dazu eignet sich der Anfangszustand. Für die von uns gewählte Masse $m = 100$ g beträgt die gemessene Höhe oberhalb der maximalen Auslenkung $h = 10$ cm. Für die Gesamtenergie gilt dann:

$$E_{Ges} = E_H = m \cdot g \cdot h$$
$$= 0,1 \text{ kg} \cdot 9,8 \tfrac{N}{kg} \cdot 0,1 \text{ m} = 0,098 \text{ Nm} = 0,098 \text{ J}.$$

Rechnen mit der Energiebilanz • Mithilfe der Energiebilanz können wir jetzt verschiedene Größen, z. B. die Federkonstante bestimmen: Im Umkehrpunkt wäre das Konto der Spannenergie vollständig gefüllt. Für die Spannenergie gilt daher:

$$E_{Ges} = E_{Spann} = \tfrac{1}{2} \cdot D \cdot s^2.$$

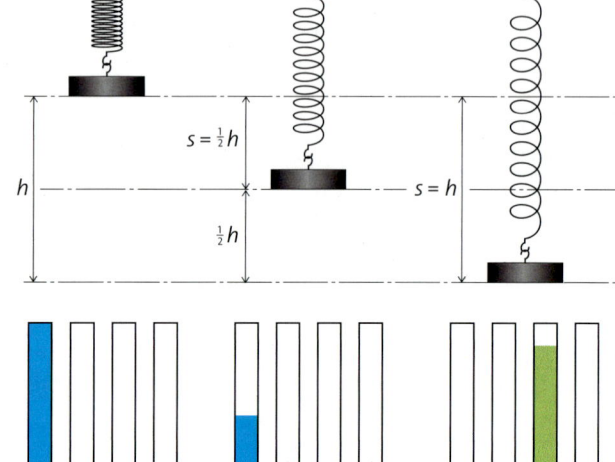

1 Energiekonten bei der Bewegung eines Federpendels 🔲

Damit erhalten wir:

$$D = \frac{2 \cdot E_{Ges}}{s^2} = \frac{2 \cdot 0,098 \text{ Nm}}{(0,1 \text{ m})^2} = 19,6 \tfrac{N}{m}.$$

Jetzt kennen wir so viele Größen des Systems, dass wir die Kontostände aller Energiekonten für jeden Zustand berechnen können. Wir wählen z. B. den mittleren Zeitpunkt. Dort ist die Auslenkung $s = 0,5 \cdot h = 5$ cm und die Höhe oberhalb der maximalen Auslenkung ist $0,5 \cdot h = 5$ cm. Wir stellen unsere Energiebilanz nach E_{kin} um und erhalten:

$$E_{kin} = E_{Ges} - E_H - E_{Spann} = E_{Ges} - m \cdot g \cdot h - \tfrac{1}{2} \cdot D \cdot s^2$$
$$= 0,098 \text{ J} - 0,1 \text{ kg} \cdot 9,8 \tfrac{m}{s^2} \cdot 0,05 \text{ m} - \tfrac{1}{2} \cdot 19,62 \tfrac{N}{m} \cdot (0,05 \text{ m})^2$$
$$\approx 0,098 \text{ J} - 0,049 \text{ J} - 0,0245 \text{ J} = 0,0245 \text{ J}$$

1 ✏ Zeichnen und berechnen Sie den Kontostand für einen Zustand analog zu ▶1, in dem die Auslenkung der Feder $s = 0,75 \cdot h$ beträgt.

2 ✏ Ein Ball wird mit einer Geschwindigkeit von $10 \tfrac{m}{s}$ senkrecht nach oben geworfen. Stellen Sie eine Energiebilanz auf und bestimmen Sie die Höhe, die der Ball maximal erreichen kann. Zeigen Sie, dass die erreichte Höhe unabhängig von der Masse ist.

Versuch A • Energieerhaltung

V1 **Energie beim springenden Ball**

Materialien: Basketball, Tennisball, Fußball, Tischtennisball, Meterstab, Messwerterfassungssystem

Arbeitsauftrag:
– Bestätigen Sie, dass ein Ball nach dem Aufprall seine Ausgangshöhe nicht mehr erreicht.

– Lassen Sie hierzu einen Ball aus 1,5 m Höhe fallen.
– Ein Teil der Energie wird in thermische Energie umgewandelt. Überlegen Sie, wie Sie die Energieumwandlung in thermische Energie beim Basketball mithilfe eines Meterstabs oder eines Messwerterfassungssystems abschätzen können.

Führen Sie entsprechende Versuche durch und berechnen Sie die Energie, die bei einem Aufprall in thermische Energie umgewandelt wird.
– Vergleichen Sie die Energieumwandlung bei verschiedenen Bällen. Diskutieren Sie die Ergebnisse.

Material A • Energieformen beim Federpendel

Beim Federpendel betrachtet man ein Massestück, das an einer Feder hängt und sich durch eine Auslenkung auf und ab bewegt. In ▶ **A1** sind die Anteile der mechanischen Energieformen an der Gesamtenergie beim Federpendel in Abhängigkeit von der Ausdehnung der Feder dargestellt. Bei der Auslenkung C z. B. hat die Höhenenergie (auch: Lageenergie) einen Anteil von 50 %, die Bewegungsenergie und die Spannenergie haben jeweils einen Anteil von 25 % an der Gesamtenergie.

1 a ☐ Geben Sie die Anteile der Energieformen für die jeweiligen Auslenkungen A, B, D und E an.
b ✏ Skizzieren Sie die Zustände eines Federpendels, die jeweils zu den Auslenkungen A bis E gehören.

2 ◼ Erstellen Sie ein entsprechendes Diagramm für die Bewegung eines Federpendels, dessen Feder im oberen Umkehrpunkt nicht vollständig entspannt ist.

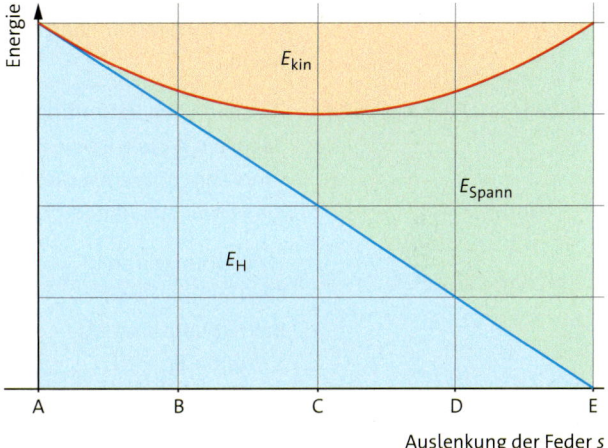

A1 Mechanische Energieformen beim Federpendel

Material B • Auf dem Jahrmarkt

Auf dem Jahrmarkt gibt es eine Achterbahn mit einem Looping, der einen Durchmesser von 10 m hat (▶ **B1**). Der Wagen wird bis zum Punkt A hochgezogen und setzt sich dort von selbst in Bewegung.

1 ✏ Erläutern Sie, warum man den genauen Verlauf der Bahn nicht benötigt, um z. B. die Geschwindigkeit am Fuß der Bahn berechnen zu können.

2 ✏ Stellen Sie für den Punkt B eine Energiebilanz auf.

3 Der Wagen soll sicher durch den Looping kommen.
a ✏ Berechnen Sie, in welcher Höhe der Wagen dazu mindestens starten muss
Hinweis: Im Punkt B muss die Zentripetalkraft mindestens so groß wie die Gewichtskraft auf den Wagen sein.
b ◼ Die berechnete Mindesthöhe reicht in der Realität nicht aus. Begründen Sie.

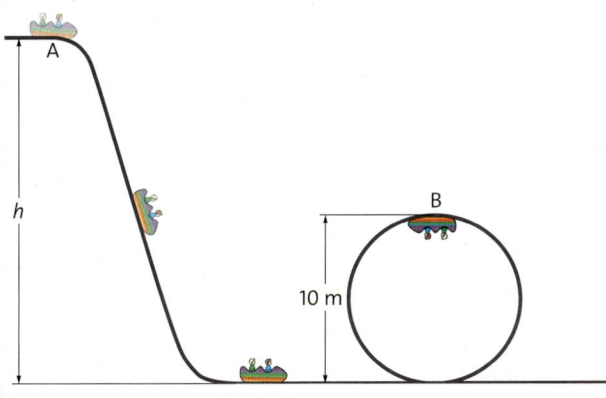

B1 Kommt der Wagen durch den Looping?

Kraft, Impuls und Energie

Trägheitsprinzip	Ein Körper behält seine geradlinig gleichförmige Bewegung bei – oder er bleibt in Ruhe –, solange keine (resultierende) Kraft auf ihn ausgeübt wird. Dieses Prinzip bezeichnet man als das 1. Newton'sche Axiom.
Grundgleichung der Mechanik	Wird eine Kraft $\vec{F}$ auf einen Körper der Masse m ausgeübt, erfährt er eine Beschleunigung $\vec{a}$: $\vec{F} = m \cdot \vec{a}$ Diesen Zusammenhang bezeichnet man als das 2. Newton'sche Axiom Axiom.
Wechselwirkungsprinzip	Wenn ein Körper A eine Kraft $\vec{F}_{AB}$ auf einen zweiten Körper B ausübt, dann übt gleichzeitig der Körper B eine gleichgroße, aber entgegengesetzt wirkende Kraft $\vec{F}_{BA}$ auf den Körper A aus: $\vec{F}_{AB} = -\vec{F}_{BA}$ Diesen Zusammenhang bezeichnet man als das 3. Newton'sche Axiom.

Reibung und Reibungskräfte	Zwischen den Berührungsflächen zweier Körper treten Reibungskräfte auf. Bewegt sich dabei ein Körper, ist die Reibungskraft immer gegen die Bewegungsrichtung gerichtet und führt zum Abbremsen des Körpers. Viele Reibungskräfte sind von der Normalkraft, mit der die Körper aneinanderpressen, abhängig. Es gibt verschiedene Arten von Reibungskräften.
	
	 Haftreibungskraft: $F_{HR} = \mu_{HR} \cdot F_N$ F_N – Normalkraft
	 Gleitreibungskraft: $F_{GR} = \mu_{GR} \cdot F_N$ $\mu_{HR}, \mu_{GR}, \mu_{RR}$ – Reibungskoeffizienten
	 Rollreibungskraft: $F_{RR} = \mu_{RR} \cdot F_N$ c_W – Widerstandsbeiwert
	 Luftreibungskraft: $F_{LR} = \frac{1}{2} \cdot c_W \cdot \varrho \cdot A \cdot v^2$ ϱ – Dichte der Luft
	     A – Querschnittsfläche des Körpers
	     v – Geschwindigkeit des Körpers

Gleichförmige Kreisbewegung	Bewegung eines Körpers mit konstanter Bahngeschwindigkeit auf einer Kreisbahn. Für eine Kreisbewegung muss eine zum Mittelpunkt gerichtete Zentripetalkraft auf den Körper wirken: $F_Z = \frac{m \cdot v^2}{r}$ Für Bahngeschwindigkeit v und Winkelgeschwindigkeit ω gelten die Beziehungen: $v = \frac{2 \cdot \pi \cdot r}{T} = 2 \cdot \pi \cdot r \cdot f$ T – Umlaufzeit; f – Frequenz $\left(f = \frac{1}{T}\right)$ $\omega = \frac{\Delta\varphi}{\Delta t}$ $\Delta\varphi$ – Änderung des Drehwinkels
Impuls und Impulserhaltung	Der Impuls $\vec{p}$ ist das Produkt aus Masse m und Geschwindigkeit $\vec{v}$: $\vec{p} = m \cdot \vec{v}$. In einem abgeschlossenen System ist der (Gesamt-)Impuls erhalten: $\vec{p} = \vec{p'}$. $\vec{p}$: Impuls des Systems vor dem Stoß $\vec{p'}$: Impuls des Systems nach dem Stoß
Energie und Energieerhaltung	In einem abgeschlossenen, mechanischen System bleibt die Summe der beteiligten, mechanischen Energien erhalten: $E_{Ges} = E_{kin} + E_H + E_{Spann}$.
Mechanische Energieformen	Mechanische Energieformen werden bei physikalischen Vorgängen innerhalb eines mechanischen Systems ineinander umgewandelt: kinetische Energie (Bewegungsenergie): $E_{kin} = \frac{1}{2} \cdot m \cdot v^2$ Höhenenergie (Lageenergie): $E_H = m \cdot g \cdot h$ Spannenergie (z. B. bei einer Feder): $E_{Spann} = \frac{1}{2} \cdot D \cdot s^2$

Übungsaufgaben

1 ☐ Ein Gepard (m = 50 kg) kann innerhalb von nur 3 Sekunden von 0 auf 100 $\frac{km}{h}$ beschleunigen.
a Berechnen Sie die mittlere Beschleunigung, die der Gepard dabei aufbringt und vergleichen Sie diese mit der Beschleunigung eines Ferraris (a = 7,1 $\frac{m}{s^2}$).
b Berechnen Sie die Kraft, die der Gepard bei einer solchen Beschleunigung aufwenden muss.

2 ☐ Erklären Sie mithilfe der Grundgleichung der Mechanik, welche Rolle die Masse eines Fahrzeugs beim Beschleunigungsvorgang spielt.

3 ☐ Zieht man langsam an einer Rolle Toilettenpapier, rollt sich das Papier allmählich ab. Zieht man jedoch ruckartig an der Rolle, reißen einzelne Blätter ab. Erklären Sie das unterschiedliche Verhalten.

4 ▨ Bei Fahrten in den Urlaub sollte auf das korrekte Verstauen des Gepäcks geachtet werden.
a Nehmen Sie zur Packweise auf dem untenstehenden Foto Stellung.
b Erklären und begründen Sie, was mit der schweren Flechtkiste bei einer Vollbremsung höchstwahrscheinlich passieren würde.
c Beschreiben Sie den Nutzen und die Funktionsweise eines Sicherheitsgurts.

5 ▨ Beschreiben und begründen Sie die Veränderung der Zentripetalkraft, wenn …
a bei unverändertem Radius die Bahngeschwindigkeit verdoppelt wird.
b der Kreisradius bei konstanter Bahngeschwindigkeit halbiert wird.
c der Kreisradius bei konstanter Winkelgeschwindigkeit halbiert wird.
d Bahnradius und Winkelgeschwindigkeit halbiert werden.
e nur die Masse verdoppelt wird.

6 ▨ Ein Unfallgutachter berechnet aus den Verformungen zweier Pkws nach einem Unfall, dass die Aufprallenergie des unfallverursachenden Pkws 531 kJ betrug. Die Masse des Pkws beträgt 1600 kg. Der Gutachter kommt zu dem Schluss, dass das Fahrzeug die an der Unfallstelle geltende Geschwindigkeitsbegrenzung von 80 $\frac{km}{h}$ nicht eingehalten hat. Vollziehen Sie die Beurteilung des Gutachters mithilfe einer Rechnung nach.

7 ▨ Ein Skater fährt in einer Halfepipe mit einem Durchmesser von 8,0 m. Zu Beginn lässt er sich aus dem Stand über den oberen Rand der Halfpipe fallen und fährt ohne weiteren Antrieb in der Bahn.
a Beschreiben Sie die stattfindenden Energieumwandlungen. Gehen Sie darauf ein, welche Höhe der Skater maximal auf der gegenüberliegenden Seite der Halfpipe erreichen kann.
b Berechnen Sie die Geschwindigkeit im tiefsten Punkt, wenn die Reibung unberücksichtigt bleibt.
c Manche Skater vollführen Sprünge vom Rand der Halfpipe aus und erreichen dabei deutlich größere Höhen als beim Start. Erläutern Sie den scheinbaren Widerspruch zum Energieerhaltungssatz.

Mithilfe des Kapitels können Sie:	Aufgabe	Hilfe
✔ die Grundgleichung der Mechanik anwenden und die drei Newton'schen Axiome (Trägheits-, Aktions- und Wechselwirkungsprinzip) erläutern.	1, 2, 3	S. 42-44, S. 50
✔ Risiken und Sicherheitsmaßnahmen im Straßenverkehr mithilfe der Newton'schen Axiome beurteilen.	4	S. 58-60, S. 62-63
✔ Kreisbewegungen auch im Alltag mithilfe charakteristischer Größen beschreiben.	5	S. 74-76
✔ die Gleichung für die kinetische Energie nennen und zur Lösung von Aufgaben und Problemen nutzen.	6	S. 68
✔ mithilfe des Energieerhaltungssatzes der Mechanik argumentieren.	7	S. 84-85

▶ Die Lösungen zu den Übungsaufgaben finden Sie im Anhang.

Musteraufgabe mit Lösung

Aufgabe • Skispringen

Stefan Kraft erzielte 2017 mit einer Sprungweite von 253,5 m den Weltrekord im Skispringen. Man kann den Sprung als schiefen Wurf oder als Gleitflug modellieren. Die erste Phase ist jeweils der Anlauf. Bei der Schanze betrug die Anlauflänge $a = 134$ m, der typische Neigungswinkel $\gamma = 36°$.

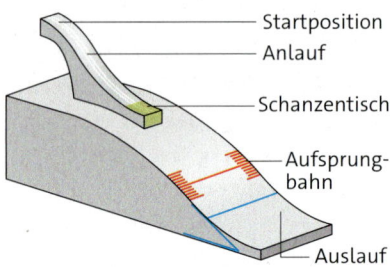

- Startposition
- Anlauf
- Schanzentisch
- Aufsprungbahn
- Auslauf

a Berechnen Sie die Höhe h des Anlaufs. Ermitteln Sie die maximale Absprunggeschwindigkeit v_{max}, die ohne jede Reibung erreicht würde.

b Die reale Absprunggeschwindigkeit beträgt $v_0 = 28 \frac{m}{s}$, beim Absprung hat die Anlaufbahn den Neigungswinkel $\alpha = 11°$. Berechnen Sie die waagerechte und senkrechte Komponente $v_{x,0}$ und $v_{y,0}$ der Absprunggeschwindigkeit v_0 mit richtigen

Vorzeichen. Geben Sie den Vektor der Absprunggeschwindigkeit an.

c Leiten Sie eine Gleichung für die zurückgelegte Flugweite $x(t)$ abhängig von der Flugdauer t für den idealen Fall ohne Reibung her.

d Zeigen Sie für den Fall eines Wurfs ohne Reibung, dass die Gleichung für die vertikale Flugstrecke abhängig von der Flugdauer t ist: $y(t) = v_{y,0} \cdot t - \frac{g}{2} \cdot t^2$.

e Der Hang hinter der Absprungkante wird näherungsweise durch die Gleichung $y = -0{,}6 \cdot x - 3$ m dargestellt. Zeichnen Sie diesen Hang und die Flugparabel $y(x)$ vom Absprung bis zur Landung. Ermitteln Sie dabei die Flugweite x_L und die Flugdauer t_L bis zur Landung. Vergleichen Sie mit der tatsächlichen Flugweite von 253,5 m.

f Ermitteln Sie für die Hypothese konstanter Geschwindigkeitskomponente $v_x(t) = v_{x,0}$ die zur Flugweite von 253,5 m passende Flugdauer t_L. (Realistisch sind acht Sekunden.) Beurteilen Sie die Hypothese

$v_x = v_{x,0}$, stellen Sie eine Folgerung für $v_{x,L}$ im Vergleich zu $v_{x,0}$ auf.

g Die tatsächliche Geschwindigkeit bei der Landung beträgt $v_L = 130 \frac{km}{h}$. Vergleichen Sie mit v_0. Berechnen Sie daraus die vertikale Komponente der Geschwindigkeit bei der Landung $v_{y,L}$ für den Fall, dass die Flugbahn bei der Landung tangential zum Hang mit der Gleichung $y = -0{,}6 \cdot x - 3$ m verläuft.

h Ermitteln Sie die Beschleunigung a, die bei einer gleichmäßig beschleunigten Bewegung zu diesem Wert $v_{y,L}$ führen würde. Erläutern Sie das tatsächliche Flugverhalten anhand der unteren Abbildung.

Lösung

a $h = 134$ m $\cdot \sin 36° = 78{,}76$ m;
Beim Hinunterfahren wird Höhenenergie in kinetische Energie umgewandelt. Im reibungsfallen Fall git die Energieerhaltung:

$E_{kin} = E_H \Rightarrow \frac{1}{2} \cdot m \cdot v^2 = m \cdot g \cdot h$

$v_{max} = \sqrt{2 \cdot g \cdot h} = 39{,}3 \frac{m}{s}$

b $v_{x,0} = 28 \frac{m}{s} \cdot \cos 11° = 27{,}5 \frac{m}{s}$
$v_{y,0} = -28 \frac{m}{s} \cdot \sin 11° = -5{,}3 \frac{m}{s}$

$\vec{v}_0 = \begin{pmatrix} 27{,}5 \\ -5{,}3 \end{pmatrix} \frac{m}{s}$

c Ohne Reibung ist v_x konstant. Es liegt eine gleichförmige Bewegung vor: $x(t) = v_{x,0} \cdot t = 27{,}5 \frac{m}{s} \cdot t$

d $v_y(t)$ durch Ableitung bzw. Aufstellen des Differenzenquotienten aus

$y(t)$ bilden: $v_y(t) = v_{y,0} - g \cdot t$.
$v_y(t)$ ist von der Zeit abhängig.

e Stützpunkte der Parabel für z. B. $t = 0; 0{,}2$ s; $0{,}4$ s usw. und die Gerade $y = -0{,}6 \cdot x - 3$ m einzeichnen. Schnittpunkte der beiden Graphen: bei $x = 70$ m und $y = -45{,}5$ m.

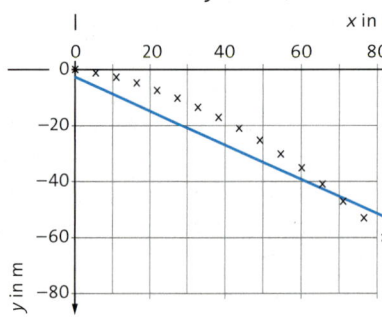

f $t_L = \frac{253{,}5\,m}{v_{x,0}} = \frac{253{,}5\,m}{27{,}5 \frac{m}{s}} = 9{,}2$ s

Da die reale Flugzeit kürzer war, muss v_x größer sein. Die Hypothese ist falsch.

g $v_L = 36{,}1 \frac{m}{s} > v_0$
v_L verläuft entlang der Geraden, sodass für die senkrechte Komponente $v_{y,L}$ gilt: $v_{y,L} = v_L \cdot \sin \alpha$; mit $\tan \alpha = -0{,}6. \Rightarrow v_{y,L} = -18{,}6 \frac{m}{s}$

$a = \frac{\Delta v_{y,L}}{t_L} = \frac{-18{,}6 \frac{m}{s} - (-5{,}4 \frac{m}{s})}{8\,s} = -1{,}7 \frac{m}{s^2}$

Der Springer wirkt wie eine Tragfläche und erzeugt die Auftriebskraft $F = m \cdot 8{,}1 \frac{m}{s^2}$.

Übungsaufgaben mit Hinweisen

Aufgabe 1 • Newtons Axiome

Bei einer Flutkatastrophe ist Familie Sieling auf dem Dach ihres überfluteten Hauses von Wasser eingeschlossen. Die Rettungskräfte lassen ein Boot ins Wasser und stoßen mit ihren Paddeln das Wasser kräftig nach hinten. Kurz vor dem Haus hören die Retter auf zu paddeln und das Boot fährt von alleine zu den Sielings. Als die Familie an Bord ist, nimmt das Boot relativ langsam Fahrt auf, obwohl alle Retter wieder kräftig paddeln. Da greifen auch die Sielings zu den Paddeln, sodass das Boot eine größere Beschleunigung erreicht.

a Nennen Sie Newtons drei Axiome.
b Ordnen Sie den verschiedenen Phasen der Rettung passende Axiome zu und erläutern Sie diese am Beispiel.

Aufgabe 2 • Tibet-Bahn

Die Tibet-Bahn von Xining nach Lhasa im Himalaya ist eine technische Meisterleistung. Sie ist 1956 km lang und als höchste Bahnstrecke der Welt führt sie bis in 5072 m Höhe. Dabei überwindet sie Steigungen bis 2 % (das entspricht einem Höhenunterschied von 2 m auf einer horizontalen Strecke von 100 m).

a Geben Sie an, welche Reibungsarten grundsätzlich bei der Bewegung des Zuges auftreten.
b Skizzieren Sie die Situation des Zuges an einem Anstieg von 2 % mit den relevanten Kräften.
c Begründen Sie, welche Reibungsart bezüglich der Steigung der begrenzende Faktor ist.
d Berechnen Sie den minimalen Reibungskoeffizienten, der zwischen Schiene und Rad auftreten darf.

Hinweise

Aufgabe 1

a Trägheitsprinzip: Ein Körper behält seine gleichförmige Bewegung bei oder bleibt in Ruhe, solange keine Kraft auf ihn ausgeübt wird. Aktionsprinzip: Wird eine Kraft $\vec{F}$ auf einen Körper der Masse m ausgeübt, dann erfährt er eine Beschleunigung $\vec{a}$. Es gilt: $\vec{F} = m \cdot \vec{a}$. Wechselwirkungsprinzip: Wenn ein Körper A eine Kraft $\vec{F}_{AB}$ auf einen zweiten Körper B ausübt, dann übt gleichzeitig der Körper B eine Gegenkraft $\vec{F}_{BA}$ auf den Körper A aus und es gilt: $\vec{F}_{AB} = -\vec{F}_{BA}$
b Paddeln: Wechselwirkungsprinzip. Indem man eine Kraft nach hinten auf das Wasser ausübt, erfährt man selbst eine Kraft nach vorne. Kurz vor dem Ziel: Trägheitsprinzip. Die vorhandene Geschwindigkeit wird (nahezu) beibehalten.

Rückfahrt: Aktionsprinzip. Größere Masse verringert die Beschleunigung. Größere Kraft (mehr Paddler) vergrößert die Beschleunigung.

Aufgabe 2

a Reibungskräfte treten grundsätzlich zwischen den Rädern des Zuges und der Oberfläche (Schiene) auf. Rollen die Räder sind das konkret Haftreibungskräfte und Rollreibungskräfte. Zusätzlich tritt durch den Widerstand der Luft die Luftreibungskraft auf.
Hinweis: Zusätzlich treten auch Reibungskräfte zwischen den beweglichen Teilen am Zug auf, z. B. bei Achsen, in den Motoren usw.
b Es muss eine schiefe Ebene skizziert werden, auf der der Zug steht. Beteiligte Kräfte sind die senkrecht stehende Gewichtskraft, die im rechten Winkel zur schiefen Ebene stehende Normalkraft und die Hangabtriebskraft.
c Haftreibungskraft, da die Räder nicht durchdrehen und ins Rutschen kommen dürfen. Ist diese überwunden, wirkt nur noch die kleinere Gleitreibungskraft.
d $F_{HR} = F_H$
$F_N \cdot \mu_{HR} = F_G \cdot \sin\alpha$
$F_G \cdot \cos\alpha \cdot \mu_{HR} = F_G \cdot \sin\alpha$
$\mu_{HR} = \dfrac{F_G \cdot \sin\alpha}{F_G \cdot \cos\alpha}$
$\mu_{HR} = \tan\alpha$
$\mu_{HR} = \dfrac{2\,m}{100\,m} = 0{,}02$

Training I • Bewegungen beschreiben und Größen berechnen

Aufgabe 1 • Maultrommel

Die Maultrommel ist ein kleines Musikinstrument. Zum Spielen hält man es sich an den Mund und zupft an der Blattfeder in der Mitte, die dadurch zum Schwingen gebracht wird.

Die Bewegung ist dabei so schnell, dass man die Blattfeder mit dem Auge nur noch verschwommen sehen kann. Da das menschliche Auge zu träge ist, wird die Bewegung mit einer Hochgeschwindigkeitskamera aufgezeichnet. Mit einer solchen Kamera werden in einer Sekunde 210 Bilder aufgenommen.

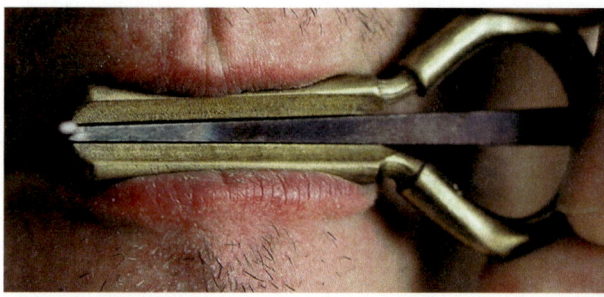

M2 Maultrommel

a Die sechs Einzelaufnahmen sind hintereinander entstanden. Ermitteln Sie die Zeitdifferenz zwischen zwei einzelnen Aufnahmen.

b Die Spitze der Blattfeder bewegt sich in den Einzelaufnahmen nach oben. Ermitteln Sie jeweils die zurückgelegte Strecke der Blattfederspitze zwischen allen Einzelaufnahmen und die Gesamtstrecke zwischen der ersten und letzten Einzelaufnahme.

c Ermitteln Sie aus Ihren Ergebnissen aus den Teilaufgaben a) und b) die jeweiligen Momentangeschwindigkeiten und die Durchschnittsgeschwindigkeit für die gesamte Bildfolge. Vergleichen Sie die ermittelten Geschwindigkeiten und ziehen Sie Rückschlüsse.

Der Graph des t-s-Diagramms zeigt die Messwerte für die Bewegung der Blattfeder und die Regression.

d Interpretieren Sie den Verlauf des Graphen im t-s-Diagramm. Erläutern Sie daran, warum man von einer „schwingenden" Bewegung der Feder sprechen kann.

e Ermitteln Sie mithilfe des Graphen im t-s-Diagramm die Durchschnittsgeschwindigkeit. Wählen Sie als Zeitintervall die Stellen des oberen und unteren Umkehrpunkts der Bewegung der Blattfederspitze.

f Ermitteln Sie anhand des Graphen die Stelle mit der größten Momentangeschwindigkeit und geben Sie diese an. Beschreiben Sie Ihr Vorgehen.

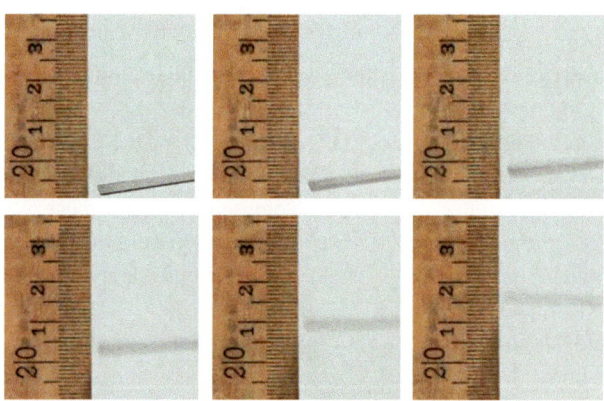

M1 Aufeinanderfolgende Einzelaufnahmen mit der Hochgeschwindigkeitskamera

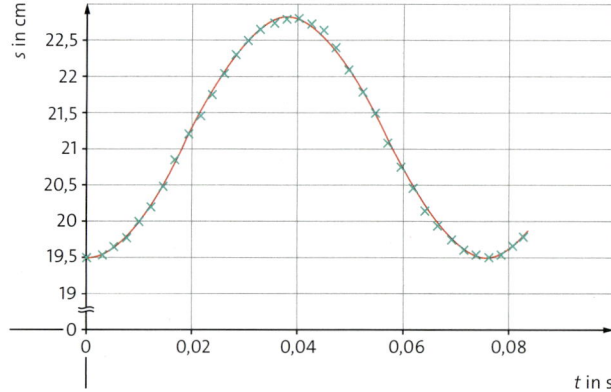

M3 Bewegung der Blattfederspitze: Messwerte (grün) und Regressionskurve (rot)

Aufgabe 2 • Feder zum Schießen

Max schießt während des Physikunterrichts mit einer Schraubenfeder aus einem Kugelschreiber (Federhärte $D = 20\,\frac{\text{kg}}{\text{s}^2}$) eine Kaugummikugel ($m = 2\,\text{g}$) von der Tischoberfläche ($h_\text{T} = 80\,\text{cm}$) senkrecht in die Luft. Die Physiklehrerin bemerkt dies und möchte, dass er wieder mitarbeitet. Sie stellt ihm daher passende Aufgaben.

a Max soll die maximale Höhe der Kugel berechnen und ermittelt $h_\text{max} = 1{,}3\,\text{m}$. Bestätigen Sie sein Ergebnis.

b Max soll die Flugweite der Kugel berechnen, wenn er diese waagerecht vom Tisch abschießt. Entwickeln Sie ein Vorgehen. Berechnen Sie auch die Aufprallgeschwindigkeit und den Auftreffwinkel auf den Boden.

Training II • Bewegung, Energie und Impuls

Folgende Situation liegt vor: Ein Tennisball mit der Masse $m = 58$ g fällt aus einer unbekannten Höhe auf den Boden und prallt von diesem wieder hoch.

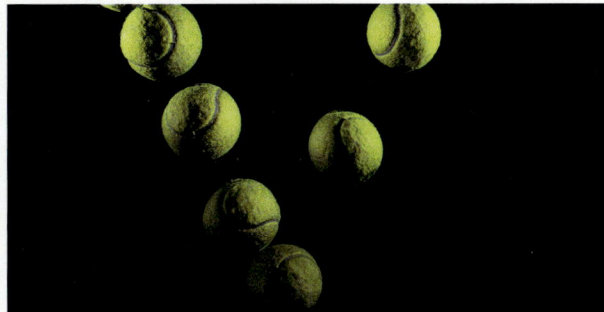

M4 Aufspringender Ball

Aufgabe 1 • Aufprall des Tennisballs

Das Diagramm zeigt den zeitlichen Verlauf der Geschwindigkeit des Tennisballs vom Zeitpunkt der Berührung des Bodens bis zum Verlassen des Bodens.

a Beschreiben Sie den Kurvenverlauf. Teilen Sie hierzu die Bewegung in geeignete Zeitabschnitte.
b Berechnen Sie die mittlere Beschleunigung, die der Tennisball während des Aufprallens erfahren hat.
c Bestimmen Sie die momentane Beschleunigung des Tennisballs für $v = 0$.
d Erstellen Sie ein t-a-Diagramm für den dargestellten Vorgang. Erläutern Sie dabei Ihr Vorgehen.

Aufgabe 2 • Energiebetrachtungen

Den Aufprall des Tennisballs kann man auch aus energetischer Sicht betrachten. Hierzu wurde das Energiekontenmodell angewandt.

a Erläutern Sie die Energieumwandlungen, die vom Fallenlassen bis zum Wiederaufsteigen des Balls stattfinden. Benennen Sie die Energiearten.
b Ordnen Sie die dargestellten Zustände im Energiekontenmodell möglichen Zeitpunkten im t-v-Diagramm zu. Begründen Sie kurz.
c Bestimmen Sie rechnerisch mithilfe von Informationen aus dem Diagramm jeweils die kinetische Energie des Tennisballs vor und nach dem Aufprall auf den Boden. Ziehen Sie Schlussfolgerungen aus Ihrem Ergebnis.
d Bestimmen Sie mithilfe der Informationen aus dem Diagramm, aus welcher Höhe der Tennisball auf den Boden gefallen ist und welche Höhe er nach dem Aufprall maximal wieder erreichen kann. Erstellen Sie jeweils eine Darstellung im Energiekontenmodell.

e Im Energiekontenmodell ist noch eine Energieform nicht benannt. Erläutern Sie, um welche Energieform es sich handelt.
f Begründen Sie, warum die Umwandlung von Energie in diese vierte Energieform letztendlich dazu führen wird, dass der Ball irgendwann zum Liegen kommt.
g Schätzen Sie aus dem Diagramm ab, wie oft der Ball ungefähr aufprallen kann, bevor er zum Liegen kommt. Erläutern Sie Ihr Vorgehen.

Aufgabe 3 • Kraft und Impuls

Neben der Energie können auch die am Vorgang beteiligten Kräfte und Impulse betrachtet werden.

a Begründen Sie, warum man aus dem t-v-Diagramm schließen kann, dass beim Vorgang eine Kraft auf den Ball wirkte.
b Berechnen Sie aus den ermittelten Beschleunigungen aus den Teilaufgaben 1b und 1c die jeweilige Kraft, die auf den Ball wirkte.
c Ermitteln Sie die Impulsänderung des Balls während des gesamten Vorgangs.
d Erläutern Sie anhand der vorliegenden Situation, was man unter der Impulserhaltung bei physikalischen Vorgängen versteht. Erklären Sie, welche Impulsänderung dabei der Boden erfahren muss.

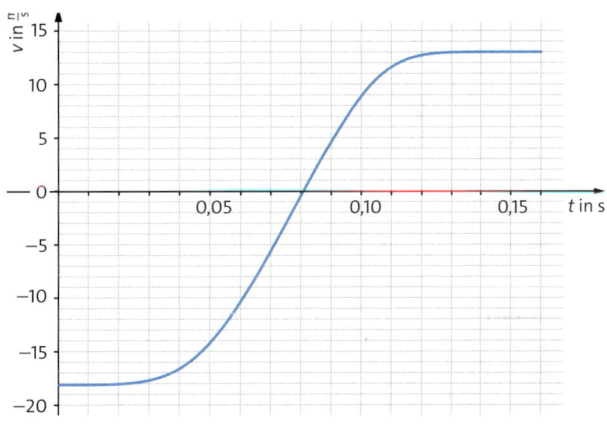

M5 t-v-Diagramm

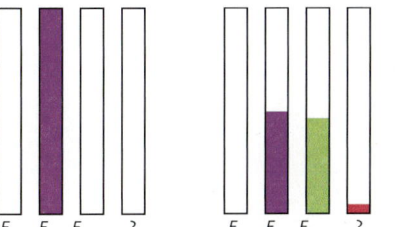

M6 Energiekonten des Vorgangs

3
Akustik

▶ Neben dem Sehen ist das Hören sicherlich einer der wichtigsten Sinne, die wir haben. Schall entsteht durch Schwingungen und breitet sich durch die Luft zu unserem Ohr aus. Dabei lässt sich der Schall durch verschiedene physikalische Größen beschreiben.

▶ Das Empfinden von Schall kann sehr unterschiedlich sein. Ein Musikstück kann ganz unterschiedlich klingen, wenn es mit verschiedenen Instrumenten gespielt wird. Schall kann aber auch krank mach und die Gesundheit gefährden.

Alltäglicher Vorgang: Schall wird vom Kopfhörer zum Ohr übertragen.

3.1 Schall und Schallgeschwindigkeit

1 Zwei Personen unterhalten sich über einen Flüsterspiegel.

Spricht eine der Personen leise in den Flüsterspiegel, so kann die andere jedes Wort verstehen. Auf eine Antwort muss sie aber etwas länger warten. Wie kann das sein?

Schall • Um die Eingangsfrage klären zu können, müssen wir uns genauer mit Schall befassen. Aber was ist das eigentlich? Ständig hören wir etwas — Angenehmes wie die eigene Lieblingsmusik oder Unangenehmes wie den Krach einer Baustelle.
All die Signale oder Geräusche, die wir mit den Ohren wahrnehmen, nennen wir **Schall**. Wer ein Instrument spielt, weiß, wie wichtig es ist, den „richtigen Ton zu treffen". Im Gespräch erkennt man meist bereits am Klang einer Stimme, welche Stimmung gerade herrscht.

Der schrille Ton der Polizeisirene warnt: Man ist aufmerksam und „ganz Ohr".
Begriffe wie hoch oder tief, laut oder leise, angenehm oder schrill drücken persönliches Empfinden aus, können durch die Physik aber genauer erklärt werden.

Schallquellen und -empfänger • Damit wir etwas hören können, muss der Schall durch eine **Schallquelle** wie unsere Stimmlippen erzeugt und anschließend zum **Schallempfänger**, z. B. zu unseren Ohren, übertragen werden.

Betrachten wir zunächst die Schallerzeugung: Wenn man ein langes Lineal mit einer Hand oberhalb der Tischkante gut festhält und mit der anderen Hand anzupft, dann hört man einen Ton. Gleichzeitig sieht man, wie das Lineal auf und ab schwingt (▶ **2**).

Je länger der schwingende Teil des Lineals ist, umso langsamer bewegt er sich. Ist er zu lang, ist die Bewegung zwar gut zu erkennen, einen klaren Ton hört man aber nicht. Verkürzt man den schwingenden Teil des Lineals wieder, dann wird der Ton höher und deutlich hörbar. Nur ist die Bewegung dann immer schlechter zu sehen.

2 Das Lineal schwingt auf und ab.

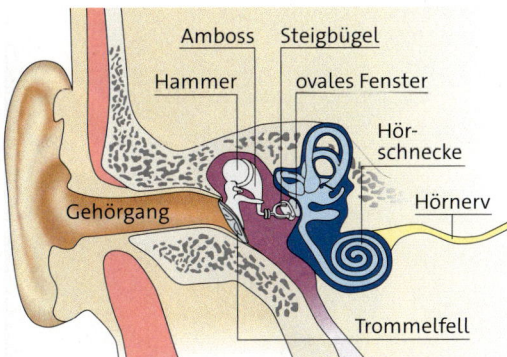

3 Aufbau des menschlichen Ohrs

4 Ohne Luft hört man die Klingel nicht.

Schall ist also stets mit Schwingungen verbunden, auch wenn diese oft so schnell sind, dass unsere Augen die Bewegung nicht wahrnehmen können. So können wir beispielsweise die Schwingung einer angeschlagenen Stimmgabel nicht sehen. Halten wir die Zinken aber in ein Glas Wasser, dann überträgt sich die Schwingung auf die Flüssigkeit. Durch die schnelle Bewegung entstehen die sichtbaren Spritzer (▶ 5).

> Ein hörbarer Ton entsteht durch die schnelle Schwingung eines Gegenstands.

Der kleine Versuch mit der Stimmgabel zeigt, wie man sich prinzipiell den Empfang von Schall vorstellen kann. Um Schall wahrzunehmen, muss durch den Schall ein Teil des Schallempfängers in Schwingungen versetzt werden, das kann z. B. die Membran eines Mikrofons sein oder das Trommelfell in unserem Ohr. Diese Schwingung wird dann in elektrische Signale übersetzt, die weiterverarbeitet werden können.

Im Ohr (▶ 3) werden die Schwingungen des Trommelfells über die Gehörknöchelchen Hammer, Amboss und Steigbügel auf das Innenohr übertragen und dabei bis zu 20-fach verstärkt. In der flüssigkeitsgefüllten Hörschnecke befinden sich etwa 16 000 Sinneszellen mit feinen Härchen.
Während das Schallereignis die Hörschnecke durchläuft, werden diese Härchen hin- und hergebogen. Je tiefer der Ton dabei ist, desto weiter innen in der Hörschnecke sprechen die Sinneszellen an.
Durch diese Reizung der Sinneszellen entstehen elektrische Signale, die an das Gehirn gesendet und dort verarbeitet werden.

Schall braucht einen Träger • Normalerweise befindet sich zwischen der Schallquelle und dem Schallempfänger Luft. Aus dem Alltag kennen wir aber auch andere Formen der Schallübertragung, z. B. unter Wasser beim Tauchen oder wenn jemand gegen ein Heizungsrohr klopft. Dabei übertragen feste Stoffe den Schall meist besser als Gase. Klopft man von unten gegen eine Tischplatte und lauscht einmal in normaler Sitzposition und das andere Mal, während der Kopf mit dem Ohr auf der Tischplatte liegt, bemerkt man einen Unterschied.

Die unterschiedlich gute Ausbreitung des Schalls in den verschiedenen Stoffen lässt vermuten, dass ein **Trägermedium** für die Ausbreitung notwendig ist: Befestigen wir eine elektrische Klingel unter eine Glasglocke (▶ 4) und pumpen die darunter gehaltene Luft ab, hören wir, wie das Klingeln immer leiser wird, bis es kaum noch wahrzunehmen ist. Im luftleeren Raum kann sich Schall nicht ausbreiten. Luft ist ein **Schallträger**.

> Schall kann sich nur in einem Schallträger ausbreiten. Sowohl Gase als auch Flüssigkeiten und Feststoffe können den Schall übertragen.

5 Die Stimmgabel lässt das Wasser spritzen. ⊡

1 ☐ Beschreiben Sie, was Sie hören und sehen, wenn Sie mit einem angefeuchteten Finger über den Rand eines dünnwandigen Glases streichen. Formulieren Sie eine Vermutung, welche Teile schwingen.

2 ◼ Wenn Sie sich die Nase zuhalten und Luft in die Nase hineindrücken, erhöht sich auch der Druck im Mittelohr. Geben Sie begründet an, wie sich Ihr Hören dadurch verändert.

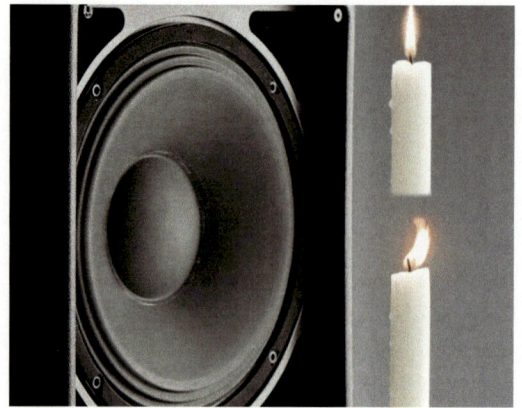

1 Die Luft vor dem Lautsprecher schwingt.

3 Eine Startklappe gibt das Startsignal.

Was geschieht im Schallträger? • Zur Untersuchung der Schallübertragung stellen wir eine brennende Kerze vor eine schwingende Lautsprechermembran (▶**1**). Wir beobachten u. a., dass die Kerzenflamme auseinandergezogen wird. Das erklärt sich folgendermaßen: Wenn eine Lautsprechermembran hin- und herschwingt, dann wird die Luft vor der Membran abwechselnd zusammengedrückt und auseinandergezogen. Die Luft selbst schwingt wie die Membran hin und her. Durch die schnellen Bewegungen der Luft wird die Flamme in die Breite gezogen.

Wir veranschaulichen die Schallausbreitung mit einer Spiralfeder (▶**4**): Durch schnelle Hin- und Herbewegungen der Hand entstehen abwechselnd Verdichtungen und Verdünnungen in der Spirale, die sich von der Hand entlang der Spirale ausbreiten. Schwingt die Lautsprechermembran hin und her, entstehen in der Luft vor der Membran abwechselnd Verdichtungen und Verdünnungen, die sich in den Raum ausbreiten.

Wie schnell ist der Schall? • Wenn wir bei einem 100-m-Sprint an der Ziellinie stehen und nur auf den Knall der Startklappe achten, dann wirkt es, als würden die Läufer zu früh starten. Wenn wir aber darauf achten, wann wir das Zusammenschlagen der Startklappe sehen (▶**3**), haben wir nicht den Eindruck eines Fehlstarts. Wir an der Ziellinie hören den Knall offenkundig später als die Läufer. Der Schall braucht Zeit, um sich auszubreiten.

Um die Schallgeschwindigkeit zu bestimmen, verwenden wir zwei Mikrofone und eine sehr genaue elektronische Stoppuhr (▶**2**).

Sobald der Schall nach Zusammenschlagen der Startklappe das Mikrofon 1 erreicht, wird die Uhr gestartet. Wenn er Mikrofon 2 erreicht, wird die Uhr wieder gestoppt.

Für die Strecke von 1,0 m benötigt der Schall in unserem Experiment eine Zeit von 0,0029 s. In einer Sekunde legt der Schall demnach etwa 345 m zurück. Die Ausbreitungsgeschwindigkeit hängt vor allem von der Temperatur ab.

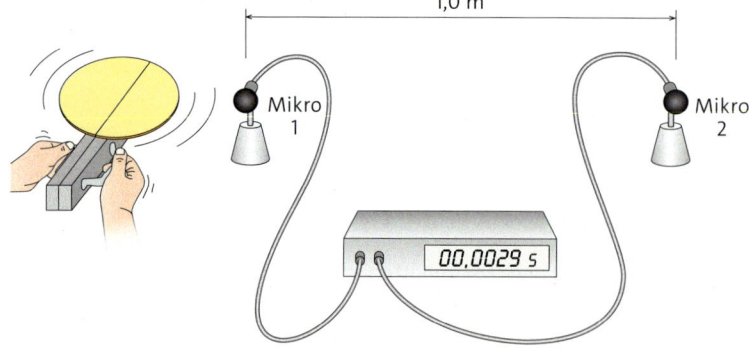

2 Messung der Schallgeschwindigkeit

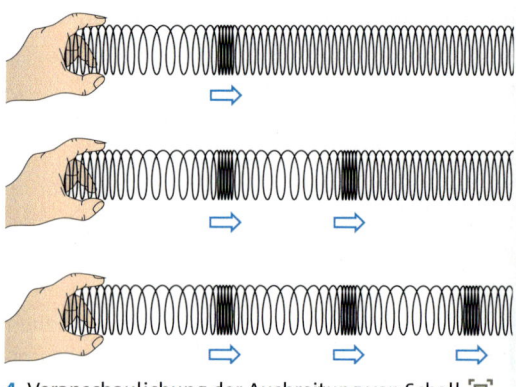

4 Veranschaulichung der Ausbreitung von Schall

> Der Schall breitet sich in Luft gleichförmig mit einer Geschwindigkeit von etwa 340 Metern pro Sekunde aus.

Schall wird reflektiert • Ruft man in den Bergen aus größerer Entfernung vor einer glatten Bergwand laut einen Namen, dann hört man ihn kurz danach noch einmal als Echo. Offenbar wirft die Bergwand den Schall zurück.

Auch dies untersuchen wir in einem Experiment. Das Ticken eines Weckers, der auf einen Schwamm in ein hohes Glas gestellt wurde, ist direkt über der Öffnung zu hören. Neben dem Glas allerdings nicht. Erst wenn man eine glatte Platte schräg über die Öffnung hält, ist das Ticken abhängig vom Neigungswinkel wieder gut zu hören.
Der Schall breitet sich durch die Öffnung des Glases nach oben aus. Zu den Seiten wird er von den Glaswänden abgeschirmt. Trifft der Schall auf die schräg gestellte Platte, ändert er seine Ausbreitungsrichtung. Der Schall wird an der Oberfläche der Platte reflektiert (▶ **5**).

Mithilfe der Reflexion des Schalls kann auch das Hören am Flüsterspiegel erklärt werden (▶ **1, S. 102**). Trifft der Schall auf die gekrümmte Oberfläche des Flüsterspiegels, so ändert sich seine Ausbreitungsrichtung entlang der Krümmung (▶ **6**). Dadurch wird der Schall so ähnlich gebündelt wie Radiowellen an einer Satellitenschüssel. Die durch die Bündelung hervorgerufene Verstärkung lässt die im anderen Spiegel geflüsterten Worte verständlich werden – wenn auch mit zeitlicher Verzögerung infolge der Laufzeiten des Schalls.

Schall wird gebeugt • Neben der Reflexion kann die Ausbreitungsrichtung von Schall noch durch ein weiteres Phänomen geändert werden. Ist die Tür eines Raums nur einen Spalt breit geöffnet, können wir Personen im Raum hören, selbst wenn wir neben der Türöffnung stehen. Gelangt der Schall an die schmale Öffnung, wird er gebeugt. Dabei breitet sich der Schall von der Öffnung in alle Richtungen des Raums weiter aus (▶ **7**).

> Trifft Schall auf eine glatte Fläche, wird er reflektiert. Trifft Schall auf kleine Öffnungen oder Kanten, wird er gebeugt.

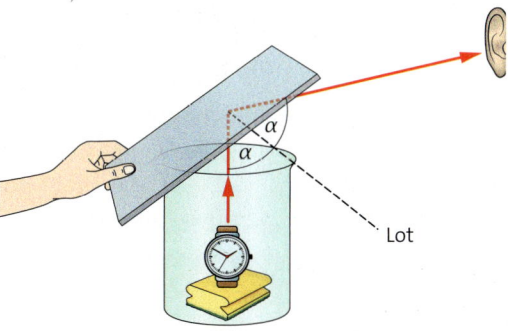

5 Reflexion von Schall

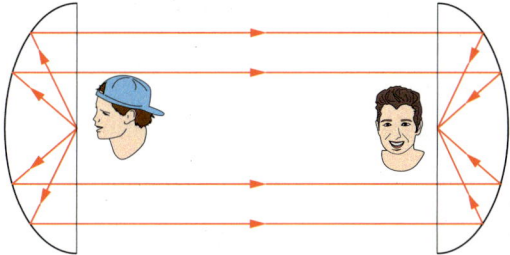

6 Schallausbreitung am Flüsterspiegel

7 Beugung von Schall

1 ✓ Um die Entfernung eines Gewitters abzuschätzen, kann man die Sekunden zwischen Blitzschlag und Donnergrollen zählen. Drei Sekunden entsprechen dabei einer Entfernung von etwa einem Kilometer.
a Erklären Sie, warum Blitz und Donner nicht gleichzeitig wahrgenommen werden.
b Erläutern Sie an einem eigenen Beispiel diese Drei-Sekunden-Regel.

2 ■ Recherchieren Sie die Temperaturabhängigkeit der Schallgeschwindigkeit in Luft und erklären Sie diese im Teilchenmodell.

Versuch A • Schallerzeugung

V1 Quietschender Luftballon

Materialien: Luftballon

Arbeitsauftrag:

– Blasen Sie einen Luftballon auf und ziehen Sie dann die Ballonöffnung mit den Fingern zu einem dünnen Schlitz auseinander, sodass die Luft quietschend entweichen kann. Beschreiben Sie, wie Sie unterschiedliche Töne erzeugen können.

– Stellen Sie eine Vermutung darüber an, was bei der Schallerzeugung schwingt.

V2 Flaschenklang

Materialien: Glasflasche, Wasser

Arbeitsauftrag:

– Füllen Sie eine Glasflasche mit Wasser (nicht ganz voll). Blasen Sie nun schräg in die Flaschenöffnung hinein (▶1), sodass ein Ton entsteht. Formulieren Sie eine Vermutung dazu, wie der Ton entsteht.

– Ändern Sie die Wassermenge in der Flasche und beschreiben Sie, wie sich der Ton ändert.

1 Erzeugung eines Tons mithilfe einer Flasche

Versuch B • Schallausbreitung in verschiedenen Schallträgern

V1 Löffel an der Schnur

Materialien: Suppenlöffel, Schnur (ca. 1 m)

Arbeitsauftrag:

– Knoten Sie den Löffel in die Mitte der Schnur. Wickeln Sie die Enden der Schnur um je einen Zeigefinger und stecken Sie die Finger in die Ohren. Lassen sie den Löffel gegen eine Tischkante pendeln. Beschreiben Sie, was Sie hören.

– Erklären Sie Ihre Beobachtungen.

V2 Verschiedene Schallträger

Materialien: Tickende Uhr, Blech, Holzbrett, Styropor, Papierblock, Schaumstoff, Tisch

Arbeitsauftrag:

– Untersuchen Sie, wie die verschiedenen Stoffe das Ticken der Uhr übertragen. Legen Sie dazu die Uhr auf die verschiedenen Unterlagen auf den Tisch. Legen Sie Ihren Kopf auf den Tisch, sodass sich Ihr Ohr im Abstand von 1 m von der Uhr befindet. Notieren Sie Ihre Beobachtungen.

– Ziehen Sie Schlussfolgerungen.

V3 Messung der Schallgeschwindigkeit in Luft

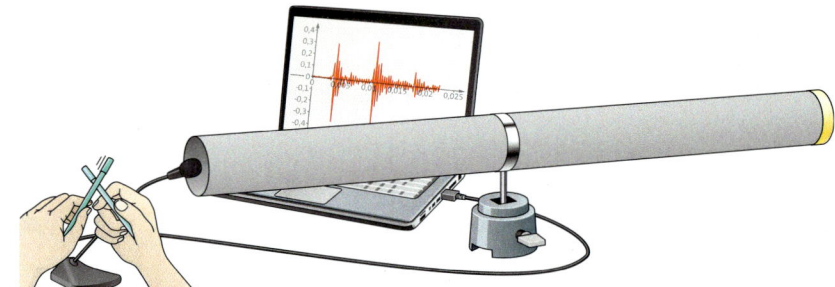

2 Messung der Schallgeschwindigkeit

Materialien: Papprohr (ca. 1 m lang, ca. 10 cm im Durchmesser) mit Deckel, Lineal, Computer mit Soundanalyseprogramm, Mikrofon, zwei Stäbe (z. B. kleine Stativstangen)

Arbeitsauftrag:

– Bauen Sie den Versuch wie in ▶2 auf. Verschließen Sie eine Seite des Papprohrs mit einem Deckel und stellen Sie das Mikrofon genau vor das offene Ende des Rohrs.

– Messen Sie die Länge des Rohrs. Starten Sie die Aufnahme im Soundanalyseprogramm. Erzeugen Sie ein kurzes Schallsignal, indem Sie die zwei Stäbe einmal aneinanderschlagen.

– Lesen Sie den zeitlichen Abstand zwischen dem direkt gemessenen Signal und dem am Ende des Rohrs reflektierten Signal im Diagramm des Soundanalyseprogramms ab (▶3).

– Führen Sie mehrere Messungen durch und berechnen Sie daraus den Mittelwert der Schallgeschwindigkeit. Vergleichen Sie Ihr Ergebnis mit dem Literaturwert.

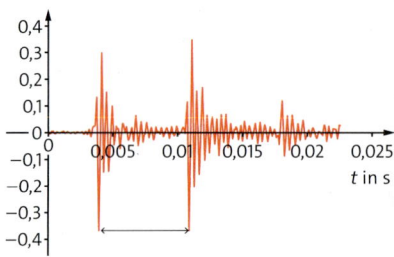

3 Gemessenes Signal

Material A • Aus der Tierwelt

Fledermäuse jagen nachts. Sie stoßen sehr hohe Töne aus, die für uns nicht hörbar sind. Eine Fledermaus kann diese hohen Töne aber sehr gut hören. Sie werden sowohl an Gegenständen als auch an Insekten reflektiert (▶ A1). Die Fledermaus nimmt die reflektierten Töne wahr und kann so Hindernissen ausweichen oder dem Insekt folgen.

1 📝 Überlegen Sie, woran die Fledermaus erkennen kann, dass sich das Insekt von ihr wegbewegt. Erläutern Sie dies anhand einer Bildfolge.

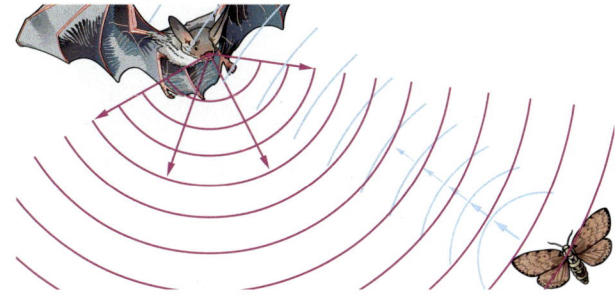

A1 Fledermaus auf der Jagd

Material B • Untersuchung mit Schallwellen

Bei der Materialprüfung mit Ultraschall wird ein Schallkopf genutzt, der Schallwellen aussendet und die Echos detektiert. Ultraschallwellen durchdringen viele Stoffe gut, werden an Grenzflächen zu Luft aber fast vollständig reflektiert. Um zu vermeiden, dass es bereits bei Eintritt des Ultraschalls in das Werkstück zu Reflexionen an Lufteinschlüssen kommt, wird ein Gel auf den Schallkopf gegeben. Treffen die Schallwellen dann im Werkstück auf einen Riss, eine fehlerhafte Schweißnaht oder sonstige Lufteinschlüsse, so werden sie daran reflektiert (▶ B1). Ein Vergleich der verschiedenen Laufzeiten liefert die Lage der Fehlstellen.

1 In einem Werkstück aus Edelstahl beträgt die Schallgeschwindigkeit $5{,}66 \cdot 10^3 \frac{m}{s}$.

a 📝 Bei dem Oszilloskop in ▶ B1 steht die Breite eines Kästchens für $0{,}1\,\mu s$. Ermitteln Sie die Dicke des Werkstücks und die Entfernung des Risses vom Schallkopf.

b ■ Bei einer anderen zeitlichen Auflösung erhält man ein weiteres Echo: Laufzeit $1{,}8\,\mu s$. Erklären Sie.

Werkstück

Rückwandecho
Fehlerecho
Eingangsecho

Prüfkopf
Koppelmittel
Fehlstelle
Rückwand

B1 Materialprüfung mit Ultraschall

Material C • Schallgeschwindigkeit

Zwei Jugendliche führen ein Experiment zur Bestimmung der Schallgeschwindigkeit durch. Neben ihnen liegt jeweils ein Smartphone, bei dem eine App mit akustischer Stoppuhr geöffnet ist. Diese wird durch ein akustisches Signal gestartet und durch ein weiteres gestoppt. Bei einem Abstand von 5 m zwischen den Smartphones zeigt die eine Stoppuhr am Ende 0,739 s an, die andere 0,713 s.

1 📝 Erklären Sie, wie die beiden so die Schallgeschwindigkeit ermitteln können (▶ C1).

2 ■ Begründen Sie, warum die Reaktionszeit der Personen bei dieser Art der Messung keinen Einfluss auf die Ergebnisse hat.

3 📝 a Bestimmen Sie aus den Messwerten die Schallgeschwindigkeit.

b Vergleichen Sie Ihr Ergebnis mit einem Literaturwert. Geben Sie mögliche Fehlerquellen an.

4 📝 Erstellen Sie ein t-s-Diagramm zu den gegebenen Messwerten.

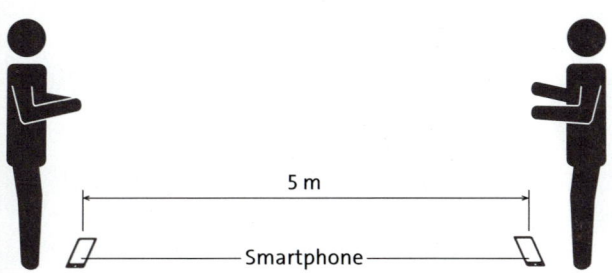

5 m

Smartphone

C1 Schallgeschwindigkeit klatschend ermitteln

3.2 Schall untersuchen

1 Hüpfende Tropfen

Die Tropfen hüpfen auf der Membran eines Lautsprechers auf und ab – und zwar umso höher, je lauter die Töne sind, die der Lautsprecher abgibt. Auch die Tonhöhe ändert das Verhalten der Tropfen. Wie kommt das?

Schall in Zeitlupe ● Um zu untersuchen, was an der Lautsprechermembran passiert, verbinden wir den Lautsprecher mit einem Frequenzgenerator (▶ 2) und stellen diesen so ein, dass ein tiefer Brummton zu hören ist. Fasst man jetzt vorsichtig auf die Membran, fühlt man, wie sie vibriert. Geben wir einige Reiskörner auf die Membran, werden diese infolge der Vibration ebenfalls in Bewegung versetzt und beginnen wie die Wassertropfen in ▶ 1 zu hüpfen. Die schnelle Bewegung der Membran selbst wird sichtbar, wenn sie mit einem Smartphone gefilmt und in Zeitlupe abgespielt wird. ⬚

Aufzeichnung von Schall ● Eine einfache Möglichkeit, Schall aufzuzeichnen, bietet eine Schreibstimmgabel (▶ 3). Um sie zum Klingen zu bringen, schlägt man gegen einen ihrer Schenkel. Nun zieht man die Feder der Stimmgabel zügig und idealerweise gleichförmig über eine Glasplatte, die zuvor über einer Kerzenflamme geschwärzt wurde. Es zeigt sich, dass der Schall durch eine **Schwingung** der Stimmgabel entsteht.
Der Verlauf der Schwingung ähnelt dabei dem Graphen einer Sinusfunktion. Eine solche Schwingung bezeichnet man als **harmonische Schwingung.**

2 Frequenzgenerator

3 Schreibstimmgabel

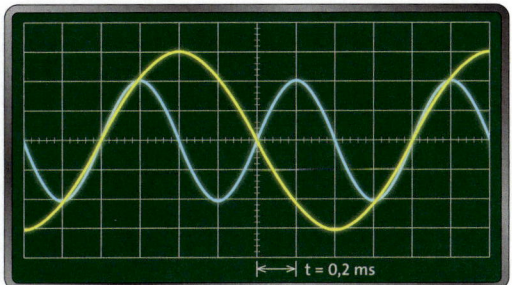

4 Schwingungsbild zweier Töne am Oszilloskop

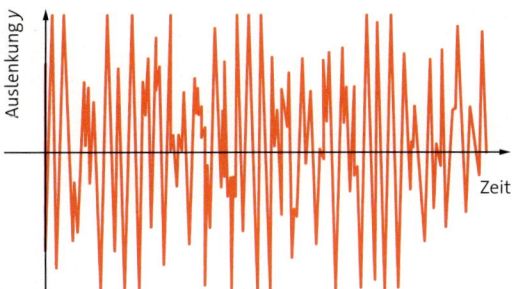

6 Schwingungsbild eines Geräusches

Beschreibung von Schwingungen • Der Verlauf der Kratzspur im Ruß (▶3) entsteht durch die periodische Hin- und Herbewegung der Stimmgabel-Schenkel, die sich auf die Spitze der Feder überträgt. Diese Schwingung wird durch verschiedene Größen charakterisiert.

Den momentanen Abstand der Federspitze von der Ruhelage – also der Position, die die Spitze hat, wenn sie sich nicht bewegt, bezeichnen wir als Auslenkung y. Die maximale Auslenkung der Schwingung wird **Amplitude** y_{max} genannt (▶4).

Die Zeit, die die Spitze für eine vollständige Schwingung benötigt, bis sie also wieder am Ausgangspunkt ihrer Bewegung ankommt und diese sich wiederholt, ist die **Schwingungsdauer** T. Sie wird in Sekunden angegeben. In der Akustik wird häufig die Größe **Frequenz** f verwendet. Sie ist der Kehrwert der Schwingungsdauer und gibt die zugehörige Anzahl der Schwingungen pro Sekunde an. Die Einheit der Frequenz ist das Hertz (Hz):

$$f = \frac{1}{T} \text{ mit } [T] = 1\,\text{s} \text{ und } [f] = 1\frac{1}{s} = 1\,\text{Hz}.$$

> Charakteristische Kenngrößen einer Schwingung sind die Amplitude y_{max}, die Schwingungsdauer T und deren Kehrwert die Frequenz f.

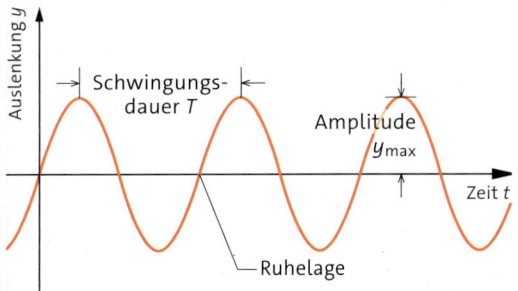

5 t-y-Diagramm eines Tons

Töne sind harmonische Schwingungen • Schall, der durch eine harmonische Schwingung beschrieben werden kann, wird als **Ton** bezeichnet. Verschiedene Töne können sich dabei in ihrer Amplitude und Frequenz unterscheiden (▶4). Verändern wird die Lautstärke bzw. die Tonhöhe am Frequenzgenerator und untersuchen die daraus folgenden Veränderungen, ergeben sich zwei Zusammenhänge, die bereits in ähnlicher Form an den Wassertropfen zu erkennen waren:

Ist ein Ton lauter als ein anderer, dann ist auch seine Amplitude größer.

Ist ein Ton höher als ein anderer, dann ist seine Frequenz größer.

Es gibt aber auch Schall, deren aufgezeichnete Schwingung keinerlei Regelmäßigkeit aufweist. In solchen Fällen sprechen wir von einem **Geräusch** (▶6).

> Je größer die Amplitude einer Schwingung ist, desto lauter hört man den Ton. Je größer die Frequenz einer Schwingung ist, desto höher ist der erzeugte Ton.

1 ☑ Erläutern Sie, worin sich zwei Spuren einer Schreibstimmgabel unterscheiden, wenn sie unterschiedlich
   a stark angeschlagen wurde,
   b schnell gezogen wurde.

2 ☐ Ermitteln Sie die Frequenzen der in ▶4 dargestellten Schwingungen. Ein Kästchen steht dabei für eine Zeitspanne von 0,2 ms.

3 a ☐ Skizzieren Sie das t-y-Diagramm eines beliebigen Tons.
   b ☑ Tragen Sie die Graphen zweier weiterer Töne ein. Dabei soll der eine im Vergleich zu a die doppelte Amplitude besitzen und der andere die doppelte Frequenz.

Häufig wird die Schwingungsdauer auch als Periodendauer bezeichnet.

Die Einheit Hertz ist nach dem deutschen Physiker HEINRICH HERTZ (1857-1894) benannt.

109

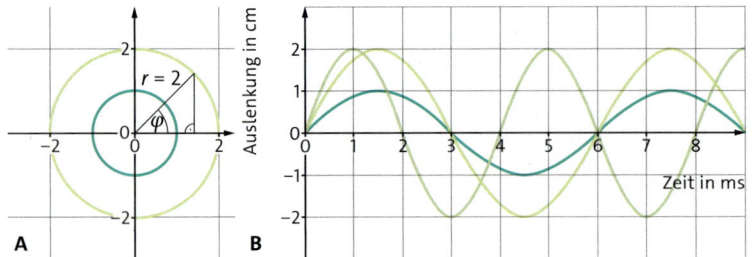

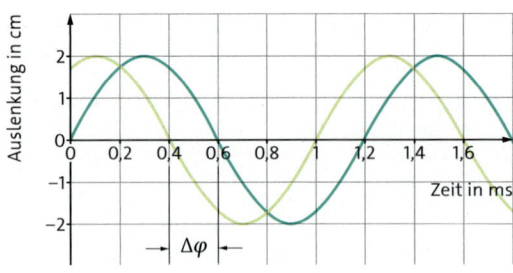

1 **A** Bogenmaß, **B** unterschiedliche Schwingungen

2 Schwingungen mit Phasenverschiebung

Mathematische Beschreibung ● Den Verlauf einer harmonischen Schwingung, die einen Ton erzeugt, stellt man mit folgender Sinusfunktion dar:

$$y(t) = y_{max} \cdot \sin(2\pi f \cdot t) = y_{max} \cdot \sin\left(\frac{2\pi}{T} \cdot t\right)$$

Die Gleichung enthält sowohl die Amplitude für die Lautstärke des Tons als auch die Frequenz für die Tonhöhe. Ihre Werte haben Einfluss auf die Gestalt des Graphen: Der Sinus selbst nimmt nur Werte zwischen −1 und 1 an. Durch die Multiplikation mit der Amplitude y_{max} wird der Graph deshalb entsprechend seines Wertes in y-Richtung gestaucht oder gestreckt.

Je größer die Frequenz f des Tons, desto mehr Schwingungen pro Sekunde enthält dieser. Der Graph wird deshalb für größere Frequenzen in Richtung der Zeitachse gestaucht (▶ **1B**).

Um den Faktor 2π zu begründen, betrachten wir ▶ **1A**. Die Sinusfunktion ist am Einheitskreis (Radius $r = 1$) definiert. Ihr Wert entspricht der senkrechten Strecke von x-Achse zum Kreisrand. Der dazugehörige Winkel ist die Länge des Kreisbogens über dieser Strecke. Diese Länge ist das Bogenmaß des Winkels. Für eine Schwingung gilt, dass sie nach verstreichen einer Periodendauer T wieder die gleiche Auslenkung einnimmt, z. B. $y(T) = y(0)$. Auf dem Einheitskreis bedeutet das, dass der Punkt auf dem Rand eine vollständige Umrundung vollzogen hat. Diese Strecke entspricht gerade dem Umfang des Einheitskreises von 2π.

Durch den Faktor 2π wird somit erreicht, dass die Sinusfunktion für alle Vielfachen von T den gleichen Wert hat. Den Faktor $\frac{2\pi}{T}$ oder $2\pi f$ nennt man Kreisfrequenz ω.

Nicht immer beginnt die Beobachtung einer Schwingung mit der Auslenkung aus der Ruhelage. Möglich sind auch andere Werte für die momentane Auslenkung ($y(t = 0) \neq 0$)

Dies führt aber nur zu einer Verschiebung der Schwingung entlang der Zeitachse. Man spricht von einer Phasenverschiebung $\Delta\varphi$ gegenüber der Schwingung, die durch den Ursprung führt (▶ **2**). Für die Schwingungsgleichung ergibt sich: $y(t) = y_{max} \cdot \sin(\omega t + \Delta\varphi)$.

> Harmonische Schwingungen wie Töne sind sinusförmige, periodische Schwingungen. Sie lassen sich durch
> $$y(t) = y_{max} \cdot \sin(\omega t + \Delta\varphi)$$
> beschreiben. Dabei ist y_{max} die Amplitude, ω die Kreisfrequenz mit $\omega = \frac{2\pi}{T} = 2\pi f$ und $\Delta\varphi$ die Phasenverschiebung.

Beispiel

Aufgabe: In ▶ **2** sind die Graphen für zwei harmonische Schwingungen gezeigt. Stellen Sie die Schwingungsgleichungen für die beiden Schwingungen auf (y-Achse: Einheit 1 cm).

Mögliche Lösung: Die Kenngrößen der Schwingungen lassen sich aus dem Diagramm ablesen. Die beiden Schwingungen haben die gleiche Amplitude und Frequenz. Sie sind aber um 0,2 ms gegeneinander verschoben. Das entspricht einem Sechstel der Schwingungsdauer T.

Es gilt: $y_{max} = 2\,\text{cm}$, $T = 1,2\,\text{ms}$, $\Delta\varphi = \frac{2\pi}{6} = \frac{\pi}{3}$.

Gibt man die Zeit t in Millisekunden an, so ergibt sich die Auslenkung in Zentimetern:

$$y_1(t) = 2\,\text{cm} \cdot \sin\left(\frac{2\pi}{1,2\,\text{ms}} \cdot t\right)$$

$$= 2\,\text{cm} \cdot \sin\left(\frac{5}{3}\pi\,\frac{1}{\text{ms}} \cdot t\right)$$

$$y_2(t) = 2\,\text{cm} \cdot \sin\left(\frac{5}{3}\pi\,\frac{1}{\text{ms}} \cdot t + \frac{1}{3}\pi\right)$$

Klang der Stimme • Ein mit dem Oszilloskop aufgenommener Pfiff oder der gesungene Vokal u sieht in etwa aus wie eine Sinusschwingung (harmonische Schwingung), also das Schwingungsbild eines Tons. Die Schwingungen der Vokale a, e, i und o sind hingegen nicht harmonisch, lassen sich also nicht durch eine Sinusfunktion beschreiben. Trotzdem sind es periodische Schwingungen mit einer festen Schwingungsdauer. Das Schwingungsbild der Vokale ergibt sich, weil wir für sie mit unseren Stimmlippen gar keine einzelnen Töne, sondern **Klänge** erzeugen. Ein Klang ist dabei aus mindestens zwei verschiedenen Tönen zusammengesetzt. Die genaue Zusammensetzung hängt jeweils von der Mund- und Zungenstellung beim Aussprechen ab (▶ **4**). Bei verschiedenen Menschen ist diese für gleiche Vokale zwar sehr ähnlich, aber nicht genau gleich. Bei jedem klingt die Aussprache ein wenig anders.

Das t-y-Diagramm eines Klanges erhalten wir, wenn wir die Schwingungen der enthaltenen Töne überlagern. Dazu addieren wir die Auslenkungen der einzelnen Schwingungen (▶ **3**).

Es fällt auf, dass die Schwingungsdauer der grün dargestellten Resultierenden der des tiefsten enthaltenen Tons entspricht. Daher wird dieser Ton als Grundton bezeichnet. Seine Frequenz ist die wahrgenommene Frequenz des Klangs.

> Klänge ergeben sich aus dem Zusammenspiel mehrerer Töne. Ihre Schwingungen sind nicht harmonisch, aber periodisch. Die Frequenz der Schwingung bestimmt die Tonhöhe.

Sprache • Während die klingenden Vokale durch das Zusammenwirken der Stimmlippen mit dem Mund und dem Rachenraum entstehen, sind die Stimmlippen an der Bildung der Konsonanten meist nicht beteiligt.

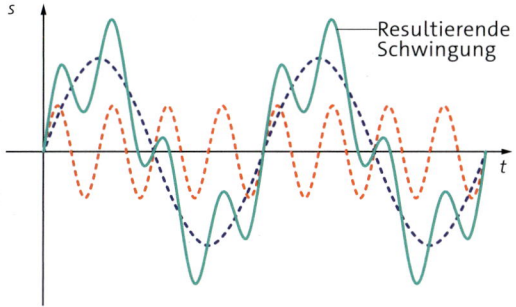

3 Überlagerung zweier Schwingungen

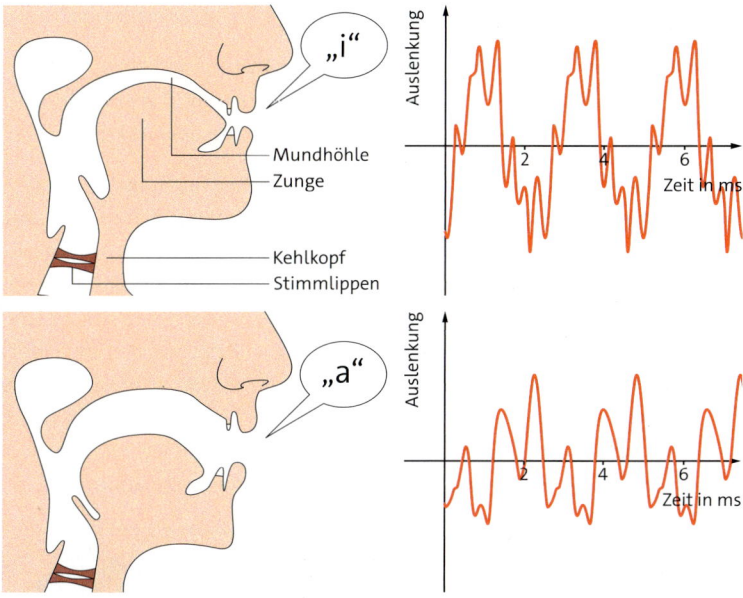

4 Unterschiedliche Mundstellungen und Schwingungsbilder bei der Erzeugung der Vokale i und a

So wird der Rachenraum bei den Konsonanten p, t, k, g und d durch Lippen, Zunge und Zähne verschlossen und dann plötzlich wieder geöffnet, sodass die Luft entweichen kann. Diese und andere Konsonanten stellen daher keine Töne oder Klänge, sondern Geräusche dar.

1 a ☐ Ermitteln Sie die Schwingungsgleichungen für die Schwingungen aus ▶ **1B**.
b ▨ Zeichnen Sie drei Schwingungen gleicher Amplitude und gleicher Frequenz mit $\Delta\varphi_1 = -\frac{\pi}{3}$, $\Delta\varphi_2 = 0$ und $\Delta\varphi_3 = \frac{\pi}{2}$.

2 ☐ Zeichnen Sie das t-y-Diagramm einer Schwingung mit $y_{max} = 3\,\text{cm}$, $f = 500\,\text{Hz}$ und $\Delta\varphi = \frac{\pi}{4}$.

3 ▨ Bestimmen Sie die Frequenzen der Grundtöne zu den in ▶ **4** dargestellten Klängen.

4 a ☐ Zeichnen Sie mit einem Funktionsplotter die Schwingungen dreier gleich lauter Töne ($f_1 = 200\,\text{Hz}$, $f_2 = 400\,\text{Hz}$; $f_3 = 1000\,\text{Hz}$) in ein gemeinsames Diagramm.
b ▨ Zeichnen Sie die Summe der drei Schwingungen ein und ermitteln Sie die Frequenz des Klangs.
c ▨ Untersuchen Sie den Einfluss der einzelnen Amplituden auf die Resultierende.

Versuch A • Schall aufzeichnen

V1 Frequenzen ermitteln

Materialien: Smartphone oder Mikrofon und Oszilloskop

Arbeitsauftrag:
- Zeichnen Sie mit dem Oszilloskop oder einer entsprechenden App auf dem Smartphone verschiedene Pfiffe oder gesungene Vokale auf.
- Entscheiden Sie begründet, welche Ihrer Aufnahmen Töne darstellen und bei welchen es sich um Klänge handelt.
- Ermitteln Sie jeweils die Frequenzen der Töne bzw. Klänge.

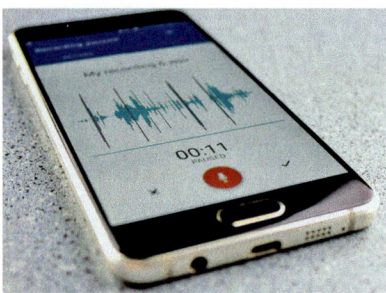

1 Tonaufnahme mit dem Smartphone

V2 „Gummibanjo"

Materialien: Verschiedene Gummibänder, Holz- oder Plastikschachtel, Smartphone oder Mikrofon und Oszilloskop

Arbeitsauftrag:
- Spannen Sie ein Gummiband über die offene Schachtel. Zupfen Sie am Gummiband und zeichnen Sie die Schwingung auf. Bestimmen Sie die Frequenz des Tons oder Klangs.
- Untersuchen Sie, auf welchen Wegen Sie mit dieser Anordnung einen möglichst hohen bzw. tiefen Klang erzeugen können.

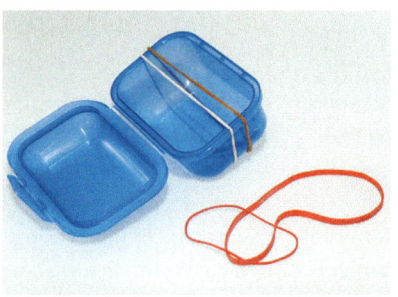

2 „Gummibanjo"

V3 Knall

Materialien: Smartphone oder Mikrofon und Oszilloskop, Brötchentüte

Arbeitsauftrag:
- Zeichnen Sie mit dem Oszilloskop oder einer entsprechenden App auf dem Smartphone den Knall auf, der entsteht, wenn Sie eine Brötchentüte platzen lassen.
- Geben Sie die Kennzeichen des Schwingungsbildes eines Knalls an. Gehen Sie dabei auf Gemeinsamkeiten und Unterschiede zu den Schallereignissen Ton, Klang und Geräusch ein.

3 Knallerzeugung

Versuch B • Schwingungen darstellen

V1 Sägezahn und Rechteck

Materialien: Computer mit Funktionsplotter

Arbeitsauftrag:
- Erstellen Sie die Graphen eines Grundtons ($T = 3\,s$) und der ersten neun Obertöne in einem gemeinsamen Diagramm. Diese besitzen Frequenzen, die Vielfache der Frequenz des Grundtons sind. Der erste Oberton hat dabei die doppelte Frequenz des Grundtons, der neunte die zehnfache.
  Fügen Sie Schieberegler für die Amplituden dieser Schwingungen ein. Erstellen Sie außerdem die Summe dieser Schwingungen.
- Stellen Sie $y_{max} = 6{,}2$ für den Grundton und $y_{max} = 0{,}1$ für den 9. Oberton

ein. Verändern Sie die anderen Amplituden so, dass sich ein möglichst gleichförmiger Sägezahn ergibt (▶4). *Tipp:* Die Amplituden werden kontinuierlich kleiner.
- Stellen Sie die Amplituden der ungeradzahligen Obertöne auf null und beschreiben Sie die erhaltene Schwingung. Eventuell müssen Sie noch ein wenig nachbessern.

4 Sägezahn als resultierende Schwingung

V2 Schall-Memory

Materialien: Smartphone

Arbeitsauftrag:
- Zeichnen Sie mithilfe einer Oszilloskop-App verschiedene Schallereignisse auf (Töne, Klänge, Geräusche, Knallereignisse).
- Erstellen Sie ein Memory mit den Schwingungsbildern und den Bezeichnungen der Schallquellen.

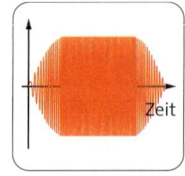 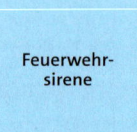

Feuerwehr-sirene

5 Schwingungs-Memory: mögliches Kartenpaar für die Feuerwehrsirene

Material A • Weckalarm

Ein Uhrenhersteller möchte einen neuen Wecker auf den Markt bringen. Für die Wahl des Wecksignals stehen ihm vier Möglichkeiten zur Verfügung (▶A1).

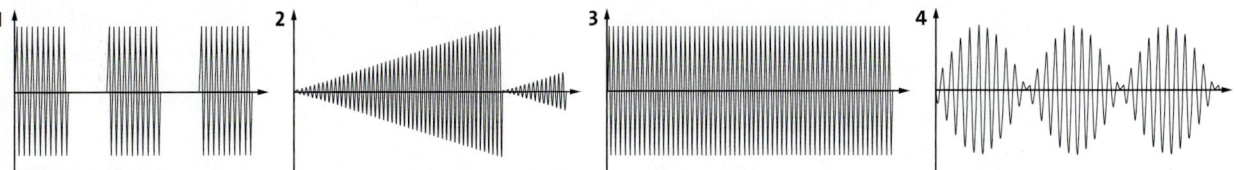

A1 Mögliche Wecksignale

1 a ☑ Beschreiben Sie die Schwingungsbilder der dargestellten Weckrufe mithilfe von Fachbegriffen.

b ☑ Erläutern Sie, wie sich die abgebildeten Signale anhören.

2 a ☑ Zeichnen Sie eine Folge von Wecksignalen mit voller und halber Lautstärke.

b ☑ Zeichnen Sie ein Wecksignal, das nicht in der Lautstärke, sondern in der Tonhöhe variiert.

Material B • Laut und leise, hoch und tief

Per Computer wurden vier verschiedene Schwingungen aufgezeichnet.

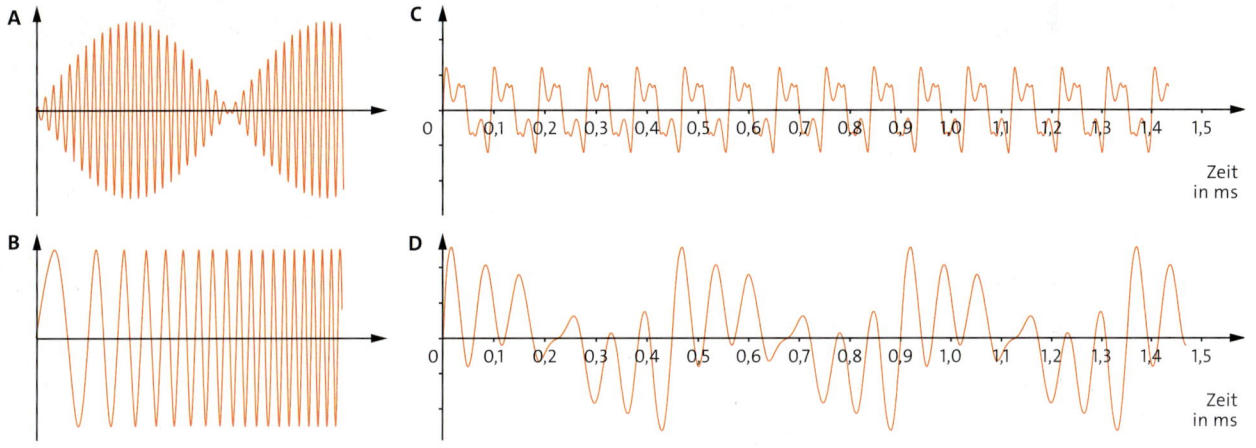

B1 *t-y*-Diagramme verschiedener Schallsignale

1 a Beschreiben Sie die *t-y*-Diagramme **A** und **B** unter Verwendung der Fachbegriffe. Geben Sie an, wie sich Tonhöhe und Lautstärke verändern.

b ☑ Bestimmen Sie für die *t-y*-Diagramme **C** und **D** die Frequenz der Klänge.

2 Beim Tippen einer Taste des Festnetztelefons ist jeweils ein kurzer Ton hörbar.

a ☑ Geben Sie an, wie Sie an einem *t-y*-Diagramm erkennen können, wie viele Tasten gedrückt wurden.

b ■ Erläutern Sie die Funktion der unterschiedlichen Frequenzen der gedrückten Tasten.

Material C • Abhören des Herzschlags

Bei einem gesunden Menschen sind abwechselnd der 1. und 2. Herzton zu hören (physikalisch gesehen Geräusche; ▶C1).

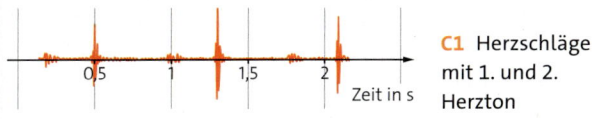

C1 Herzschläge mit 1. und 2. Herzton

1 a ☑ Stellen Sie eine Vermutung über die Ursachen vom 1. und 2. Herzton auf. Überprüfen Sie Ihre Vermutung durch eine Recherche.

b ☑ Ordnen Sie in ▶C1 die beiden Herztöne zu.

c ☑ Bestimmen Sie mithilfe des Schwingungsbildes die Herzfrequenz.

3.3 Musikinstrumente

1 Geigen im Orchester

Der Klang eines Orchesters lebt davon, dass verschiedene Instrumente ganz unterschiedliche Klänge haben, auch wenn vermeintlich alle den gleichen Ton spielen. Wie kommt es dazu?

JEAN-BAPTISTE JOSEPH FOURIER (1768–1830) war ein französischer Mathematiker und Physiker.

Klänge verschiedener Instrumente • Wie bei unserer Stimme erzeugen wir auch auf einem Instrument im physikalischen Sinne gar keine Töne, sondern Klänge. Sie können mit Mikrofon und Computer die Schwingungsbilder der gleichen „Töne" von verschiedenen Instrumenten aufnehmen (▶ **2**) und analysieren. Mittels einer **Fourieranalyse** lässt sich die Zusammensetzung eines Klangs aus verschiedenen Tönen ermitteln (▶ **3**).

Dabei zerlegt man den Klang mithilfe eines mathematischen Verfahrens in die zugrunde liegenden Töne.

Es zeigt sich, dass der Klang bei den meisten Instrumenten einen **Grundton** enthält, der mit seiner Frequenz die Periodendauer des Klangs und damit die wahrgenommene Tonhöhe bestimmt. Daneben gibt es mehrere **Obertöne**, deren Frequenzen ganzzahlige Vielfache der Frequenz f_0 des Grundtons sind. Der n-te Oberton hat somit die Frequenz:

$$f_n = (n + 1) \cdot f_0.$$

Die unterschiedliche Zusammensetzung und Intensität der einzelnen Obertöne führen dann zu den verschiedenen **Klangfarben** der Musikinstrumente.

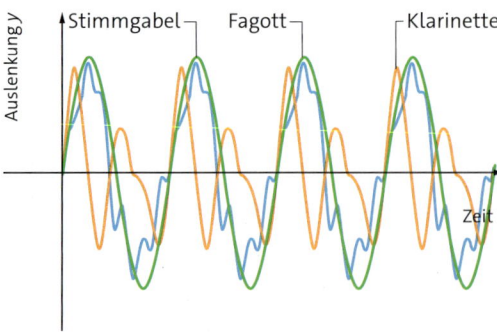

2 Alle spielen einen „Ton" mit 440 Hz.

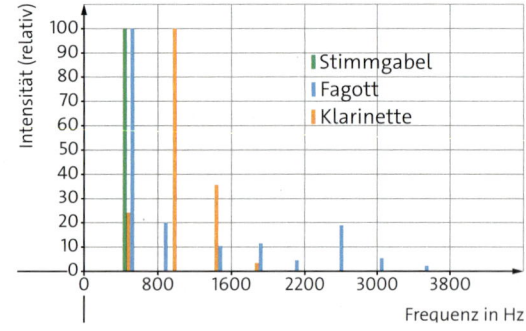

3 Fourieranalyse der drei „Töne"

Schlaginstrumente • Bei Schlagzeugtrommeln gibt es kaum Klänge, die sich aus klar definierten Tönen einer Obertonreihe zusammensetzen. Beim Spielen der Trommel enthält der erzeugte Schall viele unterschiedliche Frequenzen, die zusammen keine periodischen Schwingungen mehr ergeben. Aus physikalischer Sicht erzeugt man mit einem Schlagzeug vor allem Geräusche (▸4).

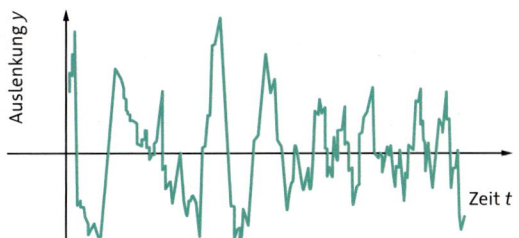

4 Eine Trommel erzeugt ein Geräusch.

Obertonreihe und Intervalle • Fehlt der Grundton in einer Folge von Obertönen, kann unser Gehirn diesen ergänzen. Wir hören den Klang dann trotzdem so, als wäre der Grundton vorhanden. Dies ist möglich, da die Periodendauer des Klangs der Schwingungsdauer des Grundtons entspricht (▸5).

Zwischen den einzelnen Tönen der in der Tabelle dargestellten Obertonreihe ergeben sich ganz bestimmte ganzzahlige Frequenzverhältnisse, die eine wichtige Rolle in unserer Musik spielen (▸6). Diese Verhältnisse finden sich in den Intervallen wieder, die von je zwei Tönen gebildet werden. Da wir Intervalle mit einfachen Frequenzverhältnissen als besonders wohlklingend empfinden, sind die Abstände der Töne innerhalb einer Oktave entsprechend ausgerichtet. So liegt zwischen g^1 und c^1 eine Quinte, es besteht also ein Frequenzverhältnis von $3:2$. Der Ton d^1 liegt einen Ganzton über c^1, seine Frequenz beträgt somit

$$\frac{9}{8} \cdot 261{,}6\,\text{Hz} = 294{,}3\,\text{Hz}.$$

Dieses System hat allerdings zur Folge, dass die genaue Frequenz eines Tons davon abhängt, zu welcher Obertonreihe er gehört. So ergibt sich z. B. aus der Obertonreihe des C für e^2 die Frequenz 654 Hz, aus

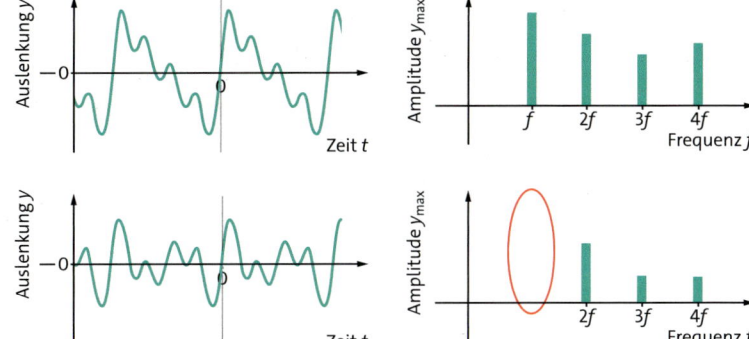

5 Mit und ohne Grundton ergibt sich die gleiche Periodendauer.

der Obertonreihe des A dagegen 660 Hz. Als Folge mussten früher Instrumente, bei denen die Töne während des Spiels nicht angeglichen werden können (wie das Klavier oder sein Vorläufer, das Cembalo), passgenau zur gewünschten Tonart gestimmt werden. Erst zu Zeiten von BACH kam das „wohltemperierte Klavier" auf. Bei ihm sind einige Intervalle leicht verstimmt, sodass alle Tonarten gleichwertig gespielt werden können.

1 📝 Berechnen Sie die Frequenzen von d^1 und fis^2 anhand der beiden Obertonreihen des C und des A aus ▸6.

	Grundton	Obertöne							
Frequenz	f	2f	3f	4f	5f	6f	7f	8f	9f
Verhältnis zur vorherigen Frequenz		2:1 Oktave	3:2 Quinte	4:3 Quarte	5:4 große Terz	6:5 kleine Terz	7:6	8:7	9:8 Ganzton
Beispielton C	C	c	g	c^1	e^1	g^1	$\approx b^1$	c^2	d^2
Frequenz in Hz	65,4	130,8	196,2	261,6	327,0	392,4	457,8	523,2	588,6
Beispielton A	A	a	e^1	a^1	cis^2	e^2	$\approx g^2$	a^2	h^2
Frequenz in Hz	110,0	220,0	330,0	440,0	550,0	660,0	770,0	880,0	990,0

6 Beginn der Obertonreihe in reiner Stimmung

Erzeugen der Töne • Bei Saiteninstrumenten wie Klavier, Kontrabass oder Gitarre wird eine Saite bzw. ein Teil von ihr durch Anschlagen, Streichen oder Zupfen zum Schwingen gebracht. Dagegen wird bei Blasinstrumenten wie der Flöte oder dem Saxophon eine Luftsäule, die in einem Rohr eingeschlossen ist, in Schwingungen versetzt.

Bei beiden Instrumentenarten entstehen Grund- und Obertöne. Die Überlagerung dieser Töne führt zu komplexen Schwingungen, die für die Klangfarbe des Instruments verantwortlich sind und die man an einer langen Kontrabass-Saite beobachten kann (▶ 1). In der schematischen Darstellung ist die Überlagerung für fünf Töne dargestellt (▶ 2).

Schwebung • Unterscheiden sich die Frequenzen einzelner Schwingungen nur geringfügig, so bildet sich eine Schwebung aus (▶ 3). Eine Schwebung kann man mit zwei gleichen Stimmgabeln erzeugen, wenn man zuvor eine in der Hand erwärmt hat, bevor man beide anschlägt. Es kommt zu einem wabernden Höreindruck, weil die Amplitude der Resultierenden aus den beiden Tönen periodisch abnimmt. Diesen Effekt nutzt man z. B. zum Stimmen von Saiteninstrumenten, da die damit verbundenen Schwankungen der Lautstärke gut hörbar sind.

Resonanzkörper • Damit wir die durch die Schwingungen der Saiten oder der Luftsäule entstandenen Klänge deutlich hören können, müssen Teile des Instruments mitschwingen. Auf diese Weise wird die Anzahl der Luftmoleküle, die zum Schwingen angeregt werden, deutlich vergrößert und der Schall somit verstärkt. Diese mitschwingenden Teile werden als Resonanzkörper des Instruments bezeichnet. Auch der Resonanzkörper hat wesentlichen Einfluss auf die Klangfarbe eines Instruments, weil er sich nicht durch alle Töne gleich gut zum Mitschwingen anregen lässt und daher nicht alle Frequenzen gleich gut verstärkt. Welche Bereiche eines Instrumentes bei den einzelnen Frequenzen besonders gut mitschwingen, lässt sich sichtbar machen, wenn man feinen Sand auf dessen Boden oder Decke streut und ihn dann auf einem Lautsprecher legt. Bei Anregung mit unterschiedlichen Frequenzen entstehen nach kurzer Zeit charakteristische Sandmuster (▶ 4).

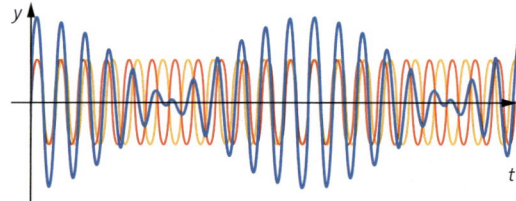

3 Entstehung einer Schwebung

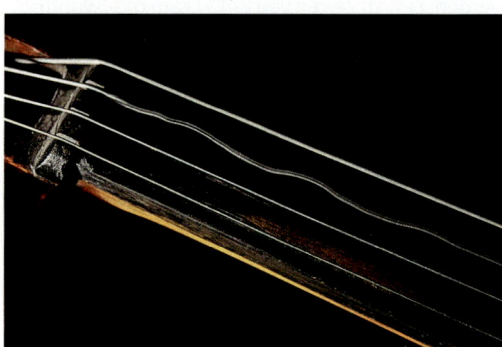

1 Momentaufnahme der Schwingung einer Saite

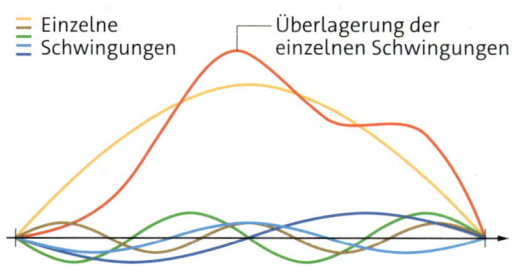

2 Überlagerung von Schwingungen einer Saite

4 Sand sammelt sich in Bereichen, die kaum schwingen.

1 a ◪ Stellen Sie eine Schwebung mithilfe Ihres grafikfähigen Taschenrechners dar ($f_1 = 440\,\text{Hz}; f_2 = 452\,\text{Hz}$).
   b ■ Bestimmen Sie daran die Schwebungsfrequenz f_S. Zeigen Sie, dass $f_S = |f_1 - f_2|$ gilt.
   c ■ Schwebungen sind nur für $f_S < 20\,\text{Hz}$ wahrnehmbar. Begründen Sie.

Versuch A • Tonhöhe und Frequenz

V1 Schwebungen

Materialien: Zwei gleiche Stimmgabeln auf Resonanzkörpern, zugehörige Schraube, Anschlaghammer, alternativ Geige oder anderes Streichinstrument, Smartphone

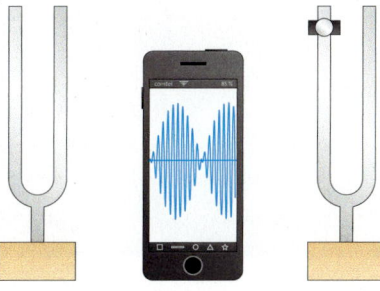

5 Aufzeichnen der Schwebungen

Arbeitsauftrag:
– Bringen Sie die Schraube am Ende eines Schenkels einer Stimmgabel an. Schlagen Sie beide Stimmgabeln an. Spielen Sie alternativ zwei fast identische Töne gleichzeitig auf dem Instrument. Zeichnen Sie die entstehende Schwingung mithilfe einer App auf (▸ 5).
– Beschreiben Sie den Höreindruck und den aufgezeichneten Schwingungsverlauf.

– Bestimmen Sie die Frequenz der Einhüllenden der Schwebung sowie die Frequenzen der beiden einzelnen Töne.
– Erklären Sie, wie die Frequenz der verstimmten Stimmgabel aus der Frequenz der anderen Stimmgabel und der Schwebungsfrequenz ermittelt werden kann.

V2 Klangspektren

Materialien: Verschiedene Musikinstrumente, Smartphone mit Akustik-App

Arbeitsauftrag:
– Spielen Sie auf den Instrumenten jeweils den gleichen „Ton". Nehmen Sie den Klang auf und bestimmen Sie die Frequenz des Grundtons.
– Führen Sie eine Fourieranalyse durch und vergleichen Sie die erhaltenen Spektren der Instrumente. Untersuchen Sie, ob es einen Zusammenhang zwischen Ihrer persönlichen Wahrnehmung der Klangfarbe und der Intensität bestimmter Obertöne gibt.
– Weisen Sie den rechnerischen Zusammenhang zwischen Grund- und Obertönen nach.

V3 Boomwhackers

Materialien: Boomwhackers, Maßband, Smartphone oder Mikrofon und Oszilloskop

6 Boomwhackers

Arbeitsauftrag:
– Untersuchen Sie den Zusammenhang zwischen der Länge der Plastikröhren der Boomwhackers und den zugehörigen Frequenzen.
– Wenn Sie ein Ende einer Röhre mit einem Deckel verschließen, dann entsteht ein anderer Ton. Vergleichen Sie die Frequenzen der offenen und der geschlossenen Röhre. Wiederholen Sie dies für andere Rohrlängen. Formulieren Sie einen Ergebnissatz.

Material A • Lochsirene

Mit einer Lochsirene ist es möglich, Töne mit einer bestimmten Frequenz zu erzeugen.
Die Lochsirene besteht aus einer Metallscheibe mit kreisförmig angeordneten Bohrungen, auf die ein Luftstrom geschossen wird.

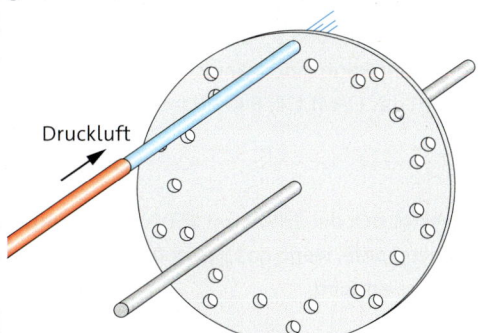

Druckluft

A1 Tonerzeugung an der Lochsirene

1 ✏ Begründen Sie, warum ein Ton zu hören ist, wenn die Scheibe der Lochsirene gedreht wird.

2 ■ Eine Lochsirene erzeugt einen Dreiklang (eine große und eine kleine Terz), dessen tiefster Ton durch eine Reihe mit 36 Löchern erzeugt wird.
a Bestimmen Sie die Rotationsfrequenz der Lochsirene, wenn der tiefste Ton eine Frequenz von 540 Hz hat.
b Berechnen Sie die Frequenzen der anderen beiden Töne und die entsprechenden Anzahlen der Löcher in den Lochreihen.

3 ■ **a** Beschreiben Sie den Aufbau einer Lochsirene, mit der die C-Dur-Tonleiter erzeugt werden kann.
b Erklären Sie, was zu tun ist, damit die gleiche Sirene eine Oktave höher gestimmt ist.

Schallwellen liefern Informationen

Schallwellen sind nicht nur Träger von Informationen, wenn Menschen oder Tiere miteinander kommunizieren. Sie liefern auch Informationen, die der Orientierung oder der Beschreibung des Aufbaus von Stoffen dienen. Dabei werden oft Ultraschallwellen verwendet, die wir Menschen nicht hören können, da ihre Frequenzen oberhalb von 20 kHz liegen.

1 Echolotortung

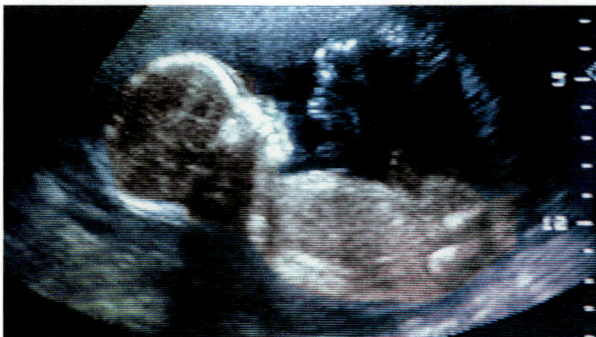

2 Ultraschallaufnahme eines Fötus

Echolotortung ● Am 15. April 1912 sank das Passagierschiff Titanic bei ihrer Überfahrt von South Hampton (England) nach New York, nachdem es mit einem Eisberg kollidiert war. Motiviert vom Schicksal der Titanic versuchte der deutsche Physiker ALEXANDER BEHM (1880–1952) ein Eisberg-Ortungssystem zu entwickeln. Dem Schiff wurde zum Verhängnis, dass von einem Eisberg buchstäblich nur die Spitze über der Wasseroberfläche zu sehen ist, während sich bis zu 90 % der Eismasse nicht sichtbar unter Wasser befinden. Er wollte deshalb die Eisberge mithilfe von Schall unter Wasser orten.

Dafür befestigte er einen Schallsender und einen Schallempfänger am Rumpf eines Schiffes unterhalb der Wasseroberfläche. Der nach vorn ausgesandte Schall sollte am Eis reflektiert und vom Empfänger registriert werden. Indem die Laufzeit der Schallimpulse gemessen wurde, sollte die Entfernung des Eisbergs ermittelt werden. Doch leider wurden keine reflektierten Schallwellen registriert.
Spätere Untersuchungen haben gezeigt, dass Schall nur dann gut an der Oberfläche eines Körpers reflektiert wird, wenn die Ausbreitungsgeschwindigkeit des Schalls im Körper selbst größer ist als in der Umgebung. Die Schallgeschwindigkeit im festen Eis unterscheidet sich aber nur wenig von der im Wasser. Somit wird der Schall kaum am Eis reflektiert. Behm wusste nichts von dieser Bedingung für die Reflexion des Schalls. Er war aber von seiner Idee der Echoortung überzeugt und richtete den Schallsender auf den Meeresgrund, um die Wassertiefe zu messen. Das **Echolot** (▶ 1) war erfunden. Heute sind Sender und Empfänger am Schiffsboden angebracht. Neben der Tiefe kann so auch die Position eines Fischschwarms bestimmt werden.

Echoortung in der Tierwelt ● Auch Tiere orientieren sich mittels Echoortung. Delfine können sich beispielsweise so im dunklen Wasser zurechtfinden und auf Jagd gehen. Die Melone, ein Gebilde in ihrer Stirn, bündelt die im Ultraschallbereich liegenden Laute, die vorher in den Nasengängen erzeugt wurden. Die von der Beute reflektierten Schallwellen werden in Aushöhlungen des unteren Kieferknochens empfangen. Das Gehirn zeichnet aus dem Echo ein Bild der Umgebung und erfasst Entfernung, Größe, Form und Oberflächenstruktur des Objekts.

Ultraschalluntersuchungen ● Bei dieser Untersuchung wird ein Schallkopf, der zugleich Sender und Empfänger ist, auf die Haut gesetzt. Ein spezielles Gel sorgt dafür, dass der ausgesandte Schall ohne Reflexion auf den Körper übertragen werden. Die Schallimpulse durchlaufen die verschiedenen Schichten des Körpers. An jeder Grenzfläche wird ein Teil von ihnen reflektiert. Die Echos werden vom Schallkopf registriert und an einen Computer übermittelt. Dabei wird der Schall an Haut, Fettgewebe, Muskeln, Organen und Knochen unterschiedlich stark reflektiert. Auf dem Bildschirm des Ultraschallgerätes erscheinen Bereiche hell, die den Schall stark reflektieren, und Bereiche dunkel, die ihn kaum oder gar nicht reflektieren. Auf diese Weise erzeugt das Gerät z. B. Bilder eines ungeborenen Kindes (▶ 2).

1 ☑ Im Meer breitet sich der Schall mit $1500 \frac{m}{s}$ aus. Ermitteln Sie die Meerestiefe, wenn das Signal 0,3 s nach Aussenden registriert wird.

2 ☑ Recherchieren Sie weitere Anwendungsmöglichkeiten von Schall bzw. Ultraschall in der Medizin.

Dopplereffekt

Aus dem Alltag kennt man diese Situation: Bei einem Rettungswagen, der mit eingeschaltetem Martinshorn fährt, klingt der Sirenenton auf einmal viel tiefer, wenn das Fahrzeug an einem vorbeifährt und sich schnell entfernt.

Dopplereffekt • Wir wissen, dass sich Schall nur mit einer bestimmten Geschwindigkeit ausbreiten kann, z. B. beträgt die Schallgeschwindigkeit in Luft etwa 340 $\frac{m}{s}$. Wenn sich Schallquelle und -empfänger relativ zueinander bewegen, dann muss auch die Geschwindigkeit zwischen ihnen berücksichtigt werden, z. B. das mit eingeschaltetem Martinshorn vorbeifahrende Rettungsfahrzeug. Die Veränderung der Tonhöhe beim Vorbeifahren bedeutet, dass sich die wahrgenommene Frequenz des Schalls geändert hat.

Wenn sich Schall in einem Schallträger ausbreitet, versetzt er diesen in Schwingung. Bei der Ausbreitung in der Luft entstehen so abwechselnd Bereiche, in denen die Luft zusammengedrückt oder auseinandergezogen ist. Solange der Krankenwagen steht, breitet sich der Schall des Martinshorns in alle Richtungen mit der Schallgeschwindigkeit c aus. Der Abstand s zwischen den Bereichen ist immer gleich (▶**3A**). Er kann aus der Ausbreitungsgeschwindigkeit und der Schwingungsdauer des Tons berechnet werden:

$$s = c \cdot T_0 = \frac{c}{f_0}.$$

Fährt der Rettungswagen, bewegt sich die Schallquelle. Dadurch verkürzt sich in Fahrtrichtung der Abstand zwischen den Bereichen, während er sich entgegen der Fahrtrichtung verlängert (▶**3B**). Zur Bestimmung der durch den Beobachter wahrgenommenen Frequenz f_B betrachten wir den Fall, dass sich der Rettungswagen mit der Geschwindigkeit v auf den Beobachter zu bewegt. Der wahrgenommene Abstand verkürzt sich dann um die Strecke:

$$\Delta x = v \cdot T_0 = \frac{v}{f_0},$$

die der Wagen in der Schwingungsdauer T_0 zurücklegt. Es gilt dann für den Abstand s_B:

$$s_B = s - \Delta x = \frac{c}{f_0} - \frac{v}{f_0} = \frac{c-v}{f_0}.$$

Daraus ergibt sich für die wahrgenommene Frequenz:

$$f_B = \frac{c}{s_B} = \frac{f_0 \cdot c}{c-v} = \frac{f_0}{1-\frac{v}{c}}, \text{ also } f_B > f_0.$$

Bewegt sich der Rettungswagen vom Beobachter weg, dann folgt:

$$f_B = \frac{f_0}{1+\frac{v}{c}}, \text{ also } f_B < f_0.$$

Damit hört jemand, auf den ein Rettungswagen zufährt, einen Ton mit erhöhter Frequenz und im Bereich hinter dem Fahrzeug einen Ton mit niedrigerer Frequenz.

Liegt die Geschwindigkeit der Quelle oberhalb der Ausbreitungsgeschwindigkeit des Schalls ($v > c$), dann „überholt" die Quelle ihren eigenen Schall. Hinter ihr bildet sich ein MACH'scher Kegel (▶**6**), so wie hinter den Enten im Teich (▶**4**). Sind beide Geschwindigkeiten gleich, läuft der Schall vor der Quelle zu einer Stoßfront zusammen (▶**6**). Am Flugzeug ist diese Stoßfront bei günstigen Wetterbedingungen durch Wolkenbildung an der Schallmauer zu erkennen (▶**5**).

4 Kielwasser zweier Enten   **5** Durchbruch der Schallmauer

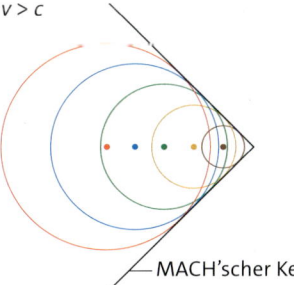
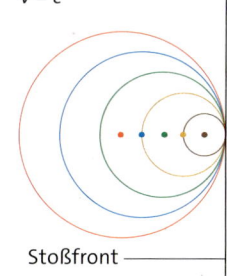

$v > c$ $v = c$

MACH'scher Kegel   Stoßfront

6 Sich ausbildende Wellenfronten

1 ■ Eine Pfeife ($f_0 = 2000\,Hz$) wird an einem 1 m langen Seil viermal pro Sekunde im Kreis geschleudert. Berechnen Sie die Werte, zwischen denen die wahrgenommene Frequenz schwankt.

3.4 Lärm und seine Auswirkungen

1 Ein Konzert kann laut werden.

Der Genuss von Livemusik hat für viele Menschen eine besondere Attraktivität. Doch bei aller Freude sollten Sie als Konzertbesucher Ihren Hörsinn nicht außer Acht lassen. Warum und ab welchen Belastungen ist es nötig, das Gehör zu schützen?

Lärm • Jede Art von Schall, die als unangenehm empfunden wird oder die zu gesundheitlichen Schäden führen kann, wird allgemein als Lärm bezeichnet. Dazu gehören beispielsweise laute Geräusche von Maschinen und im Straßenverkehr. Aber auch Musik, die man nicht mag, kann für einen Lärm darstellen. Das Lärmempfinden ist sehr subjektiv. Unabhängig davon kann Schall aber ab einer bestimmten Lautstärke gefährlich für unser Gehör werden.

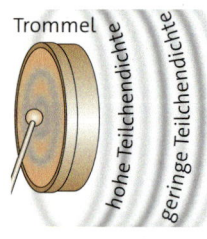

2 Ausbreitung von Schall

Schalldruckpegel • Um die Auswirkungen von Schall auf das Gehör zu untersuchen, wird häufig die Messgröße **Schalldruck** Δp genutzt, gemessen in Pascal. Dieser macht eine Aussage über die Druckschwankungen in der Luft, die mit der Schallausbreitung einhergehen. Dabei ist die Differenz gegenüber dem normalen Luftdruck null, wenn die Luftmoleküle an den Umkehrpunkten ihrer Bewegung gerade in Ruhe sind. Dazwischen entstehen infolge der Schwingungen Bereiche mit größerer Teilchendichte (größerem Druck, ▶2) bzw. kleinerer Teilchendichte (kleinerem Druck).
Trägt man diese Druckschwankungen an einem bestimmten Ort gegen die Zeit auf, erhält man eine Sinusschwingung, deren Amplitude von der Laut-

Wenn $10^x = a$ ist, dann gilt $\lg(a) = x$.

stärke des Tons, vom Abstand zur Schallquelle und von der Umgebung (beispielsweise im Raum oder im Freien) abhängt:

$$\Delta p(t) = \Delta p_{max} \cdot \sin(2\pi f \cdot t).$$

Gemittelt über die Zeit ergibt sich am betrachteten Ort der effektive Schalldruck

$$\Delta p_{eff} = \frac{\Delta p_{max}}{\sqrt{2}}.$$

Unser Ohr kann Schwankungen des Schalldrucks in einer Größenordnung von 13 Zehnerpotenzen wahrnehmen. Diese erstrecken sich von der Hörschwelle bis zur Schmerzgrenze. Die Hörschwelle liegt bei etwa 20 µPa und bezieht sich auf einen Messton von 1 kHz. Sie wird als Referenzwert Δp_0 verwendet. Die Schmerzgrenze liegt bei ca. 100 Pa. Durch so großen Schalldruck sind dauerhafte Schäden des Innenohres zu erwarten. Zum Vergleich von Schallintensitäten wie in ▶5 nutzt man wegen der großen Spannweite der gemessenen Schalldruck-Werte eine logarithmische Darstellung, bei der man den **Schalldruckpegel** L_p in Dezibel (dB) angibt:

$$L_p = 20 \cdot \lg\left(\frac{\Delta p_{eff}}{\Delta p_0}\right) dB.$$

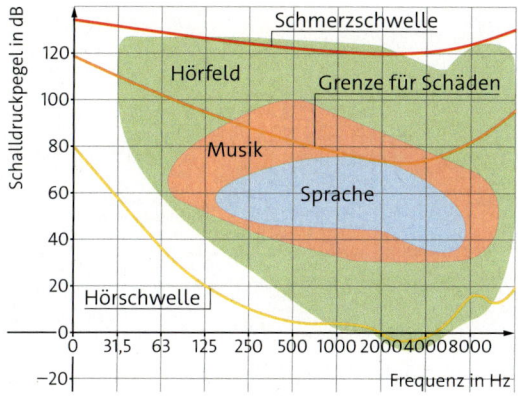

3 Hörfeld eines normal hörenden Menschen

Schallquelle	Δp_{eff} in Pa	$\dfrac{\Delta p_{eff}}{\Delta p_0}$	L_p in dB
Hörschwelle	$2 \cdot 10^{-5}$	1	0
Ruhiges Schlafzimmer	$6 \cdot 10^{-4}$	30	30
Normales Gespräch (1 m)	$6 \cdot 10^{-3}$	300	50
stark befahrene Straße	0,2	10^4	80
Kreissäge	0,6	$3 \cdot 10^4$	90
lautes Konzert, Disco	2	10^5	100
Martinshorn (10 m)	6	$3 \cdot 10^5$	110
Schmerzschwelle	100	$5 \cdot 10^6$	134
Düsenflugzeug (30 m)	200	10^7	140

5 Beispiele für Schallereignisse

Wahrgenommene Lautstärke • Unser Trommelfell wird nicht durch alle Frequenzen gleich gut zum Schwingen angeregt. Entsprechend empfinden wir Töne mit gleicher Amplitude je nach Frequenz unterschiedlich laut. Im mittleren Frequenzbereich, wo Sprache und Musik vorwiegend anzutreffen sind, ist unser Gehör am empfindlichsten (▶ 3). Schallpegelmessgeräte berücksichtigen dies, indem sie die Schallsignale so filtern, dass die Eigenschaften des menschlichen Gehörs nachgeahmt werden. Man spricht dann von einer „A-Bewertung", deren Angabe in dB(A) erfolgt. Zur Beurteilung von Schallereignissen ist wichtig, dass eine zusätzliche gleichartige Schallquelle den Schallpegel nur um 3 dB(A) ansteigen lässt. Eine Verdopplung der Lautstärke nehmen wir aber erst bei einer Zunahme um 10 dB(A) wahr.

Wirkungen von Lärm • Ob Lärm gesundheitliche Schäden verursacht, hängt maßgeblich vom Schalldruckpegel und der Einwirkdauer ab. Bei einem Knall mit einem Schalldruckpegel oberhalb der Schmerzgrenze kann ein Knalltrauma entstehen. Es kommt zur Verletzung des Trommelfells oder der Gehörknöchelchen. Gehörschäden treten aber auch dann auf, wenn wir über einen größeren Zeitraum Schalldruckpegeln ab 85 dB(A) ausgesetzt sind. Die Härchen der Sinneszellen in der Hörschnecke verkleben oder brechen sogar. Bei leichten Schäden können sich die Härchen in mehrstündigen Lärmpausen mit Schalldruckpegeln unter 70 dB(A) regenerieren.

Fehlen diese Pausen oder ist die Lärmbelastung zu hoch, entstehen irreparable Schäden (▶ 6).
Wie der einzelne Mensch genau reagiert, ist nicht vorhersagbar. Mediziner sprechen deswegen nur von einer sicheren Hördauer, bis zu der die Wahrscheinlichkeit einer Erkrankung des Gehörs gering ist (▶ 4). Lärm wirkt sich dabei nicht nur auf unser Gehör, sondern auch auf den Gesamtorganismus aus. Lärm geringerer Lautstärke, dem wir ständig ausgesetzt sind, kann zur Beeinträchtigung des Wohlbefindens führen bis hin zu Konzentrationsstörungen, Stress, einer beschleunigten Alterung des Herz-Kreislauf-Systems und zu einem erhöhten Risiko, an Depressionen zu erkranken. Wann wir dem Lärm ausgesetzt sind, hat auch einen Einfluss auf dessen Wirkung. So wirkt sich Lärm während Schlaf, Entspannung und Kommunikation bei gleicher Lautstärke wesentlich stärker aus als während körperlicher Arbeit.

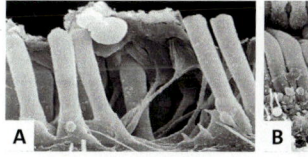

6 Sinneszellen in der Hörschnecke: **A** intakt, **B** schwer geschädigt

1 ☑ Lärmschäden führen zuerst zu einer Hörminderung bei hohen Frequenzen. Begründen Sie mithilfe Ihrer Kenntnisse über das Innenohr.

Lautstärke in dB(A)	90 (Lkw)	100 (Disco)	110 (Kettensäge)	120 (Donner)	140 (Flugzeugstart)
sichere Hördauer	2 h	15 min	2 min	7 s	0,1 s

4 Beispiele einer sicheren Hördauer für den Betroffenen

1 Lärmschutzwand an einer Autobahn

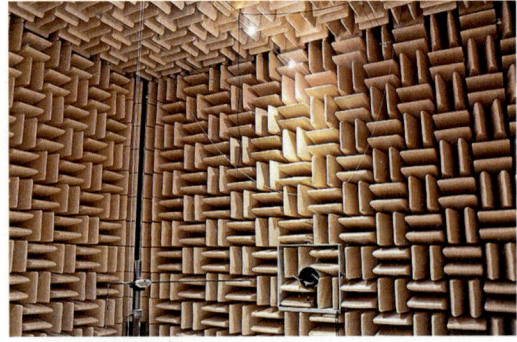

3 Schallschluckende Oberfläche im Tonstudio

Lärmschutzmaßnahmen • Störender oder sogar gesundheitsschädigender Lärm sollte so wenig wie möglich auftreten. Dabei hat man drei Möglichkeiten, sich vor Lärm zu schützen:

- Verringerung des Lärms am Ort der Entstehung, beispielsweise indem man die Musik leiser stellt,
- Verhinderung der Schallausbreitung durch Schallschutzdämmung und -dämpfung,
- Verringerung der Auswirkungen des Lärms, indem man beispielsweise den Abstand zur Lärmquelle vergrößert oder Ohrstöpsel verwendet.

Passiver Schallschutz • Die beste Lärmschutzmaßnahme ist, den Lärm direkt an der Schallquelle zu verringern, z. B. durch Verwendung von Flüsterasphalt. Doch häufig ist dies nicht ausreichend möglich. Um die Ausbreitung des Schalls zu behindern, gibt es grundsätzlich zwei verschiedene Ansätze, die häufig auch kombiniert werden: Bei der **Schalldämmung** wird die Schallausbreitung in ihrer ursprünglichen Richtung z.B. durch Reflexion verringert. Schallschutzwände an Autobahnen wie in ▸1 dämmen auf diese Weise den Schall. Von **Schalldämpfung** ist die Rede, wenn die durch den Schall transportierte Energie von porösen bzw. weichen Stoffen zum Teil absorbiert wird. Dies nutzt man z. B. in Tonstudios (▸3).

Aktiver Schallschutz • Eine effektive Schalldämpfung ist nur bei Frequenzen über 200 Hz möglich, wenn die Länge der Schallwellen zur Größe der für die Dämpfung verantwortlichen Lufteinschlüsse im Material passt. Der Lärm einer Rüttelplatte, mit Frequenzen unterhalb von 100 Hz, kann so z. B. nicht gedämpft werden. Daher nutzt man in Industrie und Handwerk Kapselgehörschützer, in denen passive Dämpfung und aktiver Schallschutz kombiniert sind.

Beim aktiven Schallschutz wird Energie aufgewendet, um Schall mit Gegenschall zu kompensieren. Eingebaute Mikrofone registrieren Umgebungsgeräusche und leiten sie an die Kopfhörerelektronik weiter. Diese gibt die Signale mit umgekehrtem Vorzeichen wieder aus, sodass sich die akustisch eindringenden und die elektrisch hinzugefügten Schallanteile am Ohr weitestgehend auslöschen (▸2). Musik und Sprache, die vor allem bei Frequenzen oberhalb von 150 Hz liegen, werden dabei qualitativ kaum beeinflusst (▸4). Auf diese Weise kann man mit dem Umfeld kommunizieren und Warnsignale hören, ohne den Gehörschutz abzusetzen.

1 ■ Auch zum ungestörten Musikhören werden Kopfhörer mit aktivem Schallschutz eingesetzt. Erklären Sie, warum das funktioniert.

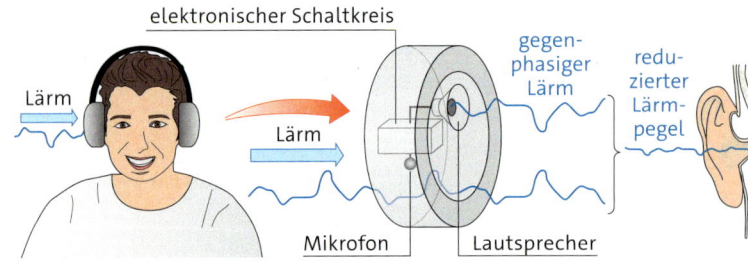

2 Funktionsprinzip von Kopfhörern mit aktivem Schallschutz

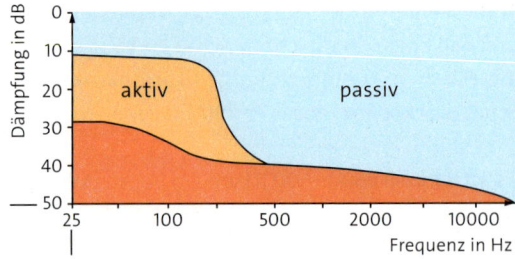

4 Reduktion des Schallpegels durch Gehörschutz

Versuch A • Schallschutz

V1 **Schalldruckpegel beim Musikhören**

Materialien: Schallpegelmesser, Lineal, Smartphone mit Tongenerator-App, In-Ear-Kopfhörer, Bluetooth-Lautsprecher

Arbeitsauftrag:

– Schließen Sie Ihren Kopfhörer an Ihr Smartphone an. Spielen Sie Ihren aktuellen Lieblingstitel in der Lautstärke ab, in der Sie normalerweise Musik hören. Messen Sie nun mithilfe des Schallpegelmessers den Schalldruckpegel.

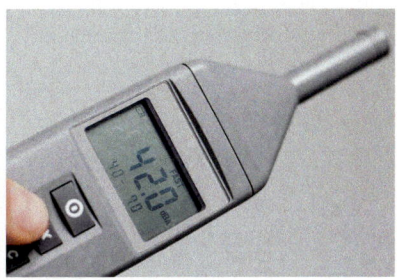

5 Schallpegelmessung

– Schalten Sie den Lautsprecher ein und spielen Sie den gleichen Titel nochmals ab. Wählen Sie Ihre Entfernung und die Lautstärke so, dass Sie den gleichen Schalldruckpegel erreichen wie im Versuchsteil zuvor. Beschreiben Sie Ihre Beobachtung.

– Erzeugen Sie einen Ton von 1 kHz. Messen Sie den Schalldruckpegel in unterschiedlichen Abständen zwischen 2 cm und 20 cm. Fertigen Sie ein entsprechendes Diagramm an und werten Sie es aus.

– Stellen Sie die Gefährdung durch die Verwendung von In-Ear-Kopfhörern dar und geben Sie Tipps für gehörfreundliches Musikhören.

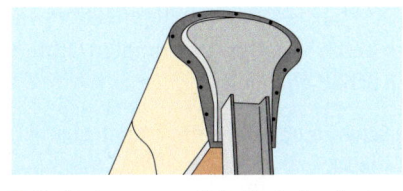

6 Optimierung von Schallschutzwänden

V2 **Untersuchung im Verkehr**

Materialien: Smartphone-App zur Messung von Schallpegeln und Frequenzen

Arbeitsauftrag:

– Ermitteln Sie an einer Hauptverkehrsstraße oder an einer Autobahn das Spektrum an Frequenzen, die den Hauptteil des Verkehrslärms ausmachen.
Achten Sie dabei auf unterschiedliche Fahrzeugtypen und Geschwindigkeiten.

– Achten Sie darauf, welche Fahrzeuge Sie an einer bestimmten Stelle hören können und messen Sie dort die entsprechenden Schalldruckpegel.

– Begründen Sie anhand Ihrer Messergebnisse verschiedene Varianten von Tempolimits.

– Erläutern Sie die Wirkung der in ▸ 6 dargestellten Abschirmeinrichtung, die auf eine Schallschutzwand aufgesetzt wird.

Material A • Hörschäden

Bei einem Hörtest wird getrennt für beide Ohren die Hörschwelle in Abhängigkeit von der Frequenz ermittelt. Die Hörminderung gegenüber einem Normalhörenden mit vergleichbarem Alter wird dann in einem Audiogramm aufgezeichnet.
Hannah war für 20 min einer Lärmbelastung mit 115 dB(A) ausgesetzt. In ▸ A1 sind fünf Audiogramme dargestellt, die zu den angegebenen Zeitpunkten nach der Lärmbelastung aufgenommen wurden.

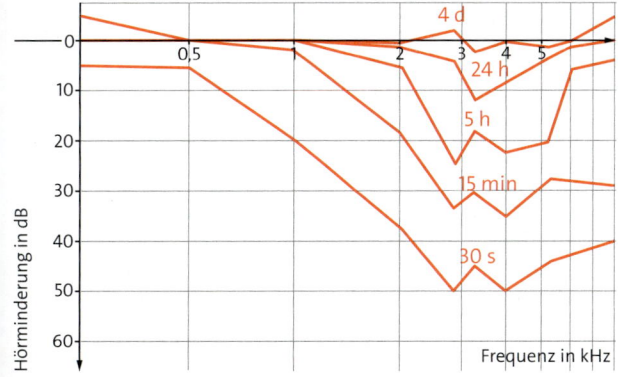

A1 Temporäre Lärmschwerhörigkeit

1 ☑ Begründen Sie die Festlegung altersspezifischer Hörschwellen.

2 a ☐ Beschreiben Sie die Audiogramme in ▸ A1 zusammenfassend.
 b ☑ Geben Sie eine begründete Vermutung ab, ob Hannahs Gehör sich vollständig regenerieren konnte.

3 ☑ Stellen Sie unter Einbeziehung der Informationen zur sicheren Hördauer Verhaltensregeln für Discobesuche auf.

4 a ☑ Berechnen Sie den effektiven Schalldruck Δp_{eff}, der auf Hannah gewirkt hat.
 b ☑ Vergleichen Sie diesen Schalldruck mit einem üblichen Wert für den Luftdruck (p = 1013 hPa) und mit dem Druck, den eine Streichholzschachtel (l = 5,3 cm, b = 3,7 cm, m = 9 g) auf eine Tischplatte ausübt.

5 a ☑ Die Lautstärke bzw. der Lautstärkepegel wird in der Einheit phon angegeben. Recherchieren Sie die Definition dieser Größe und ihren Zusammenhang zum Schalldruckpegel.
 b ■ Der Lautstärkepegel ist keine relevante Messgröße. Begründen Sie.

Akustik

Schall	Alle akustischen Signale, die vom Ohr wahrgenommen werden können. Man unterscheidet Schall in Töne, Klänge und Geräusche. 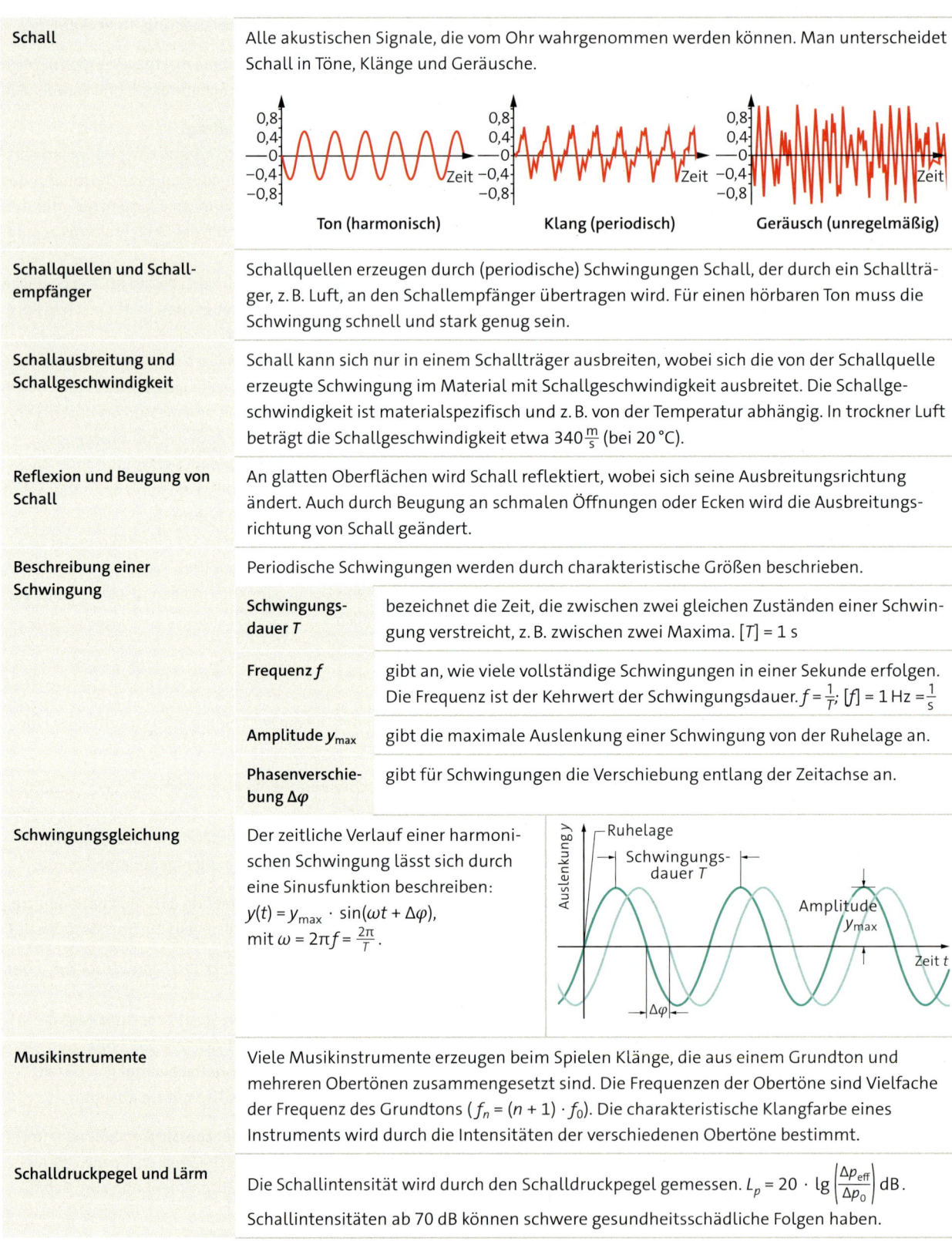
Schallquellen und Schallempfänger	Schallquellen erzeugen durch (periodische) Schwingungen Schall, der durch ein Schallträger, z. B. Luft, an den Schallempfänger übertragen wird. Für einen hörbaren Ton muss die Schwingung schnell und stark genug sein.
Schallausbreitung und Schallgeschwindigkeit	Schall kann sich nur in einem Schallträger ausbreiten, wobei sich die von der Schallquelle erzeugte Schwingung im Material mit Schallgeschwindigkeit ausbreitet. Die Schallgeschwindigkeit ist materialspezifisch und z. B. von der Temperatur abhängig. In trockner Luft beträgt die Schallgeschwindigkeit etwa $340\frac{m}{s}$ (bei 20 °C).
Reflexion und Beugung von Schall	An glatten Oberflächen wird Schall reflektiert, wobei sich seine Ausbreitungsrichtung ändert. Auch durch Beugung an schmalen Öffnungen oder Ecken wird die Ausbreitungsrichtung von Schall geändert.
Beschreibung einer Schwingung	Periodische Schwingungen werden durch charakteristische Größen beschrieben.

	Schwingungsdauer T	bezeichnet die Zeit, die zwischen zwei gleichen Zuständen einer Schwingung verstreicht, z. B. zwischen zwei Maxima. $[T] = 1\,s$
	Frequenz f	gibt an, wie viele vollständige Schwingungen in einer Sekunde erfolgen. Die Frequenz ist der Kehrwert der Schwingungsdauer. $f = \frac{1}{T}$; $[f] = 1\,Hz = \frac{1}{s}$
	Amplitude y_{max}	gibt die maximale Auslenkung einer Schwingung von der Ruhelage an.
	Phasenverschiebung $\Delta\varphi$	gibt für Schwingungen die Verschiebung entlang der Zeitachse an.

Schwingungsgleichung	Der zeitliche Verlauf einer harmonischen Schwingung lässt sich durch eine Sinusfunktion beschreiben: $y(t) = y_{max} \cdot \sin(\omega t + \Delta\varphi)$, mit $\omega = 2\pi f = \frac{2\pi}{T}$.
Musikinstrumente	Viele Musikinstrumente erzeugen beim Spielen Klänge, die aus einem Grundton und mehreren Obertönen zusammengesetzt sind. Die Frequenzen der Obertöne sind Vielfache der Frequenz des Grundtons ($f_n = (n + 1) \cdot f_0$). Die charakteristische Klangfarbe eines Instruments wird durch die Intensitäten der verschiedenen Obertöne bestimmt.
Schalldruckpegel und Lärm	Die Schallintensität wird durch den Schalldruckpegel gemessen. $L_p = 20 \cdot \lg\left(\frac{\Delta p_{eff}}{\Delta p_0}\right) dB$. Schallintensitäten ab 70 dB können schwere gesundheitsschädliche Folgen haben.

Übungsaufgaben

1 Eine Maultrommel ist ein kleines Musikinstrument, bei dem die Blattfeder in der Mitte zum Schwingen gebracht wird. Damit ein hörbarer Ton entsteht, hält man sich das Instrument an die Lippen des leicht geöffneten Munds.

a ☐ Beschreiben Sie die Schallerzeugung bei der Maultrommel.

b ☑ Erläutern Sie, was bei der Schallübertragung im Schallträger geschieht.

c ☑ Erklären Sie, warum man das Instrument an den Mund hält.

2 ☑ Für eine Schwingung wurde Folgendes gemessen: $f_0 = 120\,\text{Hz}$, $y(0) = y_{max} = 2\,\text{cm}$.

a Ermitteln Sie die Schwingungsdauer T und die Phasenverschiebung $\Delta\varphi$.

b Skizzieren Sie das Schwingungsbild in einem t-y-Diagramm.

c Zeichnen Sie in das gleiche Diagramm die ersten beiden Obertöne zur Schwingung ein.

3 ☑ In der Akustik unterscheidet man verschiedene Schallarten.

a Nennen Sie die drei wesentlichen Schallarten.

b Skizziere Sie jeweils ein dazu passendes Schwingungsbild.

c Erläutern Sie daran die charakteristischen Unterschiede, an denen man die Schallarten identifizieren kann.

4 ☑ Obwohl zwei verschiedene Instrumente den gleichen Ton spielen, kann man sie dennoch akustisch unterscheiden. Erläutern Sie auch unter Zuhilfenahme von Schwingungsbildern.

5 ☑ Zur Messung der Schallgeschwindigkeit wird ein Mikrofon, das mit einem Soundanalyseprogramm verbunden ist, 2,00 m vor einer glatten Wand aufgestellt. Die Tabelle zeigt die Zeitabstände zwischen zwei gemessen akustischen Signalen, nachdem eine Tischglocke einmal betätigt wurde.

Messung	1	2	3	4	5	6
Zein in ms	11,8	11,7	11,8	11,9	12,0	11,8

a Beschreiben Sie, wie mit dem Experiment die Schallgeschwindigkeit gemessen werden kann.

b Ermitteln Sie aus den Messwerten die Schallgeschwindigkeit.

c Ein Mitschüler hat mit dem gleichen Aufbau eine Schallgeschwindigkeit von $169\,\frac{\text{m}}{\text{s}}$ ermittelt. Beurteilen Sie das Ergebnis. Identifizieren Sie mögliche Fehlerquellen.

6 ☑ Entscheiden Sie, ob folgende Aussagen richtig oder falsch sind. Begründen Sie jeweils kurz.

a Je größer die Amplitude eines Tons, desto lauter wird er wahrgenommen.

b Ein tiefer Ton hat eine kürzere Schwingungsdauer als ein hoher Ton.

c Schall wird immer durch periodische Schwingungen eines Körpers erzeugt.

d Verdoppelt sich der Schallpegel einer Schallquelle, verdoppelt sich auch der Schalldruck.

Mithilfe des Kapitels können Sie:	Aufgabe	Hilfe
✓ die Erzeugung und Ausbreitung von Schall erläutern.	1	S. 102-104, S. 116
✓ Experimente zur Messung der Schallgeschwindigkeit beschreiben und Messungen auswerten.	5	S. 104
✓ Schwingungen durch physikalische Größen beschreiben sowie Schwingungsbilder skizzieren und interpretieren.	2, 6	S. 109-110, S. 114
✓ Schwingungsbilder verschiedener Schallereignisse skizzieren und erläutern.	3	S. 109, S. 110
✓ den Begriff Klangfarbe erläutern sowie Gemeinsamkeiten und Unterschiede beim Spielen gleicher Noten im Schwingungsbild beschreiben.	4	S. 114-116

▶ Die Lösungen zu den Übungsaufgaben finden Sie im Anhang.

4
Atom- und Kernphysik

▶ Der Begriff Atom bedeutet unteilbar. Diese antike Vorstellung zum Aufbau der Materie ist überholt, denn es gibt verschiedene Bausteine wie Protonen, Neutronen und Elektronen.

▶ Radioaktivität, radioaktive Stoffe und Strahlung sind Begriffe, die aus dem Alltag bekannt sind. Radioaktivität gilt als gefährlich. Es gibt aber verschiedene Arten radioaktiver Strahlung, die sich in ihren Eigenschaften und ihrer Entstehung unterscheiden.

▶ Radioaktive Strahlung ist nicht nur eine Gefahr für den Menschen. Es gibt Anwendungsbereiche wie die Strahlentherapie in der Medizin. Die Auswirkungen auf den menschlichen Organismus können dabei sehr unterschiedlich sein.

Das Uranmineral Autunit ist eine Quelle natürlicher Radioaktivität auf der Erde.

4.1 Atom und Elektron

1 Labortisch von Rutherford

Materie besteht aus Atomen. Atome kann man allerdings nicht direkt sehen. Man braucht große Apparaturen, um sie sichtbar zu machen. Noch größeren Aufwand muss man betreiben, um in ihr Inneres zu schauen. Sind Atome wirklich unteilbar?

Materie ist aus Atomen aufgebaut • Atome sind die Grundbausteine der Materie. Heutzutage wissen wir, dass chemische Elemente wie Eisen nur aus Eisenatomen bestehen oder das in chemischen Verbindungen wie Wasser verschiedene Atome fest miteinander zu z. B. Molekülen verbunden sind. Der Begriff Atom geht dabei auf die letztendlich antike Vorstellung der Unteilbarkeit dieser Grundbausteine zurück. Die Vorstellung vom Aufbau der Atome hat sich seit Mitte des 19. Jahrhunderts durch viele Entdeckungen und Experimente entwickelt und radikal verändert. Atome sind nicht unteilbar und sie besitzen einen inneren Aufbau, den man mit Modellen beschreiben kann. Aber woraus bestehen Atome?

Ladung im Atom • Schon Versuche zur Reibungselektrizität wecken Zweifel an der Unteilbarkeit von Atomen. Es muss Ladungsträger geben, die durch das Reiben von einem Körper auf den anderen übertragen werden. Wenn jede Materie aus Atomen besteht, müssen die Ladungsträger aus diesen Teilchen stammen. Gleichzeitig weiß man, dass Atome von außen betrachtet elektrisch ungeladen sind – sie sind neutral. Daraus wurde eine erste Vorstellung vom Aufbau der Atome entwickelt, die besagt, dass die Atome selbst aus positiv und negativ geladenen Teilchen bestehen.

Damit diese elektrisch ungeladen bleiben, sind in den Atomen die Ladungsmengen der positiv und der negativ geladenen Teilchen gleich groß. Sie können sich so gegenseitig aufheben.

> Jedes Atom ist aus positiv und negativ geladenen Teilchen aufgebaut. Nach außen ist das Atom elektrisch neutral.

Streuversuch von Rutherford • Im Jahre 1909 untersuchte ERNEST RUTHERFORD (1871–1937) die Struktur der Atome weiter. In einer luftleer gepumpten Kammer befestigte er eine Goldfolie, die nur etwa 1000 Atomlagen dick war. Die Folie beschoss er mit einem Strahl elektrisch positiv geladener Teilchen (▶ **2**). Diese Teilchen werden von manchen Stoffen ausgesandt und wurden erst wenige Jahre zuvor entdeckt. Er konnte den Weg der Teilchen nach dem Auftreffen auf die Folie nachvollziehen, da diese auf einem Leuchtschirm kleine Lichtblitze erzeugten.

Rutherford beobachtete, dass fast alle Teilchen geradlinig durch die Folie hindurchgingen. Einige wenige Teilchen wurden stärker aus ihrer Flugbahn abgelenkt (bis zu 90°) und sehr selten wurden einzelne Teilchen sogar in die ursprüngliche Richtung reflektiert – also um mehr als 90° abgelenkt.

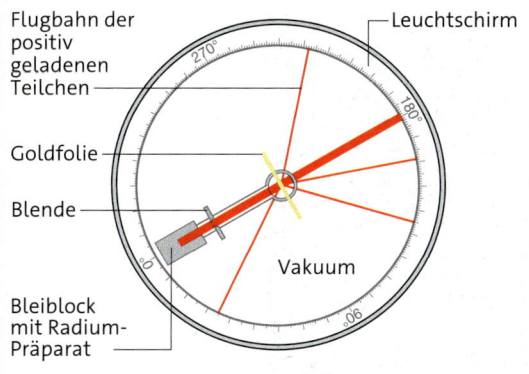

2 Streuversuch von Rutherford ⬜

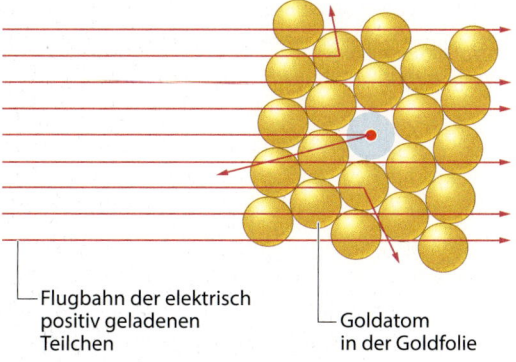

Flugbahn der elektrisch positiv geladenen Teilchen

Goldatom in der Goldfolie

3 Modelldarstellung zum Streuversuch ⬜

Kern-Hülle-Modell des Atoms • Aus den Ergebnissen seines Streuversuchs schlussfolgerte Rutherford, dass das Atom aus einem sehr kleinen, massiven Zentrum besteht. Dieser **Atomkern** ist elektrisch positiv geladen und beinhaltet fast die komplette Masse des Atoms. Nur wenn die Teilchen aus dem Streuversuch direkt auf diesen winzigen Kern treffen, werden sie zurückgeworfen. Der sehr viel größere Rest des Atoms muss hingegen praktisch leer sein. Die Teilchen können diesen Raum ungehindert passieren. Nur wenn ihre Bahn dem Atomkern zu nahe kommt, werden sie abgelenkt. Damit das Atom nach außen elektrisch neutral ist, befinden sich in diesem als **Atomhülle** bezeichneten Raum elektrisch negativ geladene **Elektronen**, die die Ladung des positiven Atomkerns ausgleichen.

Nach Rutherfords Vorstellung besteht das Atom also aus einem sehr kleinen elektrisch positiv geladenen Atomkern und einer negativ geladenen Atomhülle, für deren Ladung die darin enthaltenen Elektronen verantwortlich sind. Diese Modellvorstellung nennt man **Kern-Hülle-Modell** des Atoms. Aus den Berechnungen für den Streuversuch ergeben sich für das Atom folgende Größenverhältnisse: Das gesamte Atom hat einen Durchmesser von etwa 10^{-10} m. Der Durchmesser des darin enthaltenen Atomkerns ist nur etwa 10^{-14} m groß. Das Atom ist also etwa 10 000-mal größer als der Atomkern. Stellt man sich den Atomkern in der Größe einer Kirsche vor, ist das Atom so groß wie ein Fußballstadion.

> Atome bestehen aus einem kleinen positiv geladenen Atomkern und einer negativ geladenen Atomhülle. Die Atomhülle enthält die Elektronen.

Elektronen im elektrischen Feld • Im Kern-Hülle-Modell befinden sich in der Atomhülle Elektronen. Die Existenz dieser elektrisch negativ geladenen Teilchen wurde erst wenige Jahre vor dem Streuversuch sicher nachgewiesen (etwa 1897). Sie lassen sich z. B. durch Erhitzen aus der Atomhülle herauslösen. Ihre Eigenschaften wurden durch Experimente sehr genau untersucht: Die negative elektrische Ladung des Elektrons konnte aus der Ablenkung seiner Flugbahn zwischen zwei geladenen Platten nachgewiesen werden. Sie werden von der positiv geladenen Platte angezogen und von der negativ geladenen Platte abgestoßen.

Auch durch magnetische Felder werden Elektronen abgelenkt. Bewegen sie sich zwischen den Polen eines Magneten, werden sie senkrecht zu ihrer Bewegungsrichtung abgelenkt. Die Ursache dieser Ablenkung ist die Lorentzkraft. Durch die senkrechte Ablenkung werden die Elektronen auf eine Kreisbahn gezwungen. Die Richtung der Lorentzkraft kann man mit der „Drei-Finger-Regel der linken Hand" vorhersagen (▶ **5**).

> Elektronen sind elektrisch negativ geladene Teilchen und Bestandteil der Atome. Durch magnetische und elektrische Felder können bewegte Elektronen abgelenkt werden.

1 a ⬜ Geben Sie an, was geschehen muss, damit der Elektronenstrahl zwischen zwei geladenen Platten nach unten und nicht nach oben abgelenkt wird (▶ **4A**).
b ◪ Erläutern Sie, wie eine Ablenkung in dieselbe Richtung durch ein Magnetfeld erreicht werden kann.

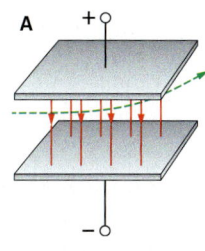

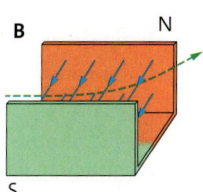

4 Ablenkung eines Elektrons: **A** im elektrischen Feld; **B** im Magnetfeld

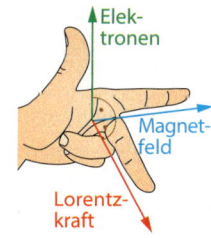

5 „Drei-Finger-Regel der linken Hand"

Atommodelle

Schon in der Antike stellten Menschen Überlegungen darüber auf, wie die Welt und die Materie, aus der sie besteht, aufgebaut sein könnte. Ihre Vorstellungen waren zwar noch keine naturwissenschaftlichen Modelle, weil sie ihre Annahmen nicht beweisen konnten, lieferten aber wichtige Ideen für die Entwicklung der Atommodelle.

Vor 2400 Jahren begannen die Philosophen **DEMOKRIT** und **LEUPKIPP** sich die Welt aus kleinen Teilchen aufgebaut vorzustellen. Demokrit ging davon aus, dass diese Teilchen unteilbar sind und nannte sie Atome, von *atomos* (griech.): unteilbar. In dieser antiken Vorstellung zu Atomen sind diese durch Haken und Ösen verbunden und je nach den Eigenschaften des jeweiligen Stoffs geformt. Atome harter, rauer Materialien sind z.B. hart und kantig, Atome von weichen oder flüssigen Stoffen sind rund und glatt.

Es dauerte über 2000 Jahre, bis diese Vorstellung von den Grundbausteinen der Materie weiter entwickelt wurde. Durch quantitative Untersuchungen in der Chemie entdeckte man, dass chemische Elemente unterschiedliche Massen aufweisen und sich in Reaktionen nur in bestimmten Massenverhältnissen verbinden. Daraus entwickelte **JOHN DALTON** im Jahr 1803 ein Modell von unteilbaren Teilchen, die je nach Zugehörigkeit zu einem chemischen Element ein bestimmtes Volumen ausfüllen und eine bestimmte Masse tragen.

Die Erkenntnis, dass in elektrisch neutraler Materie negativ geladene Elektronen vorhanden sind, führte 1903 **JOSEPH JOHN THOMSON** zu der Annahme, dass die Atome gleichmäßig positiv geladen sind und sich die Elektronen darin verteilen wie Rosinen in einem Kuchen.

1911 entwickelte **ERNEST RUTHERFORD** das schon bekannte Kern-Hülle-Modell, nachdem er festgestellt hatte, dass Atomkerne durch eine Goldfolie hindurchfliegen können.

Zwei Jahre später entwickelte **NIELS BOHR** diese Vorstellung weiter: In seinem Modell kreisen die Elektronen auf Bahnen um den Atomkern. Ihm waren aber die Grenzen seines Modells durchaus bewusst. Das Bohrsche Atommodell geht von flachen Scheiben aus, die die räumliche Ausdehnung der Materie nicht berücksichtigt. Außerdem musste Bohr Annahmen treffen, die der bekannten Physik widersprachen, wie z.B., dass die Elektronen ohne Energieverlust um den Atomkern kreisen. Trotzdem konnte man mit seinem Modell z.B. erstmals die Absorption und Emission von Licht durch Materie erklären.

Aus der Quantenmechanik ergab sich ab 1928, dass sich Elektronen nicht auf eindeutigen Bahnen bewegen, sondern nur Aufenthaltswahrscheinlichkeiten in bestimmten Bereichen um den Atomkern haben (Orbitalmodell).

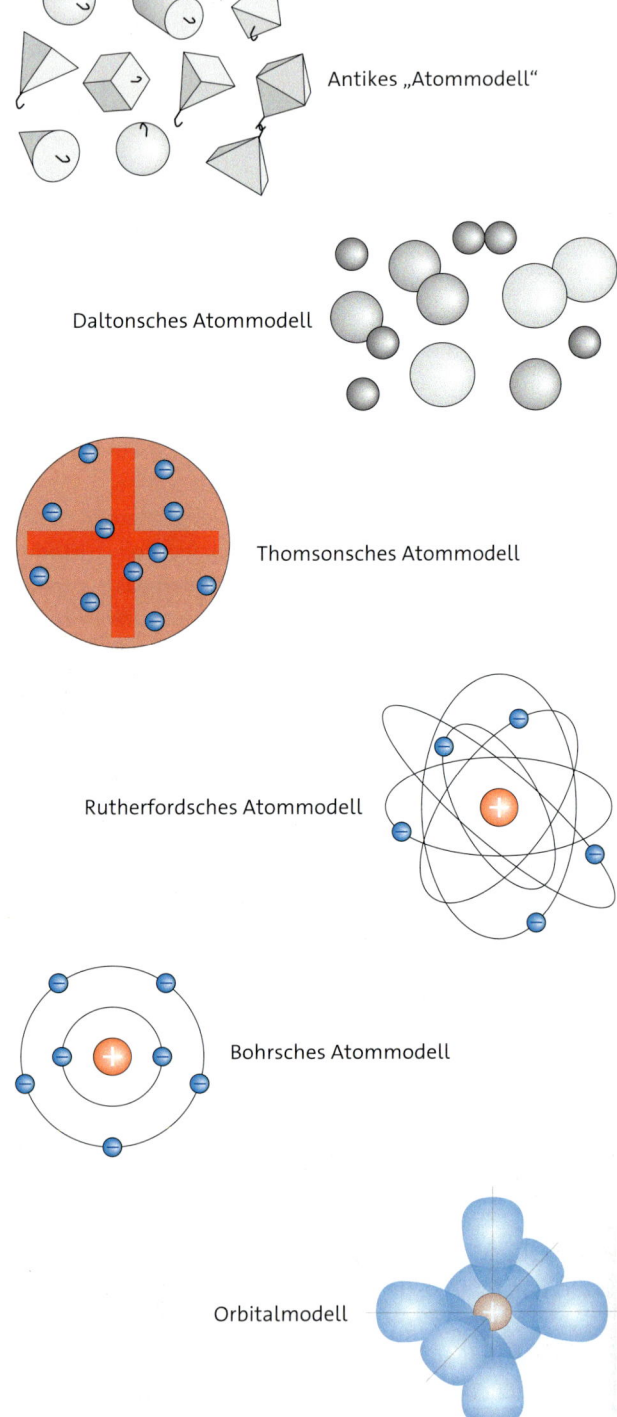

Antikes „Atommodell"

Daltonsches Atommodell

Thomsonsches Atommodell

Rutherfordsches Atommodell

Bohrsches Atommodell

Orbitalmodell

1 Atommodelle im Überblick

Versuch A: Atomgröße abschätzen

V1 Dicke eines Ölfilms

Materialien: große Wanne, Wasser, Bärlappsporen, Petroleumbenzin, etwas Olivenöl, Pipette, Schutzbrille

Arbeitsauftrag:
Setzen Sie die Schutzbrille auf. Füllen Sie die Wanne mit Wasser und verteilen Sie vier Messerspitzen Bärlappsporen gleichmäßig und dünn auf der Wasseroberfläche, sobald sie zur Ruhe gekommen ist. Vermischen Sie nun drei Tropfen Olivenöl mit 50 ml Petroleumbenzin. *Achtung: Das Benzin ist leicht entzündlich!*

— Schätzen Sie zunächst das Volumen eines Tropfens ab. Gehen Sie davon aus, dass ein Tropfen ein Volumen von etwa $\frac{1}{45}$ ml hat und berechnen Sie das Ölvolumen in einem Tropfen des Gemischs.

— Bringen sie mit der Pipette einen Tropfen der Öl-Benzin-Lösung aus geringer Höhe auf die Mitte der Wasseroberfläche.
Die Lösung verdrängt die Bärlappsporen, bis nach zwei bis drei Minuten eine ungefähr kreisförmige Fläche entstanden ist, die sich nicht mehr verändert. Nach dieser Zeit ist auch das Benzin verdampft.

— Berechnen Sie mit dem Durchmesser des Kreises die Dicke des Ölfilms.

— Es konnte noch nie ein dünnerer Ölfilm festgestellt werden. Erläutern Sie, warum das dafür sprechen könnte, dass der Ölfilm die Dicke eines Moleküls hat.

— Schätzen Sie den Durchmesser eines Atoms ab. Berücksichtigen Sie dabei, dass ein Ölmolekül aus mehreren Atomen besteht.

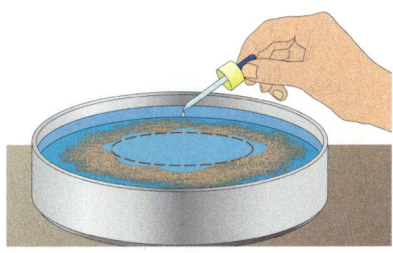

2 Ölfleckversuch mit Bärlappsporen

Material A: Atommodell

Im Atommodell von THOMSON bestehen die Atome aus einer positiven, homogenen Masse, in der sich die Elektronen gleichmäßig verteilen (▶A1).

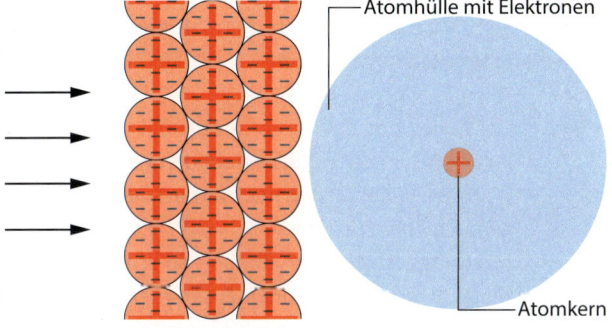

A1 Thomsons Atommodell   **A2** Kern-Hülle-Modell

1 ☑ Beschreiben Sie, was man im Streuexperiment von Rutherford beobachtet hätte, wenn Atome nach dem Atommodell von Thomson aufgebaut wären. Übertragen Sie die Skizze und ergänzen Sie mögliche Teilchenbahnen. Begründen Sie (▶A1).

2 ☑ Rutherford beobachtete zum Teil eine starke Ablenkung der positiv geladenen Teilchen. Übernehmen Sie die Skizze zum Kern-Hülle-Modell. Skizzieren Sie darin die folgenden Bahnen der positiv geladenen Teilchen. Begründen Sie jeweils den Verlauf (▶A2).
   a sich direkt auf einen Atomkern zubewegen
   b beim Durchgang stark abgelenkt werden
   c beim Durchgang schwach abgelenkt werden
   d beim Durchgang nicht abgelenkt werden.

Material B: Teilchenbahnen

In einer Nebelkammer können die Flugbahnen geladener Teilchen sichtbar gemacht werden (▶B1).

B1 Teilchenbahnen in der Nebelkammer

1 ☑ Die Nebelkammer befindet sich in einem Magnetfeld. Die Feldlinien zeigen senkrecht ins Buch hinein. Erläutern Sie, wie man anhand der Flugbahnen die Ladung der Teilchen identifizieren kann.

3 ■ Stellen Sie Hypothesen über die unterschiedlichen Radien der Bahnen auf.

4 ☑ Erläutern Sie, wie sich das Bild der Flugbahnen qualitativ verändert, wenn sich die Nebelkammer in einem elektrischen Feld befindet.

4.2 Aufbau der Atomkerne

1 Large Hadron Collider am CERN

Anfang des 20. Jahrhunderts war der grundsätzliche Aufbau der Atome aus Atomhülle und Atomkern bekannt. Aber woraus besteht der Kern und woher kommen seine positive Ladung und seine Masse?

Proton ist altgriechisch und bedeutet „das Erste".

Atomkern unter Beschuss ● In der Atomhülle des Heliumatoms befinden sich zwei elektrisch negativ geladene Elektronen. Deren Ladung wird durch eine gleich große positive Ladung im Atomkern ausgeglichen, da Atome elektrisch neutral sind. Im Kohlenstoffatom befinden sich sechs Elektronen. Um diese auszugleichen, trägt der Atomkern des Kohlenstoffatoms eine dreifach so große Ladung wie der Heliumatomkern. Daraus kann man schließen, dass der Atomkern ähnlich wie die Atomhülle aus Bausteinen aufgebaut ist.

Einen Beleg für diese Vermutung liefert 1917 wieder Rutherford: Er beschoss diesmal Stickstoffatome mit den Teilchen aus dem Streuversuch und beobachtete ihre Umwandlung in Sauerstoffatome. Das konnte nur mit einer Veränderung des Atomkerns erklärt werden. Aus dem Kern eines Stickstoffatoms ist der Kern eines Sauerstoffatoms geworden.

Ein Teilchenpuzzle ● Rutherford entdeckte, dass bei seinem Beschuss auch Wasserstoffkerne entstanden waren. Diese Kerne hatten die kleinste bekannte Kernmasse und die kleinste positive Ladung – schließlich befindet sich in der Hülle eines Wasserstoffatoms nur ein Elektron, dessen Ladung ausgeglichen

werden muss. Er bezeichnete diesen kleinsten Atomkern als **Proton.** Für Rutherford war klar, dass sich alle größeren Atomkerne aus mehreren solcher Protonen zusammensetzen.

Der Kern eines Kohlenstoffatoms mit seinen sechs Elektronen in der Hülle besteht demnach aus sechs Protonen. Jedes Proton neutralisiert die Ladung von genau einem Elektron.
Allerdings ist der Kern doppelt so schwer wie die Masse von sechs Protonen zusammen. Rutherford vermutete daher, dass noch ein weiteres, elektrisch ungeladenes Teilchen existieren musste. Er nannte es **Neutron,** konnte es aber nicht nachweisen.

Erst einer von Rutherfords ehemaligen Studenten, JAMES CHADWICK (1891–1974), schaffte es rund 15 Jahre später, durch Beschuss des Elements Beryllium mit der Teilchenstrahlung aus dem Streuversuch diese noch unbekannten Teilchen aus den Berylliumkernen herauszuschlagen und nachzuweisen. Es zeigte sich, dass das neue Teilchen etwa die gleiche Masse wie ein Proton aufwies, aber gemäß Rutherfords Vorhersagen elektrisch ungeladen war. Chadwick hatte das von seinem Lehrer vorhergesagte Neutron gefunden und das Teilchenpuzzle gelöst.

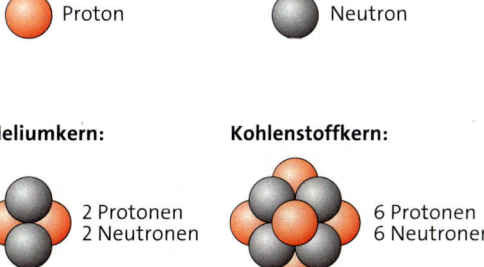

2 Heliumkern und Kohlenstoffkern

Hauptgruppe				
III	IV	V	VI	VII
5 10,81 **B**	6 12,01 **C**	7 14,01 **N**	8 16,00 **O**	9 19,00 **F**
13 26,98 **Al**	14 28,09 **Si**	15 30,97 **P**	16 32,07 **S**	17 35,45 **Cl**

3 Ausschnitt aus dem Periodensystem der Elemente

Aufbau des Atomkerns • Mit diesen Erkenntnissen ist der Aufbau des Atomkerns erklärbar: Sie sind aus zwei Bausteinen aufgebaut, nämlich den Protonen und den Neutronen. Beide Teilchensorten werden unter dem Begriff **Nukleon** zusammengefasst.

Das Proton ist elektrisch positiv geladen. Seine Ladung ist dabei genauso groß wie die des Elektrons. Das Proton hat aber eine fast 2000-mal größere Masse als das Elektron.
Die Neutronen sind hingegen ungeladen, also elektrisch neutral. Ihre Masse entspricht etwa der Masse eines Protons (▶ 4).

> Atomkerne bestehen aus elektrisch positiv geladenen Protonen und elektrisch neutralen Neutronen.

Atomkerne darstellen • Für die Beschreibung von Atomkernen verwendet man eine Symbolschreibweise. Vor dem Symbol des dazugehörigen chemischen Elements steht oben die **Massenzahl** (oder Nukleonenzahl). Sie ist die Summe aus der Anzahl der Protonen und Neutronen im Kern. Unten links wird die **Protonenzahl** – also die Anzahl der Protonen angegeben. Die Anzahl der Neutronen (**Neutronenzahl**) kann so aus der Differenz von Massenzahl und Protonenzahl berechnet werden. Für die Atomkerne von Wasserstoff und Kohlenstoff (▶ 2) lautet die Symbolschreibweise also $^{4}_{2}$He und $^{12}_{6}$C.

Die Protonenzahl heißt auch Kernladungszahl. Bei Atomen eines Elements ist sie gleich, d. h., ein Heliumkern hat immer die Protonenzahl 2 und ein Kohlenstoffatom die Protonenzahl 6. Da das Periodensystem der Elemente nach der Protonenzahl geordnet ist, heißt sie auch Ordnungszahl.

Keine Abstoßung? • Gleichnamige Ladungen stoßen sich ab. Man müsste also erwarten, dass sich die positiv geladenen Protonen abstoßen und keinen stabilen Atomkern bilden können. Auch die enthaltenen Neutronen können die Abstoßung nur verringern, aber nicht abschirmen.

Es muss deshalb eine anziehende Kraft geben, die größer ist als die elektrische Abstoßung zwischen den Protonen. Diese Kraft wird **Kernkraft** genannt. Sie überwiegt die elektrische Abstoßung aber nur, wenn sich die Nukleonen sehr nahe kommen, da die Kernkraft nur eine sehr geringe Reichweite hat.

> Zwischen den Nukleonen im Atomkern wirkt die Kernkraft. Sie ist bei sehr kleinem Teilchenabstand größer als die abstoßende elektrische Kraft.

Gibt es weitere Bausteine? • Heute weiß man, dass Protonen und Neutronen immer noch nicht die grundlegenden Bausteine der Materie (Elementarteilchen) sind. Denn auch sie haben eine innere Struktur – bestehen also aus noch kleineren Teilchen. Dies fand man ebenfalls heraus, indem man Kerne mit anderen Teilchen beschoss. Die wissenschaftliche Methode, Teilchen kollidieren zu lassen, hat sich also nicht geändert. Die verwendeten Teilchenbeschleuniger werden allerdings immer gewaltiger (▶ 1).

1 a ☐ Geben Sie für die folgenden Atomkerne jeweils an, wie viele Protonen und Neutronen sie enthalten: $^{1}_{1}$X, $^{60}_{27}$X, $^{137}_{55}$X, $^{238}_{92}$X.
b ☐ Recherchieren Sie die Namen der dazugehörigen Elemente und ersetzen Sie jeweils das X durch das Elementsymbol.

Der Begriff Nukleonen stammt ab von *nucleus* (lat.): Kern.

Proton

Symbol: p⁺
Ladung: +1
Masse: 1,007 u
(1,672 · 10⁻²⁷ kg)

Neutron

Symbol: n
Ladung: 0
Masse: 1,009 u
(1,675 · 10⁻²⁷ kg)

Elektron

Symbol: e⁻
Ladung: −1
Masse: 0,0005 u
(9,109 · 10⁻³¹ kg)

4 Bausteine der Atome

1 Massenspektrometer

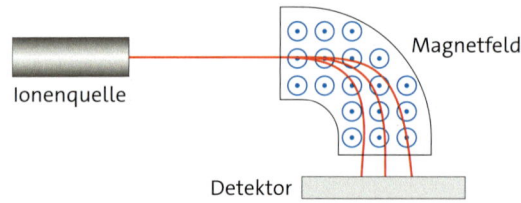

3 Massenspektrometer (Prinzip)

Gleich und doch verschieden ● Die Masse einzelner Atome ist selbst mit der besten Laborwaage nicht messbar. Hierfür nutzt man hochempfindliche Massenspektrometer. Verdampft man etwas Silber und lädt die Silberatome durch Ionisation elektrisch auf, können die Teilchen durch elektrische oder magnetische Felder abgelenkt werden. Dabei gilt: Je größer die Teilchenmasse dabei ist, desto geringer ist ihre Ablenkung.

Für Silber erhält man überraschenderweise zwei Signale mit unterschiedlicher Masse. Die Silberatome sind untereinander nicht gleich! Da die Protonenanzahl das chemische Element definiert, in diesem Fall Silber, müssen sich die Silberkerne in der Anzahl ihrer Neutronen unterscheiden. Die leichtere Silbersorte hat tatsächlich 60 Neutronen, die schwerere hat 62 Neutronen im Kern.
Auch bei vielen anderen Elementen gibt es Atome mit unterschiedlichen Neutronenzahlen. Atome, die sich nur in der Anzahl der Neutronen unterscheiden, nennt man **Isotope.**

Nuklide ● Das Periodensystem der Elemente ist ein Hilfsmittel der Chemie und war ursprünglich nach chemischen Kriterien geordnet, daher werden Isotope dort nicht unterschieden. Mithilfe von **Nuklidkarten** kann man Informationen zur Kernstruktur einzelner Nuklide erhalten. Nuklide sind Atome mit einer eindeutigen Protonenzahl und Massenzahl. Die Nuklidkarte stellt alle möglichen Kerne in einem Koordinatensystem dar. Auf der vertikalen Achse ist die Protonenzahl aufgetragen, auf der horizontalen Achse die Neutronenzahl. Während das Periodensystem alle zurzeit bekannten 118 Elemente enthält, findet man in der Nuklidkarte weit über 2000 Nuklide.

> Atomkerne mit einer bestimmten Anzahl von Protonen und einer bestimmten Anzahl von Neutronen nennt man Nuklide. Nuklide gleicher Protonenzahl, aber unterschiedlicher Neutronenzahl heißen Isotope.

Aus dem Ausschnitt der Nuklidkarte erkennt man, dass Nuklide einer Zeile zu einem Element gehören (▶ **2**). Darin ist auch Silber mit zwei verschiedenen Isotopen enthalten. Statt der Schreibweise $^{107}_{47}$Ag wird nur die Massenzahl (Nukleonenzahl) angegeben: Ag-107. Da die Atomkerne von Silber immer 47 Protonen enthalten, muss Ag-107 also 107 − 47 = 60 Neutronen enthalten. Das schwerere Silbernuklid $^{109}_{47}$Ag steht zwei Spalten weiter rechts, da es 62 Neutronen hat. Die Zahlen unter den Symbolen gibt den prozentualen Anteil des Nuklids in Silber an.

1 ☑ Erläutern Sie, warum man die zwei Signale beim Silber im Massenspektrometer nur mit einer unterschiedlichen Anzahl an Neutronen erklären kann.

2 ☑ Stellen Sie folgende Nuklide in einer Nuklidkarte dar. Interpretieren Sie Ihre Darstellung. $^{12}_{6}$C, $^{14}_{7}$N, $^{13}_{6}$C, $^{16}_{8}$O, $^{15}_{7}$N, $^{18}_{8}$O, $^{14}_{6}$C

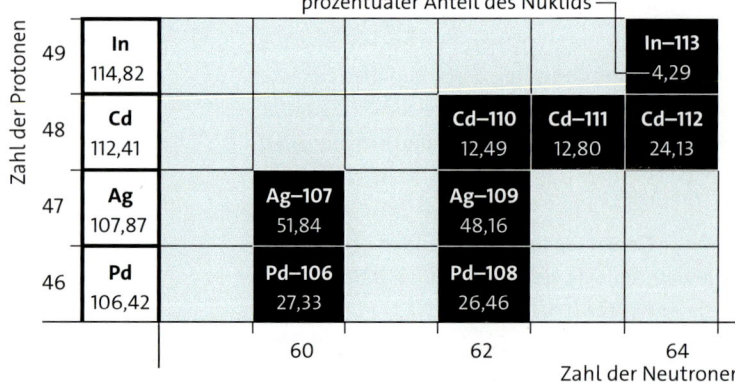

prozentualer Anteil des Nuklids ⌐

Zahl der Protonen					
49	In 114,82				In–113 4,29
48	Cd 112,41		Cd–110 12,49	Cd–111 12,80	Cd–112 24,13
47	Ag 107,87	Ag–107 51,84	Ag–109 48,16		
46	Pd 106,42	Pd–106 27,33	Pd–108 26,46		
		60	62		64

Zahl der Neutronen

2 Ausschnitt aus einer Nuklidkarte

Versuch A: Modellversuch zum Aufbau eines Atomkerns

V1 **Modellieren von Kernteilchen**

Materialien: einige scheibenförmige Magnete, Stahlmuttern (etwa so groß wie die Magnete)

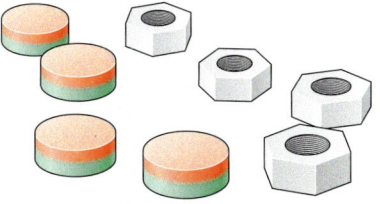

4 Modell für den Atomkern

Arbeitsauftrag:

– Bringen Sie die Magnete jeweils mit dem gleichen Pol nach oben auf einer ebenen Oberfläche möglichst nahe zueinander. Beschreiben Sie Ihre Beobachtung.

– Nutzen Sie jetzt die Stahlmuttern, um die Magnete näher zueinander zubringen. Vergleichen Sie mit der vorhergehenden Beobachtung.

– Erläutern sie, welche Teile im Modellversuch die Rolle der Protonen in einem Atomkern übernehmen, welche die der Neutronen.

– Nutzen Sie das Modell, um einen Wasserstoff- und einen Sauerstoffkern zu bauen.

– Bewerten Sie den Modellversuch dahingehend, was mit ihm gut, was schlecht oder gar nicht erklärt werden kann.

Material A: Systematische Darstellung zum Aufbau der Atome

Sind von einem Nuklid nicht alle Informationen bekannt, kann man aus den bekannten Daten diese erschließen (▶A1).

Name des Elements	Symbol des Nuklids	Anzahl der Nukleonen	Anzahl der Protonen	Anzahl der Neutronen	Anzahl der Elektronen
	$^{16}_{8}\text{O}$				
Natrium				12	
				14	13
		30			14
Quecksilber		200			
			80	124	
	$^{238}_{92}\text{U}$				
		241	94		

A1 Unvollständige Tabelle

1 ☐ Übertragen und ergänzen Sie die Tabelle (neutrale Atome). Nutzen Sie das Periodensystem der Elemente.

3 ☑ Erläutern Sie, welche Informationen über den Aufbau von Atomkernen im PSE nicht zu finden sind.

Material B: Wasserstoff ist nicht gleich Wasserstoff

Wasserstoffatome kommen in drei verschiedenen Nukliden vor (▶B1): normaler Wasserstoff, schwerer Wasserstoff (Deuterium) und überschwerer Wasserstoff (Tritium)

1 ☐ Geben Sie jeweils die Symbolschreibweise an.

4 ☑ Zeichnen Sie einen Ausschnitt der Nuklidkarte, der die drei Nuklide des Wasserstoffs enthält.

5 ☑ Begründen Sie, wie viele Elektronen ein Tritiumatom besitzt.

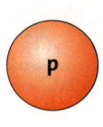

normaler Wasserstoff

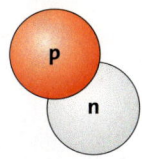

schwerer Wasserstoff (Deuterium)

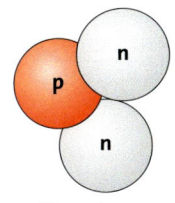

überschwerer Wasserstoff (Tritium)

B1 Die drei Nuklide des Wasserstoffs

4.3 Ionisierende Strahlung

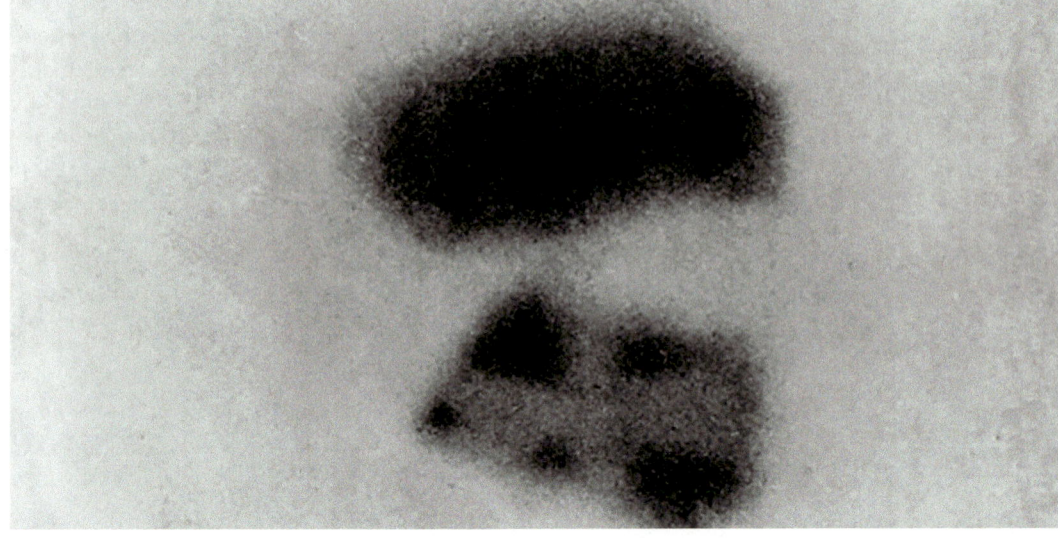

1 Uranmineralien belichteten Becquerels Fotoplatte

Bei der analogen Fotografie entsteht das Foto durch chemische Reaktion, wenn Licht auf die lichtempfindliche Schicht im Fotofilm trifft. Was haben diese zwei unscheinbar schwarzen Flecken auf einer Fotoplatte damit zu tun?

Eine unsichtbare Strahlung • Im Jahr 1896 untersuchte der französische Physiker HENRI BECQUEREL (1852–1908) Uranmineralien. Nachdem er diese Mineralien unbeabsichtigt im Dunkeln zusammen mit einer Fotoplatte lagerte, entdeckte er schwarze Flecken auf der Fotoplatte (▶ **1**). Diese Flecken entstanden, obwohl die Fotoplatte zum Schutz lichtundurchlässig in schwarzes Papier eingepackt war. Sie hatten genau die Form der Mineralien. Die Fotoplatte war belichtet.

Becquerel beobachtete noch weitere unentdeckte Phänomene beim Umgang mit Uranmineralien, z. B. war die Luft in der Nähe des Minerals elektrisch leitfähig.

Er stellte außerdem bald nach der Arbeit mit den Stoffen Verbrennungen auf seiner Haut fest. Aus den Beobachtungen schloss er, dass die Mineralien eine bis zu diesem Zeitpunkt unbekannte Strahlung aussandten.

Das französisch-polnische Ehepaar MARIE CURIE (1867–1934) und PIERRE CURIE (1859–1906) untersuchte, ob auch weitere Elemente die neu entdeckte Strahlung aussandten. Sie entdeckten im Jahr 1898 unter anderem zwei neue Elemente mit dieser Eigenschaft, die sie Polonium und Radium nannten. Für die außerordentlichen Erkenntnisse über die von Becquerel entdeckten Strahlungsphänomene erwarb Marie Curie 1903 als erste Frau zusammen mit ihrem Mann und Becquerel den Nobelpreis in Physik.

Marie Curie prägte während ihrer Forschung den Begriff der **Radioaktivität**. Er setzt sich zusammen aus den Bestandteilen „Radio-" für Strahlung und „-aktivität". Ein radioaktiver Stoff sendet also von sich aus eine unsichtbare und durchdringende Strahlung aus, die z. B. in der Lage ist, eine Fotoplatte zu schwärzen (belichten).

Marie Curie erhielt 1911 auch den Nobelpreis für Chemie für die Entdeckung von Polonium und Radium.

2 Radioaktive Stoffe werden in speziellen Behältern gelagert und mit Warnhinweisen versehen.

> Radioaktive Stoffe senden von sich aus unsichtbare und durchdringende Strahlung aus.

3 Ionisation von Luft durch einen radioaktiven Stoff

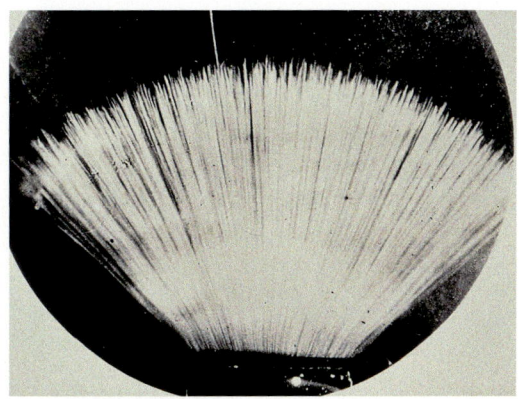

4 „Spuren" in der Nebelkammer ⊡

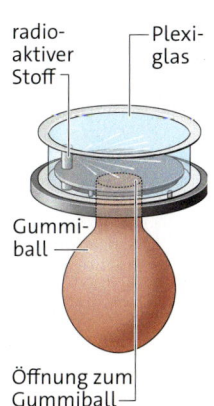

5 Aufbau einer Nebelkammer

Ionisation • Nach dem Kern-Hülle-Modell sind Atome elektrisch neutral, d.h., sie enthalten gleich viele positiv geladene Protonen im Kern wie negativ geladene Elektronen in der Hülle. Durch Energiezufuhr lassen sich jedoch Elektronen aus dem Atom herauslösen. Aus dem elektrisch neutralen Atom wird dann ein positiv geladenes **Ion**. Dieser Vorgang heißt **Ionisation**. Umgekehrt kann ein Atom auch ein Elektron aufnehmen. Dabei entsteht ein elektrisch negativ geladenes Ion.

> Die Abgabe oder Aufnahme von Elektronen von zuvor elektrisch neutralen Atomen nennt man Ionisation.
> Bei ionisierten Atomen stimmen Protonen- und Elektronenzahl nicht überein.

Nachweis der Ionisation von Luft • Werden zwei Metallplatten an eine elektrische Gleichspannungsquelle angeschlossen, ist die eine Platte positiv und die andere negativ aufgeladen. Durch ein angeschlossenes Elektroskop können wir die Ladung nachweisen. Sie bleibt auch erhalten, wenn die Spannungsquelle nicht mehr angeschlossen ist. Bringen wir eine brennende Kerze zwischen diese geladenen Metallplatten, so beobachten wir am angeschlossenen Elektroskop die Entladung der Platten. Zwischen den Metallplatten befindet sich Luft – normalerweise ein schlechter elektrischer Leiter. In der heißen Kerzenflamme entstehen positiv geladene Ionen und freie Elektronen. Sie gelangen zwischen die Metallplatten, machen die Luft dort leitfähig, sodass sich die Platten und das Elektroskop entladen. Durch die thermische Energie der Kerzenflamme kann eine Ionisation stattfinden.

Ionisation durch radioaktive Strahlung • Mit einem anderen Experiment kann die Ionisationswirkung radioaktiver Strahlung nachgewiesen werden (▶ 3): Ein Draht wird wenige Millimeter über eine Metallplatte gespannt. Draht und Metallplatte sind mit den Anschlüssen eines Hochspannungsnetzgeräts verbunden. Bringt man einen stark radioaktiven Stoff in die Nähe des Drahts, dann wird die Luft dort leitfähig. Es kommt zu einem Überspringen von Ladungen, die als Funken zwischen Draht und Metallplatte sichtbar sind. Würde man den Versuch mit einer Taschenlampe, die den Draht beleuchtet, wiederholen, würde keine Entladung stattfinden. Radioaktive Strahlung ist deshalb eine **ionisierende Strahlung**.

Eine Nebelkammer dient zum Nachweis radioaktiver (ionisierender) Strahlung (▶ 4, 5). Wenn die Strahlung in die mit Alkoholdampf gefüllte Nebelkammer gelangt, werden einige Moleküle des Dampfs ionisiert. An den entstandenen Ionen kondensiert der Dampf und es bilden sich feine Tröpfchen, die als Nebelspuren sichtbar sind.

Gefahr durch ionisierende Strahlung • Die Strahlung radioaktiver Stoffe kann Moleküle in unserem Körper ionisieren. Daraus können sich chemische und biologische Veränderungen in Zellen und Organen ergeben.

1 a ☑ Fertigen Sie eine Skizze des Versuchs an (▶ 3). Nehmen Sie an, dass die elektrische Ladung des Drahts positiv ist.
  b ☑ Beschreiben Sie, was nach der Ionisation von Stickstoffmolekülen in der Luft geschieht.

Der Begriff „Ion" kommt aus dem Griechischen und bedeutet so viel wie „wandernd/gehend".

Die Gefahr durch radioaktive Stoffe liegt in der ionisierenden Wirkung ihrer Strahlung.

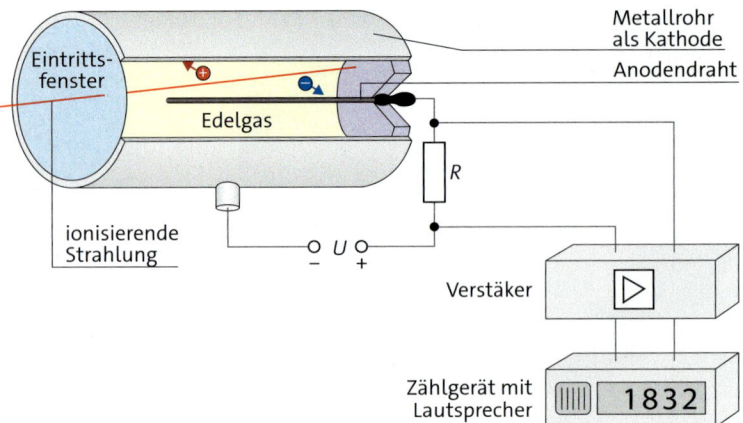

1 Aufbau eines Geiger-Müller-Zählrohrs

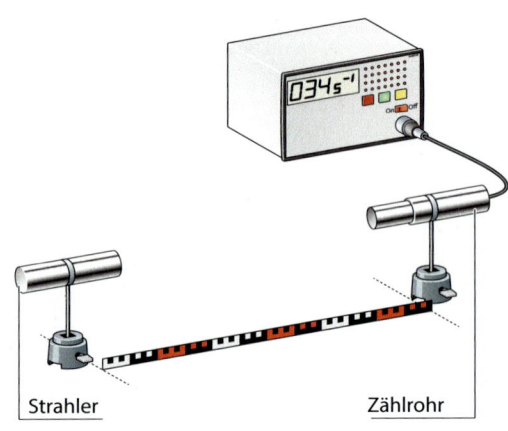

2 Wie weit reicht die ionisierende Strahlung?

Messen mit Zählrohren • Zählrohre sind mit einem Gas von geringem Druck gefüllt. Durch ein hauchdünnes Eintrittsfenster gelangt die Strahlung in das Rohr hinein und ionisiert das Gas (▶1).

Ähnlich wie bei dem Experiment mit dem Draht und der Metallplatte wird zwischen dem Metallrohr und dem Draht im Inneren des Zählrohrs eine Hochspannung angelegt. Strahlung, die ins Zählrohr gelangt ist, kann durch Wechselwirkung die Gasteilchen im Inneren ionisieren. Dabei entstehen Paare von Elektronen und Ionen. Die frei gewordenen Elektronen werden von der Anode (Pluspol) angezogen und die positiven Ionen von der Kathode (Minuspol), sodass diese zum Metallrohr gelangen. Die Elektronen werden auf dem Weg zum Anodendraht beschleunigt, wobei sie mit anderen Gasatomen zusammenstoßen. Bei den Stößen geben sie einen Teil ihrer Bewegungsenergie an die Atome ab. Dabei entstehen neue Elektron-Ion-Paare und es entwickelt sich eine Elektronenlawine, die sich zur Anode bewegt.

Durch das Zählrohr und den in Reihe geschalteten Widerstand fließt also kurzzeitig ein Strom. Dieser Strom verursacht einen kurzzeitigen Spannungsabfall, der verstärkt und anschließend vom Zähler registriert wird. Zusätzlich zum Zähler kann man einen Lautsprecher anschließen, der die Spannungsimpulse hörbar macht (▶1). Die Anzahl der Spannungsänderungen, also der Knackgeräusche, pro Zeiteinheit heißt **Zählrate.**

> Zählrohre nutzen die ionisierende Wirkung von Strahlung in Gasen. Die Zahl der registrierten Signale pro Zeiteinheit heißt Zählrate.

Nullrate • In unserer Umgebung gibt es immer ionisierende Strahlung. Das erkennt man daran, dass ein Zählrohr auch dann Signale registriert, wenn sich keine offensichtliche Quelle radioaktiver Strahlung in seiner Nähe befindet. Die Anzahl dieser Signale pro Zeiteinheit heißt **Nullrate.** Für Messungen an radioaktiven Präparaten muss man zunächst die Nullrate bestimmen und sie dann von der ermittelten Zählrate abziehen.

Zählrate und Abstand • Mithilfe von Zählrohren lässt sich ionisierende Strahlung genauer untersuchen. Das Gerät liefert nicht nur einen qualitativen Nachweis radioaktiver Strahlung, sondern ermöglicht auch quantitative Aussagen zur Stärke der Strahlung. Dabei können wir von folgendem Zusammenhang ausgehen: Je größer die Zählrate ist, desto stärker ist die ionisierende Strahlung.

In einem Experiment kann so z. B. der Zusammenhang zwischen Stärke der Strahlung und Abstand zur Quelle untersucht werden, z. B. des radioaktiven Stoffs Ra-226 (▶2). Dafür muss zunächst die Nullrate gemessen werden. Dann wird die Zählrate für verschiedene Abstände ermittelt. Dabei gilt: Je kleiner der Abstand zur Quelle, desto größer ist die Zählrate. Diesen Zusammenhang kann man noch weiter untersuchen (▶Material A).

1 ☑ Recherchieren Sie, was die sogenannte Totzeit bei einem Zählrohr ist.

2 ☑ Die Zählrate eines radioaktiven Präparats ist doppelt so groß wie die eines anderen. Erläutern Sie diesen Befund.

Versuch A: Natürliche Radioaktivität in Gebäuden

V1 Messung der Radioaktivität

Materialien: Luftballon, Bindfaden, Wolltuch oder Folie für Tageslichtprojektor, Zählrohr, Stoppuhr.

Arbeitsauftrag:
– Bestimmen Sie zu Beginn des Versuchs mit dem Zählrohr die Nullrate. Führen Sie die Messung 30 Sekunden durch.
– Reiben Sie den aufgeblasenen Luftballon mit dem Wolltuch oder der Folie. Er ist jetzt elektrisch geladen. Hängen Sie den Ballon an der Raumdecke auf. Achten Sie darauf, dass der Ballon sich nicht entladen kann, und lassen Sie ihn für etwa 30 Minuten dort hängen.

– Nehmen Sie den Ballon ab, lassen Sie die Luft heraus und bringen Sie die leere Ballonhülle sofort direkt vor das Eintrittsfenster des Zählrohrs. Bestimmen Sie die Zählrate wieder für eine Messung von 30 Sekunden.

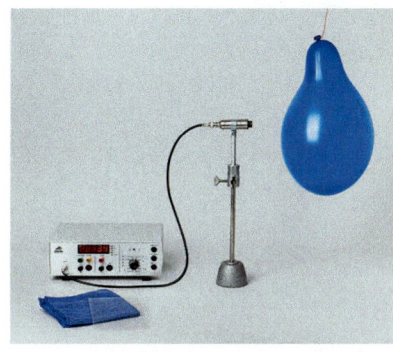

3 Versuch zur Umweltradioaktivität

– Wiederholen Sie die Messung der Zählrate unmittelbar danach. Halten Sie jetzt aber ein Blatt Papier zwischen Zählrohr und Ballonhaut.
– Warten Sie zehn Minuten und wiederholen Sie die Messungen. Bestimmen Sie die Zählrate erst ohne Papier, dann mit Papier.
– Ziehen Sie von allen Messwerten jeweils die Nullrate ab und stellen Sie die Ergebnisse übersichtlich in einer Tabelle dar.
– Interpretieren Sie Ihre Ergebnisse. Stellen Sie eine Vermutung über die Strahlenart auf. Erklären Sie, warum es wichtig ist, zur Messung die Luft aus dem Ballon herauszulassen.

Material A: Abstandsgesetz

Eine Strahlungsquelle sendet radioaktive Strahlung aus. In der Abbildung ist der Strahlenverlauf für einen bestimmten Raumwinkel – ein sogenannter Strahlungskegel – abgebildet. (▶ A2).

Mit einem Zählrohr wurde die Zählrate in verschiedenen Abständen zu dieser Strahlungsquelle für die immer gleiche Zeitspanne gemessen. Die Zählraten wurden in einem Diagramm gegen den Abstand aufgetragen (▶ A1). Wenn man den Abstand d zwischen Zählrohr und radioaktivem Präparat vergrößert, dann verändert sich die Zählrate R.

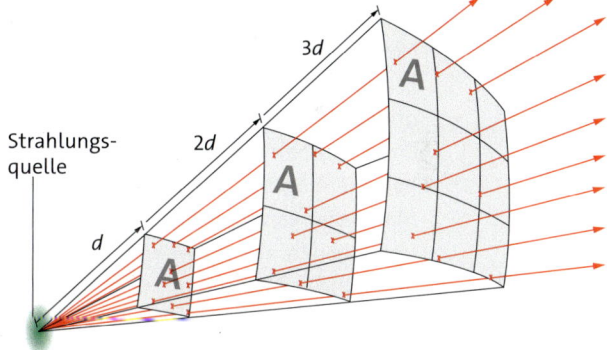

A2 Strahlungskegel

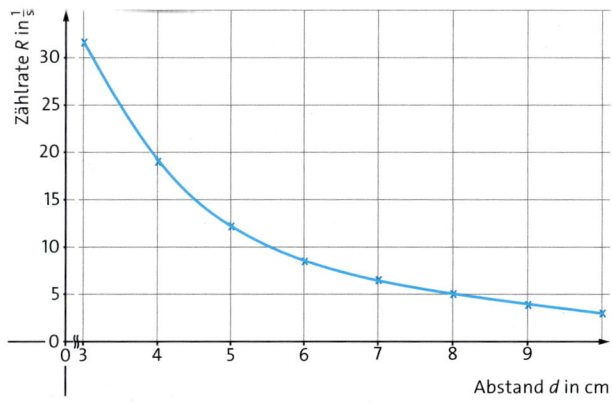

A1 Zählrate R in Abhängigkeit vom Abstand d

1 a ☐ Beschreiben Sie den Verlauf des Graphen.
b ☑ In ▶ A2 ist der Strahler mit dem Strahlungskegel, also der ausgesendeten Strahlung skizziert. Beschreiben Sie, wie sich ein vergrößerter Abstand d auf die Stärke der abgegebenen Strahlung pro bestrahlter Fläche A auswirkt.
c ■ Stellen Sie nun eine begründete Vermutung auf, wie der mathematische Zusammenhang zwischen Zählrate R und Abstand d in ▶ A1 sein könnte. Formulieren Sie diesen Zusammenhang als proportionale Zuordnung.

4.4 Strahlungsarten

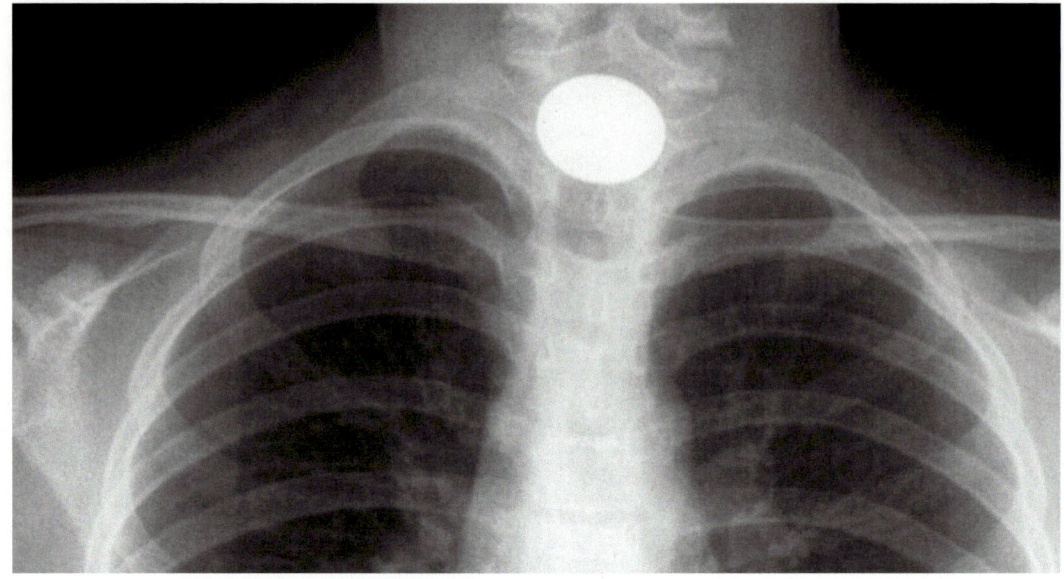

1 Die Röntgenaufnahme zeigt eine von einem Kind verschluckte Münze (weißer Kreis).

Ionisierende Strahlung kann Materie durchdringen. Diese Eigenschaft kann technisch genutzt werden. Aber welche Strahlungsarten gibt es überhaupt?

Abschirmung von Strahlung ● Schon Becquerels Zufallsfund der Belichtung der in Papier eingewickelten Fotoplatten durch radioaktive Materialien zeigte, dass radioaktive Strahlung Materie durchdringen konnte.

Ernest Rutherford untersuchte dieses Durchdringungsvermögen systematisch. Neben verschiedenen Materialien kann man dabei auch die Materialstärke untersuchen, die notwendig ist, um radioaktive Strahlung abzuschirmen.

Radium-226 ist ein radioaktives Nuklid, mit dem man das Durchdringungsvermögen radioaktiver Strahlung untersuchen kann. Hierzu bringt man z. B. ein Blatt Papier zwischen Zählrohr und Strahler. Man misst eine im Vergleich zum unabgeschirmten Präparat deutlich geringere Zählrate. Weitere Papierlagen verringern die Zählrate nur noch wenig. Bringt man eine Aluminiumplatte von 2 mm Dicke in den Strahlengang, dann nimmt die Zählrate erneut stark ab. Bei weiteren Aluminiumplatten geht die Zählrate wieder nur wenig zurück. Noch bessere Abschirmung gelingt mit Bleiplatten (► **2**).

Ursache für die Ablenkung von elektrisch geladenen Teilchen in Magnetfeldern ist die Lorentzkraft.

> Radioaktive (ionisierende) Strahlung kann verschiedene Materialien durchdringen. Dabei wird sie unterschiedlich stark abgeschwächt.

Ionisierende Strahlung im Magnetfeld ● Bisher haben wir nur von radioaktiver Strahlung gesprochen, ohne zu wissen, ob diese immer gleich ist. Um zu untersuchen, ob es unterschiedliche Arten radioaktiver Strahlung gibt, wird in einem zweiten Experiment diese Strahlung in ein Magnetfeld gebracht, das sich zwischen Zählrohr und Strahler befindet (► **4**). Das bewegliche Zählrohr kann Strahlung aus verschiedenen Richtungen registrieren. Dabei zeigt sich, dass man prinzipiell drei Arten radioaktiver Strahlung unterscheiden kann. Die Ablenkung durch das Magnetfeld geschieht aufgrund einer elektrischen Ladung der Strahlung.

Die drei Strahlungsarten werden nach griechischen Buchstaben benannt. Dabei gilt: **Alphastrahlung** (α-Strahlung) wird im Magnetfeld abgelenkt und besteht aus Teilchen mit einer positiven Ladung. Auch **Betastrahlung** (β-Strahlung) wird abgelenkt, besteht aber aus negativ geladenen Teilchen. **Gammastrahlung** (γ-Strahlung) erfährt gar keine Ablenkung und ist somit ungeladen.

> Man unterscheidet drei verschiedene Arten radioaktiver Strahlung: Alphastrahlung (α-Strahlung), Betastrahlung (β-Strahlung) und Gammastrahlung (γ-Strahlung).

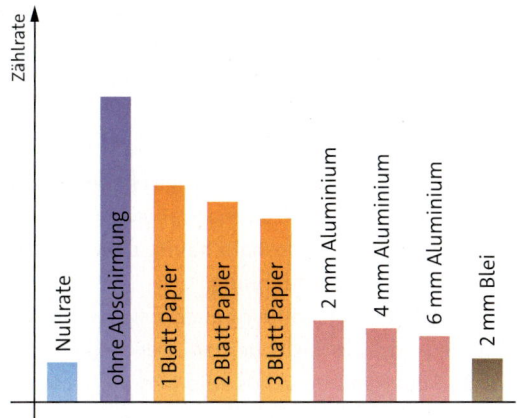

2 Durchdringungsvermögen der Strahlung von Radium-226

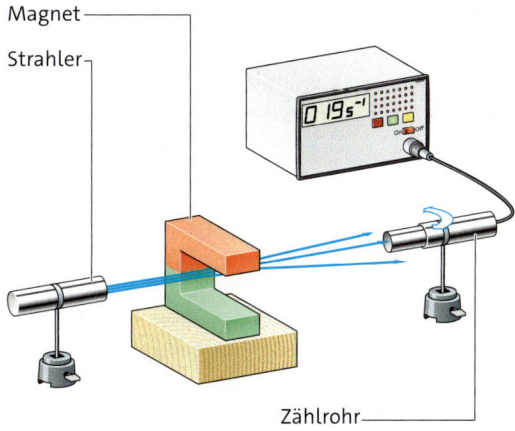

4 Ablenkung von ionisierender Strahlung im Magnetfeld

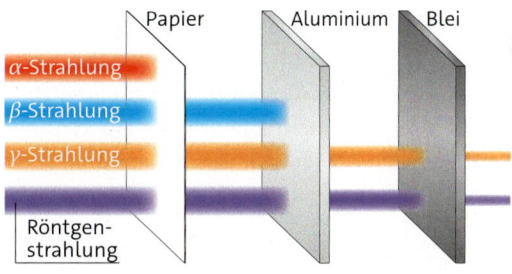

5 Durchdringungsvermögen ionisierender Strahlung

Reichweite • Neben dem Durchdringungsvermögen ist es z. B. für den Schutz vor radioaktiver Strahlung günstig zu wissen, wie groß die Reichweite der Strahlung ist, um einen genüg großen Abstand zur Strahlungsquelle einzuhalten. Hierzu kann man die Reichweite der verschiedenen Strahlungsarten in Luft untersuchen. Die Ergebnisse zeigen, dass es große Unterschiede gibt. Für α-Strahlung misst man für Luft Reichweiten von nur wenigen Zentimetern. β-Strahlung kann man nach 8-10 m nicht mehr nachweisen und Gammastrahlung wird in Luft fast gar nicht abgeschwächt und hat ähnlich wie im Vakuum praktisch eine unbegrenzte Reichweite.

Eine neue Strahlungsart • Am Ende des 19. Jahrhunderts wurde neben der Radioaktivität noch eine weitere Strahlungsart entdeckt als WILHELM CONRAD RÖNTGEN (1845–1932) stark beschleunigte Elektronen auf einen Metallblock schoss. Im Metall werden die Elektronen stark abgebremst. Ihre kinetische Energie wird in Strahlungsenergie umgewandelt. Je stärker die Abbremsung ist, umso energiereicher ist die entstehende **Röntgenstrahlung.**

Eigenschaften der Röntgenstrahlung • Wie radioaktive Strahlung durchdringt auch Röntgenstrahlung Materie und wirkt ionisierend. Durch genauere Untersuchungen kann man zeigen, dass sie sich in ihren Eigenschaften sehr stark der Gammastrahlung ähnelt. Sie ist ungeladen und kann durch Magnetfelder nicht abgelenkt werden. In Luft ist ihre Reichweite ähnlich unbegrenzt.
Sie lässt sich künstlich erzeugen und wird heute z. B. in der Medizin genutzt (▶1). Die Röntgenstrahlung entsteht aber auch durch natürliche Prozesse z. B. in Sternen.

Im Englischen heißt die Röntgenstrahlung *X-rays* (X-Strahlung).

1 ☐ Die Messung eines Strahlers mit dem Zählrohr ergibt 120 Impulse in 30 s. Die Nullrate beträgt 200 Impulse in 10 min. Geben Sie die von dem Strahler erzeugte Zählrate an.

2 ◪ Geben Sie an, in welche Richtung das Zählrohr aus ▶4 verschoben werden müsste, um Strahlung zu messen, die elektrisch positiv bzw. negativ geladen ist. Skizzieren Sie.

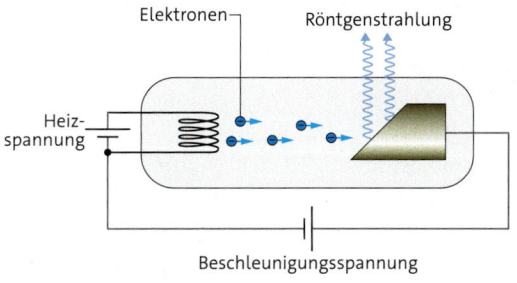

3 Röntgenröhre zur Erzeugung von Röntgenstrahlung

Ionisierende Strahlung im Modell ● Bisher wissen wir, dass man drei Arten radioaktiver Strahlung unterscheidet. Aus weiteren Untersuchungen weiß man, dass diese Strahlung durch Vorgänge in den Atomkernen bestimmter, radioaktiver Nuklide entsteht. Diese Vorgänge werden deshalb als **Kernumwandlungen** bezeichnet.

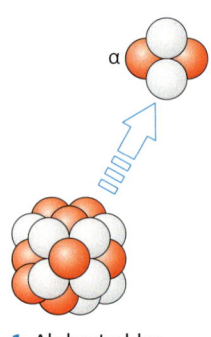

1 Alphastrahler

Misst man bei einem radioaktiven Nuklid wie dem Isotop Radium-226 Alphastrahlung, wandelt sich der Atomkern unter Aussendung von zweifach positiv geladenen Heliumkernen um. Diese werden deshalb auch als **α-Teilchen** bezeichnet (▸**1**). Mithilf der Symbolschreibweise kann die Kernumwandlung ähnlich wie in einer chemischen Reaktion beschrieben werden.

$$^{226}_{88}\text{Ra} \longrightarrow\ ^{222}_{86}\text{Rn} +\ ^4_2\text{He} \quad \text{bzw.} \quad ^{226}_{88}\text{Ra} \longrightarrow\ ^{222}_{86}\text{Rn} +\ ^4_2\alpha$$

Bei dieser auch als **Alphazerfall** genannten Umwandlung ist aus dem Radiumkern (Ra-226) ein Radonkern (Ra-222) entstanden. Man erkennt, dass die jeweilige Anzahl an Protonen- und Neutronen durch die Bildung des α-Teilchens erhalten bleibt.

2 Betastrahler

Bei **Betastrahlung** handelt es sich um elektrisch negativ geladene Elektronen. Wie können aber bei einer Kernumwandlung Elektronen ausgesendet werden, wenn im Atomkern nur Neutronen und Protonen vorhanden sind (▸**2**)? Beim Betazerfall wird im Atomkern ein Neutron in ein Proton und ein Elektron umgewandelt. Das Elektron wird abgestrahlt, das Proton bleibt im Kern:

$$^1_0\text{n} \longrightarrow\ ^1_1\text{p} +\ ^{\ 0}_{-1}\text{e}.$$

Ein Beispiel ist die Kernumwandlung von Caesium-137 in Barium-137.

$$^{137}_{55}\text{Cs} \longrightarrow\ ^{137}_{56}\text{Ba} +\ ^{\ 0}_{-1}\text{e}.$$

Die Gleichung zeigt, dass zwar die Massenzahl des Kerns während des **Betazerfalls** unverändert bleibt, sich aber die Kernladungszahl aufgrund der Ladungserhaltung um eins erhöht.

3 Gammastrahler

> Alpha- und Betastrahlung bestehen aus geladenen Teilchen, die jeweils durch Kernumwandlungen im Atomkern entstehen. α-Teilchen sind zweifach elektrisch positiv geladene Heliumkerne. β-Teilchen sind einfach elektrisch negativ geladene Elektronen.

Im Unterschied zur Alpha- und Betastrahlung werden bei der **Gammastrahlung** keine Teilchen ausgesendet (▸**3**). Gammastrahlung ist wie das Licht eine elektromagnetische Strahlung.

Nach der Kernumwandlung hat der neu entstandene Atomkern noch eine große Menge Energie, die er durch Aussenden von Gammastrahlung freisetzt. Gammastrahlung ist deshalb häufig ein Begleiter von Alpha- oder Betastrahlung.

Beim Entstehen der Strahlung ändern sich weder die Protonen- noch die Nukleonenzahl. Der energetische Zustand des Radiumnuklids wird in der Gleichung durch den Stern markiert.

$$^{222}_{86}\text{Ra}^* \longrightarrow\ ^{222}_{86}\text{Ra} + \gamma.$$

Eigenschaften von ionisierender Strahlung ● Mit der Vorstellung zu den jeweiligen Strahlungsarten können die Unterschiede in den Eigenschaften gut erklärt werden. Heliumkerne sind im Vergleich zu Elektronen groß und schwer. In Materie kommt es zu einer starken Wechselwirkung mit den vorhandenen Teilchen, weshalb schon ein Blatt Papier zur Abschirmung reicht und in Luft die Reichweite sehr klein ist. Auch die Elektronen der Betastrahlung wechselwirken mit Materie. Sie ist deutlich schwächer, sodass im Vergleich zur Alphastrahlung sowohl das Durchdringungsvermögen als auch die Reichweite in Luft größer ist.

So wie Licht für Glas oder Wasser durchlässig ist, durchdringt Gammastrahlung praktisch jede Materie und wird dabei kaum abgeschwächt – sogar dicke Bleiplatten oder meterdicke Wände aus Beton.

Auch Röntgenstrahlung gehört zu den ionisierenden Strahlungsarten. Sie ist wie Gammastrahlung und Licht eine elektromagnetische Strahlung. Im Vergleich zur Gammastrahlung besitzt sie aber weniger Energie und entsteht nicht im Atomkern, sondern in der Atomhülle, z. B. beim Übergang von Elektronen zwischen zwei Energieniveaus oder durch das starke Abbremsen von schnellen Elektronen beim Eindringen in die Atomhülle. Daher bezeichnet man sie manchmal auch als Bremsstrahlung.

> Gammastrahlung ist eine elektromagnetische Strahlung.

1 ◨ Erläutern Sie Unterschiede und Gemeinsamkeiten der vier Strahlungsarten.

Material A: Radioaktivität und Medizin – Diagnose mit „Szintigrafien"

In der Nuklearmedizin verwendet man radioaktive Stoffe
zur Diagnose und zur Therapie. Für die Untersuchung der
Funktion von Organen werden z. B. sogenannte Szintigrafien
angefertigt. Dem Patienten wird dafür eine geringe Menge
einer radioaktiven Substanz verabreicht. Eine spezielle
Kamera kann dann von außen die Strahlung dieser Substanz
registrieren. ▶A1 zeigt eine Szintigrafie des Herzens.

1 a ▨ Formulieren Sie eine Vermutung, welche Strahlenart für eine Szintigrafie in Frage kommt. Begründen Sie
Ihre Vermutung.

b ▨ Bewerten Sie die Nachteile solcher Untersuchungen.

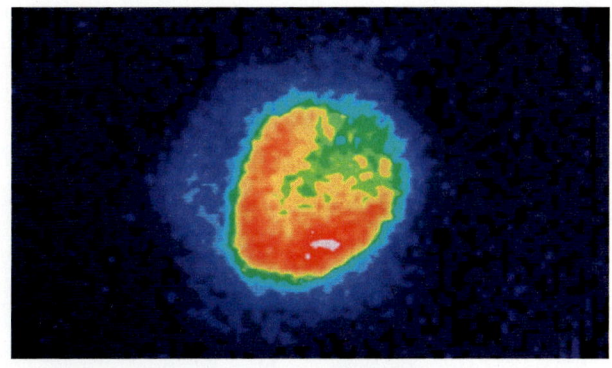

A1 Herz-Szintigrafie

Material B: Röntgenbilder – Diagnose mit Röntgenstrahlung

Mit Röntgenstrahlung lassen sich Bilder vom Körperinneren
aufnehmen, weil Knochen und Gewebe Röntgenstrahlung
unterschiedlich gut hindurchlassen.
Wie stark Fett, Knochen und Muskeln Röntgenstrahlung absorbieren, hängt von der Strahlungsenergie ab.

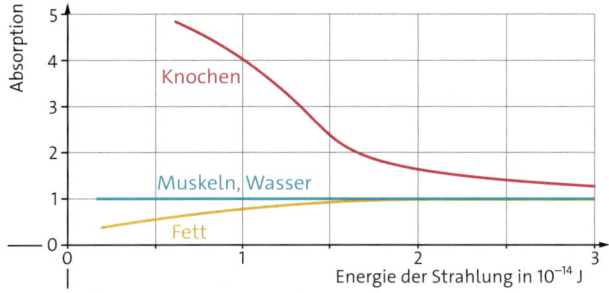

B1 Relative Absorption im Vergleich zu Wasser

1 Energiereiche Röntgenstrahlung ermöglicht kurze Belich-
tungszeiten.

a ▨ Erläutern Sie das Diagramm (▶B1).

b ▨ Begründen Sie mithilfe der Aussagen des Diagramms (▶B1), wie energiereich die Röntgenstrahlung
gewählt werden sollte, wenn Knochen bzw. Organe
untersucht werden sollen.

2 Der Darm lässt sich vom Gewebe, das ihn umgibt, kaum
unterscheiden. Zur Diagnostik verabreicht man dem
Patienten deshalb ein Kontrastmittel in den Darm. Auf
Röntgenaufnahmen sind die Strukturen des Darms dann
deutlich zu erkennen.

c ▨ Stellen Sie Vermutungen über die notwendigen
Eigenschaften des Kontrastmittels auf.

d ▨ Begründen Sie Ihre Vermutungen.

Material C: Strahlung im elektrischen Feld

Mischstrahler senden verschiedene Strahlungsarten aus.
Um die Strahlung eines solchen Präparats zu untersuchen,
wird die ausgesandte Strahlung durch ein elektrisches Feld
geschickt. Hierzu hat man zwei elektrisch geladene Platten
längs der Flugbahn aufgebaut (▶C1).

1 a ▢ Benennen Sie die verschiedenen Arten radioaktiver
Strahlung. Fertigen Sie eine tabellarische Übersicht über
ihre Eigenschaften an.

b ▢ Ergänzen Sie in der Tabelle jeweils die dazugehörige
Ablenkung im elektrischen Feld, indem Sie die Ziffern
richtig zuordnen (▶C1).

c ▨ Begründen Sie Ihre Entscheidung.

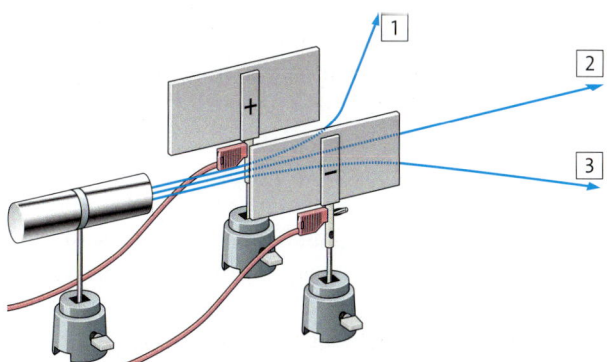

C1 Schematische Darstellung der Ablenkung von radioaktiver
Strahlung im elektrischen Feld zweier geladener Metallplatten

4.5 Radioaktiver Zerfall

1 Radioaktiver Abfall in einem unterirdischen Lager

Die Lagerung von radioaktivem Abfall wird die Menschheit noch sehr lange beschäftigen. Aber wie lange strahlen radioaktive Stoffe eigentlich?

Das Becquerel ist nach ANTOINE HENRI BECQUEREL (1852–1908), einem der Entdecker der Radioaktivität, benannt.

Aktivität ● Ist ein Stoff radioaktiv, beinhaltet er instabile Atomkerne, die radioaktive Strahlung aussenden. Dabei wandeln sich diese Atomkerne in andere Atomkerne um. Man sagt: Der ursprüngliche Kern zerfällt.

Die Anzahl dieser **Kernzerfälle** in einer Stoffportion in einer bestimmten Zeitspanne nennt man **Aktivität**. Das Formelzeichen der Aktivität ist *A*, die Einheit wird mit 1 Becquerel (1 Bq) angegeben. Wenn in einer Sekunde 100 Kerne zerfallen, beträgt die Aktivität 100 Becquerel. 1 Bq ist also eine besondere Schreibweise für $\frac{1}{s}$.

> Die Aktivität gibt die Anzahl der radioaktiven Zerfälle einer Stoffmenge pro Zeiteinheit an. Die Einheit ist 1 Bq = $\frac{1}{s}$ = s^{-1}.

Zählrohre weisen α- und β-Teilchen des radioaktiven Kernzerfalls nach. Mit ihnen lässt sich also die Aktivität zumindest grob abschätzen: Jedes Signal des Zählrohrs entspricht dem radioaktiven Zerfall eines Kerns. Deshalb hängt die gemessene Zählrate auch von der Anzahl der vorhandenen radioaktiven Kerne ab. Ein Zählrohr registriert nie alle Zerfälle eines Präparats, da u. a. die Strahlung in alle Richtungen ausgesendet wird und dadurch nicht vollständig ins Zählrohr gelangen kann. Aber wie häufig kommt es zum Zerfall von instabilen Kernen in einer Probe?

Halbwertszeit ● Misst man die Aktivität einer radioaktiven Probe über einen längeren Zeitraum, nimmt sie mit der Zeit immer weiter ab. Die Anzahl der Kernzerfälle für einen bestimmten Zeitraum wird also über die Dauer kleiner.

Eine genauere Auswertung ergibt dabei, dass die Aktivität nach einer bestimmten Zeitspanne immer um die Hälfte abnimmt. Da die Aktivität direkt die Anzahl der Kernzerfälle pro Sekunde angibt, heißt das, dass nach dieser Zeitspanne auch nur noch die Hälfte der radioaktiven Kerne zu Beginn vorhanden sind (▶3). 🔲

Diese Zeitspanne, nach der nur noch die Hälfte der Kerne vorhanden ist, heißt **Halbwertszeit** $T_{1/2}$. Sie ist für eine bestimmte Kernsorte so charakteristisch wie ein Fingerabdruck. Jedes radioaktive Nuklid hat eine andere Halbwertszeit.

Halbwertszeiten können von Sekundenbruchteilen bis zu Hunderten von Milliarden Jahren reichen (▶2). Dies macht die langfristig sichere Lagerung von radioaktiven Abfällen sehr aufwendig.

> Die Halbwertszeit $T_{1/2}$ ist die Zeitspanne, nach der die Hälfte der ursprünglichen Menge eines radioaktiven Nuklids noch vorhanden ist. $T_{1/2}$ ist eine charakteristische Größe für instabile Nuklide.

Element	Nuklid	Zerfallsart	Halbwertszeit
Bor	B-12	Beta	20 ms
Radon	Rn-220	Alpha	55,6 s
Kohlenstoff	C-14	Beta	5730 a
Plutonium	Pu-239	Alpha	24110 a
Kalium	K-40	Beta/ e$^-$-Einfang	$1,277 \cdot 10^9$ a
Uran	U-238	Alpha	$4,468 \cdot 10^9$ a
Uran	U-235	Alpha	$7,038 \cdot 10^8$ a

2 Halbwertszeiten einiger radioaktiver Nuklide

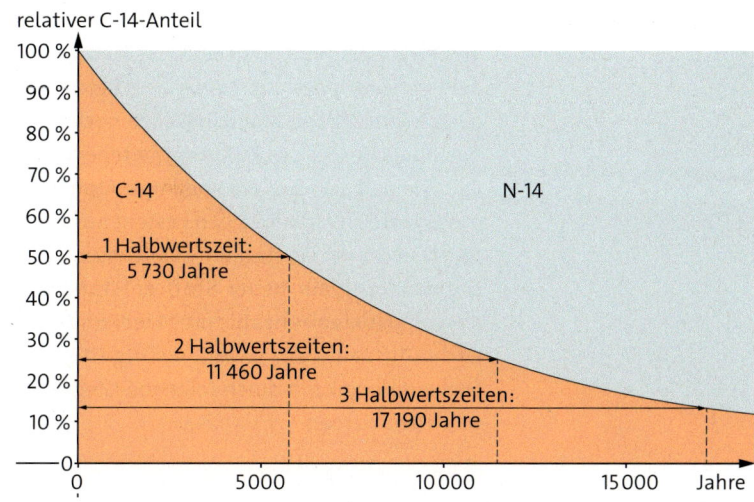

3 Anteil nicht umgewandelter C-14-Kerne in einer Probe (idealisierte Darstellung)

Den Zerfall eines Kerns kann man nicht durch eine Veränderung physikalischer Größen wie Temperatur oder Druck beeinflussen. Er geschieht immer zufällig. Deshalb wird der radioaktive Zerfall auch **spontaner Zerfall** genannt. Es ist unmöglich vorauszusagen, wann ein bestimmter Kern eines Nuklids zerfällt. Die Halbwertszeit ist eine rein statistische Größe. Aussagen auf der Grundlage der Halbwertszeit sind somit erst dann zuverlässig, wenn eine große Anzahl von Kernen betrachtet wird.

Zerfallsgesetz • Wenn man die Anzahl der Kerne einer radioaktiven Probe für einen bestimmten Zeitpunkt und auch die Halbwertszeit kennt, dann kann man daraus die Anzahl der Kerne für jeden beliebigen Zeitpunkt t berechnen.

Wir bezeichnen die Anzahl der Kerne, die zu einem Zeitpunkt t vorhanden sind, mit $N(t)$. Für den Startzeitpunkt $t = 0$ s nennen wir die Anzahl N_0. Nun kann man z. B. die Zahl der Kerne berechnen, die nach drei Halbwertszeiten (also $t = 3 \cdot T_{1/2}$) vorhanden ist:

$$N(t = 3 \cdot T_{1/2}) = N_0 \cdot \frac{1}{2} \cdot \frac{1}{2} \cdot \frac{1}{2} = N_0 \cdot \left(\frac{1}{2}\right)^3$$

Hieraus lässt sich das allgemeine Zerfallsgesetz ableiten, wenn man den Exponenten 3 mit $T_{1/2}$ erweitert:

$$N(t = 3 \cdot T_{1/2}) = N_0 \cdot \left(\frac{1}{2}\right)^3 = N_0 \cdot \left(\frac{1}{2}\right)^{\frac{3T_{1/2}}{T_{1/2}}} = N_0 \cdot \left(\frac{1}{2}\right)^{\frac{t}{T_{1/2}}}$$

$$N(t) = N_0 \cdot \left(\frac{1}{2}\right)^{\frac{t}{T_{1/2}}}$$

Altersbestimmung • Die Berechenbarkeit des Zerfallsprozesses ermöglicht die Altersbestimmung von biologischen Proben. Diese enthalten u. a. die Kohlenstoffisotope C-12 und C-14. Letzteres ist radioaktiv und wandelt sich unter Aussendung von Betastrahlung in das Stickstoffisotop N-14 um.

$$^{14}_{6}\text{C} \longrightarrow {}^{14}_{7}\text{N} + {}^{0}_{-1}\text{e}$$

C-14 entsteht in der Atmosphäre durch kosmische Strahlung aus N-14. Daher nimmt ein Organismus mit der Nahrung ständig neues C-14 zu sich, sodass das Verhältnis von C-12 und C-14 im lebenden Organismus stabil bleibt. Nach dem Tod nimmt die Menge an C-14 durch den radioaktiven Zerfall ab. Dadurch ändert sich das Verhältnis von C-12 zu C-14. Das Verhältnis in einer Probe kann mit der Massenspektrometrie sehr genau bestimmt werden. Daraus kann man dann Rückschlüsse auf das Alter des toten Organismus ziehen. Dieses Vorgehen wird **Radiokarbonmethode** oder **C-14-Datierung** genannt.

Die Halbwertszeit von C-14 beträgt 5730 Jahre, sodass im Laufe der Zeit der Anteil des C-14 abnimmt (▶3). Entsprechend hat die Menge von N-14 zugenommen, das allerdings weitgehend aus der Probe entweicht.

1 In den Skelettknochen einer Moorleiche lassen sich noch 80 % des ursprünglichen C-14 nachweisen. Ermitteln Sie das ungefähre Alter der Moorleiche.
   a ☑ mithilfe des Graphen (▶3)
   b ■ mithilfe des Zerfallsgesetzes

Zerfallsreihen • Viele radioaktive Nuklide kommen in der Natur vor – sie umgeben uns ständig. Sie wandeln sich um, indem sie Alpha- oder Betastrahlung aussenden. Oft entsteht dabei auch noch Gammastrahlung. Das im Gas Radon enthaltene Nuklid Rn-220 wandelt sich z. B. um, indem es Alphateilchen aussendet. Ein Alphateilchen besteht aus zwei Protonen und zwei Neutronen. Somit muss nach der Umwandlung ein neuer Stoff entstanden sein, dessen Nukleonenzahl um vier und dessen Ordnungszahl um zwei verringert ist. Die Umwandlung kann durch folgende Gleichung beschrieben werden:

$$^{220}_{86}\text{Rn} \longrightarrow \,^{216}_{84}\text{Po} + \,^{4}_{2}\text{He}.$$

Das entstehende Poloniumnuklid Po-216 ist selbst radioaktiv und wandelt sich ebenfalls um und so weiter. Eine solche Folge von Umwandlungen radioaktiver Kerne heißt Zerfallsreihe. Sie endet bei einem stabilen Nuklid.

In der Natur kommen drei wichtige Zerfallsreihen vor. Ein Beispiel ist die Uran-235-Reihe (▶ 1). Sie nimmt ihren Ausgangspunkt beim Urannuklid U-235 und endet häufig beim stabilen Bleinuklid Pb-207. Da einige der beteiligten Nuklide auf verschiedene Weise zerfallen können, sind auch Pb-206, Pb-208 und das Thalliumisotop Tl-205 mögliche Endpunkte.

> Eine Zerfallsreihe ist eine Folge von Umwandlungen radioaktiver Kerne und endet bei einem stabilen Nuklid. In der Natur kommen drei Zerfallsreihen vor.

Spontane Spaltung • Einige Nuklide sind allerdings so instabil, dass die Kerne spontan zerbrechen oder – ähnlich dem Alpha-Zerfall – einen kleinen Kern abstoßen können. Bei manchen derartigen Zerfällen entstehen immer die gleichen Bruchstücke, bei anderen sind verschiedene Zerfallsprodukte möglich. Ein Beispiel ist der Zerfall von Uran-238.

$$^{238}_{92}\text{U} \longrightarrow \,^{140}_{54}\text{Xe} + \,^{96}_{38}\text{Sr} + 2\,^{1}_{0}\text{n}$$

1 ☑ $^{238}_{92}$U ist ein Alphastrahler. Welches Nuklid folgt damit in der Uran-Radium-Reihe? Geben Sie die Umwandlungsgleichung an.

2 ☑ Die Uran-Radium-Reihe endet bei dem stabilen Nuklid $^{206}_{82}$Pb, das gleich zwei Vorgängernuklide hat: einen Alphastrahler und einen Betastrahler. Geben Sie die beiden Vorgängernuklide in der Zerfallsreihe an.

3 ◼ Geben Sie eine Vermutung über die Halbwertszeiten der Ausgangsnuklide der Zerfallsreihen an. Begründen Sie Ihre Vermutung.

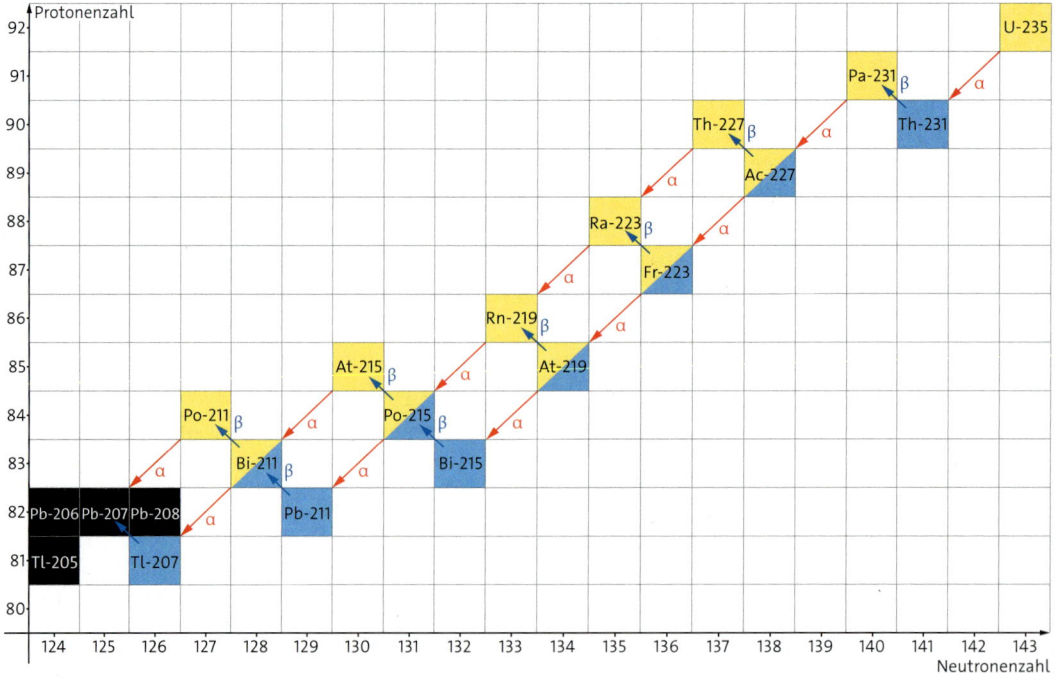

1 Uran-Actinium- Zerfallsreihe (Uran-235-Reihe)

Versuch A: Modellversuch „Reißnagelzerfall"

V1 **Zerfallsgesetz anschaulich**

Materialien: 100 Reißnägel oder mehr, verschließbarer Behälter

Arbeitsauftrag:

Für den Versuch soll gelten: Reißnägel, die auf dem Rücken liegen, gelten als „nicht zerfallen", gekippte Reißnägel gelten als „zerfallen" (▶2).

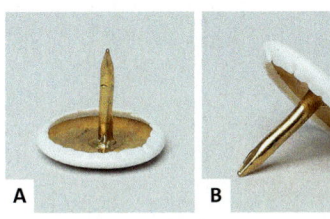

2 Reißnagel: A „nicht zerfallen",
B „zerfallen"

- Legen Sie die Reißnägel in einen Behälter, schütteln Sie diesen und entleeren ihn auf einer freien Fläche.
- Sortieren Sie alle „zerfallenen" Reißnägel aus und notieren Sie ihre Anzahl. Wiederholen Sie den Versuch mit den jeweils verbliebenen Reißnägeln so oft, bis alle Reißnägel „zerfallen" sind.
- Übernehmen Sie die Tabelle (▶3) und tragen Sie Ihre „Messwerte" ein.
- Erstellen Sie aus den Werten ein Säulendiagramm.
- Geben Sie an, welche Vorgänge oder Größen im Modellexperiment der Halbwertszeit und der Aktivität beim radioaktiven Zerfall entsprechen. Was entspricht einer Zeiteinheit?

- Bestimmen Sie die „Halbwertszeit" Ihres Reißnagelzerfalls.
- Die Vereinbarung über „zerfallene" Reißnägel wird genau umgekehrt getroffen. Ermitteln Sie, wie sich die Halbwertszeit in Ihrem Versuch ändert.

4 „Zerfallene" Reißnägel scheiden aus.

Anzahl der Würfe	0	1	2	3	4	5	6	...
Anzahl „zerfallener Reißnägel"	0							
Anzahl „nicht zerfallener" Reißnägel	100							

3 Tabelle der „Messwerte"

Material A: Neptunium-Zerfallsreihe

Seit dem Entstehen der Erde vor etwa 4,6 Milliarden Jahren existieren drei natürliche Zerfallsreihen. Theoretisch sollte es noch eine vierte Zerfallsreihe geben. Sie müsste mit dem Nuklid Np-237 beginnen. Jedoch kommt diese Zerfallsreihe in der Natur nicht vor.

1 ☑ Geben Sie mithilfe der Nuklidkarte (▶Anhang) die vollständige Zerfallsreihe ausgehend von Np-237 an. *Hinweis:* Die Reihe endet beim stabilen Nuklid Bi-209.

4 ■ Begründen Sie, dass die Np-237-Zerfallsreihe in der Natur nicht existiert. *Hinweis:* Beachten Sie die Halbwertszeiten der Nuklide.

Material B: Eine Gleichung für den Zerfall

Mithilfe des Zerfallsgesetzes für den radioaktiven Zerfall kann man aus der Anzahl der Kerne für einen bestimmten Zeitpunkt (N_0) und der bekannten Halbwertszeit $T_{1/2}$ die Anzahl der Kerne $N(t)$ einer radioaktiven Stoffprobe für einen beliebigen Zeitpunkt t berechnen.

$$N(t) = N_0 \cdot \left(\frac{1}{2}\right)^{\frac{t}{T_{1/2}}}$$

$N(t)$: Anzahl Kerne zu einem beliebigen Zeitpunkt t
N_0: Anzahl Kerne zum Zeitpunkt $t = 0$
$T_{1/2}$: Halbwertszeit des radioaktiven Nuklids
t: beliebiger Zeitpunkt

1 ☑ Ra-226 zerfällt mit einer Halbwertszeit von 1600 Jahren.
a Bestimmen Sie, nach wie viel Jahren noch ein Achtel der ursprünglichen Menge Ra-226 vorhanden ist.
b Berechnen Sie, welcher Anteil nach 80 000 Jahren noch vorhanden ist.

5 ☑ Das Alter der Höhlenmalereien in Altamira in Spanien wurde mit der C-14-Methode auf 10 000 Jahre bestimmt. Berechnen Sie mit dem Zerfallsgesetz, welcher Anteil des ursprünglich vorhandenen C-14 nach 10 000 Jahren noch vorhanden ist ($T_{1/2}$ von C-14: 5730 Jahre).

Natürliche und zivilisatorische Strahlung

Radioaktivität ist kein Phänomen, was nur im Labor auftritt. Wir sind ständig von radioaktiver Strahlung umgeben. Ein Zählrohr misst auch dann Strahlung, wenn kein Präparat in der Nähe ist. Radioaktive Elemente, wie das von Marie und Pierre Curie entdeckte Polonium, sind Bestandteil der Erdkruste. Andere Nuklide wie das für die Radiokarbon-Datierung genutzte C-14 werden durch Vorgänge in der Atmosphäre ständig neu gebildet.

1 MAGIC-Teleskop auf La Palma: Detektor für kosmische Strahlen

2 Das Kernkraftwerk Emsland befand sich als eines von drei verbliebenen Atomkraftwerken Ende 2022 noch im Betrieb.

Kosmische Strahlung ● Ständig prasseln von der Sonne und anderen Sternen stammende Teilchen auf die Erde ein. Man spricht von der **primären kosmischen Strahlung.** Häufig handelt es sich dabei um besonders energiereiche Protonen, die auf die Erdatmosphäre treffen und dort Atomkerne spalten. Dabei entstehen neue Kerne und Teilchen, die wiederum andere Kerne spalten können – und zwar so lange, bis die ursprüngliche Bewegungsenergie umgewandelt ist. Bei diesem Prozess wird auch immer wieder elektromagnetische Strahlung frei. Die so entstandene ionisierende Strahlung nennt man **sekundäre kosmische Strahlung.** Sie lässt sich am Erdboden nachweisen (▶ 1).

Bei den Reaktionen in der Atmosphäre werden unter anderem Radionuklide erzeugt. Denn wenn die Kerne stabiler Isotope von Stickstoff (N-14) oder Sauerstoff (O-16) ein Neutron einfangen, sind die entstehenden Nuklide meist radioaktiv. So entstehen auch das radioaktive Kohlenstoffisotop (C-14) und Tritium (Wasserstoffisotop, H-3).

Kohlenstoff ist in allen Lebewesen enthalten. Es wird z. B. mit der Nahrung aufgenommen. So enthält jeder Organismus neben dem stabilen C-12 auch Anteile des radioaktiven C-14. Diese Tatsache wird für die Altersbestimmung von Höhlenmalereien oder Mumien genutzt.

H-3 wird auch als Tritium oder überschwerer Wasserstoff bezeichnet und kommt zu 99 % gebunden im Wasser vor. Auch deshalb strahlt unser Meerwasser – wenn auch nur mit einer geringen Aktivität. Hauptstrahlungsquelle des Meerwassers ist aber das als Salz gelöste radioaktive Kaliumisotop (K-40).

Terrestrische Strahlung ● Die natürliche ionisierende Strahlung stammt nicht allein aus dem Weltall. Auch unsere Erde besteht zum Teil aus radioaktiven Stoffen. Diese sind bei der Entstehung der Erde gebildet worden und besitzen sehr lange Halbwertszeiten in der Größenordnung des Erdalters. Radionuklide mit kleineren Halbwertszeiten sind bereits zerfallen. Zu den noch vorhandenen Radionukliden gehören Kalium (K-40), Thorium (Th-232), Uran (U-235 und U-238) und dessen Zerfallsprodukte Radium und Radon. Das Edelgas Radon kann aus dem Erdboden austreten und in die Luft gelangen. Nachweisbar ist Radon z. B. in schlecht gelüfteten Kellern.

Zivilisatorische Strahlungsquellen ● Künstliche, vom Menschen geschaffene Strahlungsquellen (zivilisatorische Strahlungsquellen) dienen u. a. zur Konservierung von Lebensmitteln, zur Materialprüfung, zur medizinischen Diagnostik und Therapie und zur Energiegewinnung in Kernkraftwerken (▶ 2). Reaktorunfälle und Kernwaffentests führen dazu, dass sich radioaktive Nuklide sowohl im Erdboden als auch in der Luft anreichern und über Nahrung und Atmung aufgenommen werden. Zu den schwersten Reaktorunfällen zählen diejenigen in Tschernobyl 1986 und in Fukushima 2011. In beiden Fällen ist die nahe gelegene Umwelt so stark belastet, dass sie für sehr lange Zeit unbewohnbar geworden ist.

1 ☑ Das Bundesamt für Strahlenschutz liefert Informationen zur Strahlenbelastung für die Menschen in Deutschland. Recherchieren Sie zur Strahlenbelastung durch Radon und Lebensmitteln in Ihrer Region.

Arbeiten mit der Nuklidkarte

Die Nuklidkarte ist eine Übersicht über alle bekannten Nuklide. Mithilfe der Nuklidkarte können Informationen zum Aufbau der Nuklide recherchiert werden sowie Kernumwandlungen und ganze Zerfallsreihen nachvollzogen bzw. vorhergesagt werden. Die Methode gibt eine Übersicht über den Aufbau und den Umgang mit der Nuklidkarte.

Aufbau der Nuklidkarte • Die Nuklidkarte ist ähnlich wie das Periodensystem der Elemente systematisch aufgebaut (▶ **3A**): In den Zeilen stehen alle Nuklide mit der gleichen Protonenzahl Z. Diese Zahl entspricht der Ordnungszahl des Elements, d.h., alle Nuklide in einer Zeile gehören zu demselben Element und werden deshalb auch alle mit dem gleichen Elementsymbol abgekürzt. Blei hat im Periodensystem der Elemente z. B. die Ordnungszahl 82, weshalb alle Nuklide in der Zeile mit Z = 82 Bleinuklide mit dem Elementsymbol Pb sind.
In den Spalten der Nuklidkarte stehen alle Nuklide mit der gleichen Neutronenzahl N.

Zu einem Nuklid sind zudem weitere Informationen auf der Karte enthalten: Neben dem Elementsymbol findet man die Massenzahl M (= Z + N), z. B. Pb-207 und bei Radionukliden die entsprechende Halbwertszeit. Bei stabilen Nukliden wird stattdessen der relative Anteil am Gesamtvorkommen des Elements angegeben.
Die Farbgebung in der Nuklidkarte enthält die Information über die Zerfallsart für ein bestimmtes Nuklid: Gelb bedeutet **Alphazerfall**, Blau **Beta-minus-Zerfall** und Orange **Beta-plus-Zerfall.** Schwarz markierte Nuklide sind stabil.

Umgang mit der Nuklidkarte • Für die einzelnen Zerfallsarten gibt es ganz einfache Regeln beim Umgang mit der Nuklidkarte. So können Folgenuklide leicht identifiziert und eine ganze Zerfallsreihe vorhergesagt werden:

α-Zerfall. Bei dem neu entstehenden Nuklid sind durch das Aussenden eines Heliumkerns die Neutronenzahl N und die Protonenzahl Z jeweils um zwei verringert. Das Folgenuklid steht in der Karte jeweils zwei Positionen weiter links und weiter unten (▶ **3B**).

β⁻-Zerfall: Ein Elektron wird ausgesendet. Im Folgenuklid hat sich dabei ein Neutron in ein Proton umgewandelt. N verringert sich um 1 und Z erhöht sich um 1. Das Folgenuklid steht eine Position links über dem ursprünglichen Nuklid (▶ **4A**).

β⁺-Zerfall: Beim β⁺-Zerfall entsteht aus einem Proton ein Neutron und ein Positron (e⁺). Das Positron ist das Antiteilchen des Elektrons – es gleicht dem Elektron, ist aber positiv geladen. Wird ein Positron ausgesendet verringert sich Z um 1 und N vergrößert sich um 1. Das Folgenuklid steht rechts unter dem ursprünglichen Nuklid (▶ **4B**).

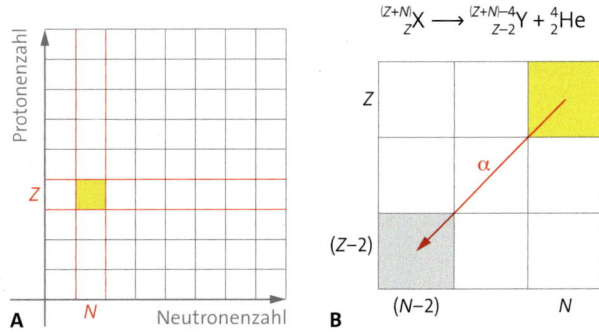

$$^{(Z+N)}_{Z}X \longrightarrow ^{(Z+N)-4}_{Z-2}Y + ^{4}_{2}He$$

3 A: Nuklidkarte; **B:** Alphazerfall (α-Zerfall)

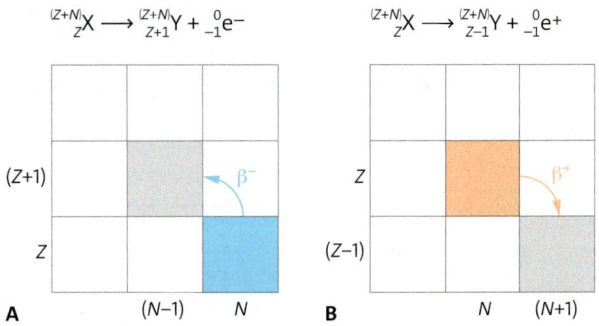

$$^{(Z+N)}_{Z}X \longrightarrow ^{(Z+N)}_{Z+1}Y + ^{0}_{-1}e^-$$

$$^{(Z+N)}_{Z}X \longrightarrow ^{(Z+N)}_{Z-1}Y + ^{0}_{-1}e^+$$

4 A: Beta-minus-Zerfall (β⁻-Zerfall); **B:** Beta-plus-Zerfall (β⁺-Zerfall)

1 📝 Radon (Rn-222) entsteht aus Uran-238 (U-238). Übertragen Sie die Zerfallsreihe (▶ **5**) und vervollständigen Sie diese mithilfe der Nuklidkarte (▶ Anhang). Geben Sie jeweils die Zerfallsart (α- bzw. β-Strahlung) an.

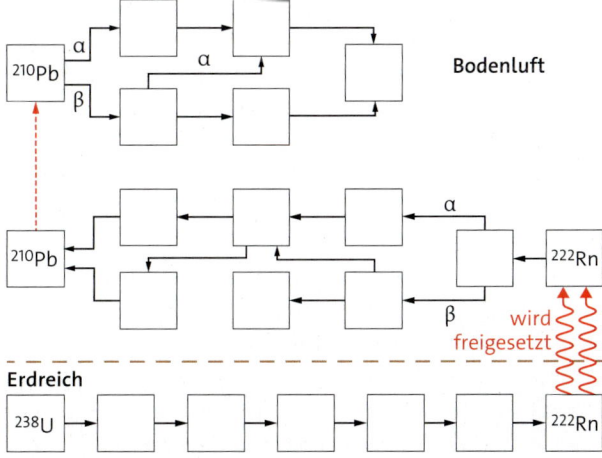

5 Entstehung des bodennahen radioaktiven Radons aus der U-238-Zerfallsreihe

4.6 Strahlenschäden und Strahlenschutz

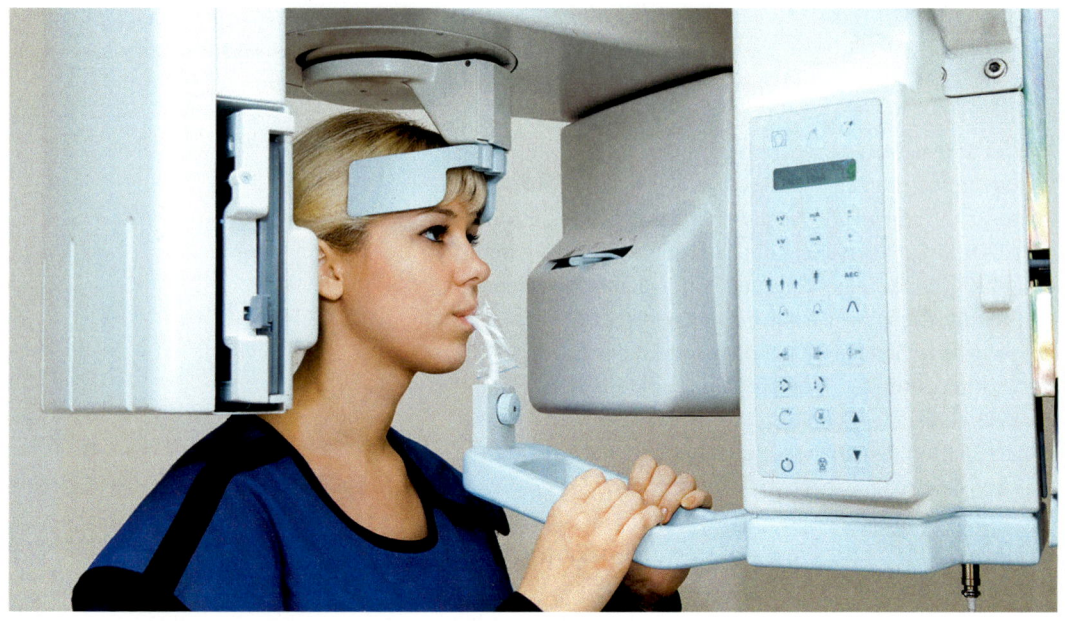

1 Röntgenaufnahme beim Zahnarzt

Vielleicht kennst du das: In der Zahnarztpraxis wird eine Röntgenaufnahme von den Zähnen gemacht. Im Bild oben trägt die Patientin eine blaue Bleiweste. Warum ist diese Schutzmaßnahme wichtig?

Wirkung ionisierender Strahlung • Ein Jahr vor der Entdeckung der natürlichen Radioaktivität stieß Wilhelm Conrad Röntgen 1895 auf eine bis dahin unbekannte Strahlung. Er nannte sie „X-Strahlung". Diese Strahlung wirkt ebenso wie die Alpha-, Beta- und Gammastrahlung ionisierend und wird heute Röntgenstrahlung genannt. Sie begegnet uns z. B. bei der Röntgenaufnahme unserer Zähne (▶ **1**).

Im Englischen spricht man heute noch von *X-rays*.

Wie Gammastrahlung ist auch Röntgenstrahlung eine elektromagnetische Strahlung und durchdringt verschiedene Stoffe unterschiedlich gut. Schnell erkannte man ihren Nutzen für die Medizin. Jedoch dauerte es Jahrzehnte, bis man auch eine Gefahr für die Gesundheit durch unkontrollierte und sorglose Röntgenbestrahlung des Körpers feststellte (▶ **2**).

Heute weiß man, dass ionisierende Strahlung Moleküle in unserem Körper zerstören kann. Denn als Folge der Ionisation kommt es zu chemischen Reaktionen im bestrahlten Körperteil. So werden beispielsweise im Wassermolekül (H_2O) die Hüllen der Atome verändert und dadurch die chemischen Bindungen umgebaut. Es entsteht Wasserstoffperoxid (H_2O_2), ein Zellgift, das bereits in recht geringer Konzentration schädlich ist.

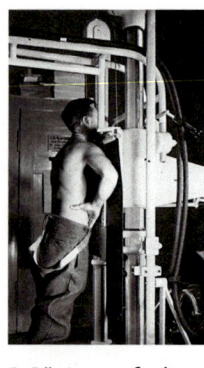

2 Röntgenaufnahme von 1946

Als biologische Folge der Ionisation kann es zu Schäden am Erbgut, der DNA, kommen. Dann können nicht mehr alle Zellbestandteile wie vorgesehen gebildet werden. Die betroffenen Zellen zeigen dann ein verändertes biologisches Verhalten.

> Alpha-, Beta-, Gamma- und Röntgenstrahlung ionisieren Moleküle im menschlichen Körper. Dabei kann die DNA und damit die Erbinformation beschädigt werden.

Natürliche Strahlenbelastung • Die natürliche Strahlung in unserer Umwelt stammt aus der Luft, aus dem Boden oder aus Baumaterialien wie Ziegelsteinen. Außerdem gelangen über die Nahrungskette und mit der Atmung radioaktive Substanzen in unseren Körper. Damit werden wir Menschen selbst auch zu Strahlungsquellen. Die Wege der Strahlung in unseren Körper zeigt ▶ **4**.
Wir müssen hier allerdings zwischen den verschiedenen Strahlungsarten unterscheiden. Alphastrahlung wird bereits durch ein Blatt Papier oder die äußerste Schicht der menschlichen Haut abgeschirmt. Diese Strahlung wird aber dann gefährlich, wenn sie über die Atmung oder mit der Nahrung in unseren Körper gelangt.

3 Strahlenempfindlichkeit von Organen und Gewebearten

Betastrahlung wie auch Gamma- und Röntgenstrahlung kann Kleidung und Haut durchdringen. Sie gelangt also direkt von außen in den Körper. Bei einer Röntgenuntersuchung wird eine bestimmte Körperregion durchstrahlt. Der restliche Körper wird mit einem gut abschirmenden Material vor unbeabsichtigter Bestrahlung geschützt. Diese Funktion übernimmt die blaue Bleiweste (▶1).

Strahlenschäden • Das Leben auf der Erde entwickelte sich von Beginn an unter den Bedingungen natürlicher Radioaktivität. Evolutionär entstanden deshalb in unserem Organismus Mechanismen, mit denen geschädigte Zellen erkannt und sogar repariert werden können. Wenn dieses körpereigene Abwehrsystem überfordert wird, dann kommt es zu Strahlenschäden.

Das Ausmaß und die Art der Schädigung hängen von mehreren Faktoren ab. Grundsätzlich gilt: Je intensiver die Strahlung ist und je länger die Bestrahlung andauert, desto schwerwiegender sind die Strahlenschäden. Es kommt auch darauf an, welche Organe oder Gewebearten bestrahlt werden. Organe zur Fortpflanzung wie die Eierstöcke oder der Zellbildung wie das Knochenmark sind dabei besonders empfindlich. Muskeln oder der Knochen selbst hingegen sind unempfindlicher (▶3). Darüber hinaus ist die biologische Wirkung abhängig von der Art der Strahlung.

> Die biologische Wirkung von ionisierender Strahlung hängt von der Intensität, der Dauer und der Art der Strahlung sowie von der Empfindlichkeit des bestrahlten Organs ab.

Die Wahrscheinlichkeit des Auftretens von Strahlenschäden und ihr Ausmaß ist aber auch abhängig von individuellen Faktoren wie dem Immunsystem.

Wenn Körperzellen ionisierender Strahlung ausgesetzt werden, kann es zu somatischen, d. h. körperlichen, Schäden kommen, wie etwa Veränderungen des Blutbildes, der Haut, Organschäden oder Krebs. Wird ein Organismus längere Zeit ionisierender Strahlung ausgesetzt, so führt dies meist zum Tod.

Sind allerdings Keimzellen betroffen, kann dies beim Bestrahlten zur Sterilität oder bei seinen Nachkommen zu **genetischen Schäden** wie Fehlbildungen, z. B. Gaumenspalten, und Erbkrankheiten wie dem Down-Syndrom führen.

> Somatische Strahlenschäden treten bei einem bestrahlten Lebewesen selbst auf. Genetische Strahlenschäden führen zu biologischen Veränderungen bei den Nachkommen.

Direkte äußere Strahlung aus der Luft

Aufnahme von Strahlungsquellen mit der Atemluft

Aufnahme von Strahlungsquellen mit der Nahrung

Direkte äußere Strahlung aus dem Boden

4 Wege ionisierender Strahlung in den Körper

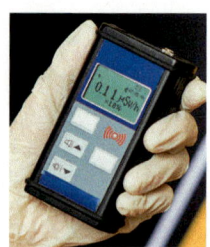

1 Einfaches Dosimeter für den Personenschutz

Die Äquivalentdosis • Die Aktivität ist eine charakteristische Eigenschaft radioaktiver Stoffe. Sie sagt aber nichts über die Wirkungen der radioaktiven Strahlung im Körper aus. Um das Risiko für Strahlenschäden beurteilen zu können, benötigt man daher eine andere Größe.

Mit Dosimetern lässt sich die Energie messen, die durch Strahlung auf einen Körper übertragen wird: die Strahlendosis (▶1). Aus der gemessenen Strahlendosis wird die **Äquivalentdosis** berechnet. Sie berücksichtigt die unterschiedlichen Wirkungen der Strahlungsarten. Außerdem werden in dieser Größe den Organen je nach Strahlungsempfindlichkeit bestimmte Faktoren zugeordnet. Die Einheit der effektiven Äquivalentdosis ist ein **Sievert (1 Sv).** Oft wird die Dosis in Millisievert (mSv) oder Mikrosievert (μSv) angegeben.

Experten gehen heute davon aus, dass eine Äquivalentdosis von wenigen Millisievert pro Jahr kein erhöhtes Risiko für eine Strahlenkrankheit darstellt. Durch die natürliche Radioaktivität der Umwelt ist man mit einer Äquivalentdosis von 2,4 mSv im Jahr belastet. Empfängt ein Mensch jedoch innerhalb kurzer Zeit eine effektive Dosis von 4 Sv, also ungefähr das 1700-Fache von 2,4 mSv, dann ist die Wahrscheinlichkeit einer Erkrankung mit Todesfolge sehr groß.

2 Warnzeichen vor radioaktiven Stoffen und ionisierender Strahlung

> Die Äquivalentdosis gibt Auskunft über die biologische Strahlenwirkung.
> Sie berücksichtigt die Art der Strahlung und die Empfindlichkeit von biologischem Gewebe auf die Strahlung.
> Die Einheit ist ein Sievert (1 Sv).

Schutz vor Strahlung • Für ein möglichst geringes gesundheitliches Risiko durch ionisierende Strahlung müssen bestimmte Regeln eingehalten werden. Für Anwendungen in Medizin, Technik und Forschung, aber auch beim Experimentieren in der Schule gilt:

1. Die Aktivität des benutzten Stoffs soll so gering wie möglich gehalten werden.

2. Die Zeit, in der Menschen ionisierender Strahlung ausgesetzt sind, ist auf das absolut notwendige Minimum zu begrenzen.

3. Der Abstand zwischen Mensch und Strahlenquelle soll so groß wie möglich sein (Mindestabstand einhalten).

4. Die Strahlung soll so gut wie möglich abgeschirmt werden, um ihre Wirkung auf das notwendige Maß zu begrenzen (z. B. Bleiweste oder Bleiblock um die Strahlungsquelle).

5. Die Aufnahme radioaktiver Substanzen in den Körper soll möglichst vermieden werden.

Diese Regeln lassen sich als „5-A-Regel" des **Strahlenschutzes** kurz zusammenfassen:

> Aktivität verringern; Aufenthaltsdauer verringern; Abstand vergrößern; Abschirmung erhöhen; Aufnahme vermeiden.

Auch Zigarettenrauch enthält viele radioaktive Isotope. Es gibt Unterschiede je nach Anbaugebiet und Art des Tabaks. Bei einem Konsum von etwa 10 Zigaretten täglich sind die Bronchien pro Jahr mit einer Strahlendosis in der Größenordnung, wie sie bei etwa 100 Röntgenaufnahmen entsteht, belastet.

1 ◪ Zigarettentabak enthält das radioaktive Isotop Polonium-210 mit einer Aktivität von 10 bis 50 Bq pro Kilogramm Tabak. Stellen Sie eine Vermutung über den Ursprung des Nuklids Polonium-210 auf.

2 ◼ Bis in die 1960er Jahre wurden in vielen Schuhgeschäften unabgeschirmte Röntgenapparate verwendet, um die Passgenauigkeit von Schuhen zu prüfen. Schätzen Sie die Risiken für die einzelnen Beteiligten ab.

Tätigkeit	Strahlenbelastung
Essen einer Banane	0,0001 mSv
Arbeiten vor einem Röhrenmonitor (2 Std. tägl.)	0,001 mSv pro Jahr
Röntgen des Gebisses	0,02 mSv
Leben in einem Haus aus Ziegelsteinen	0,07 mSv pro Jahr
Flug von Düsseldorf nach San Francisco	0,06 mSv
Computertomografie	2–10 mSv

3 Beispiele für zusätzliche Strahlenbelastungen (ungefähre Werte)

Material A: Künstliche (zivilisatorische) und natürliche Strahlenbelastung

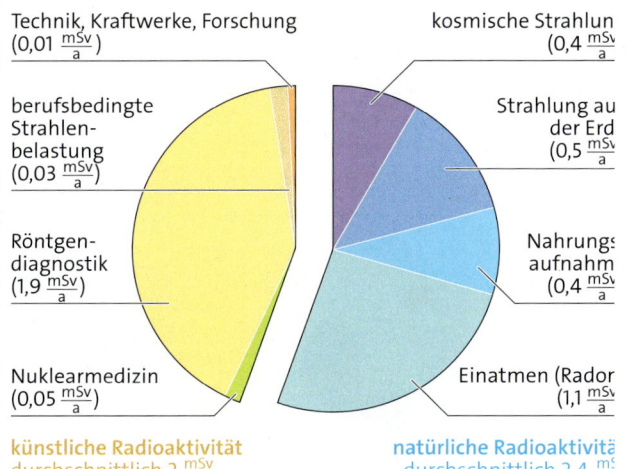

Technik, Kraftwerke, Forschung (0,01 $\frac{mSv}{a}$)

kosmische Strahlun (0,4 $\frac{mSv}{a}$)

berufsbedingte Strahlenbelastung (0,03 $\frac{mSv}{a}$)

Strahlung au der Erd (0,5 $\frac{mSv}{a}$)

Röntgendiagnostik (1,9 $\frac{mSv}{a}$)

Nahrungs aufnahm (0,4 $\frac{mSv}{a}$)

Nuklearmedizin (0,05 $\frac{mSv}{a}$)

Einatmen (Rador (1,1 $\frac{mSv}{a}$)

künstliche Radioaktivität durchschnittlich 2 $\frac{mSv}{a}$

natürliche Radioaktivitä durchschnittlich 2,4 $\frac{mS}{a}$

A1 Durchschnittliche jährliche Äquivalentdosis

Das Diagramm zeigt die Werte für die effektive Äquivalentdosis aufgrund der natürlichen und der künstlichen Strahlenbelastung. Dabei handelt es sich um Durchschnittswerte, die individuell stark schwanken können. Die tatsächliche Strahlenbelastung eines Menschen hängt von verschiedenen Faktoren ab, z. B. von Wohnort, Beruf und Lebensweise.

1 ☑ Für Flüge in normaler Reisehöhe (12 km) wird aufgrund der kosmischen Strahlung eine zusätzliche Belastung von 0,005 $\frac{mSv}{h}$ angenommen. Bestimmen Sie daraus für einen Flug von Frankfurt nach New York – Flugdauer ca. 8 Stunden – den Anteil an der durchschnittlichen jährlichen Gesamtstrahlenbelastung.

3 ☑ Berechnen Sie, nach wie vielen Flugstunden das Bordpersonal die durchschnittliche berufsbedingte Strahlenbelastung erreicht hat.

Material B: Auch der Stoffwechsel spielt eine Rolle – Die biologische Halbwertszeit

Für eine Bewertung des Risikos von Schäden durch Radioaktivität aus Umwelt und Technik oder durch medizinische Anwendungen ist die Halbwertszeit eine wichtige Größe. Sie macht eine Aussage darüber, wie schnell die Strahlung einer radioaktiven Substanz abklingt.

Für radiologische Untersuchungen (z. B. Szintigrafien) wird dem Patienten eine radioaktive Substanz verabreicht. Dann befindet sich die Strahlenquelle im Körper. Nun kommt es auch darauf an, wie schnell sie biologisch abgebaut bzw. ausgeschieden wird. Man spricht hierbei von der **biologischen Halbwertszeit** T_{biol}. Aus dieser wird dann mit der physikalischen Halbwertszeit $T_{1/2}$ zusammen eine neue Größe berechnet, in der sowohl der biologische als auch der physikalische Effekt berücksichtigt wird: die **effektive Halbwertszeit** T_{eff}:

$$T_{eff} = \frac{T_{1/2} \cdot T_{biol}}{T_{1/2} + T_{biol}}.$$

Gelangt z. B. Tritium (H-3) in unseren Körper, dann ist zwar die große physikalische Halbwertszeit sehr ungünstig. Andererseits wird Tritium im Körper recht schnell abgebaut, hat also eine kleine biologische Halbwertszeit.
Anders ist es z. B. bei dem Nuklid Phosphor-32, das auch in der Medizin verwendet wird. Hier verläuft der biologische Abbauprozess langsam. Dafür ist die physikalische Halbwertszeit relativ klein.

Nuklid mit Symbol		Strahlung	$T_{1/2}$	T_{biol}
Tritium (H-3)	$^{3}_{1}H$	β	12,3 a	12 d
Phosphor-32	$^{32}_{15}P$	β	14,2 d	3 a
Kalium-40	$^{40}_{19}K$	β, γ	$1,3 \cdot 10^9$ a	58 d
Strontium-89	$^{89}_{38}Sr$	β, γ	50,5 d	49 a
Technetium-99m	$^{99}_{43}Tc$	β, γ	6 h	6–24 h
Iod-131	$^{131}_{53}I$	β, γ	8 d	80 d
Caesium-137	$^{137}_{55}Cs$	β, γ	30,2 a	110 d
Radium-226	$^{226}_{88}Ra$	α, γ	1600 a	45 a

B1 Halbwertszeiten

1 ☐ Übernehmen Sie die Tabelle (▸ B1) und ergänzen Sie eine weitere Spalte für die effektive Halbwertszeit T_{eff}. Berechnen Sie die fehlenden Werte.

4 ☑ Für radiologische Untersuchungen der Schilddrüse wurde früher das radioaktive Nuklid Iod-131 verabreicht. Heute verwendet man stattdessen dafür das Nuklid Technetium-99m.
Erläutern Sie den Vorteil der Verwendung von Tc-99m.

Strahlenmedizin

Jährlich erkranken in Deutschland mehr als 500 000 Menschen an Krebs. Unter einer Krebserkrankung versteht man die unkontrollierte Vermehrung von Zellen im Gewebe bzw. die Bildung von bösartigen Tumoren. Obwohl der medizinische Fortschritt heutzutage die Heilung vieler Krebsarten ermöglicht, gehört die Krankheit neben Herz-Kreislauf-Erkrankungen zu den häufigsten Todesursachen in Deutschland.

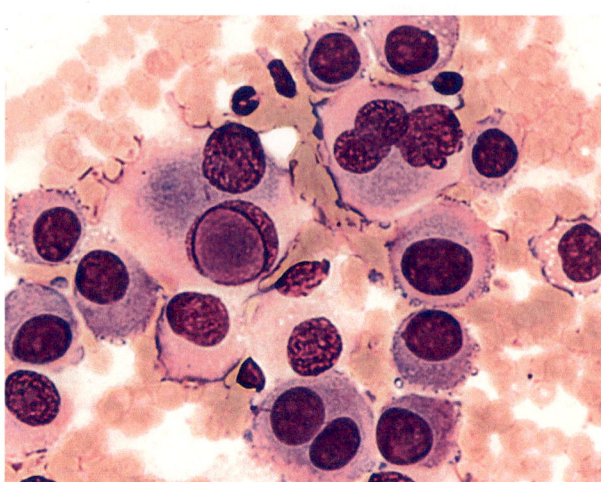

1 Metastasen bei schwarzem Hautkrebs

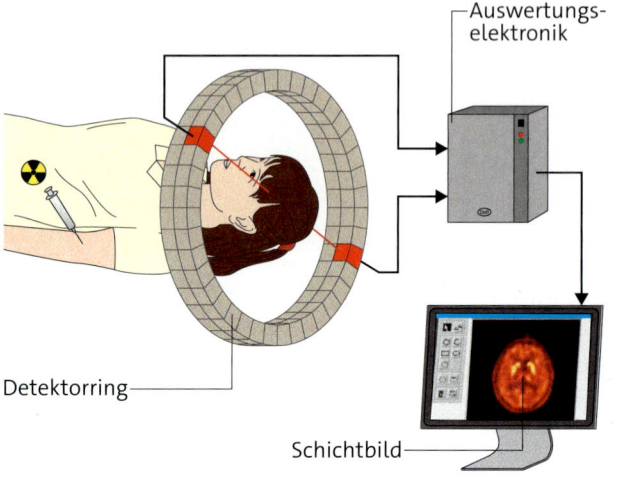

2 Positronen-Emissions-Tomografie

Diagnose • Krebserkrankungen können prinzipiell in jedem Gewebe oder Organ auftreten. Es gibt aber erhebliche Unterschiede in der Häufigkeit des Auftretens. Frauen erkranken z. B. am häufigsten an Brustkrebs, Männer hingegen an Lungenkrebs. Für den Erfolg einer Behandlung ist eine frühzeitige Erkennung der Erkrankung von Vorteil. Wird der Krebs erst sehr spät erkannt, können sich **Metastasen** im Körper gebildet haben. Sie entstehen, wenn sich die Krebszellen im Körper verbreiten und zu weiteren Tumorbildungen führen. Man sagt der Primärtumor hat gestreut (▶1). Aus diesem Grund sind regelmäßige Vorsorgeuntersuchungen, z. B. der Haut besonders wichtig.

Um Tumore oder Krebs im Körper zu erkennen, werden häufig bildgebende Verfahren angewendet. Sie ermöglichen Aufnahmen vom Inneren der untersuchten Organe oder Körperteile, ohne einen operativen Eingriff vorzunehmen.
Die wichtigsten bildgebenden Verfahren sind neben der Sonografie die mit ionisierender Strahlung arbeitende Röntgendiagnostik (inklusive der Computertomografie) und die Positronen-Emissions-Tomografie.

Die Sonografie, umgangssprachlich Ultraschalluntersuchung genannt, wird am häufigsten angewendet. Hierbei werden hochfrequente, nicht durch das Gehör wahrnehmbare Schallwellen (Ultraschall) in den Körper gesendet, die an Grenzflächen zwischen Gewebearten oder anderen Strukturen reflektiert und von einem Detektor gemessen werden.

Das älteste bildgebende Verfahren in der Medizin ist die **Röntgendiagnostik.** Schon 1896 – kurz nach der Entdeckung der Röntgenstrahlung – wurden erste medizinisch nutzbare Aufnahmen von Extremitäten angefertigt. Obwohl sich die Technik stark entwickelt hat, ist das Grundprinzip nach wie vor unverändert. Zur Diagnose setzt man die zu untersuchende Körperregion kurzzeitig Röntgenstrahlung aus. Die Röntgenstrahlung wird beim Durchdringen der Körperstelle vom Gewebe weniger gut absorbiert als von Knochen. Die transmittierte Strahlung wird von einem zweidimensionalen Detektor (Film, CCD-Chip) erfasst und anschließend in ein sichtbares Bild umgewandelt. Dies liefert die bekannten Röntgenaufnahmen, bei denen Knochen und Metalle als helle Bereiche, weiches Gewebe hingegen als schwarze Zonen erscheinen.

Die **Computertomografie** ist ein Röntgenverfahren, das dreidimensionale Bilder liefert. Hierbei wird nicht nur ein einzelnes Bild vom Körper gemacht, sondern gleich mehrere aus unterschiedlichen Positionen. Diese Bilder werden dann von einem Computer zusammengefügt, sodass aus den Daten eine dreidimensionale Darstellung vom Körperinneren aus verschiedenen Blickwinkeln errechnet werden kann.
Zur Früherkennung von Brustkrebs wird ein spezielles Röntgenverfahren, die Mammografie, durchgeführt. Hierbei werden Röntgenaufnahmen der Brust aus mindestens zwei unterschiedlichen Richtungen erstellt. Noch nicht ertastbare Tumore im Brustgewebe können so möglichst früh erkannt und nach Bestätigung behandelt werden.

Mithilfe der **Positronen-Emissions-Tomografie** (kurz: PET) kann man Stoffwechselvorgänge im menschlichen Körper beobachten. Hierfür wird dem Körper eine Zuckerlösung verabreicht, die einen β^+-Strahler, z. B. Fluor-18, enthält. Das radioaktive Fluorisotop lagert sich vor allem in Zellen ab, die einen hohen Stoffwechsel haben. Dies ist insbesondere bei Tumorzellen der Fall. Beim β^+-Zerfall von Fluor-18 entsteht ein Positron. Es unterscheidet sich vom Elektron nur dadurch, dass es statt einer negativen eine positive Ladung trägt. Im dichten Gewebe des Körpers kommt es praktisch sofort zur Wechselwirkung des Positrons mit einem Elektron, wodurch beide Teilchen vernichtet werden. Die beiden Strahlungsimpulse, die dabei entstehen, werden von einem Ringdetektor gemessen (▶ 2). Ein Computer berechnet aus diesen Detektorsignalen den Ort der Vernichtung und damit die Stelle, an der sich der Tumor befindet.

Therapie • Eine Chemotherapie soll verhindern, dass ein Tumor unkontrolliert weiterwächst. Der betroffenen Person werden Stoffe verabreicht, die Zellen mit einer hohen Teilungsrate angreifen und zerstören. Aber nicht nur Tumorzellen teilen sich schnell, sondern auch einige gesunde Zellen wie Haarwurzeln und Blutbildungszellen im Knochenmark. Deshalb fallen den meisten Menschen während einer Chemotherapie die Haare aus. Aber auch andere Nebenwirkungen wie Übelkeit und Erbrechen können auftreten. Um gezielter gegen Tumoren vorgehen zu können, nutzt man in der Therapie deshalb auch ionisierende Strahlung. Wenn dabei radioaktive Stoffe zum Einsatz kommen, spricht man von **Radionuklidtherapie.** Dabei werden während der Behandlung radioaktive Isotope in die Blutbahn injiziert. Diese Radionuklide gelangen zu den Tumorzellen und vernichten diese.

Wirkung • Für die Bestrahlung von Metastasen oder Tumoren nutzt man meist Betastrahler. Ihre Reichweite liegt im Körper bei einigen Millimetern. Für die Bekämpfung besonders strahlenresistenter Krebszellen verwendet man aber auch Alphastrahler.
Die Reichweite von Alphastrahlung beträgt im Körper nur einige Zelldurchmesser. Alphateilchen schädigen umliegendes Gewebe somit kaum, wechselwirken dafür umso stärker mit den Tumorzellen: Sie spalten Moleküle und zerstören dabei wichtige Bestandteile der bestrahlten Zellen wie Enzyme und DNA. Die betroffenen Zellen sterben ab.

Beim Einsatz von Radionukliden in der Strahlentherapie muss das Risiko andere, gesunde Körperzellen zu schädigen, möglichst minimiert werden. Denn radioaktive Strahlung unterscheidet nicht zwischen gesunden und kranken Körperzellen,

sondern zerstört alle Zellen gleichermaßen. Deshalb müssen die radioaktiven Substanzen an die richtige Stelle im Körper gelangen, bevor sie ihre tödliche Wirkung entfalten. Eine Methode nutzt die besonderen Stoffwechseleigenschaften von Tumorzellen. Zum Beispiel haben Schilddrüsenzellen einen sehr hohen Bedarf an Iod. Befindet sich der Tumor also in der Schilddrüse, wird das radioaktive Isotop Iod-131 verabreicht. Da dieses Isotop die gleichen chemischen Eigenschaften besitzt wie nicht radioaktives Iod, wird es von der Schilddrüse ebenso aufgenommen. Die Tumorzellen werden von innen bestrahlt und getötet.

Ähnlich verhält es sich bei Knochenmetastasen. Diese wachsen schneller als normale Knochenzellen und haben somit einen erhöhten Bedarf an Mineralien wie Calcium. Auch hier werden radioaktive Präparate genutzt, die ähnliche chemische Eigenschaften haben wie das nicht radioaktive Calcium, z. B. Strontium-89 oder Radium-223. Die radioaktiven Nuklide sammeln sich in den Metastasen an und zerstören diese dann durch ihre Strahlung.

Eine weitere Methode setzt maßgeschneiderte Moleküle ein, um die radioaktiven Stoffe zu den entsprechenden Körperregionen zu transportieren. Man nutzt die Moleküle als „trojanische Pferde". Das funktioniert so: Manche Krebszellen tragen auf ihrer Oberfläche Moleküle, die sich von denen auf der Oberfläche gesunder Zellen unterscheiden. Diese Moleküle, z. B. Proteine, kennzeichnen die erkrankten Zellen. Haben die molekularen trojanischen Pferde nun passende Bindungseigenschaften, um an die Oberflächenmoleküle anzudocken, können sie in die Krebszellen eindringen. Transportieren die „trojanischen Pferde" radioaktive Stoffe, dann zerstören diese die Krebszellen.

Entscheidend für die Behandlung ist, dass das radioaktive Nuklid möglichst schnell zu den Tumorzellen gelangt, damit die Zerfälle nur in diesen Zellen stattfinden. Dafür eignen sich vor allem Radionuklide mit kurzen Halbwertszeiten, denn sonst wird das Präparat wieder ausgeschieden, bevor viele Zerfälle stattgefunden haben. Das bedeutet, dass diese Nuklide nicht gelagert werden können, sondern extra für die Behandlung hergestellt werden müssen. Würde man die Nuklide lagern, so zerfielen sie bereits, bevor sie in den Körper aufgenommen werden können.

1 ☑ Erklären Sie, weshalb man die maßgeschneiderten Moleküle zur Krebstherapie als „trojanische Pferde" bezeichnet. Recherchieren Sie hierzu zum Begriff und zur ursprünglichen Bedeutung.

Atom- und Kernphysik

Aufbau der Atome	Nach dem Kern-Hülle Modell (Rutherford'sches Atommodell) bestehen Atome aus einem kleinen positiv geladenen Atomkern und einer Atomhülle aus elektrisch negativ geladenen Elektronen. Nach außen hin ist das Atom elektrisch neutral. Der Atomkern hat einen Durchmesser von ungefähr 10^{-14} m, ein Atom etwa 10^{-10} m. Atomkerne bestehen aus elektrisch positiv geladenen Protonen und elektrisch ungeladenen Neutronen. Zwischen diesen Nukleonen im Atomkern wirkt die Kernkraft. Sie ist bei sehr kleinem Teilchenabstand größer als die zwischen den Protonen wirkende abstoßende elektrische Kraft. Symbolschreibweise: $^{\text{Nukleonenzahl}}_{\text{Kernladungszahl}}\text{X}$, $^{238}_{92}\text{U}$

(Abbildung: Kreis mit Beschriftung „Atomhülle" und „Atomkern")

Nuklid	Atomkerne, die sowohl in ihrer Neutronen- als auch in ihrer Protonenzahl übereinstimmen. Nuklide mit der gleichen Protonenzahl und unterschiedlichen Neutronenzahlen heißen Isotope. Um ein Nuklid eindeutig zu bezeichnen, wird neben dem Namen des Elements (oder des Elementsymbols) auch die Massenzahl angegeben. Beispiel: Kohlenstoff-14, C-14, ^{14}C

Arten ionisierender Strahlung	Strahlung, die Atome und Moleküle ionisieren kann. Die ionisierende Wirkung nutzt man zum Nachweis der Strahlung in Zählrohren oder Nebelkammern.

Name	Symbol	Eigenschaften
Alphastrahlung (Heliumkerne)	α, ^4_2He	elektrisch positiv geladen; Ablenkung in elektrischen und magnetischen Feldern; Entstehung durch Alphazerfall
Betastrahlung (Elektronen)	β, e^+	elektrisch negativ geladen; Ablenkung in elektrischen und magnetischen Feldern; Entstehung durch Betazerfall
Gammastrahlung	γ	sehr energiereiche elektromagnetische Strahlung; keine Ablenkung; Entstehung beim Alpha- und Betazerfall
Röntgenstrahlung	–	energiereiche elektromagnetische Strahlung; ungeladen; keine Ablenkung; Entstehung in der Röntgenröhre

Abschirmung und Reichweite in Luft		Reichweite in Luft	Abschirmung durch
	Alphastrahlung	wenige Zentimeter	z. B. Blatt Papier
	Betastrahlung	mehrere Meter	dünne Aluminiumplatten
	Gamma- und Röntgenstrahlung	unbegrenzt, Abschwächung über Distanz	Abschwächung durch dicke Bleiplatten/ Bleiwesten

Radioaktiver Zerfall und Aktivität	Spontane Umwandlung instabiler Atomkerne unter Aussendung radioaktiver Strahlung. Die Aktivität gibt die Anzahl der radioaktiven Zerfälle in einer Stoffmenge pro Zeiteinheit an. Die Einheit ist ein Becquerel (Bq $= 1\frac{1}{s}$). Beispiel: $^{226}_{88}\text{Ra} \longrightarrow ^{222}_{86}\text{Rn} + \alpha$

Radioaktiver Zerfall und Halbwertszeit	Zeitspanne, nach der die Hälfte aller Kerne eines radioaktiven Nuklids zerfallen sind. Die Halbwertszeit ist für das Nuklid charakteristisch. Größensymbol: $T_{1/2}$

Wirkung radioaktiver Strahlung auf den menschlichen Organismus	Somatische (körperliche) und genetische (vererbbare) Zellschädigungen aufgrund der ionisierenden Wirkung radioaktiver Strahlung. Die biologische Wirkung hängt von Intensität, Dauer und Art der Strahlung sowie von der Empfindlichkeit des bestrahlten Organs ab. Die Strahlung wird auch gezielt für Diagnose- und Therapieverfahren eingesetzt.

Übungsaufgaben

1 ☐ Im Periodensystem der Elemente hat Stickstoff die Ordnungszahl 7 und die Massenzahl 14.

a Beschreiben Sie den Aufbau eines Stickstoffatoms mithilfe des Kern-Hülle-Modells. Fertigen Sie auch eine beschriftete Skizze an.

b Erklären Sie die Bedeutung der Begriffe Ordnungszahl und Massenzahl und geben Sie den Zusammenhang zwischen diesen an.

c Geben Sie an, wie viele Protonen und Neutronen ein Atomkern des Stickstoffs enthält.

d Erklären Sie die Ionisation eines Stickstoffatoms mithilfe des Kern-Hülle-Modells

2 ☐ Radium-224 ist ein Alphastrahler.

a Geben Sie mithilfe des Periodensystems der Elemente die Anzahl der Protonen und der Neutronen des Atomkerns an.

b Geben Sie die Zerfallsgleichung an.

3 ☑ Ionisierende Strahlung kann auf verschiedene Arten nachgewiesen werden.

a Nennen Sie mindestens zwei Möglichkeiten zum Nachweis von ionisierender (radioaktiver) Strahlung.

b Fertigen Sie eine Skizze mit Schaltplan zum Aufbau eines Geiger-Müller-Zählrohrs an und bringen Sie die folgenden Sätze zur Funktionsweise in die richtige Reihenfolge:

A Die Spannungsänderung wird verstärkt.

B Das Gas im Zählrohr wird ionisiert.

C Das führt im Zählrohr zu einer kurzzeitigen Spannungsänderung (Impuls).

D Radioaktive Strahlung gelangt in das Zählrohr.

E Ein Zähler registriert jeden Spannungsimpuls.

F Infolge der Stoßionisation kommt es zu einem kurzzeitigen Stromfluss im Zählerstromkreis.

4 a ☐ Vergleichen Sie α-, β- und γ-Strahlung hinsichtlich der Art der Strahlung, der Energie und des Durchdringungsvermögens.

b ☐ Beschreiben Sie die Wirkungen radioaktiver Strahlung auf den menschlichen Körper.

c ☑ Leiten Sie aus den Eigenschaften und Wirkungen radioaktiver Strahlung begründet allgemeine Strahlenschutzmaßnahmen ab.

5 ☑ Beim Reaktorunfall 1986 im Kernkraftwerk in Tschernobyl wurden größere Mengen an radioaktivem Iod-131 ($T_{1/2}$ = 8 d) und Caesium-137 ($T_{1/2}$ = 8 d) freigesetzt.

a Kurze Zeit nach dem Unfall wurde in Milch eine hohe Belastung mit Iod und eine geringe mit Caesium gemessen. Einige Wochen später war die Caesiumbelastung jedoch höher als die Iodbelastung. Erklären Sie diese Veränderung.

b Erläutern Sie den Begriff Halbwertszeit.

c Berechnen Sie den Prozentsatz an Caesiumkernen, der 40 Jahre nach dem Unfall noch vorhanden ist.

6 ☑ Bei einem Experiment mit einem radioaktiven Barium-137-Präparat wurden in einem Geiger-Müller-Zählrohr in 30 Sekunden 2070 Impulse gemessen. Nach jeweils 2 Minuten wurde erneut gemessen:

Zeit in min	2	4	6	8	10
Zählrate in Impulsen	1100	650	416	241	179

a Fertigen Sie aus den gemessenen Werten ein Diagramm an.

b Ermitteln Sie aus Ihrem Diagramm die Halbwertszeit von Barium-137.

Mithilfe des Kapitels können Sie:	Aufgabe	Hilfe
✓ den Aufbau von Atomen und Atomkernen anhand von Modellen, z. B. Kern-Hülle-Modell des Atoms, beschreiben.	1, 2	S. 132-134
✓ mithilfe des Kern-Hülle-Modells das Phänomen der Ionisation deuten.	1	S. 137
✓ die ionisierende Wirkung radioaktiver Strahlung beschreiben und die unterschiedlichen Strahlungsarten vergleichen.	2, 4	S. 137, S. 140-142
✓ grundlegend die Funktionsweise eines Geiger-Müller-Zählrohrs beschreiben.	3	S. 138
✓ mithilfe des Begriffs Halbwertszeit den radioaktiven Zerfall beschreiben sowie die Halbwertszeit eines Stoffes grafisch bestimmen.	5, 6	S. 144-145

▶ Die Lösungen zu den Übungsaufgaben finden Sie im Anhang.

5
Optische Abbildungen

▶ Linsen erzeugen Bilder. Dabei ist es nicht nur wichtig zu wissen, wie solche Bilder entstehen, sondern auch, mit welchen Grundbegriffen man die Bildentstehung beschreiben kann.

▶ Mithilfe von wenigen ausgezeichneten Lichtstrahlen können optische Abbildungen konstruiert werden.

▶ Lupe, Brille, Mikroskop und Fernrohr sind optische Geräte. Sie spielen im Alltag und für die Naturwissenschaften eine große Rolle. Dabei geht es immer darum, (scheinbar) kleine Dinge ganz groß werden zu lassen.

Mit dem Fernrohr kann man den Nachthimmel beobachten.

5.1 Linsen erzeugen Bilder

1 Lesehilfe

Jeder hat wahrscheinlich schon einmal eine Lupe benutzt. Das Glas ist zu einer Linse geformt. Damit man etwas scharf hindurchsehen kann, muss aber der Abstand stimmen, z. B. zur Buchseite.

Ein Bild entsteht • Die Lupe ist ein sehr einfaches optisches Instrument, um Gegenstände vergrößert darzustellen. Sie wird z. B. als einfache Lesehilfe genutzt oder um bei einem Bild oder einer Fotografie verborgene Details sichtbar zu machen. Um deren Funktion genauer zu untersuchen, führen wir ein Experiment durch, wie es in der Abbildung ▶**2** aufgebaut ist.

Zwischen einer brennenden Kerze und einem Schirm befindet sich eine Linse, die genauso geformt ist wie das Glas einer Lupe.
Auf dem Schirm sehen wir erst einmal nur einen hellen Fleck.

Verschieben wir die Linse, finden wir irgendwann einen Ort, an dem ein scharfes, helles Bild der Kerzenflamme entsteht (▶**3**). Anders als bei einer Lupe steht das Bild aber auf dem Kopf und es sieht auch nicht vergrößert aus. Verschieben wir die Linse noch weiter Richtung Schirm, wird das Bild wieder unscharf. Das Bild ist nur dann scharf, wenn wir den Abstand zwischen Kerze und Linse, die **Gegenstandsweite,** und den zwischen Linse und Schirm, die **Bildweite,** richtig wählen.

> Für einen bestimmten Abstand zwischen Gegenstand und Schirm erzeugt eine Linse an genau einem Ort ein scharfes Bild.

2 Kein scharfes Bild erkennbar

3 Scharfes Bild auf dem Schirm

Ort und Größe des Bildes • Wovon hängt es ab, an welchem Ort ein scharfes Bild entsteht? Dazu stellen wir die Linse wie in ▶3 auf. Wenn wir nun die Kerze von der Linse wegrücken, also die Gegenstandsweite vergrößern, wird das Bild unschärfer. Ein scharfes Bild ist erst dann wieder zu sehen, wenn wir den Schirm bewegen und die Bildweite verringern. Das Bild ist dadurch kleiner geworden. Größere Bilder bei größerer Bildweite erhalten wir dagegen, wenn wir die Gegenstandsweite verringern. Wenn wir die Kerze allerdings zu nah an die Linse heranrücken, gelingt es uns nicht mehr, ein Bild auf dem Schirm zu erzeugen.

> Je größer die Gegenstandsweite ist, desto kleiner sind Bildweite und Bildgröße. Je kleiner die Gegenstandsweite ist, desto größer sind Bildweite und Bildgröße. Es gibt eine untere Grenze für die Gegenstandsweite. Ist der Abstand kleiner, ist kein Bild mehr zu sehen.

Bildentstehung im Modell • Von jedem Gegenstandspunkt der Kerze, zum Beispiel der Spitze S der Kerzenflamme, breitet sich Licht in alle Richtungen aus. Ein Teil dieses Lichts trifft auf die Linse. Die Linse ändert die Ausbreitungsrichtung dieses Lichtbündels so, dass es in einem Fleck zusammengeführt wird. Damit das Bild der Flamme scharf wird, müssen sich alle Strahlen des Bündels in einem Punkt S' vereinigen (▶5). S' ist der Bildpunkt von S.
Die gleiche Überlegung gilt auch für jeden anderen Gegenstandspunkt: Für alle Gegenstandspunkte P mit gleicher Gegenstandsweite erhalten wir Bildpunkte P' mit gleicher Bildweite. Aus diesen Bildpunkten entsteht ein scharfes und helles Bild.

> Linsen erzeugen scharfe Bilder, indem sie für jeden Gegenstandspunkt das Licht, das auf sie trifft, in jeweils einem Bildpunkt vereinigen.

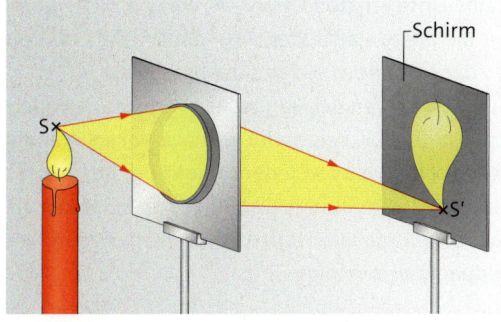

5 Ein Bild aus Punkten

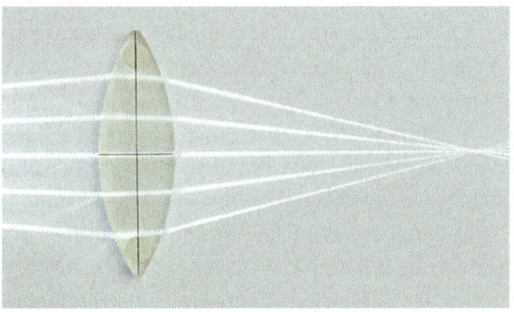

6 Licht wird in der Linse zweimal gebrochen.

Der Lichtweg durch Linsen • Warum verändert eine Linse die Ausbreitungsrichtung des Lichts? Wir betrachten ein Lichtbündel, das von einem Punkt P ausgeht. In diesem Bündel verfolgen wir einzelne Lichtstrahlen, die unter verschiedenen Winkeln auf die Linse treffen (▶6). Wir erkennen, dass das Licht sowohl beim Eindringen in die Linse als auch beim Austreten gebrochen wird. Anders als bei einem Durchgang durch eine Glasplatte sind die Lote auf den gekrümmten Oberflächen der Linse nicht parallel zueinander. Deshalb ändert die zweifache Brechung die Ausbreitungsrichtung des Lichts.

1 ▣ Recherchieren Sie zur Brechung von Licht. Erläutern Sie, wie man mithilfe der Brechung die Richtung der Lichtwege beeinflussen kann.

Übliche Abkürzungen:
G: Gegenstandsgröße
B: Bildgröße
g: Gegenstandsweite
b: Bildweite

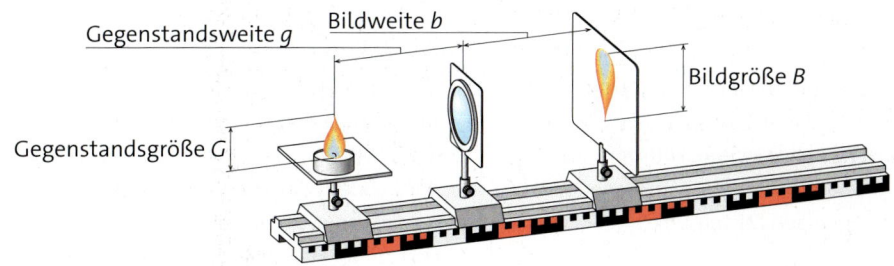

4 Gegenstandsweite und Bildweite ▣

Halbe Linse – halbe Kerze? • Was passiert, wenn wir die obere Hälfte der Linse abdecken? Erhalten wir dann nur noch ein Bild der halben Kerze?
Durch einen Versuch kann diese Vermutung widerlegt werden: Die Kerze wird nach wie vor vollständig abgebildet, weil von jedem Punkt der Kerze Licht durch die Linse gelangt. Das Bild ist aber dunkler als zuvor, weil nur die Hälfte der Lichtmenge in den Bildpunkten vereinigt wird.

1 Linse als Brennglas

Die Brennweite • Mit einer Linse kann man Licht in einem Punkt bündeln. In diesem Punkt kann es so heiß werden, dass man dort ein Streichholz entzünden kann. Eine Lupe wird deshalb auch Brennglas genannt (▶ 1).

In einem Versuch stellen wir die Situation nach und wählen drei schmale, zur optischen Achse parallele Lichtbündel aus (▶ 2). Hinter der Linse treffen die Bündel alle in einem Punkt auf der optischen Achse zusammen. Diesen Punkt bezeichnet man als **Brennpunkt** F (von lateinisch *focus*). Den Abstand des Brennpunkts zur Mittelebene der Linse nennt man die Brennweite f. Sie ist charakteristisch für die Linse. In der Schnittzeichnung erkennt man die Mittelebene der Linse als Gerade senkrecht zur optischen Achse (▶ 2).

> Der Abstand des Brennpunkts zur Mittelebene einer Linse heißt Brennweite f.

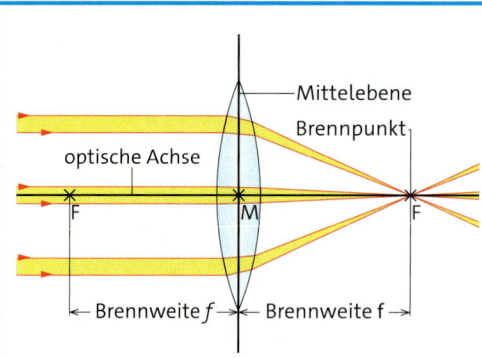

- Mittelebene und Mittelpunkt M sind durch die Symmetrie der Linse festgelegt.
- Die optische Achse ist eine Hilfsgerade.
- Sie steht senkrecht auf der Mittelebene und verläuft durch den Mittelpunkt.

2 Brennweite und Brennpunkte

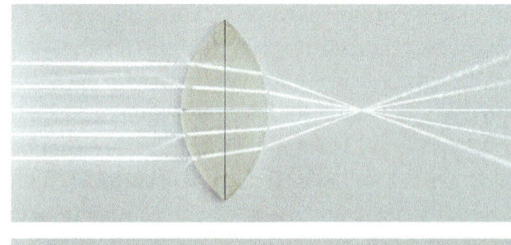
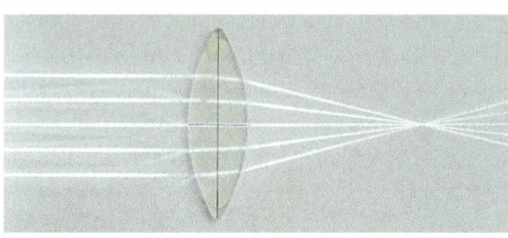

3 Die Form bestimmt die Brennweite.

Im Versuch zeigt sich, dass es gleichgültig ist, von welcher Seite wir die Linse beleuchten. In beiden Fällen wird das Licht gebündelt. Es gibt also zwei Brennpunkte. Bei symmetrischen Linsen liegen sie gleich weit von der Mittelebene entfernt.

Dick oder dünn • Wir wollen nun noch untersuchen, wovon die Größe der Brennweite abhängt. In einem Versuch lassen wir dazu wieder schmale Lichtbündel parallel zur optischen Achse auf Linsen treffen (▶ 3). Wir stellen fest:
Die Linse mit starker Krümmung ändert die Ausbreitungsrichtung des Lichts stärker als die Linse mit schwacher Krümmung.

> Je stärker eine Linse nach außen gekrümmt ist, desto kleiner ist ihre Brennweite.

1 ☑ Die Brennweite einer Linse ist nicht bekannt. Beschreiben Sie ein Experiment, mit dem Sie die Brennweite bestimmen können.

2 ☐ David und Niklas experimentieren mit Linsen.
a Niklas ist unsicher, von welcher Seite aus das Licht durch die Linse treten soll. Geben Sie ihm einen Tipp.
b David verdeckt die Linse in der Mitte mit einer Münze. Beschreiben Sie, wie sich das Bild ändert, das Niklas beobachtet.
c Niklas verdeckt einen Teil des Gegenstands mit seiner Hand. Beschreiben Sie, was David nun beobachtet.

Versuch A: Abbildungen mit Linsen

V1 Bilder mit Linsen

Materialien: Verschiedene Linsen, Kerze, Schirm

Arbeitsauftrag:
– Stellen Sie Kerze, Linse und Schirm hintereinander auf (Abstand jeweils 25 cm). Verschieben Sie nun den Schirm, bis ein scharfes Bild entsteht.
– Decken Sie einen Teil der Linse ab und beobachten Sie das Bild. Erläutern Sie, wie sich das Bild verändert hat.
– Drehen Sie die Linse um und prüfen Sie, ob sich das Bild verändert hat.

V2 Gegenstandsweite und Bild

Materialien: Verschiedene Linsen, Kerze, Schirm

Arbeitsauftrag:
– Bilden Sie die Kerzenflamme mit einer Linse auf dem Schirm ab. Rücken Sie die Kerze schrittweise näher an die Linse und verschieben Sie den Schirm, bis Sie wieder ein scharfes Bild erhalten.
– Formulieren Sie Je-desto-Sätze zum Zusammenhang von Gegenstandsweite, Bildweite und Bildgröße. Finden Sie immer ein scharfes Bild?

V3 Brennweiten

Materialien: Verschiedene Linsen, Kerze, Schirm

Arbeitsauftrag:
– Bilden Sie die Kerzenflamme mit einer Linse ab. Setzen Sie bei gleicher Gegenstandsweite Linsen mit anderen Brennweiten ein. Verschieben Sie den Schirm, bis wieder ein scharfes Bild entsteht.
– Formulieren Sie Je-desto-Aussagen zum Zusammenhang von Brennweite, Bildweite und Bildgröße. Finden Sie immer ein scharfes Bild?

Versuch B: Linsen aus Alltagsgegenständen

V1 Ungewöhnliche Linsen

Materialien: durchsichtige Kugelvase, durchsichtige Flasche oder Zylinderglas, Wasser, Teelicht, Papier als Schirm

Arbeitsauftrag:
– Füllen Sie die Kugelvase mit Wasser und bilden Sie damit eine Teelichtflamme auf einem Schirm ab. Vergleichen Sie mit dem Bild durch eine Sammellinse.

– Untersuchen Sie auch, wie sich das Bild verändert, wenn die Vase nicht vollständig gefüllt ist.
– Wiederholen Sie den Versuch mit der wassergefüllten Flasche. Vergleichen Sie Ihre Beobachtungen mit den Ergebnissen der Kugelvase. Untersuchen Sie auch, wie sich das Bild ändert, wenn Sie die Flasche kippen.
– Welches Gefäß verhält sich wie eine Sammellinse? Begründen Sie.

4 Kugelvase als Sammellinse

Material A: Schusterkugel

Vor der Entwicklung der elektrischen Beleuchtung mussten Handwerker abends im Schein von Kerzen bzw. Öl- oder Gaslampen arbeiten. Aber diese Lichtquellen senden nur diffuses Licht aus und beleuchten den Arbeitsplatz nicht ausreichend. Verbreitet war deshalb der Einsatz von Schusterkugeln.
Das sind Glaskugeln, die mit Wasser gefüllt werden, und vor die Lichtquelle gehangen werden.

1 ☐ Fertigen Sie eine Skizze über den möglichen Verlauf der Lichtstrahlen durch die Schusterkugel an.

2 ☑ Erläutern Sie, auf welchem Funktionsprinzip die Schusterkugel beruht.

3 ◾ Stellen Sie eine begründete Vermutung über die Funktion der Schusterkugel auf, wenn diese nicht mit Wasser gefüllt ist.

A1 Lesen mit Schusterkugel

5.2 Bilder lassen sich konstruieren

Von den Linsen in einem Objektiv hängt es ab, ob man mit einer Kamera gute Bilder machen kann. Für die Herstellung von Objektiven ist es notwendig, den Verlauf der Lichtbündel durch die Linsen vorherzusagen.

Besondere Lichtbündel • Die Bildentstehung haben wir in Experimenten untersucht und mit dem Lichtstrahlenmodell beschrieben. Wir wissen: Licht, das von einem Gegenstandspunkt P ausgeht, wird hinter einer Linse wieder in einem Bildpunkt P' zusammengeführt.

Um die Bildentstehung zu beschreiben und Vorhersagen zu Bildgrößen zu treffen, ist es nicht notwendig alle Lichtstrahlen von Punkt P zu betrachten. In der Abbildung ▶ 2 treffen von Punkt P drei schmale Lichtbündel mit besonderen Eigenschaften auf eine Linse. Diese genügen vollkommen, um den Bildpunkt P' hinter der Linse zu konstruieren.

Wir sehen:
1. Ein Lichtbündel parallel zur optischen Achse, der **Parallelstrahl,** verläuft hinter der Linse durch den Brennpunkt.
2. Ein Lichtbündel, das durch den Brennpunkt geht, der **Brennpunktstrahl,** verläuft nach der Brechung parallel zur optischen Achse.
3. Ein Lichtbündel, das durch den Mittelpunkt verläuft, der **Mittelpunkstrahl,** ändert seine Richtung nicht.

Diese drei besonderen Lichtbündel treffen sich hinter der Linse im Punkt P'. Damit haben wir den Bildpunkt P' des Gegenstandspunkts P gefunden.

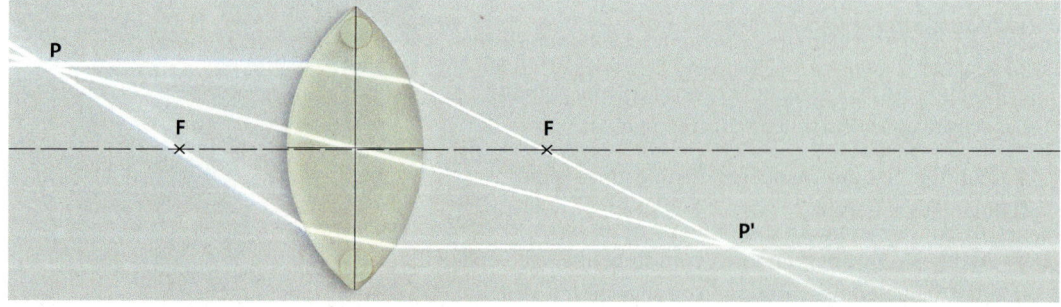

2 Drei besondere Lichtbündel helfen dabei, den Bildpunkt zu finden.

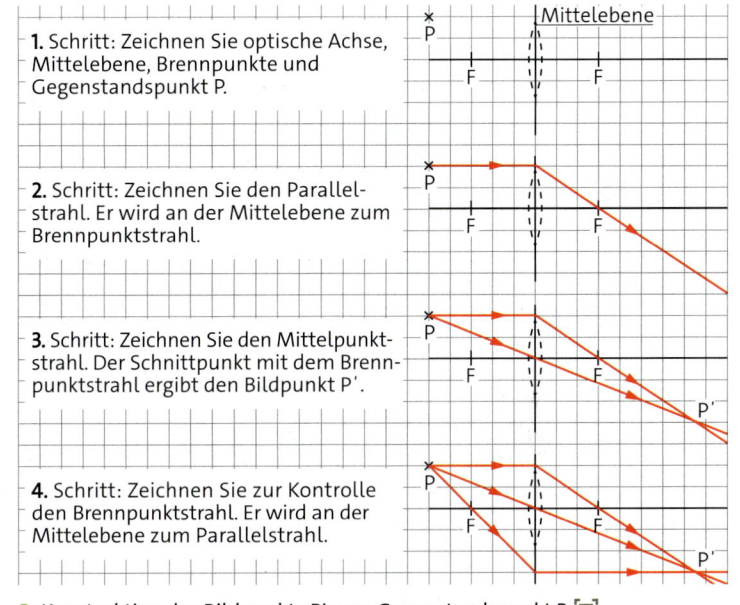

Methode

Bildpunkte konstruieren

Um Bildpunkte bei Linsen leicht konstruieren zu können, machen wir einige Vereinfachungen:

1. Wir denken uns schmale Lichtbündel als Lichtstrahlen.
2. Wir betrachten nur die drei besonderen Lichtstrahlen **Parallelstrahl, Mittelpunktstrahl** und **Brennpunktstrahl.**
3. Wir ersetzen die zweifache Brechung an den Grenzflächen der Linse durch eine einzige an der Mittelebene.

Dabei spielt es keine Rolle, ob die eingezeichneten Lichtstrahlen überhaupt die Linse treffen oder nicht, denn es handelt sich nur um Hilfslinien zur Konstruktion. Deswegen deuten wir die Linse in der Konstruktion nur an. Zwei Lichtstrahlen genügen. Mit dem dritten Strahl kann man prüfen, ob man korrekt gezeichnet hat.

1. Schritt: Zeichnen Sie optische Achse, Mittelebene, Brennpunkte und Gegenstandspunkt P.

2. Schritt: Zeichnen Sie den Parallelstrahl. Er wird an der Mittelebene zum Brennpunktstrahl.

3. Schritt: Zeichnen Sie den Mittelpunktstrahl. Der Schnittpunkt mit dem Brennpunktstrahl ergibt den Bildpunkt P'.

4. Schritt: Zeichnen Sie zur Kontrolle den Brennpunktstrahl. Er wird an der Mittelebene zum Parallelstrahl.

3 Konstruktion des Bildpunkts P' zum Gegenstandspunkt P

Unterschiedliche Bildgrößen • Mit diesen besonderen Lichtstrahlen können wir erklären, warum das Bild bei kleinerer Gegenstandsweite größer wird, aber kein Bild mehr entsteht, wenn die Gegenstandsweite zu klein wird.

Um das zu erkennen, konstruieren wir die Bilder für verschiedene Gegenstandsweiten (▶ 4): Man erkennt, dass der Verlauf des Parallelstrahl unabhängig von der Position des Gegenstands ist. Der Mittelpunktstrahl verläuft mit kleiner werdender Gegenstandsweite immer steiler.

Bildweite und Gegenstandsweite werden dabei immer größer. Ist die Gegenstandsweite schließlich genauso groß wie die Brennweite der Linse, dann verlaufen die Strahlen hinter der Linse parallel. Jetzt gibt es keinen Bildpunkt P' mehr. Bei noch kleinerer Gegenstandsweite laufen die Strahlen hinter der Linse auseinander. Die Gegenstandsweite muss also größer als die Brennweite sein, damit ein Bild entsteht.

1 ▣ Bestimmen Sie durch eine Konstruktion die Bildgröße für $g = 2f$.

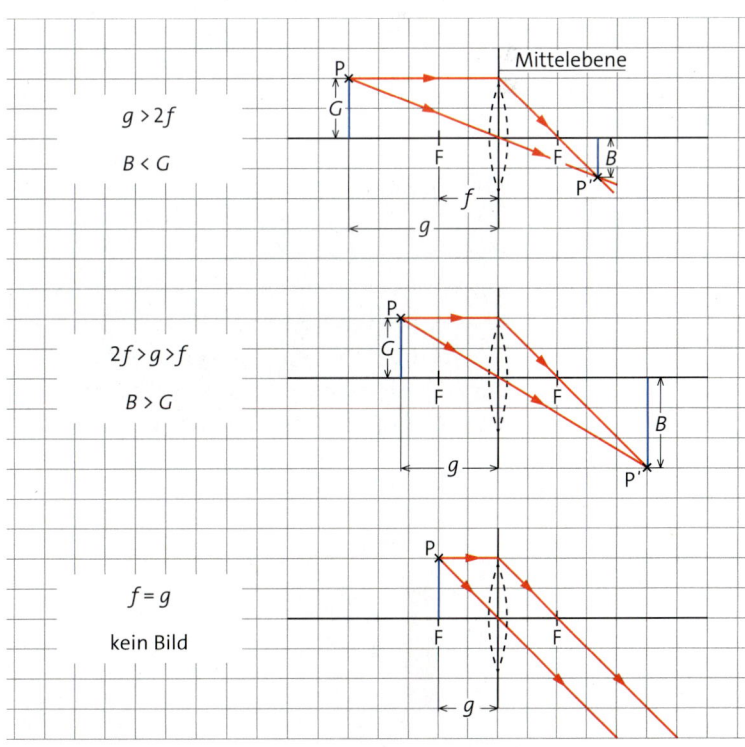

4 Die Gegenstandsweite bestimmt Bildweite und Bildgröße. Wird die Gegenstandsweite zu klein, dann entsteht kein Bild mehr. ▣

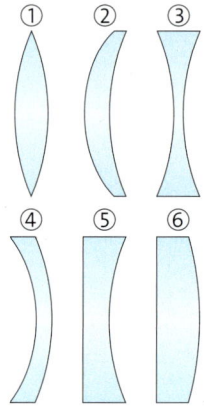

1 Verschiedene Linsenformen

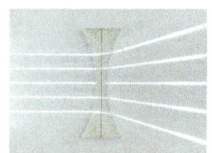

2 Eine Zerstreuungslinse weitet ein paralleles Lichtbündel auf.

Berechnungen • Bei bekannter Gegenstandsweite g und Brennweite f kann man die Bildweite b und die Bildgröße B ermitteln, indem man den Verlauf der Lichtstrahlen konstruiert. Das ist zeitaufwendig und möglicherweise nicht genau genug. Genauer als eine Konstruktion ist eine Rechnung. Dazu nutzt man, dass Bildgröße und Bildweite proportional zueinander sind, und erhält so den **Abbildungsmaßstab,** der für jede Linsenabbildung gilt:

$$\frac{B}{G} = \frac{b}{g}.$$

Aus dieser Gleichung lässt sich die **Abbildungsgleichung** ableiten, die den Zusammenhang zwischen Bildweite b, Gegenstandsweite g und der Brennweite f beschreibt:

$$\frac{1}{b} + \frac{1}{g} = \frac{1}{f}.$$

Mit der Abbildungsgleichung und dem Abbildungsmaßstab kann man jede der vier Größen berechnen, wenn man die drei übrigen kennt.

Sammeln und Streuen von Licht • Die Linsen, die wir bisher untersucht haben, waren in der Mitte dicker als am Rand. Sie „sammeln" parallel auftreffendes Licht im Brennpunkt. Man nennt sie deshalb **Sammellinsen.** Es gibt aber auch Linsen, die in der Mitte dünner sind als am Rand. Wenn Lichtbündel auf eine solche Linse treffen, dann beobachten wir, dass auch diese Linse die Ausbreitungsrichtung des Lichts ändert. Im Gegensatz zur Sammellinse laufen die Lichtbündel hinter dieser Linse jedoch auseinander. Man nennt sie deshalb **Streulinsen** (▶ 2).

Bilder, die es nicht gibt • Bei der Streulinse kann man mit einem Schirm nirgendwo ein Bild auffangen. Trotzdem kann man aus einem geeigneten Blickwinkel ein Bild des Gegenstands durch die Linse hindurch sehen. Solche Bilder nennen wir **virtuelle Bilder.** Sie lassen sich nach den gleichen Regeln konstruieren, die wir schon bei den Sammellinsen kennengelernt haben (▶ 3).

Mit Sammellinsen haben wir bisher nur solche Bilder konstruiert, die wir auch auf einem Schirm sichtbar machen konnten (**reelle Bilder**). Wenn wir aber einen Gegenstand zwischen Brennpunkt und Linse aufstellen, dann entsteht auch bei der Sammellinse ein virtuelles Bild (▶ 4). Dieses virtuelle Bild ist z. B. bei einer Lupe sichtbar.

1 ☑ Beschreiben Sie die Unterschiede zwischen reellen und virtuellen Bildern. Unterscheiden Sie auch zwischen Sammel- und Streulinse (▶ 3 und ▶ 4).

2 ☑ Bei der Linse einer Brille ist die Krümmung nicht zu erkennen. Beschreiben Sie eine Möglichkeit, um herauszufinden, um was für eine Linse es sich handelt.

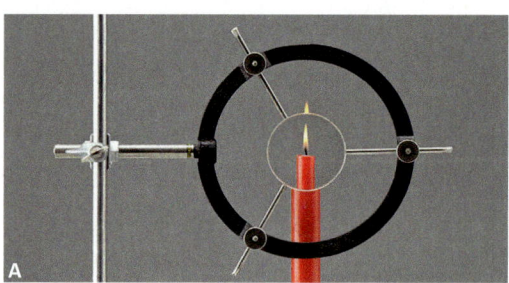

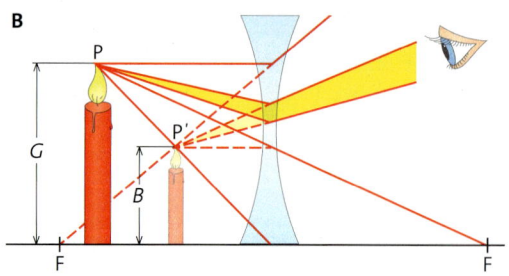

3 A Blick durch eine Streulinse; **B** Konstruktion des virtuellen Bildes 🔳

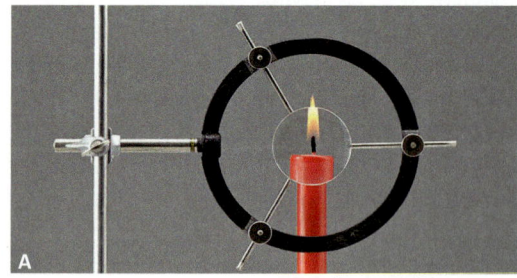

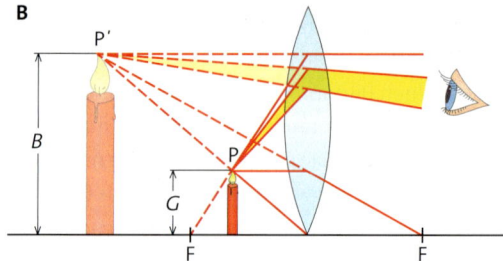

4 A Blick durch eine Sammellinse; **B** Konstruktion des virtuellen Bildes 🔳

Versuch A: Brennweiten im Experiment

V1 Brennweiten einzelner Linsen

Materialien: verschiedene Linsen, z. B. einfache, alte Brillen, Lesebrillen oder Lupen, eine Lampe mit Schlitzblende

Durchführung:
– Sortieren Sie die Linsen in „Sammellinsen" und „Streulinsen". Nennen Sie die Kriterien, nach denen die Linsen unterschieden werden können.
– Bestimmen Sie experimentell die Brennweiten der Linsen. Bei welcher Linsensorte gelingt das nicht? Begründen Sie.

V2 Brennweiten von Linsenkombinationen

Materialien: verschiedene Linsen, z. B. einfache, alte Brillen, Lesebrillen oder Lupen, eine Lampe mit Schlitzblende

Durchführung:
– Wählen Sie jeweils zwei Sammellinsen aus, stellen Sie diese direkt hintereinander auf und bestimmen Sie die Brennweite der Linsenkombination. Halten Sie die Messwerte in einer Tabelle fest.
– Untersuchen Sie, mit welcher Linsenkombination Sie eine möglichst große bzw. kleine Brennweite erhalten können.
– Vergleichen Sie die Brennweite der einzelnen Linsen mit der Brennweite der Linsenkombination. Fassen Sie Ihre Ergebnisse in einem Merksatz zusammen.
– Wiederholen Sie den ersten Versuchsteil mit einer Kombination aus Sammel- und Streulinsen. Beschreiben Sie Ihre Beobachtung.

Material A: Blackboxes

Die Zeichnung zeigt vier verschiedene Situationen, in denen Lichtbündel durch eine Linse verlaufen (▶ A2).

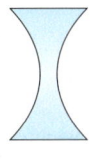
a

b

c

A1 Verschiedene Linsen

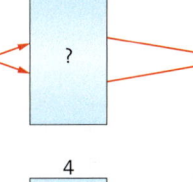

A2 Lichtbündel laufen durch verschiedene Linsen.

1 a ☐ Ordnen Sie die drei Linsen a, b und c (▶ A1) den Situationen 1 bis 4 zu (▶ A2).
  b ☑ Begründen Sie Ihre Zuordnung.

Material B: Abbildungsgleichung

Sowohl der Abbildungsmaßstab als auch die Abbildungsgleichung lassen sich aus den geometrischen Verhältnissen des konstruierten Strahlengangs herleiten.

Abbildungsmaßstab: $\frac{B}{G} = \frac{b}{g}$

Abbildungsgleichung: $\frac{1}{b} + \frac{1}{g} = \frac{1}{f}$

1 ■ Leiten Sie mithilfe der Konstruktion die Gleichung für den Abbildungsmaßstab und die Abbildungsgleichung selbst her (▶ B1).

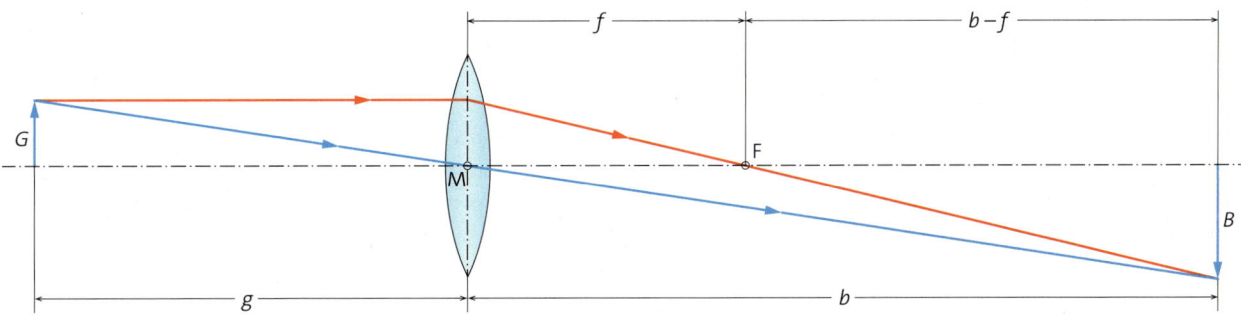

B1 Zur Herleitung der Abbildungsgleichung

Mit Geometrie-Software arbeiten

Mit Papier und Bleistift können wir das Bild, das durch eine Sammellinse entsteht, konstruieren. Wenn man aber Größen wie Brenn- oder Gegenstandsweite nachträglich verändern will, muss man immer eine neue Zeichnung anfertigen. Das ist sehr umständlich. Mit einer Geometrie-Software können wir geometrische Objekte darstellen und sie miteinander in Beziehung setzen. Anschließend lassen sich die Konstruktionen nachträglich verändern. Immer wenn man eine geometrische Darstellung verändern möchte, sollte man daher die Konstruktion in einer Geometrie-Software erwägen.

1 Konstruktionen mit Lineal und Bleistift sind zeitaufwendig.

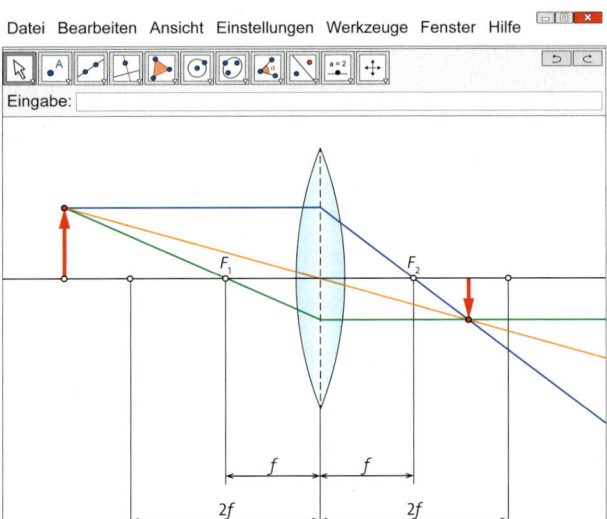

2 Darstellung einer Sammellinse in einer Geometrie-Software

Schaltflächen • Die meisten Programme sind ähnlich aufgebaut. Im **Grafikfenster** befindet sich ein zweidimensionales Koordinatensystem. Darin werden geometrische Objekte dargestellt. Man kann das Koordinatensystem durch Drücken und Halten der linken Maustaste mit der Maus verschieben oder mit dem Mausrad den Maßstab verändern.

Geometrische Objekte können auf zwei Wegen erzeugt werden. Über dem Grafikfenster befindet sich die **Werkzeugleiste**. Mit ihren einzelnen Werkzeugen, die in Werkzeugkästen geordnet sind, kann man geometrische Objekte wie Punkte oder Geraden mit der Maus erzeugen. Bei Programmstart ist das Werkzeug *Bewege* aus dem ersten Werkzeugkasten aktiv. Ein gewähltes Werkzeug bleibt solange aktiv, bis ein anderes Werkzeug ausgewählt wird. Es ist wichtig, sich einen Überblick über die einzelnen Werkzeuge zu verschaffen.

Links vom Grafikfenster befindet sich das **Algebrafenster**. Hier kann man selbst Befehle eingeben. Der Punkt A(1|2) wird z. B. mithilfe des Befehls „A = (1,2)" und Drücken der Taste <Enter> erzeugt. Das Objekt, hier der Punkt A, wird dann im Koordinatensystem dargestellt.

Oft gibt es mehrere Wege, um zum gleichen Ergebnis zu kommen. Welchen Weg man wählt, richtet sich nach dem Anwendungsszenario, aber auch nach der persönlichen Präferenz.

Bearbeitung • Objekte können bei Bedarf mit der Maus verschoben werden. Über das Kontextmenü (rechte Maustaste) sind dann Eigenschaften wie z. B. die Benennung, Koordinaten, Farbe oder Sichtbarkeit einstellbar. Fehlerhafte Eingaben können jederzeit über den Rückgängig-Button korrigiert bzw. zurückgenommen werden.

Variablen erzeugen • Für eine erste Konstruktion soll eine Sammellinse mit der Brennweite $f = 2$ cm verwendet werden. Die Höhe des Gegenstands beträgt $G = 3$ cm. Er steht in einer Entfernung von $g = 7$ cm vor der Linse (▶ 3). Damit man diese Größen ändern kann, muss man sie als Variablen definieren. Dazu nutzt man das Werkzeug *Schieberegler*. Dieses Werkzeug erzeugt automatisch eine entsprechende Variable im Algebrafenster. Die Variablen sollten anschließend zweckmäßig benannt werden.

Alternativ dazu kann man im Algebrafenster den Befehl „$f = 2$" eingeben. Einen Schieberegler erzeugt man im Grafikfenster, indem man den Button links neben dem Befehl aktiviert. Die Grenzen des Schiebereglers kann man über einen Doppelklick im Dialogfenster einstellen. Für die übrigen Variablen wählt man $0 \leq f \leq 10$ und $0 \leq g \leq 15$. Jetzt kann man die Brennweite f und die Gegenstandsweite g variieren.

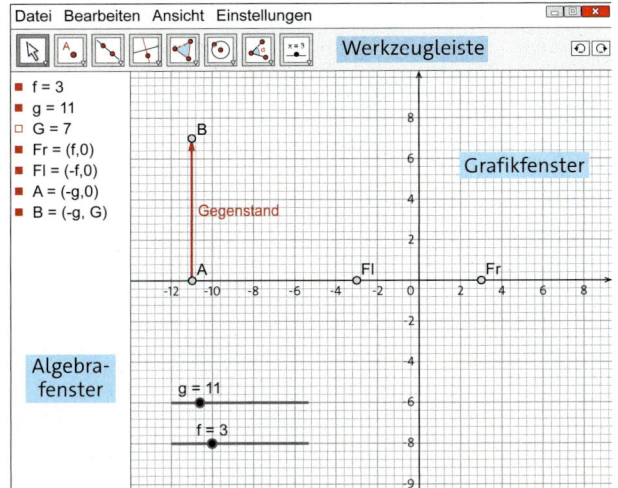

3 Schaltflächen und erste Schritte in der Geometrie-Software

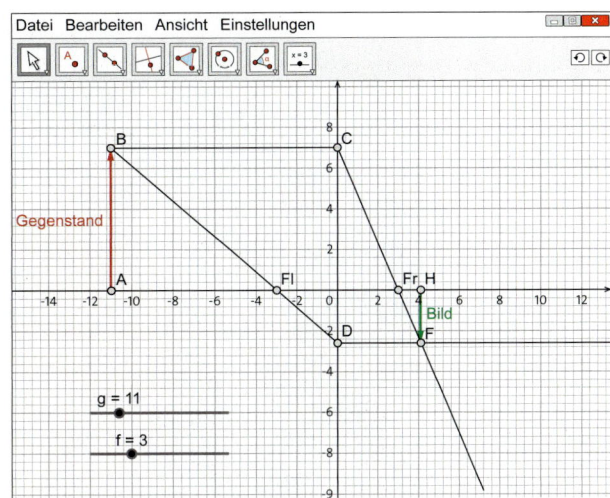

4 Konstruktion der Sammellinse in der Geometrie-Software

Für die Konstruktion wählt man als optische Achse die *x*-Achse und als Mittelebene der Linse die *y*-Achse. Dann erzeugt man beiden Brennpunkte Fr und Fl, deren *x*-Koordinate gerade der Brennweite *f* entsprechen soll. Im Algebrafenster entspricht das den Befehlen „Fr=(f,0)" und „Fl=(-f,0)". Alternativ dazu kann man auch das Werkzeug *Punkt* auswählen und einen Punkt irgendwo auf der *x*-Achse erzeugen. Die *x*-Koordinate dieses Punkts muss noch von f abhängig gemacht werden. Nach einem Doppelklick auf den Punkt ersetzt man im geöffneten Dialogfenster die Angabe Punkt(xAchse) durch z. B. „Fr=(f,0)". Für den Gegenstand wählt man die Pfeildarstellung. Hierzu erzeugt man zuerst zwei beliebige Punkte und ändert im Dialogfenster die Eintragungen auf „A=(-g,0)" und „B=(-g,G)" ändern. Den Pfeil erstellt man im Algebrafenster mit „Gegenstand=Vektor(A,B). Alternativ kann man die Werkzeugleiste nutzen. Dazu wählt man das Werkzeug *Vektor* und klickt mit der Maus nacheinander auf die Punkte A und B, sodass einen Pfeil von A nach B erzeugt wird.

Parallelstrahl konstruieren • Wie auch auf dem Papier wählt man nun zwei besondere Lichtstrahlen aus. Der Parallelstrahl besteht aus zwei Teilen. Der erste Teil ist die zur *x*-Achse parallele Strecke von der Spitze des Gegenstands bis zur *y*-Achse. Dazu erzeugt man zuerst den Punkt C(0|G). Mit dem Werkzeug „Strecke" legt man durch Mausklick Anfangs- und Endpunkt fest. Der entsprechende Befehl für das Algebrafenster heißt „ParallelStrecke=Strecke(B,C)". Der zweite Teil des Parallelstrahls ist der Strahl, der vom Punkt C ausgeht und durch den rechten Brennpunkt Fr verläuft. Dazu klickt man mit dem Werkzeug *Strahl* nacheinander die Punkte C und Fr an. Im Algebrafenster entspricht dies dem Befehl „ParallelStrahl=Strahl(C,Fr)".

Brennstrahl konstruieren • Für den Brennstrahl konstruiert man zuerst einen Hilfsstrahl durch die Punkte B und Fl. Dieser Strahl schneidet die Mittelebene der Linse im Punkt D. Diesen Punkt kann man mit der Maus setzen oder das Werkzeug *Schneide* benutzen. Dazu muss man den Brennstrahl und die *y*-Achse mit der Maus auswählen. Dadurch wird der Punkt D erzeugt. Den Hilfsstrahl blendet man aus, indem er über das Algebrafenster deaktiviert wird. Jetzt kann man die Strecke BD erzeugen.

Vom Punkt D aus erzeugt man einen zur *x*-Achse parallelen Strahl. Dazu benötigt man den Hilfspunkt E. Die *x*-Koordinate des Punktes E ist positiv, die *y*-Koordinate entspricht der des Punktes D. Die Eingabe im Dialogfenster lautet z. B. „E=(5,y(D))".

Das Bild konstruieren • Der Strahl DE schneidet den Strahl CFr im Punkt F. Man erhält ihn mit dem Werkzeug Schneide. Der Punkt F hat dieselben Koordinaten wie das Bild der Pfeilspitze. Der Fußpunkt des Pfeils liegt auf der *x*-Achse. Hierzu erzeugt man wieder einen beliebigen Punkt und ändern im Dialogfenster die Darstellung in „H=(x(F),0)". Dann erzeugt man einen Pfeil von H nach F. Dieser Pfeil ist das Bild des Pfeils AB.

1 📝 Führen Sie die im Text beschriebene Konstruktion durch und erzeugen Sie zur Kontrolle auch den Mittelpunktstrahl.

2 ⬛ „Eine Geometrie-Software zeichnet nach den Vorgaben der Strahlenoptik. Mit der Zeichnung kann man Bildfehler nicht erklären." Nehmen Sie zu dieser Aussage Stellung.

5.3 Auge und Sehen

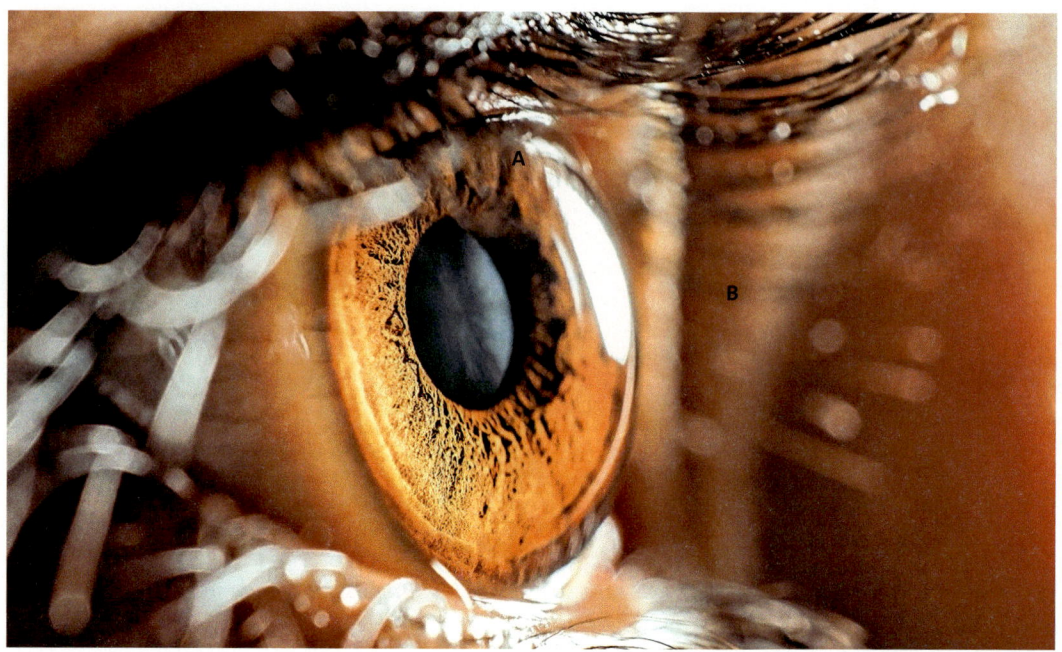

1 Das menschliche Auge

Die Augen sind für das Sehen verantwortlich. Dabei muss das Licht von einem Gegenstand reflektiert und in das Auge gelangen, damit man etwas sehen kann. Aber wie ist ein Auge aufgebaut? Und was geschieht eigentlich im Auge, damit tatsächlich ein Bild entsteht?

Aufbau des Auges • Wenn man seine Augen in einem Spiegel betrachtet, sieht man die **Regenbogenhaut** bzw. Iris. Sie kann braun, blau oder grün sein und sieht bei jedem Menschen etwas anders aus. Durch die Öffnung in ihrer Mitte, die **Pupille,** gelangt Licht in das Auge. Damit wirkt die Iris wie eine Lochblende, deren Öffnung je nach Helligkeit groß oder klein wird.

Das Licht wird beim Eintritt in das Auge gebrochen. Den wesentlichen Anteil an der Brechung liefert die Kombination aus Hornhaut und Kammerwasser aus der vorderen Augenkammer. Beides befindet sich vor der Iris und wirkt wie eine Sammellinse (▶2). Hinter der Iris befindet sich die eigentliche **Augenlinse,** die zusammen mit der gekrümmten Hornhaut und dem Kammerwasser eine Linsenkombination mit einer Brennweite von etwa 1,7 cm bildet. Sie ist mit Zonulafasern am Ziliarmuskel befestigt.

Das Innere des Auges bildet der durchsichtige Glaskörper, der fast ausschließlich aus Wasser besteht. An der Innenwand des Auges befindet sich die **Netzhaut.** Dort entsteht ein auf dem Kopf stehendes Bild des Gegenstands. Die Netzhaut enthält sehr viele lichtempfindliche Zellen. Am **blinden Fleck** befinden sich keine lichtempfindlichen Zellen. Hier werden alle Nervenfasern zum **Sehnerv** gebündelt. Sie übertragen die Signale der lichtempfindlichen Zellen zum Gehirn, welches das auf dem Kopf stehende Bild wieder umdreht. Die äußere Hülle des Auges bildet die sehr feste **Lederhaut.** Dort setzen Muskeln an, die das Auge bewegen.

Lederhaut
Aderhaut
Ziliarmuskel
Zonulafasern
Iris
Kammerwasser
Pupille
Hornhaut
Augenlinse
Augenkammern
Glaskörper
Netzhaut
blinder Fleck
Sehnerv

2 Aufbau des Auges

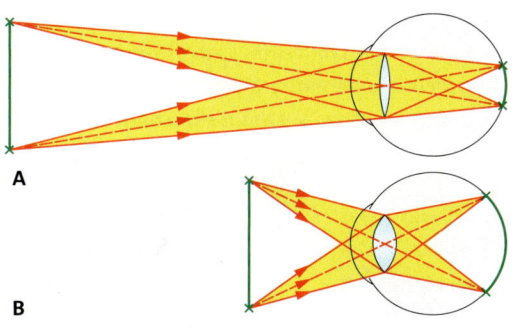
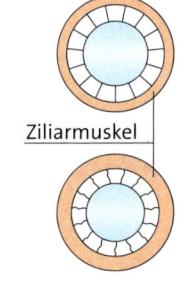

A

B

Ziliarmuskel

3 Verformung der Linse für Sehen **A** in der Ferne; **B** in der Nähe

Auf der Netzhaut des Auges entsteht ein scharfes und auf dem Kopf stehendes Bild.

Scharfe Sicht • Um den Strahlengang im Auge zu beschreiben, fassen wir alles, was zur Brechung beiträgt, in einem vereinfachenden Modell zu einer einzigen Linse zusammen. Die Netzhaut dient als Schirm (▶ **3**).

Anders als bei unseren bisherigen Experimenten ist beim Sehvorgang im Auge sowohl die Bildweite als auch die Gegenstandsweite vorgegeben. Das Scharfstellen muss daher durch Verformen der Augenlinse erfolgen. Bei der Verformung ändert sich ihre Brennweite. Diese Anpassung nennt man **Akkommodation.**

Fern und nah • Wenn wir in die Ferne sehen ($g > 1\,\text{m}$), ist der ringförmige Ziliarmuskel entspannt. Dadurch stehen die Zonulafasern unter Spannung und ziehen die Augenlinse straff. Diese ist dann nur schwach gekrümmt und hat die nötige große Brennweite (▶ **3A**).

Beim Sehen in der Nähe zieht sich der Ziliarmuskel zusammen und sein Innendurchmesser wird kleiner. Dadurch sind die Zonulafasern weniger stark gespannt, die Augenlinse zieht sich zusammen und krümmt sich stärker. Ihre Brennweite wird dabei kleiner (▶ **3B**).

Die Gegenstandsweite von etwa 25 cm wird als **deutliche Sehweite** bezeichnet: Hier kann man Gegenstände ohne Überanstrengung längere Zeit betrachten. Am **Nahpunkt,** einer Gegenstandsweite von etwa 10 cm, erschlaffen die Zonulafasern vollständig. Bei dieser Entfernung kann man gerade noch ein scharfes Bild sehen.

Die Akkommodation der Augenlinse ermöglicht es, in verschiedenen Entfernungen scharf zu sehen.

Größensehen und Sehwinkel • Wenn man abends den Vollmond siehst, dann kann man ihn mit dem Daumen vollständig verdecken, obwohl der Daumen sehr viel kleiner ist als der Mond. Denn beide erzeugen ein gleich großes Bild auf der Netzhaut. Für beide Gegenstände ist der Winkel zwischen den Randstrahlen gleich groß (▶ **4**). Dieser Winkel wird als **Sehwinkel** bezeichnet.

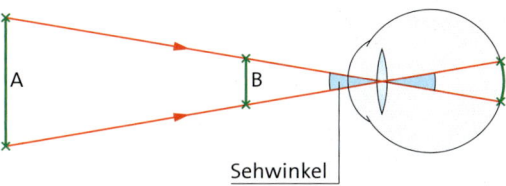

A B

Sehwinkel

4 Gleicher Sehwinkel bei Gegenständen unterschiedlicher Größe

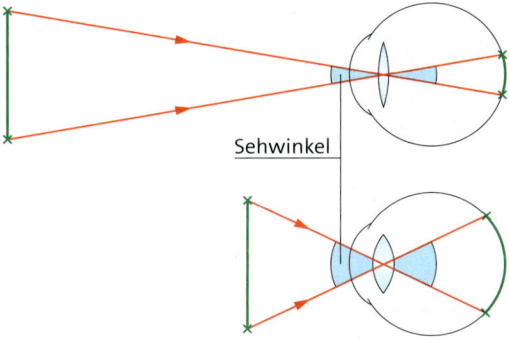

Sehwinkel

5 Sehwinkel für einen Gegenstand bei verschiedenen Gegenstandsweiten

Wenn man einen Gegenstand immer näher an sein Auge bringt, dann vergrößert sich der Sehwinkel. Gleichzeitig wird das Bild auf der Netzhaut ebenfalls immer größer (▶ **5**).

Der Sehwinkel bestimmt, wie groß wir einen Gegenstand sehen.

1 ☑ Verschließen Sie ein Auge und halten Sie sich Ihren Daumen vor das geöffnete Auge. Bis zu welcher Entfernung können Sie Ihren Daumen scharf sehen? Erklären Sie, warum Sie Daumen und Hintergrund nicht gleichzeitig scharf sehen können.

Fehlsichtigkeit

Rund zwei Drittel aller Personen ab 16 Jahren in Deutschland tragen zumindest gelegentlich – also z. B. beim Lesen – eine Brille. Im fehlsichtigen Auge wird das Bild eines Gegenstands nicht scharf auf der Netzhaut abgebildet. Dies ist dann der Fall, wenn die Länge des Augapfels und die einstellbare Brennweite der Linse nicht zueinander passen. Die Brille korrigiert dabei eine Fehlsichtigkeit des Auges, damit auf der Netzhaut ein scharfes Bild entstehen kann.

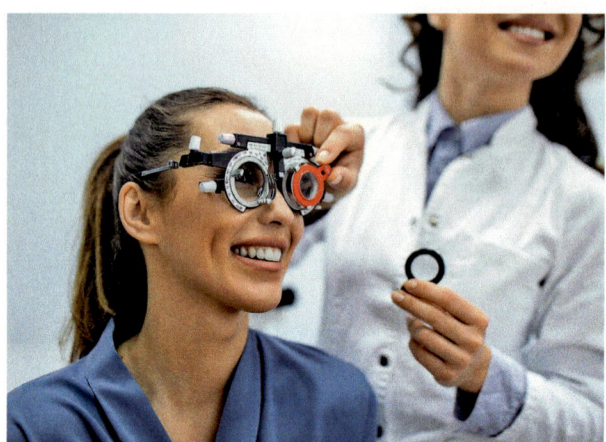

1 Messung der Sehstärke für die Anfertigung einer Brille

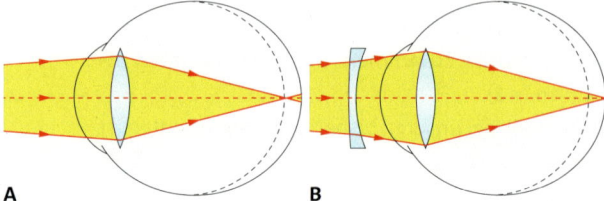

A **B**

2 **A** Kurzsichtiges Auge, **B** mit Korrektur

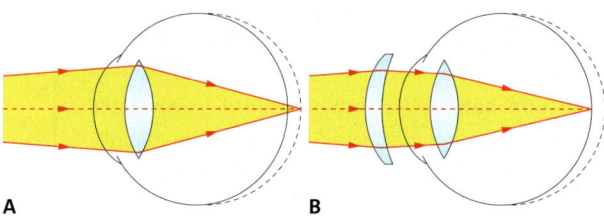

A **B**

3 **A** Weitsichtiges Auge, **B** mit Korrektur

Das kurzsichtige Auge • Kurzsichtige Menschen sehen weit entfernte Gegenstände unscharf. Sie können ihre Augenlinse nicht genügend abflachen, um auf der Netzhaut ein scharfes Bild zu erzeugen. Das scharfe Bild entsteht vor der Netzhaut (▶ **2A**). Jeder weit entfernte Gegenstandspunkt wird daher auf der Netzhaut zu einem Bildfleck, der auf mehrere lichtempfindliche Zellen trifft. Nahe Gegenstände können dagegen scharf gesehen werden, da hier keine so starke Abflachung der Linse nötig ist.

Das weitsichtige Auge • Weitsichtige Menschen sehen Gegenstände, die sich dicht vor dem Auge befinden, unscharf. Im Vergleich zum gesunden Auge kann sich die Linse nicht genügend krümmen, das scharfe Bild entsteht deswegen nicht auf, sondern etwas hinter der Netzhaut (▶ **3A**). Gegenstände in der Ferne können weitsichtige Personen jedoch scharf sehen, da sich die Linse hierzu nicht so stark krümmen muss.

Die Funktion der Brille • Brillen sorgen dafür, dass auf der Netzhaut scharfe Bilder entstehen. Im Fall der Kurzsichtigkeit muss jeder Bildpunkt etwas weiter nach hinten verschoben werden. Das ist dann der Fall, wenn das ins Auge gelangende Licht durch die Linse der Brille etwas aufgeweitet wird. Die Korrekturlinse ist also eine Zerstreuungslinse (▶ **2B**). Umgekehrt muss die Brille für eine weitsichtige Person dafür sorgen, dass das einfallende Licht stärker gebündelt wird. Hierfür wird eine Sammellinse eingesetzt (▶ **3B**).
Je nachdem wie ausgeprägt die Fehlsichtigkeit ist, muss die Brille das Licht mehr oder weniger stark brechen.

Altersweitsichtigkeit • Mit zunehmendem Alter gelingt die Anpassung der Linse eines gesunden Auges im Nahbereich nicht mehr so gut. Zum Lesen ist daher eine Brille mit Sammellinsen nötig. Kurzsichtige Menschen nutzen im Alter häufig Gleitsichtbrillen, in die Bereiche mit verschiedener Brennweite eingearbeitet sind, sodass sie sowohl nahe als auch weit entfernte Gegenstände scharf sehen können.

Die Dioptrie • Das Brechungsvermögen einer Linse wird durch den Begriff Brechkraft beschrieben. Die Brechkraft ist gleich dem Kehrwert der Brennweite und wird in der Einheit Dioptrie ($1\,dpt = \frac{1}{m}$) angegeben. Bei Sammellinsen ist die Brechkraft positiv, bei Zerstreuungslinsen negativ.

Laserkorrektur • Durch eine Operation lässt sich die Brechkraft der Hornhaut verändern. Dabei wird mithilfe von Laserstrahlen Gewebe abgetragen und die Krümmung der Hornhaut verändert. Dadurch ändert sich die Brechung in der Linse so, dass der Brennpunkt wieder auf der Netzhaut liegt. Leicht fehlsichtige Menschen können nach einer solchen Operation wieder ohne Brille scharf sehen.

1 ☑ Erläutern Sie, wie Sie herausfinden können, ob eine Brille einer kurz- oder weitsichtigen Person gehört. Fertigen Sie eine Skizze an.

2 ☑ Recherchieren Sie zu den verschiedenen Laseroperationen am Auge. Dokumentieren Sie tabellarisch.

Versuch A: Versuche zum Sehen

V1 Minimale Sehweite des Auges

Bei einer Sammellinse wird ein Gegenstand nur auf dem Schirm abgebildet, wenn er einen Mindestabstand zur Linse hat. Ähnliches gilt auch für das Auge. Das kann man im Experiment feststellen.

Materialien: Papier, Lineal

Durchführung:

– Schreiben Sie verschieden große Buchstaben auf ein Blatt Papier und legen Sie das Blatt auf den Tisch.
– Nähern Sie sich langsam von oben dem Blatt und versuchen Sie festzustellen, bis zu welchem Abstand Sie die Buchstaben gerade noch scharf erkennen können.
– Messen Sie mit einem Lineal den Abstand zwischen Auge und Papier.

– Tragen Sie die verschiedenen Messwerte Ihrer Mitschülerinnen und Mitschüler zusammen.
– Werten Sie diese aus und interpretieren Sie mögliche Auffälligkeiten.

4 Messung des Nahpunkts

V2 Blinder Fleck

An einer Stelle der Netzhaut, dem blinden Fleck, befinden sich keine lichtempfindlichen Zellen. Wie diese Stelle die Wahrnehmung beeinflusst, kann man mit diesem Versuch erfahren.

Materialien: die folgende Abbildung

     ●

Durchführung:

– Halten Sie das linke Auge mit der Hand zu und schauen Sie mit dem rechten Auge auf den Stern. Nähern Sie sich dem Buch immer weiter an.
– Beschreiben Sie Ihre Beobachtung. Können Sie den Kreis während der ganzen Zeit sehen?
– Erklären Sie Ihre Beobachtung.

Versuch B Versuche zum Sehen II

V2 Hell-Dunkel-Sehen

Materialien: dunkler Raum, Taschenlampe

Durchführung:

– Gehen Sie mit einer Taschenlampe zu zweit in einen dunklen Raum und warten Sie etwa fünf Minuten, damit sich Ihre Augen an die Dunkelheit gewöhnt haben.
– Richten Sie dann die Taschenlampe auf das Gesicht der anderen Person und schalten Sie die Lampe kurz ein. Beschreiben Sie Ihre Beobachtung.
– Bei Blitzlichtaufnahmen sind die Pupillen oft rot, da bei weit geöffneter Pupille die gut durchblutete Netzhaut besonders gut zu sehen ist. Begründen Sie, warum die Pupille bei Blitzlichtaufnahmen oft weit geöffnet ist.
– Überlegen Sie, was nötig ist, damit Fotos ohne rote Augen entstehen.

V4 Räumliches Sehen

In beiden Augen entsteht ein Bild auf der Netzhaut. Wie beide Augen beim Sehen zusammenarbeiten, kann man mit den folgenden Versuchen ausprobieren.

Durchführung:

– Strecken Sie einem Arm aus und stellen Sie Ihre Daumen auf. Peilen Sie nun einen entfernt liegenden Gegenstand nur mit einem Auge über den Daumen an.
– Wiederholen Sie dies mit dem anderen Auge. Öffnen Sie beide Augen abwechselnd und in schneller Folge.
– Beschreiben und erklären Sie Ihre Beobachtung.
– Halten Sie ein Auge zu und versuchen Sie mit der anderen Hand verschiedene Gegenstände auf dem Tisch vor Ihnen mit einem Finger zu berühren.
– Beschreiben Sie, welche Schwierigkeiten dabei auftreten. Begründen Sie, warum diese Schwierigkeiten auftreten.

V4 Räumliches Sehen II

Materialien: Papier

Durchführung:

– Rollen Sie ein Blatt Papier zu einer Röhre und halten Sie diese direkt vor ein Auge.
– Halten Sie die andere Hand so neben die Röhre, dass Sie diese mit dem anderen Auge sehen können.
– Beschreiben Sie, was Sie sehen, wenn Sie Ihre Augen auf „in die Ferne sehen" einstellen.

5 Versuch zum räumlichen Sehen

5.4 Optische Instrumente

1 Der Blick durch die Lupe bringt faszinierende Details ans Licht.

Die Sesam- und Mohnkörner auf dem Brötchen sind so klein, dass die Einzelheiten mit dem Auge allein nicht zu erkennen sind. Warum sehen Sie beim Blick durch die Lupe viel mehr Details?

Die Grenze des Sehens • Einzelheiten von kleinen, nahen, aber auch von großen, weit entfernten Gegenständen kann man kaum erkennen, weil das Bild der Gegenstände auf der Netzhaut winzig ist. In beiden Fällen ist der Sehwinkel, unter dem der Gegenstand zu sehen ist, sehr klein.

Wenn der Sehwinkel zu klein ist, dann treffen Lichtbündel nahe beieinanderliegender Punkte dieselbe Sinneszelle auf der Netzhaut. Es wird also nur ein Signal ans Gehirn weitergeleitet. Das bedeutet, dass man beide Punkte nur als einen Punkt wahrnimmt. Damit zwei Punkte eines Gegenstands getrennt wahrgenommen werden, müssen die von ihnen ausgehenden Lichtbündel auf zwei unterschiedliche lichtempfindliche Zellen im Auge treffen.

Auflösungsvermögen • Wenn wir die Sesamkörner auf dem Brötchen (▶**1**) aus immer größerer Entfernung betrachten, dann sehen wir sie irgendwann nicht mehr getrennt. Der Sehwinkel ist zu klein. Umgekehrt kann man die Körner aber nicht aus beliebig kurzer Entfernung betrachten, weil man sie nur scharf sehen kann, wenn sie mehr als 10 cm entfernt sind. In diesem Fall kann das Auge zwei Punkte gerade noch unterscheiden, wenn sie einen Abstand von 0,03 mm voneinander haben. Dem entspricht ein Sehwinkel von $\frac{1}{60}$ Grad. Betrachtet man die beiden Quadrate (▶**4**) aus einer immer größer werdenden Entfernung, ist dieser Sehwinkel bei etwa 3,5–5 m erreicht. Die beiden Ränder fallen dann für das Auge in einem Punkt zusammen.

Für die Grenze, bis zu der man zwei Punkte noch auflösen kann, ist also nicht der Abstand der beiden Punkte entscheidend, sondern der Sehwinkel, unter dem die zwei Punkte gesehen werden.

2 Sehwinkel ohne (blau) und mit Lupe (hellblau)

Sehwinkel größer · Sehwinkel (zu) klein · Auge · Lupe · Brennweite

Die Lupe • Wenn man die Details eines Gegenstands sehen möchten, die das Auge allein nicht mehr auflösen kann, dann kann man den Gegenstand mit einer Sammellinse vergrößert auf einem Schirm abbilden. Das funktioniert, solange die Gegenstandsweite zwischen einfacher und doppelter Brennweite liegt ($2f > g > f$). Damit vergrößert sich der Sehwinkel, unter dem Sie die Details sehen. Allerdings steht das erzeugte Bild auf dem Kopf.

Wenn Sie die Sammellinse als Lupe einsetzen, können Sie den Gegenstand ohne Schirm betrachten. Dazu bringen Sie den Gegenstand zwischen Brennpunkt und Lupe, d. h. innerhalb der einfachen Brennweite. Jetzt erzeugt die Lupe ein virtuelles vergrößertes Bild des Gegenstandes direkt auf der Netzhaut. Durch die Vergrößerung nehmen wir das Bild unter einem größeren Sehwinkel wahr. Außerdem steht das virtuelle Bild genauso wie der Gegenstand aufrecht. Der Gegenstand erscheint dadurch deutlich vergrößert (▶2). Je stärker die Lupe vergrößert, desto besser können Sie nahe beieinander liegende Punkte auflösen.

Als Maß für die Vergrößerung durch eine Lupe wird der Vergrößerungsfaktor angegeben. Er berechnet sich als Verhältnis von Bildgröße mit Lupe zu Bildgröße ohne Lupe und beträgt meist zwischen 2 und 10.

> Lupen vergrößern den Sehwinkel.

Das Mikroskop • Zur Beobachtung von Kleinstlebewesen (▶6) reicht die Vergrößerung einer Lupe nicht aus. Hier wird ein Mikroskop eingesetzt, das noch stärker vergrößern kann.
Das Mikroskop arbeitet nach dem Prinzip der zweimaligen Vergrößerung (▶3). Die erste Linse, das Objektiv, erzeugt ein vergrößertes Bild des Gegenstands. Dieses reelle Zwischenbild wird dann mit einer Lupe, dem Okular, nochmals vergrößert. Für den Vergrößerungsfaktor des Mikroskops sind die Brennweiten der Linsen und ihre Positionen entscheidend. Damit das Zwischenbild möglichst groß wird, muss sich der Gegenstand knapp außerhalb der Brennweite des Objektivs befinden. Das Zwischenbild muss dagegen knapp innerhalb der Brennweite des Okulars liegen, damit man es durch das Okular wie durch eine Lupe betrachten kann.

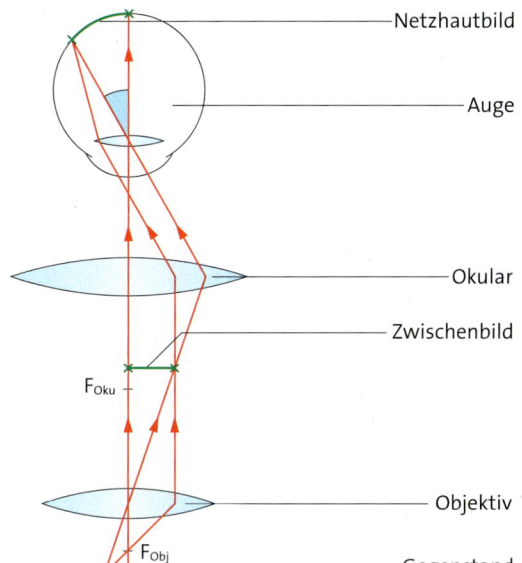

3 Strahlengang im Mikroskop

Labels: Netzhautbild, Auge, Okular, Zwischenbild, F_{Oku}, Objektiv, F_{Obj}, Gegenstand

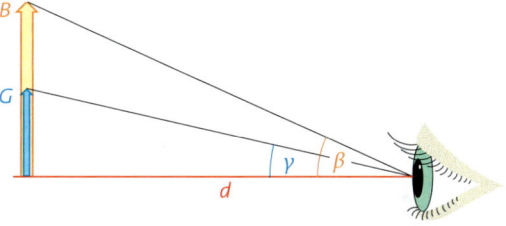

5 Vergrößerung des Sehwinkels

Labels: B, G, γ, β, d

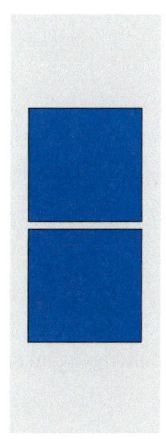

4 Versuch zum Auflösungsvermögen

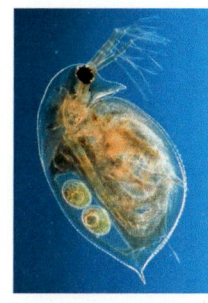

6 Wasserfloh unter dem Mikroskop

Mit verschiedenen Objektiven und Okularen passt man die Vergrößerung an. Aus dem Produkt der einzelnen Vergrößerungsfaktoren von Objektiv und Okular ergibt sich die Gesamtvergrößerung des Geräts. Mikroskope können etwa auf das 1000-fache vergrößern. Diese Auflösung ist stark genug, um Zellen und Bakterien zu beobachten.

Vergrößerung • Die Vergrößerung eines optischen Instruments ergibt sich als Vergrößerung der Sehwinkel, unter dem Gegenstand und Bild betrachtet werden, genauer gesagt, als das Verhältnis der Tangens dieser Sehwinkel (▶5):

$$V = \frac{B}{G} = \frac{d \cdot \tan\beta}{d \cdot \tan\gamma} = \frac{\tan\beta}{\tan\gamma}$$

1 ☑ Bestimmen Sie die Entfernung, aus der Sie die Quadrate (▶4) gerade noch getrennt wahrnehmen können. Stellen Sie die Messwerte Ihrer Mitschüler und Mitschülerinnen grafisch dar und interpretieren Sie diese.

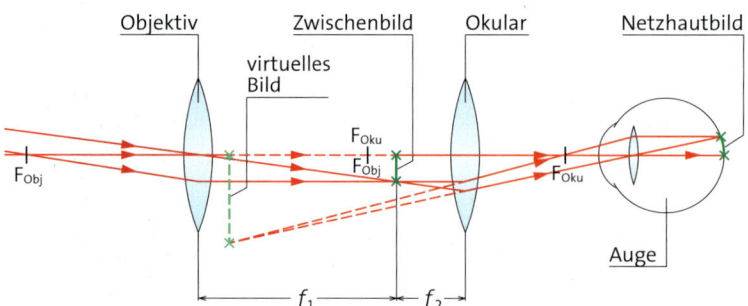

1 Strahlengang im Kepler-Fernrohr

2 Kepler-Fernrohr

Das Fernrohr • Klein erscheinende Details von weit entfernten Gegenständen wie der Mondoberfläche kann man nicht mit der Lupe vergrößern, weil der Mond zu weit entfernt ist. Er liegt deutlich außerhalb der doppelten Brennweite der Lupe. Unter dieser Bedingung ($g \gg f$) entsteht nur ein stark verkleinertes Bild der Oberfläche.

Wenn es aber gelingt, das (verkleinerte) Bild der Mondoberfläche mit einer weiteren Sammellinse zu betrachten, dann kann diese sehr stark vergrößert werden.

Das **astronomische Fernrohr** oder auch **Kepler-Fernrohr** (▶2) besteht daher aus zwei Sammellinsen: der Objektivlinse, die ein Zwischenbild erzeugt, und der Okularlinse, die dieses Zwischenbild wie eine Lupe vergrößert.

Den Strahlengang eines Kepler-Fernrohr beschreibt man wie folgt: Das Licht fällt zunächst durch das Objektiv. Dahinter entsteht ein verkleinertes, auf dem Kopf stehendes, reelles Zwischenbild. Je größer die Brennweite des Objektivs ist, desto größer wird dieses Zwischenbild. Die Okularlinse wirkt wie eine Lupe und vergrößert das Zwischenbild, das auf der Netzhaut entsteht (▶1).

Besonders günstig ist es, wenn das Zwischenbild nur knapp innerhalb der Brennweite des Okulars liegt und die Okularbrennweite im Vergleich zur Objektivbrennweite klein ist. Das Kepler-Fernrohr eignet sich für Beobachtungen, bei denen es nicht stört, dass das Bild auf dem Kopf steht und seitenverkehrt ist.

Für Beobachtungen auf der Erde ist das Kepler-Fernrohr wenig geeignet. Hier verwendet man das **terrestrische** oder **Galilei-Fernrohr** (▶4). Als Okularlinse dient hier anders als beim Kepler-Fernrohr eine Streulinse, die sich innerhalb der Brennweite des Objektivs befindet. Daher entsteht beim Galilei-Fernrohr kein Zwischenbild. Bei der Konstruktion befinden sich der Brennpunkt von Objektiv und Okular an der gleichen Stelle (▶3).

1 ◱ „Schiff von rechts!" Der Kapitän greift zum Kepler-Fernrohr und ist verwirrt. Erklären Sie, was er gesehen hat.

2 ◱ In der Astronomie werden häufig Spiegelteleskope verwendet. Recherchieren Sie deren Aufbau. Zeichnen Sie den Strahlengang und erläutern Sie den Vorteil dieser Bauform.

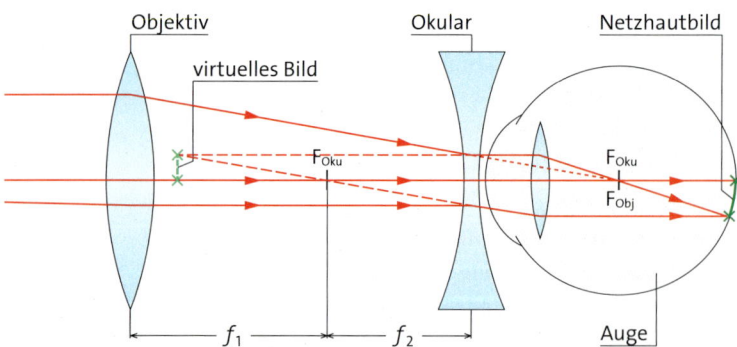

3 Strahlengang im Galilei-Fernrohr

4 Galilei-Fernrohr

Versuch A: Vergrößerungsmaßstab unter der Lupe

V1 Vergrößerung bestimmen

Materialien: Sammellinse, Stativ, Lineal

Arbeitsauftrag:
– Bauen Sie den Versuch wie in der Abbildung auf (▶ 5). Den Abstand zwischen Gegenstand und Lupe wählen Sie so, dass ein scharfes Bild entsteht.
– Betrachten Sie mit einem Auge das Lineal und gleichzeitig mit dem anderen Auge durch die Lupe einen Gegenstand.
– Bestimmen Sie, wie groß Sie den Gegenstand wahrnehmen.

– Wiederholen Sie den Versuch ohne Lupe.
– Ermitteln Sie den Quotienten aus beiden Messwerten. Dieser gibt die Vergrößerung an.
– Verändern Sie jetzt den Abstand zwischen Gegenstand und Lupe. Achten Sie dabei darauf, dass der Abstand zwischen Auge und Lupe gleich bleibt.
– Wiederholen Sie das Experiment mit verschiedenen Abständen.
– Vergleichen Sie die Vergrößerungen.

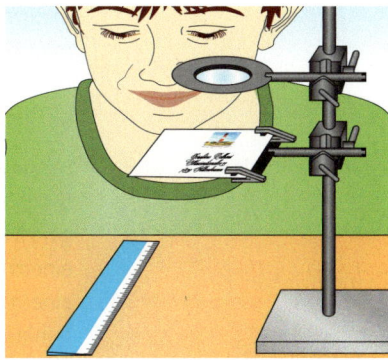

5 Bestimmung des Vergrößerungsfaktors einer Lupe

Versuch B: Optische Instrumente

V1 Bau eines Kepler-Fernrohrs

Materialien: Sammellinsen verschiedener Brennweite, Schiene

Arbeitsauftrag:
– Wählen Sie zwei Linsen aus und befestigen Sie sie so auf der Schiene, dass Sie einen weit entfernten Gegenstand scharf sehen, wenn Sie durch die beiden Linsen sehen.

– Wiederholen Sie den Versuch mit anderen Linsenkombinationen und stellen Sie fest, welche Kombinationen ein vergrößertes Bild liefern.
– Untersuchen Sie, mit welcher Linsenkombination der Gegenstand am größten erscheint. Formulieren Sie eine Regel.

– Drehen Sie das Fernrohr um und betrachten Sie einen nahen Gegenstand. Beschreiben Sie Ihre Beobachtung.
– Durch das Kepler-Fernrohr sehen Sie ein umgekehrtes Bild. Erklären Sie, wie Sie mit einer weiteren Linse aufrechte Bilder erhalten.

Material A • Der Lesestein

Die ältesten Hilfsmittel zur Vergrößerung eines nahen Gegenstands sind Lesesteine. Bereits 1000 n. Chr. wurden in Asien solche Halbkugeln aus Beryll, einem durchsichtigen Kristall, hergestellt.
Unsere Bezeichnung Brille erinnert noch heute an das ursprüngliche Material.

1 ☐ Beschreiben Sie, wie man Lesesteine vermutlich verwendet hat. Nennen Sie Gemeinsamkeiten und Unterschiede im Vergleich zur Lupe.

2 ◩ Heute werden Lesesteine aus Kunststoff oder Glas in verschiedenen Formen verwendet. Erläutern Sie, welche Form für welche Anwendung geeignet ist.

3 ◩ Ein Mitschüler behauptet: Ein Wassertropfen wirkt wie ein Lesestein. Probieren Sie dies aus und erklären Sie.

Verpflichtung Dr...
für Verzinsung und ...
Garantie ein Instrume...

Geld

Allgemein anerkannte...
mittel zur Erleichter...
entstand aus dem ...
leicht transportabl...

A1 Ein Lesestein vergrößert die Schrift.

Optische Abbildungen

Linsen	Linsen ändern durch ihre Form die Ausbreitungsrichtung des durchgehenden Lichts. Sammellinsen brechen parallel einfallendes Licht so, dass es im Brennpunkt der Linse zusammentrifft. Zerstreuungslinsen weiten hingegen einfallendes Licht. Die Brennweite einer Linse ist der Abstand zwischen der Mittelebene der Linse und dem Brennpunkt. Je kleiner die Brennweite, desto stärker verändert die Linse die Ausbreitungsrichtung des Lichts.
Bildkonstruktion	Linsen können für eine bestimmte Gegenstandsweite eine scharfe optische Abbildung (Bild) bei einer bestimmten Bildweite erzeugen. Dabei vereinigt sie das Licht, das von einem Gegenstandspunkt auf sie trifft, in einem Bildpunkt. Mithilfe von Parallel-, Mittelpunkt- und Brennpunktstrahlen kann das Bild eines Gegenstands konstruiert werden.
Abbildungsmaßstab und Abbildungsgleichung	Der Quotient aus Bildgröße B und Gegenstandsgröße G gibt den Abbildungsmaßstab an und entspricht dem Verhältnis aus Gegenstandsweite g und Bildweite b: $A = \frac{B}{G} = \frac{b}{g}$. Die Abbildungsgleichung beschreibt den Zusammenhang zwischen Brennweite, Gegenstandsweite und Bildweite: $\frac{1}{b} + \frac{1}{g} = \frac{1}{f}$.
Sehen und Sehwinkel	Beim Sehvorgang entsteht auf der Netzhaut ein scharfes Bild. Dabei wird die Linse des Auges so verformt, dass ihre Brennweite zur Entfernung des Gegenstands passt. Je größer der Sehwinkel ist, unter dem der Gegenstand erscheint, desto größer ist das Bild auf der Netzhaut. Zwei verschieden große Gegenstände können bei passenden unterschiedlichen Entfernungen unter gleichem Sehwinkel gesehen werden und so gleich groß erscheinen. Je näher man einen Gegenstand ans Auge heranbringt, desto größer erscheint sein Sehwinkel.
Optische Instrumente	Optische Instrumente vergrößern durch ihre Konstruktion aus meist verschiedenen Linsen mit unterschiedlichen Brennweiten den Sehwinkel.

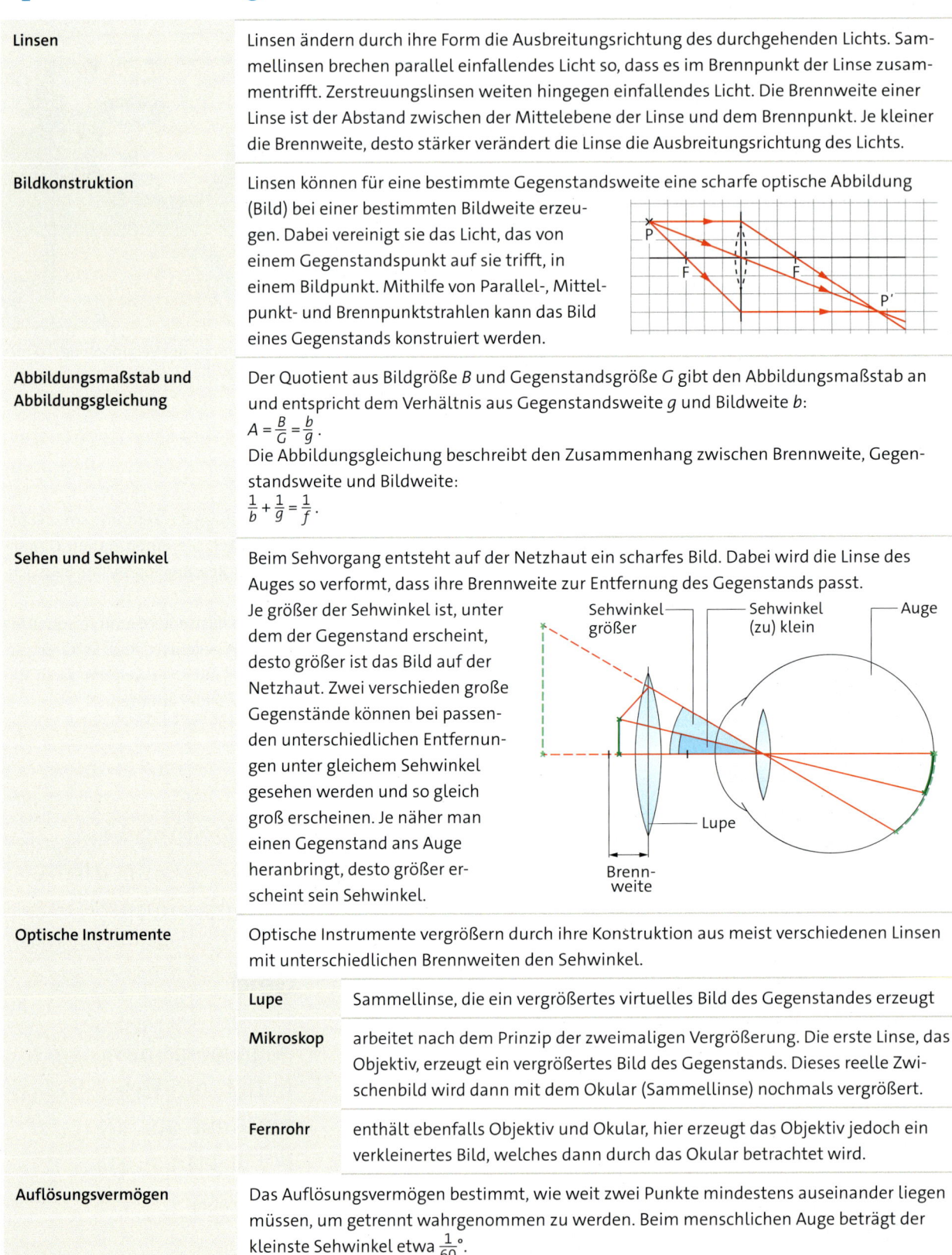

Lupe	Sammellinse, die ein vergrößertes virtuelles Bild des Gegenstandes erzeugt
Mikroskop	arbeitet nach dem Prinzip der zweimaligen Vergrößerung. Die erste Linse, das Objektiv, erzeugt ein vergrößertes Bild des Gegenstands. Dieses reelle Zwischenbild wird dann mit dem Okular (Sammellinse) nochmals vergrößert.
Fernrohr	enthält ebenfalls Objektiv und Okular, hier erzeugt das Objektiv jedoch ein verkleinertes Bild, welches dann durch das Okular betrachtet wird.

Auflösungsvermögen	Das Auflösungsvermögen bestimmt, wie weit zwei Punkte mindestens auseinander liegen müssen, um getrennt wahrgenommen zu werden. Beim menschlichen Auge beträgt der kleinste Sehwinkel etwa $\frac{1}{60}°$.

Übungsaufgaben

1 ☐ Formulieren Sie ein Experiment zur Erzeugung optischer Abbildungen mit Sammellinsen. Geben Sie das dazu notwendige Material an und beschreiben Sie die Durchführung. Notieren Sie qualitativ die zu erwartenden Ergebnisse hinsichtlich der Größe und Schärfe der Abbildung bei Ihrem gewählten Aufbau.

2 ☐ Konstruieren Sie das Bild einer Kerze, die sich in 10 cm Entfernung von einer Sammellinse mit einer Brennweite von 5 cm befindet. Bestimmen Sie die Bildgröße, wenn die Kerze 10 cm groß ist.

3 ☑ Simulieren Sie mithilfe eines Arbeitsblattes für eine dynamische Geometrie-Software die nachfolgend gezeichneten Abbildungen mit Sammellinsen.

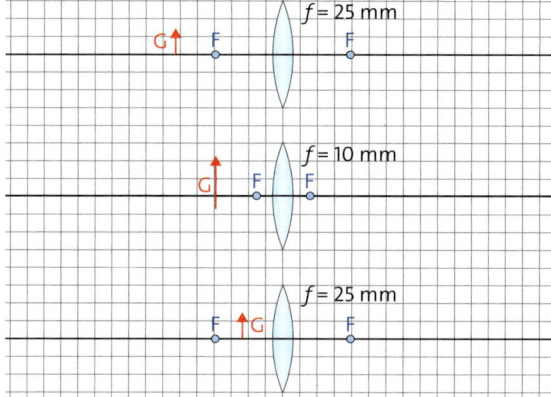

a Fertigen Sie jeweils einen Bildschirmausdruck an oder übertragen Sie die erzeugten Zeichnungen in Ihr Heft. Geben Sie den verwendeten Maßstab an.
b Vollziehen Sie den Strahlengang durch die Linse nach. Bestimmen Sie jeweils Gegenstands- und Bildweite unter Beachtung des Maßstabs.
c Bestimmen Sie in der dritten Abbildung die Lage und Größe des entstehenden virtuellen Bilds.

4 ☑ Eine Gruppe von Schülern hat die Zusammenhänge bei der Abbildung mit Sammellinsen auf Lernkarten notiert. Leider ist die Reihenfolge der Karten durcheinandergekommen. Ordnen Sie jeweils drei zusammengehörige Karten einander zu.

5 ☑ Mit einem astronomischen Fernrohr kann man entfernte Objekte beobachten.
a Untersuchen Sie die Funktionsweise eines astronomischen Fernrohrs und erklären Sie, welche Linsen verwendet werden und wie diese zusammenwirken.
b Erklären Sie, wie die Schärfe des Bilds eingestellt werden kann.

6 ☑ Das menschliche Auge hat einen Durchmesser von ca. 2 cm. Gegenstände in großer Entfernung können wir normalerweise scharf sehen.
a Begründen Sie, dass in dieser Situation die Brennweite des Auges ca. 2 cm beträgt. Gehen Sie davon aus, dass Licht von weit entfernten Gegenständen nahezu parallel auf das Auge trifft.
b Beschreiben Sie die Änderung der Brennweite der Augenlinse, wenn sich ein Gegenstand nähert.

Mithilfe des Kapitels können Sie:	Aufgabe	Hilfe
✓ Experimente zur Erzeugung optischer Abbildungen mithilfe von Linsen durchführen und die Entstehung des Bildes erläutern.	1, 6	S. 160-162, S. 164-166
✓ Bilder anhand augezeichneter Strahlen konstruieren und mithilfe einer dynamischen Geometrie-Software modellieren.	2, 3	S. 168-169
✓ die Gleichung für den Zusammenhang zwischen Brenn-, Gegenstands- und Bildweite herleiten und anwenden.	2, 3, 4	S. 166-167
✓ die Funktionsweise optischer Instrumente, z. B. Lupe, Mikroskop und Fernrohr, erläutern.	5	S. 174-176

▶ Die Lösungen zu den Übungsaufgaben finden Sie im Anhang.

6

Strahlungs-physik

- ▶ Sehr heißen Gegenständen sieht man ihre hohe Temperatur an, ohne sie berühren zu müssen. Sie glühen und man spürt auf der Haut die Wärme, die sie abstrahlen.

- ▶ Zwischen Wärmeabstrahlung und Temperatur gibt es dabei Gesetzmäßigkeiten, die man untersuchen kann.

- ▶ Ohne die Strahlung der Sonne wäre kein Leben auf der Erde möglich. Doch erst der Treibhauseffekt ermöglicht eine ausreichende Temperatur auf der Erde. Die Beeinflussung durch den Ausstoß gigantischer Mengen an Kohlenstoffdioxid durch den Menschen hat große Folgen auf das globale Klima.

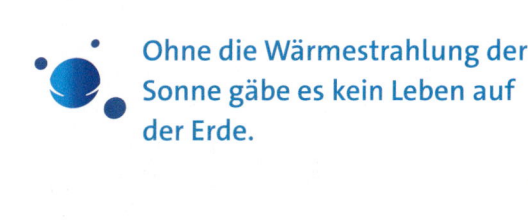

Ohne die Wärmestrahlung der Sonne gäbe es kein Leben auf der Erde.

6.1 Strahlungsgesetze

1 Verschieden warme Gegenstände im Wärmebild

Eine Wärmebildkamera nimmt Wärmestrahlung auf und stellt sie farbcodiert dar. Alle warmen Körper geben Wärmestrahlung ab – die heiße Tasse mehr als die Flaschen mit Zimmer- und Kühlschranktemperatur oder die Dose aus der Kühltruhe. Wie können wir das beschreiben?

Nutzung im Solarmodul • Ein Heizkörper gibt Wärme ab (▶3), die z. B. durch einen Solarkollektor aufgenommen und ursprünglich von der Sonne abgegeben wurde (▶2). Man sagt, der Kollektor **absorbiert** die Strahlung. Bei blauem Himmel kann eine solche Solarthermie-Anlage pro Quadratmeter Kollektorfläche eine Leistung von 900 W aufnehmen. Anscheinend ist hier die Leistung P je Fläche A wichtig. Diesen Quotienten nennt man **Leistungsdichte** $S = \frac{P}{A}$. Der Kollektor in ▶2 absorbiert die Strahlung mit einem Wirkungsgrad von 90 %. Somit hat die einfallende Sonnenstrahlung eine Leistungsdichte von $1000 \frac{W}{m^2}$, typisch für blauen Himmel.

> Ein Körper kann Wärmestrahlung absorbieren und dabei die Strahlungsenergie in thermische Energie umwandeln. Die pro Fläche A eintreffende Leistung P heißt Leistungsdichte $S = \frac{P}{A}$.

Emission von Wärmestrahlung • Der Arbeiter am Hochofen steuert die Strömung von flüssigem Eisen, das eine Temperatur von 1600 °C hat. Dieses sendet dabei so intensive Wärmestrahlung aus, dass der Arbeiter sich mit einem speziellen Anzug schützen muss (▶4). Man sagt, ein warmer Körper **emittiert** Wärmestrahlung. Welche Leistungsdichte hat dabei die Wärmestrahlung, die das Eisen emittiert?

2 Solarthermie-Kollektor

70.4

17.6

3 Wärmebild der Heizung zeigt die Wärmeabstrahlung.

Modellversuch zur Emission • Um die von flüssigem Eisen emittierte Wärmestrahlung zu bestimmen, führen wir einen Modellversuch durch, bei dem die Wärmeabstrahlung einer stark erhitzen Eisenplatte bestimmt wird (▶**5**). Dazu bringen wir zunächst die Eisenplatte mithilfe eines Gasbrenners auf eine konstante Temperatur. Diese messen wir mit einem elektrischen Thermometer in Kelvin.

Aufgrund ihrer Temperatur emittiert die Platte Wärmestrahlung. Deren Leistungsdichte S bestimmen wir mit einer Stoppuhr und einem Flüssigkeitsthermometer wie folgt: Wir messen die Temperaturänderung ΔT der Thermometerflüssigkeit für einen bestimmten Zeitraum Δt. Mithilfe der spezifischen Wärmekapazität c der Flüssigkeit ermitteln wir daraus die von der Flüssigkeit absorbierte Energie $\Delta E = c \cdot m \cdot \Delta T$ pro Zeit Δt, also die absorbierte Leistung P. Damit diese Leistung von einer homogen bestrahlten Fläche A absorbiert wird, umhüllen wir den unteren Bereich des Flüssigkeitsthermometers mit einem Zylinder aus Alufolie (▶**5**). Somit gilt für die Leistungsdichte:

$$S = \frac{P}{A} = \frac{\frac{\Delta E}{\Delta t}}{A} = \frac{c \cdot m \cdot \Delta T}{\Delta t \cdot A} = \frac{c \cdot m}{A} \cdot \frac{\Delta T}{\Delta t} \sim \frac{\Delta T}{\Delta t}.$$

Zur Durchführung der Messung bringen wir die Eisenplatte auf eine Temperatur T, hängen das Flüssigkeitsthermometer darüber und messen den Temperaturanstieg des Flüssigthermometers pro Zeit $\frac{\Delta T}{\Delta t}$. So führen wir eine Versuchsreihe für verschiedene Temperaturen T der Eisenplatte durch. Die Messwerte zeigen, dass $\frac{\Delta T}{\Delta t}$ und somit die dazu proportionale Leistungsdichte S überproportional mit der Temperatur T zunimmt (▶**6**). Wir probieren verschiedene Potenzgesetze aus und finden heraus, dass $\frac{\Delta T}{\Delta t}$ und damit S proportional zu T^4 ist (▶**7**):

$$S = \sigma \cdot T^4.$$

Den Proportionalitätsfaktor σ bestimmen wir mit der Masse der Flüssigkeit im Thermometer, der Querschnittsfläche und der Steigung in ▶**6**.

> Ein Körper mit einer absoluten Temperatur T emittiert Wärmestrahlung mit der Leistungsdichte $S = \sigma \cdot T^4$. Dieses Gesetz heißt Stefan-Boltzmann-Gesetz. Die Naturkonstante σ heißt Stefan-Boltzmann-Konstante:
> $\sigma = 5{,}67 \cdot 10^{-8} \, \frac{W}{m^2 \, K^4}$.

4 Arbeit mit flüssigem Eisen am Hochofen

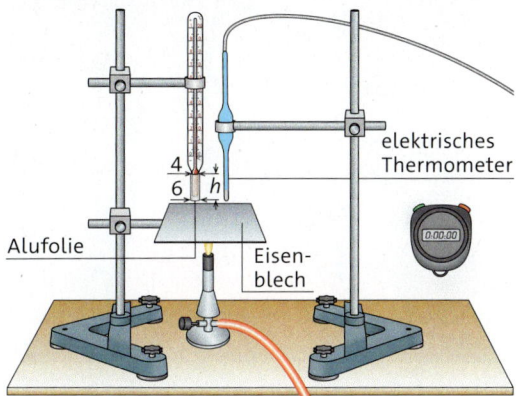

elektrisches Thermometer

Alufolie

Eisenblech

5 Modellversuch

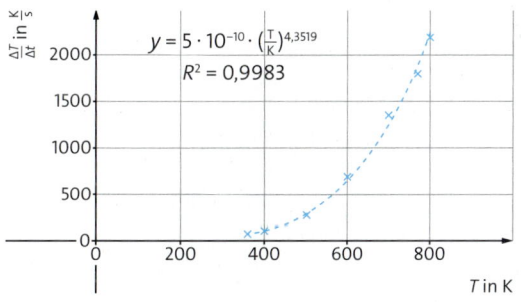

$\frac{\Delta T}{\Delta t}$ in $\frac{K}{s}$

$y = 5 \cdot 10^{-10} \cdot \left(\frac{T}{K}\right)^{4{,}3519}$

$R^2 = 0{,}9983$

T in K

6 Leistungsdichte abhängig von der Temperatur

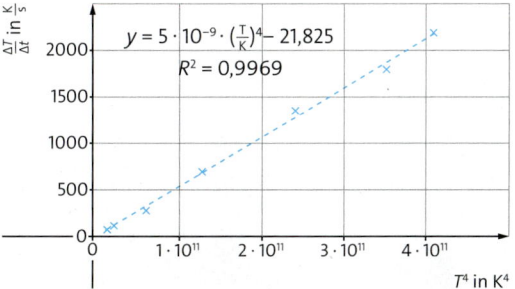

$\frac{\Delta T}{\Delta t}$ in $\frac{K}{s}$

$y = 5 \cdot 10^{-9} \cdot \left(\frac{T}{K}\right)^4 - 21{,}825$

$R^2 = 0{,}9969$

T^4 in K^4

7 Lineare Regression, abhängig von T^4

1 ☐ Ermitteln Sie die Leistungsdichte eines Körpers bei 37 °C und bei 1600 °C.

In der Physik rechnet man mit der absoluten Temperatur T, die in Kelvin angegeben wird. Umrechnung von der Celcius-Skala (ϑ): $T = \{\vartheta\} \, K + 273{,}15 \, K$

JOSEF STEFAN (1835–138) und LUDWIG BOLTZMANN (1844–1906) waren zwei österreichische Physiker..

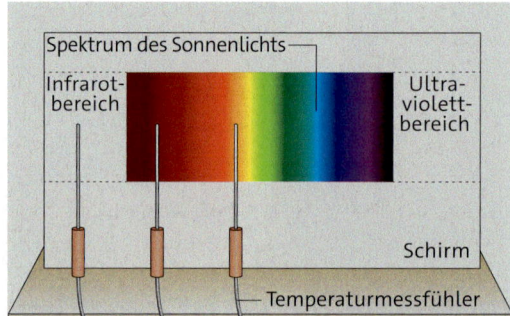

1 Erwärmung jenseits des roten Lichts

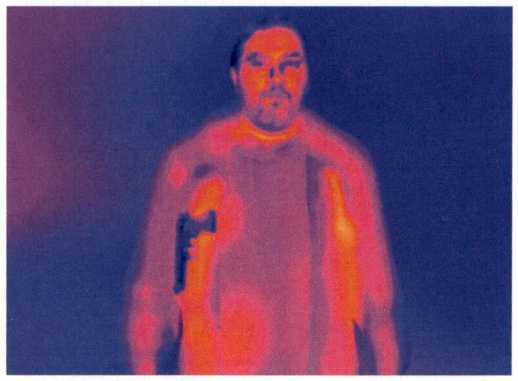

2 Terahertz-Strahlung zeigt eine Waffe am Körper.

Licht, IR- und Terahertz-Strahlung sind elektromagnetische Wellen.

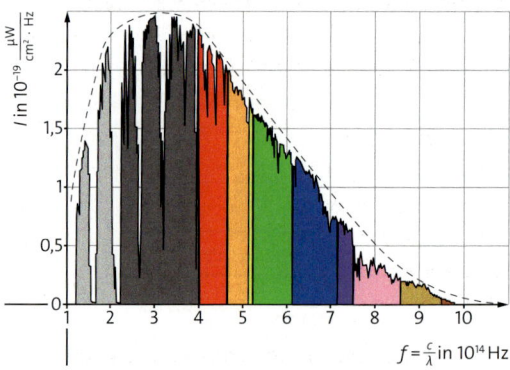

3 Spektrum der Sonne

4 Reflexion und Absorption: **A** im Hausbau; **B** im Experiment

Was ist Wärmestrahlung? • Welche Art Strahlung enthalten eigentlich die wärmenden Sonnenstrahlen? Das fragte sich schon der Musiker und Astronom WILHELM HERSCHEL im Jahr 1800. Dazu führte er in einem dunklen Raum ein einfaches Experiment durch. Er projizierte Sonnenstrahlen auf einen Schirm, die er zuvor mithilfe eines Prismas in die verschiedenen Farben zerlegte. So entstand das sichtbare Spektrum des Sonnenlichts (▶ **1**). Hinter dem roten Bereich konnte man keine weitere Spektralfarbe sehen. Dort platzierte Herschel Thermometer. Diese zeigten eine Erwärmung an. Er schlussfolgerte, dass die Thermometer eine unsichtbare Komponente der Sonnenstrahlen absorbierten, die jenseits des roten Lichts liegt, die sogenannte **Infrarotstrahlung** oder kurz **IR-Strahlung.**

Den unsichtbaren Teil des Spektrums jenseits von Rot, das Infrarot, können wir mit einer Wärmebildkamera aufzeichnen. Und was kommt jenseits des IR? Die Strahlung dahinter können wir mit einer Terahertz-Kamera sichtbar machen. Solche Kameras werden an Flughäfen verwendet, um bei Fluggästen versteckte Waffen zu finden (▶ **2**). Das funktioniert, da Kleidung die Terahertz-Strahlung durchlässt oder **transmittiert,** daher spricht man umgangssprachlich auch vom Nacktscanner.

> Ein Körper kann Strahlung durchlassen, das nennt man Transmission.

Die Bezeichnung Terahertz steht für eine Billion **Hertz** oder eine Billion Schwingungen pro Sekunde, $1\,\text{THz} = 10^{12}\,\text{Hz}$. Damit wird also die **Frequenz** f der Schwingung beschrieben. Man kann die Art der Strahlung durch deren Frequenz charakterisieren (▶ **5**). So kann man genau erfassen, welche Arten Sonnenstrahlung am Erdboden eintreffen (▶ **3**).

> Licht, Infrarotstrahlung und Terahertz-Strahlung werden durch ihre Frequenz charakterisiert.

Far-be	Blau	Grün	Gelb	Rot	IR	THz-Str.
f in THz	670	550	510	450	45	1

5 Frequenzen von Licht, IR- und Terahertz-Strahlung

Absorption, Reflexion und Farbe • In heißeren Ländern sind Häuser oft hell gestrichen (▶ **4A**). Den Vorteil erkennen wir im Versuch (▶ **4B**): Zwei gleiche Reagenzgläser werden mit Wasser gefüllt. Ein Glas ist schwarz und das andere weiß angestrichen. Wenn beide mit einer Lampe angestrahlt werden, dann steigt die Temperatur des schwarzen Reagenzglases schneller als die des weißen. Offensichtlich kommt vom weißen Reagenzglas viel Strahlung ins Auge des Betrachters, die auf weiße Flächen eintreffende Strahlung wird kaum absorbiert, sondern vor allem **reflektiert**. Daher werden weiße Häuser in der Sonne weniger warm – ein Vorteil in heißen Ländern.

| Ein Körper kann Strahlung reflektieren.

Farbe und Temperatur • Das Spektrum der am Erdboden eintreffenden Sonnenstrahlung weist – gerade für Frequenzen im Infrarotbereich – Lücken auf (▶ **3**). Diese entstehen dadurch, dass Moleküle in der Atmosphäre Strahlung bestimmter Frequenzen absorbieren. Ohne diese Absorption würde man ein kontinuierliches Spektrum erwarten, das durch das heiße Glühen der Sonnenoberfläche entsteht. Es ist als gestrichelte Linie eingezeichnet (▶ **3**). Im Sonnenspektrum ist aber nicht jede Frequenz mit der gleichen Intensität enthalten. Für die Strahlung der Sonne liegt das Maximum bei 341 THz.

Die Bremsscheibe eines Autos kann sich durch die Reibung beim Bremsen stark erwärmen. Sie beginnt zu glühen (▶ **6**). Je heißer dabei das Metall ist, desto intensiver und heller wird das Glühen. Daraus kann man schließen, dass sich das Strahlungsspektrum und auch die Frequenz maximaler Intensität mit der Temperatur des Strahlers verändert. Den Zusammenhang zwischen dieser Frequenz f_{max} und der Temperatur nennt man **Wien'sches Verschiebungsgesetz**:

$$f_{max} = T \cdot 0{,}059 \tfrac{\text{THz}}{\text{K}}.$$

So liegt diese Frequenz maximaler Intensität bei Eisen am Schmelzpunkt bei 110 THz, bei der Sonne bei 341 THz (▶ **3**) und beim menschlichen Körper bei 18 THz, alle im IR-Bereich.

> Wien'sches Verschiebungsgesetz: Je heißer ein Körper ist, desto höher ist die Frequenz f_{max} maximaler Intensität seiner thermischen Strahlung. Es gilt: $f_{max} = T \cdot 0{,}059 \tfrac{\text{THz}}{\text{K}}$.

6 Glühende Bremsscheibe

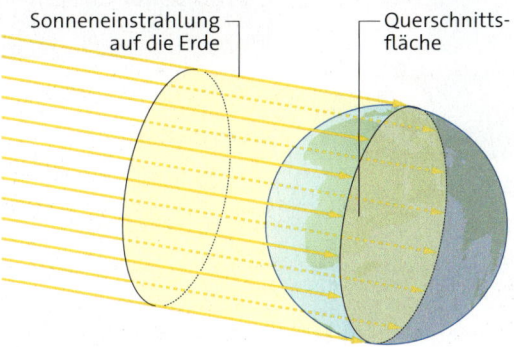

7 Solarkonstante und Leistung

Solarkonstante • Oberhalb der Erdatmosphäre ist die Leistungsdichte S der Sonnenstrahlung noch größer als am Erdboden. Denn die Atmosphäre absorbiert und reflektiert einen Teil. Die Leistungsdichte dort beträgt $S = 1370 \tfrac{\text{W}}{\text{m}^2}$ und wird **Solarkonstante** S_E genannt (▶ **7**).

Wärmestrahlung können wir nun so beschreiben: Sie wird von warmen Körpern emittiert, sie tritt jenseits des roten Lichts auf und hat entsprechende niedrigere Frequenzen.

1 ☑ Begründen Sie, warum Solarkollektoren schwarz sind.

2 ☐ Berechnen Sie aus den im Text genannten Frequenzmaxima f_{max} die jeweilige Oberflächentemperatur der Sonne, von schmelzendem Eisen und des menschlichen Körpers.

3 ☐ Berechnen Sie für die Wärmestrahlung, welche die Erdoberfläche bei 300 K emittiert,
a die Leistungsdichte,
b die Frequenz maximaler Intensität.

4 ☑ Erläutern Sie, warum die von einer Wärmebildkamera angezeigte Temperatur auch von der Oberfläche des Strahlers abhängt.

WILHELM WIEN (1864–1928) erhielt 1911 für seine Forschungsarbeiten zur Wärmestrahlung den Nobelpreis für Physik.

Versuch A Beobachtung und Messung von Strahlung

V1 Schwarz und weiß

Materialien: Lampe (möglichst hell), schwarzes und weißes Papier (etwa postkartengroß), Glasplatte

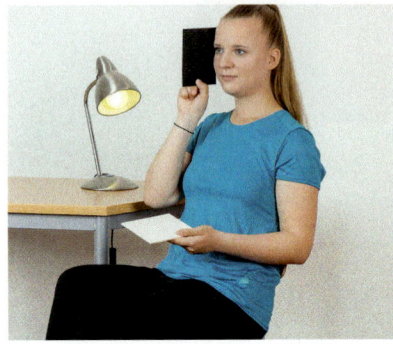

1 Schwarz und Weiß

Arbeitsauftrag:

– Halten Sie das schwarze Papier etwa 1 min lang ca. 10 cm vor die Lampe. Bringen Sie die bestrahlte Seite dicht vor Ihre Wange (▶1). Wiederholen Sie den Versuch mit dem weißen Papier. Vergleichen Sie, was Sie spüren.

– Halten Sie die Glasplatte zwischen Lampe und Papier. Wiederholen Sie die Durchführung mit den zwei Papieren und vergleichen Sie.

– Erklären Sie Ihre Beobachtungen. Verwenden Sie dabei die Begriffe: sichtbares Licht, Infrarotstrahlung, Absorption, Reflexion, Transmission, Energieaufnahme, Energieabgabe.

V2 Licht

Materialien: App zur Messung der Beleuchtungsstärke, Smartphone, Lampe, Lineal

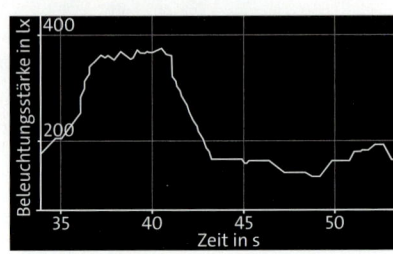

2 Beleuchtungsstärke

Arbeitsauftrag:

– Installieren Sie auf Ihrem Smartphone eine App zur Aufzeichnung der Beleuchtungsstärke E_V in Lux. Messen Sie die Beleuchtungsstärke der Beleuchtung an Ihrem Sitzplatz (▶2).

– Rechnen Sie die Beleuchtungsstärke in die Leistungsdichte mit der Formel $1\,lx = 1{,}4\,\frac{mW}{m^2}$ für grünes Licht um.

– Ermitteln Sie so die Solarkonstante bei blauem Himmel. Messen Sie die Beleuchtungsstärke bei unterschiedlicher Bewölkung. Beurteilen Sie quantitativ die Bedeutung der Bewölkung für den Ertrag einer Solaranlage.

– Messen Sie ebenso die Beleuchtungsstärke von Auto- und Fahrradbeleuchtungen in verschiedenen Entfernungen. Beurteilen Sie die Sichtbarkeit.

V3 Absorption

Materialien: Smartphone, Farbfolien gleicher Farbe

Arbeitsauftrag:

– Installieren Sie auf Ihrem Smartphone eine App zur Aufzeichnung der Beleuchtungsstärke E_V in Lux. Legen Sie das Phone auf den Tisch und messen Sie E_V. Legen Sie eine Farbfolie auf den Sensor und messen Sie erneut. Deuten Sie die Veränderung.

– Verändern Sie die Anzahl n der aufgelegten Folien und messen Sie für jedes n E_V. Wählen Sie begründet eine passende Regression aus und formulieren Sie das Ergebnis in Form eines Gesetzes.

– Begründen Sie dieses Gesetz mithilfe der Überlegung, dass jede Folie einen bestimmten Anteil absorbiert.

– Erklären Sie, weshalb es in der Tiefsee dunkel ist, obwohl Wasser im Trinkglas lichtdurchlässig ist. Erläutern Sie das Jagdverhalten des Fischs in ▶3.

3 Anglerfisch

Versuch B Winkelabhängigkeit der Beleuchtungsstärke

V1 Ausrichtung des Kollektors

Materialien: App zur Messung der Beleuchtungsstärke, Smartphone, Geodreieck, Sonne

Arbeitsauftrag:

– Installieren Sie auf Ihrem Smartphone eine App zur Aufzeichnung der Beleuchtungsstärke E_V. Legen Sie bei blauem Himmel das Phone auf den Tisch und messen Sie die Beleuchtungsstärke des Sonnenlichts.

– Führen Sie eine Versuchsreihe durch. Verändern Sie dabei den Neigungswinkel α, den die Sonnenstrahlen mit der Senkrechten auf dem Display einschließen.

– Wählen Sie begründet eine Regression und formulieren Sie das Ergebnis.

– Begründen Sie das Gesetz mithilfe der folgenden analogen Situation: Regen, der lotrecht auf einen Hang trifft, ergibt ein verringertes Niederschlagsvolumen pro Fläche.

– Beurteilen Sie die Wirkung der Nachführung des Solarmoduls in ▶4.

4 Nachführung

Material A Deuten von Wärmebildern

Mit einer Wärmebildkamera kann man die für das Auge nicht sichtbare Wärmestrahlung sichtbar machen. Je stärker ein Körper strahlt, desto heller erscheint er im Wärmebild.

1 ☑ Interpretieren Sie die drei verschiedenen Wärmebilder. Nutzen Sie dazu die Begriffe Emission, Absorption, Transmission und Reflexion von Wärmestrahlung.

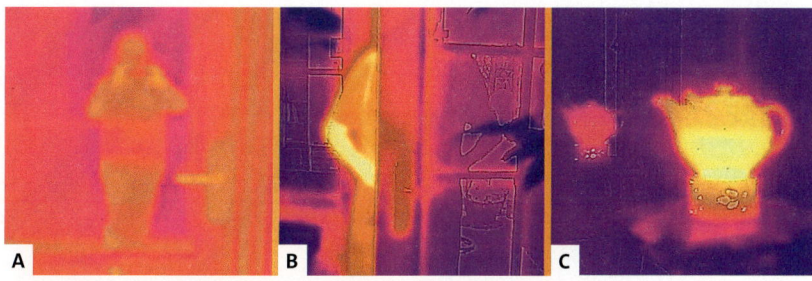

A1 Personen: A vor und B hinter einer Glastür, C Teekanne vor einem Spiegel

Material B Fell des Eisbären

Im Wärmebild zeigt das Eisbärenfell wenig Wärmestrahlung. An den Pfoten sieht man die schwarze Haut des Bären (▶B1).

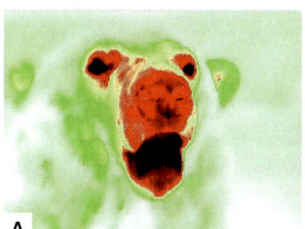 

B1 Eisbär: A Wärmebild; B schwarze Haut des Eisbären

1 ☑ Der Eisbär hat unter der Haut eine 5 bis 10 cm dicke Fettschicht. Erklären Sie, wie diese zur Verringerung der Wärmestrahlung führt.

2 ☑ Die Haut des Eisbären ist schwarz (▶B1). Erklären Sie die Funktion dieser Farbe für den Energiehaushalt des Eisbären.

3 ☑ Die Haare des Eisbären sind transparent, teils hohl und erscheinen weiß. Stellen Sie Hypothesen über daraus resultierende Vorteile für den Eisbären auf.

Material C Reflexion und Absorption von Strahlung

Damit Gegenstände sichtbar sind, müssen sie von einer Lichtquelle beleuchtet werden. Dieses Licht gelangt dann anschließend in unser Auge und erzeugt ein Bild.

1 ☑ Auf Fotos von der Erde aus dem Weltall erscheinen Wolken, Ozeane, Wüsten und Flächen mit Vegetation verschieden hell (▶C1). Erklären Sie die Bedeutung für die Absorption oder Reflexion von Sonnenstrahlung.

2 ☑ Beim Tauchen in flachem Wasser erscheinen Fische und Korallen farbig, wenn sie nah sind, aber bläulich, wenn sie entfernt sind (▶C2).
  a Erklären Sie diese Beobachtung.
  b Auch auf vielen Fotos erscheinen entfernte Berge bläulich. Erklären Sie.

3 ☑ Beim Tauchen in tiefem Wasser erscheinen Fische und Korallen immer bläulich, es sei denn, der Taucher beleuchtet sie mit einer eigenen Lichtquelle (▶C2B). Entwickeln Sie eine Erklärung.

C1 Die Erde vom All aus fotografiert

C2 Farben beim Tauchen: A Flachwasser; B tiefes Wasser

6.2 Strahlungsgleichgewicht

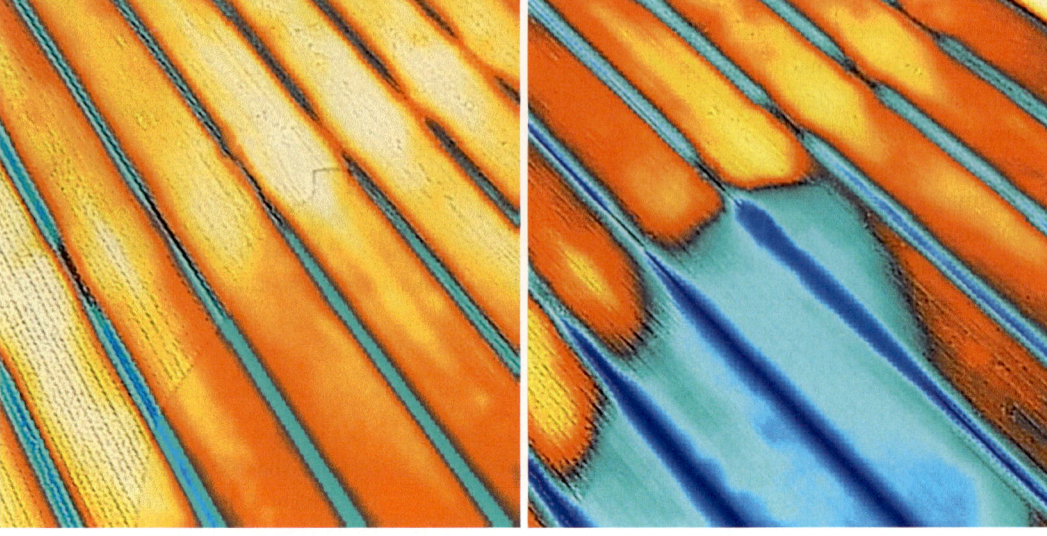

1 Im Wärmebild entsteht ein Schatten allmählich.

Ein Schatten entsteht sofort, wenn ein Gegenstand die Sonne abschirmt. Im Wärmebild kann es aber mehr als 1 Minute dauern, bis man den Schatten sieht. Wie kommt es zu den Unterschieden?

Ursachen intensiver Wärmestrahlung • Die beiden Fotos zeigen das Wärmebild eines Bodens, auf dem die fotografierende Person einen Schatten wirft. Obwohl das Sonnenlicht durch die Person sofort abgeschirmt wurde, ist der Schatten im linken Bild nicht zu sehen. Die Wärmestrahlung aus der Schattenregion ist zunächst genauso intensiv wie in den von der Sonne beleuchteten Bereichen (▶**1**).

Die Transmission von Wärmestrahlung einer unterirdischen Wärmequelle können wir als Ursache ausschließen, da der Schatten nach einer gewissen Zeitspanne doch entsteht. Auch die Reflexion scheidet als Ursache aus – da die Beschattung das Auftreffen von Sonnenlicht verhindert, wird auch eine Reflexion sofort unterbunden.

Der Boden hat zuvor die Sonnenstrahlung nicht nur reflektiert, sondern einen Teil auch absorbiert. Die absorbierte Strahlung führte dabei zu einer Erwärmung. Dieser Temperaturanstieg führt wiederum zu einer Emission von Wärmestrahlung.

Solche Emission nennt man **Reemission.** Im Schatten tritt also zunächst noch genauso viel Reemission auf wie in den beleuchteten Regionen, da der Boden überall gleich warm ist. Erst, wenn das Sonnenlicht längere Zeit abgeschirmt wird, kühlt dieser Bereich ab. Die Reemission lässt nach und der Schatten entsteht auch im Wärmebild.

Wie warm kann der Boden durch Absorption werden? • Nachts ist der Boden noch kalt. Nach Sonnenaufgang absorbiert der kalte Boden zunächst Strahlung, wird dabei wärmer und beginnt Strahlung zu reemittieren. Irgendwann ist die Leistung der absorbierten Strahlung gleich der Leistung der reemittierten Strahlung. Der Boden heizt sich dann nicht weiter auf. Diesen Zustand nennt man **Strahlungsgleichgewicht** oder **Fließgleichgewicht.**

Die Temperatur des Bodens im Strahlungsgleichgewicht kann man dabei errechnen. Dazu gehen wir von der Leistungsdichte der zugeführten Strahlung aus. Die Leistungsdichte von $S_E = 1370 \frac{W}{m^2}$ (Solarkonstante) wird durch die Atmosphäre auf etwa $S = 1000 \frac{W}{m^2}$ reduziert. Im Strahlungsgleichgewicht am warmen Boden wird diese Leistungsdichte auch wieder emittiert $S_{em} = S = 1000 \frac{W}{m^2}$. Mit dem Stefan-Boltzmann-Gesetz können wird deshalb die Temperatur des Strahlers, also des Erdbodens, aus diesem Wert berechnen. Hierbei müssen wir noch den Neigungswinkel der Sonnenstrahlen gegenüber dem Boden berücksichtigen, da die $1000 \frac{W}{m^2}$ nur für den senkrechten Einfall erreicht werden. Vereinfachend nutzen wir hierfür den Breitengrad und wählen als Winkel z. B. 30° (▶**2**):

$$1000 \frac{W}{m^2} \cdot \cos 30° = \sigma \cdot T^4.$$

Wir lösen nach der Temperatur auf:

$$T = \left(\frac{1}{\sigma} \cdot 1000 \frac{W}{m^2} \cdot \cos 30° \right)^{0,25} \approx 351\,K \approx 79\,°C.$$

Kann der Erdboden durch die Sonnenstrahlen tatsächlich so heiß werden? In der Wüste Lut im Iran (geografische Breite etwa 30° Nord) wurde eine Bodentemperatur von 78,2 °C gemessen (▶ 3).
Die tatsächliche Temperatur liegt also etwas unter 79 °C. Das hat verschiedene Ursachen. Ein Grund ist, dass die auftreffende Sonnenstrahlung nicht vollständig absorbiert wird, weil der Sand dort nicht schwarz ist und somit einen Teil der Strahlung reflektiert (▶ 2).
Für z. B. eine Straße auf demselben Breitengrad wie die Wüste Lut sind bis zu 80 °C möglich, da die Straße dunkler ist als der Wüstensand.

Modellversuch • Die Verzögerung bei der Bildung des Schattens entsteht, weil der erwärmte Boden eine gewisse Zeit braucht, um wieder ins Strahlungsgleichgewicht zu kommen, wenn durch die Abschirmung die einstrahlende Sonnenleistung fehlt.
In einem Modellversuch untersuchen wir deshalb, wie schnell sich ein solches Gleichgewicht einstellen kann. Wir stellen eine Aluminiumplatte auf und bestrahlen sie mit einer Lampe (▶ 4). Dabei zeichnen wir die Temperatur mit einem Messwerterfassungssystem auf, beispielsweise mit einem grafikfähigen Taschenrechner mit zusätzlichem Sensor. Wir zeichnen jeweils den Verlauf für eine 40-W und 100-W-Lampe auf.

Die Messwerte zeigen, dass sich schon nach ungefähr 5 Minuten ein Fließgleichgewicht einstellt (▶ 5). Die Temperatur im Gleichgewicht beträgt 308 K bei Bestrahlung mit der 40-W-Lampe und 322 K bei der Bestrahlung mit der 100-W-Lampe. Der Versuch zeigt also, dass sich ein Strahlungsgleichgewicht innerhalb von wenigen Minuten einstellen kann. Somit ist klar, dass Strahlungsgleichgewichte im Sonnenlicht und im Schatten zu verschiedenen Temperaturen führen.

> Wenn ein Körper ebenso viel Leistung absorbiert wie er emittiert, dann befindet er sich im Fließgleichgewicht oder Strahlungsgleichgewicht. Dieses kann sich schon in wenigen Minuten entwickeln.

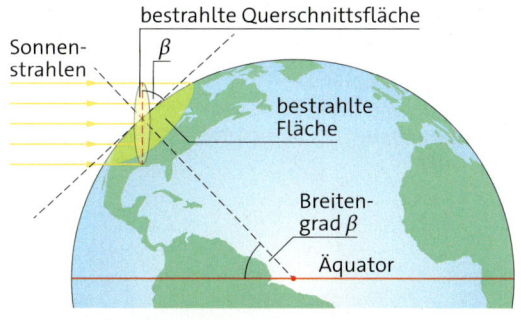

2 Strahlung und Leistungsdichte bei einem Neigungswinkel ⊡

3 In der Wüste Lut im Iran wurden Bodentemperaturen von 78,2 °C gemessen.

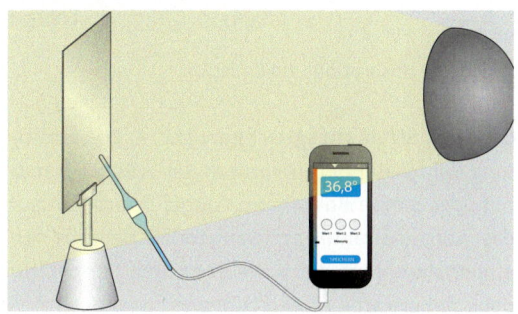

4 Modellversuch zum Strahlungsgleichgewicht

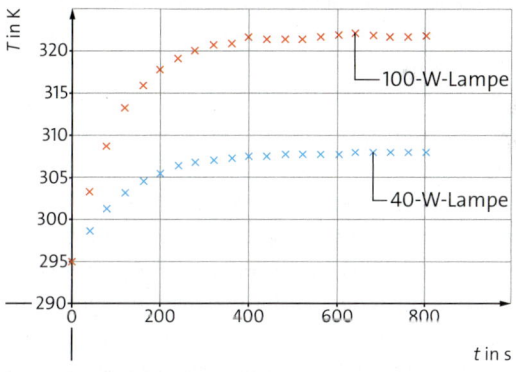

5 Einstellung eines Strahlungsgleichgewichts

1 Ein Elektrogrill strahlt mit einer Fläche von 0,1 m² eine Leistung von 2000 W ab. Ermitteln Sie
a ☐ die Leistungsdichte,
b ☑ die Temperatur des Strahlungsgleichgewichts, das ein Messer annimmt, welches mit einer Seite zum Grill hin und mit der anderen Seite vom Grill weg gerichtet ist.

2 ☑ Ein Mensch hat eine Körperoberfläche von 1 m². Ermitteln und deuten Sie
a die Leistungsdichte der emittierten Strahlung,
b die an einem Tag so emittierte Energie.

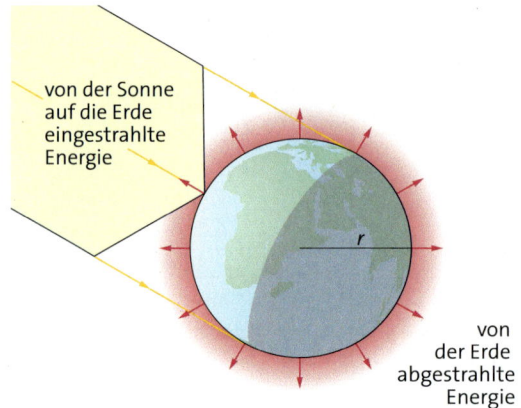

von der Sonne auf die Erde eingestrahlte Energie

von der Erde abgestrahlte Energie

1 Globale Absorption und Emission

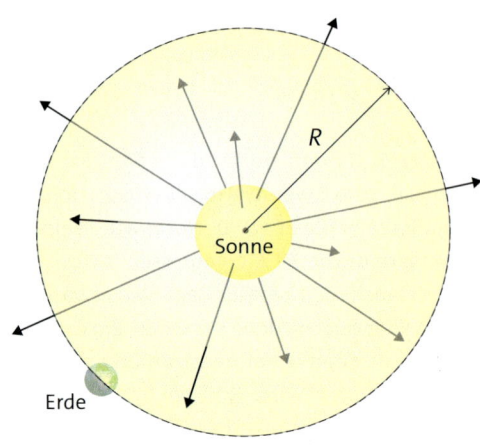

2 Wärmestrahlung bei Sonne und Erde [□]

Die Bahn der Erde um die Sonne hat die Form einer Ellipse, so dass der Abstand zwischen Erde und Sonne zwischen 147,1 Mio. km und 152,1 Mio. km schwankt. Der mittlere Abstand beträgt 149,6 Mio. km. Unter dem Namen Astronomische Einheit nutzt man ihn als Längenmaß in der Astronomie.

Globales Strahlungsgleichgewicht ● Die Ermittlung der lokalen Temperatur in der Wüste Lut mithilfe des Stefan-Boltzmann-Gesetz' kann man auf das globale Strahlungsgleichgewicht der Erde verallgemeinern, um die globale mittlere Temperatur der Erdoberfläche zu berechnen.

Während nur die Hälfte der Erdoberfläche bestrahlt werden kann, die der Sonne zugewandt ist, kann die Erde über ihre komplette Oberfläche Wärmestrahlung reemittieren (▸**1**).

Bei der Berechnung der lokalen Temperatur in der Wüste haben wir zudem berücksichtigt, dass die absorbierte Strahlungsleistung abhängig vom Neigungswinkel der Einstrahlung ist. Statt mit der bestrahlten Erdoberfläche können wir daher mit der Querschnittsfläche A_Q der Erdkugel rechnen, denn diese Fläche steht immer senkrecht zur Strahlung. Für die Reemission der Strahlung rechnen wir hingegen mit der gesamten Erdoberfläche A_E. Dabei berücksichtigen wir, dass von der eingestrahlten Leistungsdichte S_E nur 70 % absorbiert werden, wogegen die Atmosphäre die übrigen 30 % reflektiert. Wir berechnen die Flächen A_E und A_Q mit dem mittleren Erdradius $r = 6371$ km.

Um für dieses Modell die Temperatur der Erdoberfläche zu berechnen, müssen wir zuerst die vollständig von der Erde absorbierte Leistung P_{zu} berechnen. Wir setzen hierzu für die Solarkonstante $S_E = 1370 \frac{W}{m^2}$ und für die Querschnittsfläche $A_Q = \pi \cdot r^2$:

$$P_{zu} = 0,7 \cdot S_E \cdot A_Q = 0,7 \cdot S_E \cdot \pi \cdot r^2$$
$$= 0,7 \cdot 1370 \frac{W}{m^2} \cdot \pi \cdot 6\,371\,000^2\,m^2 = 1,22 \cdot 10^{17}\,W.$$

Im Strahlungsgleichgewicht reemittiert die Erde diese Leistung über ihre gesamte Oberfläche A_E. Wir ermitteln die emittierte Leistungsdichte als den Quotienten aus der Leistung und der Erdoberfläche $A_E = 4 \cdot \pi \cdot r^2$:

$$S_{em} = \frac{P_{zu}}{A_E} \approx \frac{1,22 \cdot 10^{17}\,W}{5,10 \cdot 10^{14}\,m^2} \approx 239 \frac{W}{m^2}.$$

Wir bestimmen die globale Temperatur durch Anwendung des Stefan-Boltzmann-Gesetz'. Wir lösen nach der Temperatur auf:

$$T = \left(\frac{S_{em}}{\sigma}\right)^{0,25} \approx 255\,K \approx -18\,°C.$$

Das erscheint sehr kalt. Tatsächlich beträgt die mittlere Temperatur der Erde etwa 15 °C. Um zu verstehen, welche Faktoren dieses Strahlungsgleichgewicht zusätzlich beeinflussen, können wir die mittlere Oberflächentemperatur weiterer Planeten mit dem Stefan-Boltzmann-Gesetz berechnen und mit den tatsächlichen Werten vergleichen. Hierzu nehmen wir unsere Nachbarplaneten die Venus und den Mars.

Temperatur der Sonne ● Für die anderen Planeten können wir aber nicht einfach mit der Solarkonstante rechnen, da die Leistungsdichte der Sonnenstrahlung mit der Entfernung zur Sonne abnimmt. Um die Leistungsdichte in beliebiger Entfernung zu berechnen, ermitteln wir zunächst die von der Sonne abgestrahlte Leistung P_{Sonne}. Die Sonne emittiert ihre Strahlung gleichmäßig in alle Richtungen des Raums. Wir denken uns deshalb eine Kugel um die Sonne, deren Radius R dem Abstand der Erde zur Sonne entspricht (▸**2**). Die geschlossene Oberfläche dieser Kugel erhält die gesamte Strahlungsleistung der Sonne. Multiplizieren wir die Kugeloberfläche $4\pi R^2$ mit der Solarkonstanten S_E, erhalten wir die Strahlungsleistung der Sonne:

$$P_{Sonne} = S_E \cdot 4\pi R^2 \approx 3{,}86 \cdot 10^{26}\,W.$$

Mit diesem Wert können wir testweise die Oberflächentemperatur der Sonne bestimmen. Sie ergibt sich aus dem Stefan-Boltzmann-Gesetz, wenn wir die emittierte Leistungsdichte S_{em} an der Sonnenoberfläche einsetzen: $A = 4\pi \cdot r_{Sonne}^2$ mit $r_{Sonne} = 7 \cdot 10^8\,m$:

$$S_{Sonne} = \frac{P_{Sonne}}{4\pi \cdot r^2} \approx 6{,}27 \cdot 10^7\,\frac{W}{m^2}.$$

$$T_{Sonne} = \left(\frac{S_{Sonne}}{\sigma}\right)^{0{,}25} = 5767\,K.$$

Diese Temperatur liefert auch das Wien'sche Verschiebungsgesetz.

Wie ändert eine Atmosphäre die Temperatur? • Mit den Bahnradien für den Mars und die Venus kann aus der Strahlungsleistung der Sonne ähnlich wie bei der Erde die mittlere Oberflächentemperatur im Strahlungsgleichgewicht berechnet werden (▶3). Die berechnete und die tatsächliche Temperatur des Mars' stimmen gut überein, aber die der Venus ist mit 737 K wesentlich höher als die berechnete.

Während der Mars praktisch keine Atmosphäre besitzt, haben Erde und Venus eine Atmosphäre. Diese ist bei der Venus über 90-mal so dicht wie die der Erde. Wir vermuten daher, dass Gase in der Atmosphäre die an der Planetenoberfläche emittierte Wärmestrahlung nicht nach außen durchlassen, obwohl sie das eingestrahlte Licht hineinlassen. Da die Venusatmosphäre fast vollständig aus Kohlenstoffdioxid besteht (der Partialdruck beträgt im Vergleich zur Erdatmosphäre mehr als das 2000-Fache), prüfen wir unsere Vermutung an diesem Gas.

Absorption durch Kohlenstoffdioxid • Zur Untersuchung der Absorption von Wärmestrahlung durch das lichtdurchlässige Gas Kohlenstoffdioxid (CO_2) führen wir zwei Versuche durch. Wir stellen eine luft- und eine CO_2-gefüllte Flasche vor eine Lampe. Nach einiger Zeit stellen wir fest, dass sich in der Flasche mit dem Kohlenstoffdioxid die Temperatur um wenige Grad mehr erhöht hat als in der luftgefüllten. Das Kohlenstoffdioxid hat offenbar Wärmestrahlung absorbiert und sich stärker erwärmt.

Planet	mittlerer Abstand R zur Sonne in 10^{11} m	S in $\frac{W}{m^2}$	Oberflächentemperatur in K	
			berechnet	tatsächlich
Erde	1,50	1370	255	288
Venus	1,08	2633	328	737
Mars	2,28	591	213	210

3 Strahlungsgleichgewicht und Temperatur

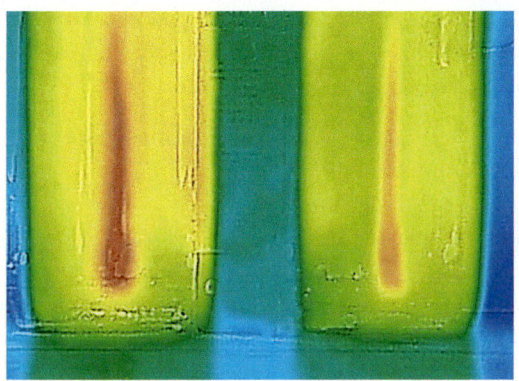

4 Wärmebild zweier Kerzen mit (rechts) und ohne (links) CO_2 zwischen Flamme und Kamera

Im zweiten Versuch zeichnet eine Wärmebildkamera die Wärmestrahlung zweier Kerzen auf. Vor der einen steht die luftgefüllte Flasche, vor der anderen die CO_2-gefüllte (▶4). Die Kerze hinter der mit Kohlenstoffdioxid gefüllten Flasche ist schlechter zu sehen, es kommt also weniger Wärmestrahlung durch das CO_2 hindurch.

Diese Erkenntnisse lassen sich auf die Atmosphäre übertragen. Bestimmte Gase wie Kohlenstoffdioxid lassen die Sonnenstrahlen durch und absorbieren die von der Oberfläche emittierte Wärmestrahlung. Infolgedessen erwärmt sich die Atmosphäre und das Strahlungsgleichgewicht verschiebt sich zu einer höheren Gleichgewichtstemperatur. Dieser Effekt heißt **Treibhauseffekt**.

1 Der mittlere Abstand des Merkurs zur Sonne beträgt $5{,}8 \cdot 10^{10}$ m.
a ☐ Berechnen Sie die Strahlungsleistung der Sonne für den Bahnradius des Merkurs.
b ◩ Ermitteln Sie daraus die mittlere Oberflächentemperatur des Merkurs. Interpretieren Sie das Ergebnis durch Vergleich mit der tatsächlichen Temperatur (440 K).

Versuch A Ein Modell-Experiment für den Energiehaushalt der Erde

V1 Wärmestrahlung

Materialien: Elektrogrill, Alufolie, IR-Thermometer

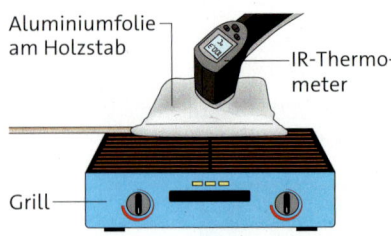

1 Fließgleichgewicht auf Alufolie

Arbeitsauftrag:
– Halten Sie ein Stück Alufolie senkrecht zur Ausbreitungsrichtung der Strahlung des Grills und messen Sie die Temperatur auf der vom Grill abgewandten Seite (▶ 1).
– Ermitteln Sie aus der gemessenen Temperatur die Leistungsdichte der von der Alufolie emittierten Strahlung.
– Analysieren Sie das Strahlungsgleichgewicht, das sich an der Alufolie einstellt. Ermitteln Sie daraus die Leistungsdichte der vom Grill emittierten Strahlung am Ort der Unterseite der Alufolie.
– Untersuchen Sie die Abhängigkeit der Leistungsdichte der vom Grill emittierten Strahlung von der Entfernung. Erstellen Sie einen Graphen.
– Deuten Sie das Experiment als Modellversuch für die Strahlungsgleichgewichte von Planeten. Erörtern Sie Ähnlichkeiten und Unterschiede.

V2 Erdatmosphäre

Materialien: 2 Joghurtbecher, Nagel, Waschbecken

Arbeitsauftrag:
– Stechen Sie mit dem Nagel kurz über dem Boden mehrere Löcher in den Becher. Halten Sie den Becher unter den Wasserhahn. Lassen Sie das Wasser so lange laufen, bis sich im Becher eine konstante Wasserhöhe einstellt.
– Drehen Sie den Wasserhahn unterschiedlich stark auf. Untersuchen Sie, wie sich dadurch die Wasserhöhe ändert. Im Modell entspricht der Becher der Erde. Die Wassermenge im Becher entspricht der inneren Energie auf der Erde. Finden Sie die Entsprechungen für die Temperatur auf der Erde und die von der Erde aufgenommene bzw. abgegebene Leistung.
– Drehen Sie den Wasserhahn schwach auf. Halten Sie nun einige der Löcher im Becher zu.
  Beobachten Sie, was sich dadurch ändert. Übertragen Sie Ihre Beobachtungen auf den Energiehaushalt der Erde.
– Drehen Sie den Wasserhahn schwach auf. Fangen Sie mit dem zweiten Becher einen Teil des Wassers aus dem ersten Becher auf und schütten Sie es zurück in den ersten Becher. Wiederholen Sie dies regelmäßig. Beobachten Sie, was sich dadurch ändert. Übertragen Sie Ihre Beobachtungen auf den Energiehaushalt der Erde. Erläutern Sie, was dem zweiten Becher entspricht.

Versuch B Modell des Strahlungsgleichgewichts der Erdatmosphäre

V1 Simulation und Kleine Eiszeit

Materialien: Tabellenkalkulation

Arbeitsauftrag:
– Starten Sie eine Tabellenkalkulation.
– Stellen Sie für den Zeitschritt $\Delta t = 10^6$ s in der ersten Spalte die Zeit t, in der zweiten die absolute Temperatur T, in der dritten die absorbierte Leistung $P_{ab} = 0{,}7 \cdot S_E \cdot \pi \cdot r^2$, in der vierten die emittierte Leistung $P_{em} = \sigma \cdot T^4 \cdot 4\pi \cdot r^2$, in der fünften die Energieänderung $\Delta E = (P_{ab} - P_{em}) \cdot \Delta t$ und in der sechsten die Temperaturänderung $\Delta T = \frac{\Delta E}{m \cdot c}$ dar ($m = 5 \cdot 10^{18}$ kg, $c = 1 \frac{kJ}{kg \cdot K}$).
– Zeigen Sie, dass sich das Strahlungsgleichgewicht bei 255 K einstellt.
– Starten Sie mit 200 Kelvin und ermitteln Sie, nach welcher Zeit sich die Temperatur 254 K eingestellt hat.
– Erörtern Sie denkbare weitere Einflüsse auf die Zeitspanne, während der sich das Gleichgewicht einstellt.
– Im Zeitraum 1570–1715 sank die Temperatur global um etwa 0,8 K, man spricht von der Kleinen Eiszeit. Dabei nahm die Solarkonstante um 0,2 % ab (▶ 2).
– Überprüfen Sie mithilfe der Tabellenkalkulation, ob die verringerte Solarkonstante alleinige Ursache für die Kleine Eiszeit war. Vergleichen Sie mit ▶ 2 und beurteilen Sie.
– Eine weitere mögliche Ursache für die Kleine Eiszeit sind Vulkanausbrüche, deren Aschewolken einen Teil der Sonnenstrahlung absorbieren und diesen je zur Hälfte nach unten und oben abstrahlen. Modellieren Sie dies wie in Versuch B mit einem passenden Faktor, der den Anteil absorbierter Strahlung angibt.
– Variieren Sie den Faktor so, dass Sie eine Abkühlung um 0,8 K erhalten.

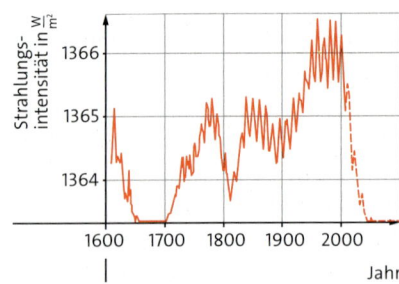

2 Strahlungsintensität in der Kleinen Eiszeit

Material A Analyse der Eiszeitalter

In der Erdgeschichte traten Schwankungen der Durchschnittstemperatur um bis zu drei Kelvin auf, die zu Eiszeitaltern führten (blauer Graph in ▶ A1).
Eine vermutete Ursache ist die zyklisch auftretende Erhöhung kosmischer Strahlung.

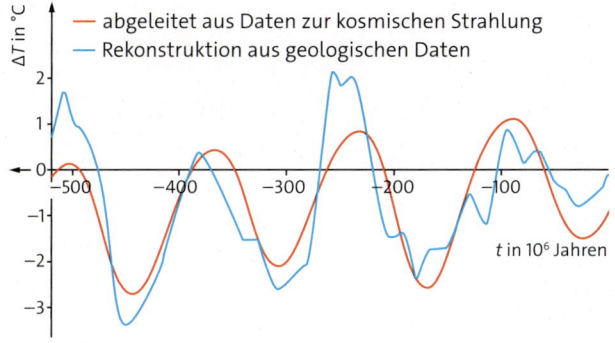

A1 Eiszeitalter

1 ✏ Kosmische Strahlung besteht aus sehr energiereichen, geladenen Teilchen, z. B. Protonen und Elektronen, die in die Atomsphäre eindringen und dort zu Kondensationskeimen führen. Diese verstärkt so die Wolkenbildung.
a Erläutern Sie, wie die zyklischen Schwankungen in der Intensität der kosmischen Strahlung zur Veränderung der Durchschnittstemperaturen beitragen (▶ A1).
b Interpretieren Sie aus dem Verlauf der Kurven, ob die kosmische Strahlung als alleinige Ursache für die Temperaturänderungen reicht.

2 ✏ Den Einfluss der kosmischen Strahlung kann mithilfe der Simulation aus Versuch B berücksichtigt werden.
a Ermitteln Sie einen passenden Faktor, der den Einfluss der kosmischen Strahlung berücksichtigt und zu einer Temperaturabsenkung führt.
b Erläutern sie analog das Auftreten eines warmen Zeitalters.

Material B Temperaturen auf der Sonne und anderen Sternen

Die Tabelle (▶ B1) zeigt für verschiedene Sterne deren Oberflächentemperatur.

Stern	Oberflächentemperatur T in K
Sirius	9940
Wega	9602
Polaris	6500
Sonne	5778
Arktur	4290
Proxima Centauri	3042

B1 Oberflächentemperaturen verschiedener Sterne

1 ☐ Berechnen Sie für diese jeweils die Frequenz, bei der die Intensität maximal ist, und ermitteln Sie die entsprechende Farbe.

2 ☐ Berechnen Sie die Leistungsdichte an der Oberfläche der Sterne.

3 ✏ Ermitteln Sie jeweils den minimalen und maximalen Abstand zum Stern, bei denen die Temperatur des Strahlungsgleichgewichts die Existenz von flüssigem Wasser ermöglicht, also zwischen 0 °C und 100 °C liegt. Man spricht von der habitablen Zone.

Material C Modellversuch

Ein nach oben offenes Styroporgefäß ist mit Luft bzw. Kohlenstoffdioxid gefüllt und mit einer Klarsichtfolie abgedeckt.
Während die Temperatur im Inneren mittels eines Temperaturfühlers erfasst wird, wird das Gefäß von oben mit einer starken Lampe beleuchtet.

1 ☐ Stellen Sie die beiden Messreihen in einem gemeinsamen Diagramm dar.

2 ✏ Vergleichen Sie den Verlauf der beiden Graphen.

3 ✏ Erläutern Sie die Ursachen für die unterschiedlichen Temperaturen im Styroporgefäß.

Zeit in s	60	120	180	240	300	360	420	480	540	600	660	720	780	840	900
Temperatur Luft in °C	21	23	25	26	28	29	31	32	33	34	35	36	36	37	38
Temperatur CO_2 in °C	22	24	27	29	31	34	36	38	40	41	43	44	46	47	48

C1 Messreihen für die gemessene Temperatur über der Zeit

6.3 Der Treibhauseffekt

 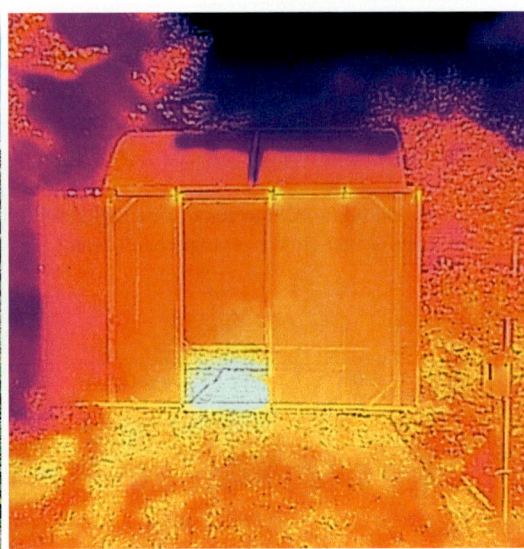

1 Im Gewächshaus ist der Boden wärmer als im Außenbereich.

Das Gewächshaus enthält keine Heizung und dennoch betrug die Bodentemperatur an einem sonnigen, windigen Junitag dort 33 °C, im Außenbereich jedoch nur 17 °C. Wie funktioniert ein Treibhaus?

Ein Gewächshaus hat jeder von uns schon einmal gesehen. Im Gewächshaus können Obst- und Gemüsesorten kultiviert werden, die in Deutschland aufgrund der klimatischen Verhältnisse nicht wachsen würden, oder angepflanzte Früchte werden schneller reif und können früher geerntet werden. Das wird möglich, da der Boden und die Luft im Inneren wärmer sind als draußen (▶ 1), weswegen ein Gewächshaus auch Treibhaus genannt wird

Energieströme beim Treibhaus • Wir wissen schon, dass es durch die Absorption der Sonnenstrahlung und anschließender Emission von Wärmestrahlung zu einem Fließgleichgewicht mit einer bestimmten Temperatur kommt. Das gilt sowohl für den Boden des Treibhauses wie für den Boden des Gartens. Das Besondere beim Treibhaus ist, dass die Temperatur des Fließgleichgewichts etwas nach oben verschoben ist. Wie gelingt das?

Die Wände des Treibhauses sind lichtdurchlässig, damit die Sonnenstrahlen innen absorbiert werden können. Der Gartenboden absorbiert die gleichen Sonnenstrahlen. Daher ist das Treibhaus bei der Energiezufuhr nicht im Vorteil. Neben der Emission von Wärmestrahlung sorgen weitere Prozesse wie **Wärmeleitung** und **Konvektion** (Luftaustausch) für die Einstellung des Fließgleichgewichts.

Wenn sich im Garten durch Absorption und Reemission der Strahlung die Luft erwärmt, kann diese über den Boden leicht verweht werden und sich mit kälteren Luftmassen vermischen.

Im geschlossenen Treibhaus dagegen wird die warme Luft durch Wände und Dach im Inneren gehalten. Solange es keine oder nur sehr kleine Öffnungen gibt, durch die die erwärmte Luft entweichen kann, wird die Konvektion wirksam reduziert.

Das Treibhaus verschiebt also die Temperatur des Fließgleichgewichts nach oben, indem es die Energieabgabe durch Konvektion verringert. Zusätzlich vermindern die Scheiben die Energieabgabe durch Wärmestrahlung.

Globaler Treibhauseffekt • Funktioniert der globale Treibhauseffekt genauso? Ja und nein. Die Konvektion der Atmosphäre ist nach oben zum All hin durch die Gravitation begrenzt und seitlich unbegrenzt. Beim globalen Treibhauseffekt wird also nicht die Konvektion verringert, wie beim Treibhaus. Aber die Atmosphäre beinhaltet Gase, welche die Sonnenstrahlen durchlassen, jedoch die vom Erdboden emittierte Wärmestrahlung kaum herauslassen. Das Gemeinsame des Treibhauses und der Atmosphäre ist somit, dass beide die Energieabgabe verringern und so die Temperatur des Fließgleichgewichts nach oben verschieben.

Modell • Wir verfeinern unser Modell zum Fließgleichgewicht der Erde, um den Treibhauseffekt zu berücksichtigen. Wir ermitteln zunächst die Leistung der auf die Atmosphäre treffenden Sonnenstrahlen, indem wir die Querschnittsfläche πr^2 der Erde ($r = 6371$ km) mit der Solarkonstanten $\left(S_E = 1370 \frac{W}{m^2}\right)$ multiplizieren:

$$P = \pi \cdot r^2 \cdot S_E \approx 175 \cdot 10^{15}\,W = 175\,PW.$$

Die Atmosphäre reflektiert hiervon 30 % und absorbiert den Anteil von 20 %, auf den Erdboden treffen also 50 % (▸ 2). Zusammen nehmen die Erdatmosphäre und der Erdboden also eine Leistung von 70 % oder 122 PW auf. Im Fließgleichgewicht strahlen die Atmosphäre und die Erdoberfläche zusammen diese Leistung von 122 PW ins Weltall ab.

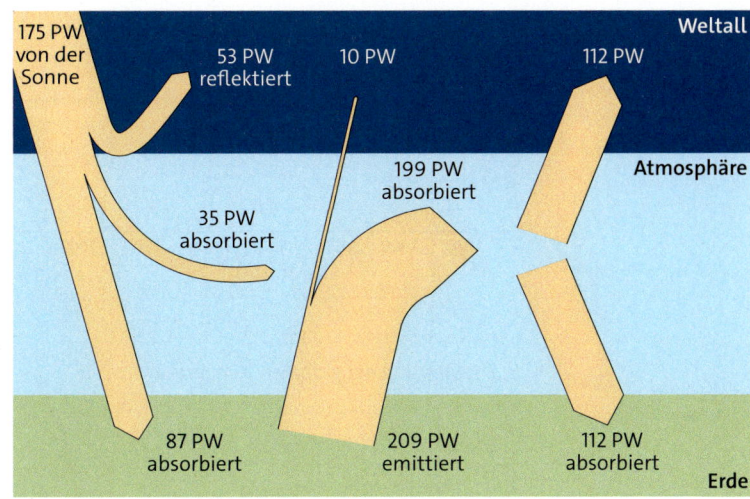

2 Modell zum globalen Treibhauseffekt

Vollständige Absorption • Würde die Atmosphäre die gesamte von der Erdoberfläche emittierte Leistung absorbieren, dann würde die Erdoberfläche Strahlung nicht direkt ins All emittieren. In diesem Fall würde also allein die Atmosphäre die 122 PW ins All emittieren (▸ 2). Die Atmosphäre emittiert in alle Richtungen gleich, sodass 122 PW ins Weltall und 122 PW zurück auf die Erdoberfläche gelangen. Also würde die Erdoberfläche diese von der Atmosphäre nach unten emittierte Strahlung mit der Leistung 122 PW absorbieren. Somit würde die Erdoberfläche insgesamt Strahlung mit einer Leistung von 122 PW + 87 PW = 209 PW absorbieren. Im Strahlungsgleichgewicht emittiert die Erdoberfläche die absorbierte Leistung. Wir berechnen die entsprechende Leistungsdichte, indem wir durch den Flächeninhalt $4\pi r^2$ der Erdkugel teilen:

$$S_{em} \approx \frac{209\,PW}{5,10 \cdot 10^{14}\,m^2} \approx 410 \frac{W}{m^2}.$$

Wir lösen das Stefan-Boltzmann-Gesetz nach der Temperatur auf und ermitteln die Temperatur der Erdoberfläche:

$$S_{em} = \sigma \cdot T^4,$$

$$T = \left(\frac{S_{em}}{\sigma}\right)^{0,25} \approx 291\,K \approx 18\,°C.$$

Diese Temperatur ist etwas höher als die gemessene Temperatur von 15 °C. Die Ursache hierfür ist, dass die Atmosphäre nicht die komplette von der Erdoberfläche emittierte Strahlung absorbiert, sondern einen Anteil durchlässt (▸ 2). Wie groß müsste dieser Anteil sein?

Teilweise Absorption • Beobachtungen zeigen, dass 10 PW der von der Erdoberfläche emittierten Strahlung direkt ins Weltall gelangen, ohne vorher von der Atmosphäre absorbiert zu werden. Aus diesem Grund emittiert die Atmosphäre nur 122 PW − 10 PW = 112 PW ins All. Somit emittiert sie auch den gleichen Betrag zum Erdboden hin. Folglich absorbiert die Erdoberfläche insgesamt 112 PW + 87 PW = 199 PW (▸ 2). Im Strahlungsgleichgewicht emittiert sie diese Leistung. Dem entspricht die Leistungsdichte:

$$S_{em} \approx \frac{199\,PW}{5,10 \cdot 10^{14}\,m^2} \approx 390,02 \frac{W}{m^2}.$$

Entsprechend dem STEFAN-BOLTZMANN-Gesetz ergibt sich für die Erdoberfläche die Temperatur:

$$T = \left(\frac{S_{em}}{\sigma}\right)^{0,25} \approx 287,99\,K \approx 14,84\,°C.$$

Unser Ergebnis stimmt also gut mit der beobachteten Temperatur von 15 °C überein. Demnach steigt die Temperatur der Atmosphäre von −18 °C auf 15 °C, man spricht vom **natürlichen Treibhauseffekt**. Dieser ist für uns sehr günstig, denn schon eine Abkühlung um nur 2 K würde zu einer Eiszeit führen, in der wir lieber nicht leben wollen.

1 ▱ Erläutern Sie, warum man das Treibhaus als Modell für die Verschiebung der Gleichgewichtstemperatur der Erde aufgrund vorhandener Gase in der Atmosphäre (natürlicher Treibhauseffekt) betrachten kann. Ordnen Sie die Bestandteile des Treibhauses den Aspekten des natürlichen Treibhauseffekts zu.

Ein Petawatt oder 1 PW bezeichnet 10^{15} W.

Wie genau sollten wir die Temperaturen berechnen?
Die Erde hätte ohne Atmosphäre eine Temperatur von 255 K.
Hinzu kommen Temperaturerhöhungen von
• etwa $\frac{1}{10}$ oder 30 K durch den natürlichen Treibhauseffekt,
• etwa $\frac{1}{100}$ oder 3 K durch ein warmes Zeitalter,
• etwa $\frac{1}{600}$ oder 0,5 K durch den derzeitigen anthropogenen Treibhauseffekt.
Wir benötigen also zwei Nachkommastellen.

"Anthropogen" bedeutet von Menschen generiert oder verursacht.

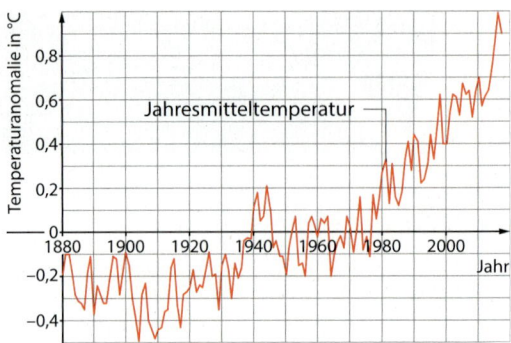

1 Entwicklung der globalen Temperatur

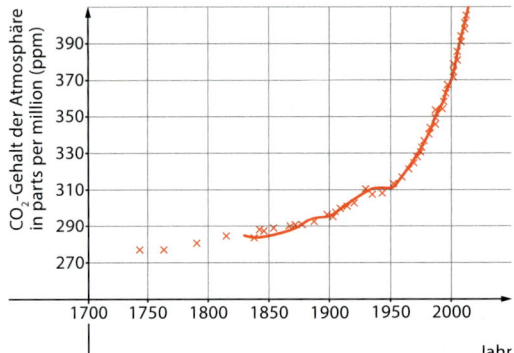

2 Entwicklung des CO_2-Anteils in der Atmosphäre

Unter „Aersol" versteht man Schwebeteilchen in der Luft. „Albedo" ist ein Maß für die Menge der reflektierten Strahlung eines Körpers.

Der Effekt von Treibhausgasen wird durch folgendes Zahlenspiel deutlich. Wir gehen statt 390,02 W/m² von beispielsweise 410 W/m² aus. Der Effekt der Temperaturerhöhung durch zusätzliche 2,7 W/m² beträgt dann $\Delta T = 0,48$ K.

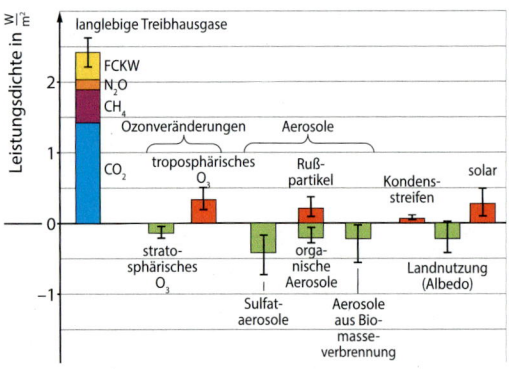

3 Einflüsse auf die Leistungsdichte von 1750 bis 2000

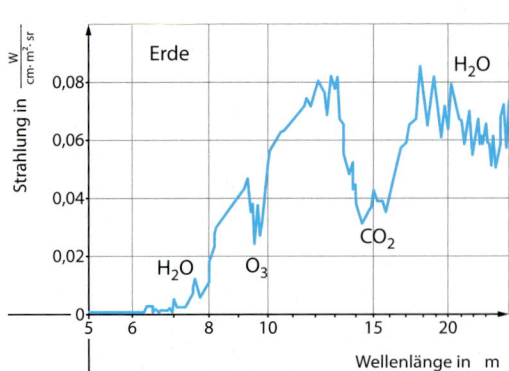

4 Treibhausgase in der Erdatmosphäre

Anthropogener Treibhauseffekt • Vom Beginn der Industrialisierung (etwa 1750) bis zum Jahr 2000 zeigen Messungen, dass die globale Jahresdurchschnittstemperatur um etwa 0,50 K angestiegen ist (►1). Als Ursache für diese Veränderung gilt das menschliche handeln, weswegen man vom **anthropogenen Treibhauseffekt.** Wie kam es dazu?

Die wesentliche Grundlage der bisherigen Industrialisierung ist die Ersetzung von Muskelkraft durch Verbrennungsmotoren. Für deren Betrieb werden enorme Menge fossiler Brennstoffe wie Kohle, Erdöl und Erdgas benötigt, die bei ihrer Verbrennung Kohlenstoffdioxid, CO_2, als Abgas freisetzen.

Tatsächlich stieg der Anteil an Kohlenstoffdioxid in der Atmosphäre im Zuge der Industrialisierung um etwa 29 % (►2). Dieses Gas verstärkt den Treibhauseffekt, indem es die Leistungsdichte der von der Erdoberfläche emittierten Strahlung um 1,50 $\frac{W}{m^2}$ steigert (►3). Wir ermitteln die Wirkung, indem wir die bisher modellierte Leistungsdichte um 1,50 $\frac{W}{m^2}$ erhöhen:

$$S_{em} = 390,02 \frac{W}{m^2} + 1,50 \frac{W}{m^2} = 391,52 \frac{W}{m^2}.$$

Entsprechend dem Stefan-Boltzmann-Gesetz hat die Erdoberfläche dadurch folgende Temperatur:

$$T = \left(\frac{S_{em}}{\sigma}\right)^{0,25} = 288,27 \text{ K} = 15,12 \text{ °C}.$$

Das entspricht einer Erwärmung von 0,28 K. Neben Kohlenstoffdioxid existieren noch weitere sogenannter Treibhausgase wie Methan, Stickoxide und Ozon. Deren Anteil ist während der Industrialisierung ebenfalls gestiegen. Insgesamt erhöhte sich die von der Erdoberfläche emittierte Leistung dadurch um bis zu 2,70 $\frac{W}{m^2}$ auf 392,72 $\frac{W}{m^2}$. Nach dem Stefan-Boltzmann-Gesetz hat die Erdoberfläche nun folgende Temperatur:

$$T = \left(\frac{S_{em}}{\sigma}\right)^{0,25} = 288,49 \text{ K} = 15,34 \text{ °C}.$$

Dem entspricht eine zusätzliche Erwärmung um 0,50 K. Die seit der Industrialisierung zusätzlich vorhandenen Treibhausgase erklären die beobachtete Erwärmung um 0,50 K bis zum Jahr 2000 also sehr gut. Trotz vieler Bemühungen steigen die Emissionen an Kohlenstoffdioxid ungebremst weiter. Mittlerweile ist der Anteil auf über 50 % zum Vergleich des vorindustriellen Niveaus gestiegen und die Jahresdurchschnittstemperatur hat um 1,2 K zugenommen (►1).

Bisherige Folgen • Die Treibhausgase Kohlenstoffdioxid (CO_2), Ozon (O_3) und Wasserdampf (H_2O) sind sehr klimawirksam (►4). Von diesen Treibhausgasen ist Kohlenstoffdioxid für uns besonders wichtig, weil wir die Konzentration stark beeinflussen können. Die mittlere Erdtemperatur ist im 20. Jahrhundert vor allem durch den anthropogenen Treibhauseffekt um etwa 0,5 K gestiegen. Das hört sich nach wenig an, eine Änderung um 2 K entspricht jedoch schon dem Unterschied zwischen einer Eiszeit und einer Warmzeit. Der Temperaturanstieg hat schon jetzt weitreichende Folgen: Durch das Abschmelzen des Eises (►5) sowie durch die Erwärmung der Meere (►6) und die resultierende thermische Ausdehnung ist der Meeresspiegel um mehr als 15 cm gestiegen. Für Inselstaaten und Küstenregionen wird das existenzbedrohend. Da sich mehr Energie im Klimasystem befindet, kommt es häufiger zu extremen Wettererscheinungen, wie stärkere Wirbelstürme, auch an Orten, an denen zuvor keine auftraten.

Klimaschwankungen • Von 1998 bis 2014 stieg die Temperatur nicht merklich (►1), sodass viele meinten, der Klimawandel sei beendet. Dies ist jedoch ein Irrtum. Eine 15 Jahre andauernde Abweichung vom Trend ist im Fall des Klimas nichts Besonderes, sie ändert nichts an der langfristigen Dynamik (►1).

Langfristige Lösung • Ebenso, wie kurzfristige Schwankungen wenig bedeuten, bringt auch kurzatmiges Handeln wenig. Ein langfristiger Umbau der Energiewirtschaft kann den Klimawandel nicht aufhalten, aber deutlich begrenzen (►7). Die Lösung ist dabei eine Umstellung der Energiewirtschaft hin zu Windenergie, Solarenergie, Elektromobilität oder Power-to-Gas. Damit würde auch ein anderes drängendes Problem gelöst: Inzwischen gibt es so viele Verbrennungsmotoren, dass der Feinstaub in vielen Städten ein ernstes Gesundheitsproblem darstellt.

Wie geht es weiter? • Das von der UNO eingerichtete IPCC hat verschiedene Szenarien der weiteren Entwicklung modelliert (►7): Der blaue Graph stellt die Entwicklung in einer kooperierenden Welt dar, die ressourcenschonende Technologien einführt. Der rote Graph stellt eine Entwicklung dar, bei der weiterhin fossile Rohstoffe wesentlich sind. Der grüne Graph zeigt die Entwicklung bei langsamer Einführung ressourcenschonender Technologien.

5 Schmelzen des Eises in der Arktis

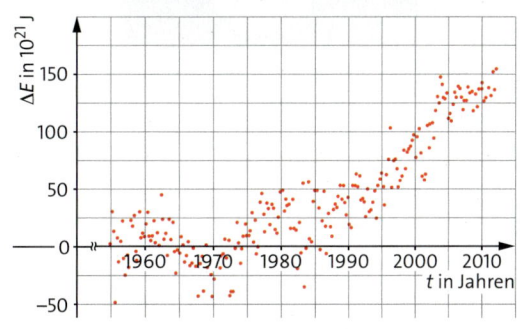

6 Entwicklung des Wärmeinhalts der Ozeane bis 700 m

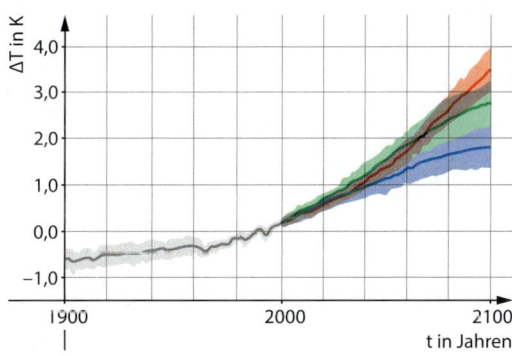

7 Verschiedene Szenarien

Bisher nutzen wir noch viel Energie aus Kohle oder Erdöl. Dabei wird viel Kohlenstoffdioxid freigesetzt.

1 ☐ Ermitteln Sie den Temperaturanstieg, der eintritt, wenn der Erdboden zusätzlich 15 $\frac{W}{m^2}$ emittiert.

2 ◪ Berechnen Sie die Temperatur, die sich auf der Erde einstellen würde, wenn der von der Atmosphäre reflektierte Anteil der Sonnenstrahlung verdoppelt würde.

3 ◪ Berechnen Sie die Temperatur, die sich auf der Erde einstellen würde, wenn nur 3 % der von der Erdoberfläche emittierten Strahlung direkt ins All gelangen würden.

Bei Power-to-Gas werden kurzfristige Überschüsse an Energie durch Elektrolyse in chemische Energie von Gasen umgewandelt.

IPCC steht für Intergovernmental Panel on Climate Change.

Material A Die globale Erwärmung und die Weltmeere

In den letzten 200 Jahren sind die Ozeane um 30 % saurer geworden. Hauptursache ist anthropogenes Kohlenstoffdioxid, das sich zum Teil im Ozeanwasser löst und Kohlensäure bildet. Zudem verringerte sich durch abschmelzendes Meereis der Gehalt an Calciumcarbonat, ein wichtiger Baustoff für schalenbildende Organismen. Die Flügelschnecke („Sea butterfly") ist etwa erbsengroß und eine Hauptnahrungsquelle für Lebewesen von Krill bis hin zu Walen. Setzt man die „Sea butterfly" in Seewasser mit dem pH-Wert und Carbonatgehalt, der für das Jahr 2100 prognostiziert wird, löst sich ihre Schale allmählich auf.

„Sea butterfly" – Flügelschnecke

A1 Auswirkungen des Klimawandels auf die Ozeane

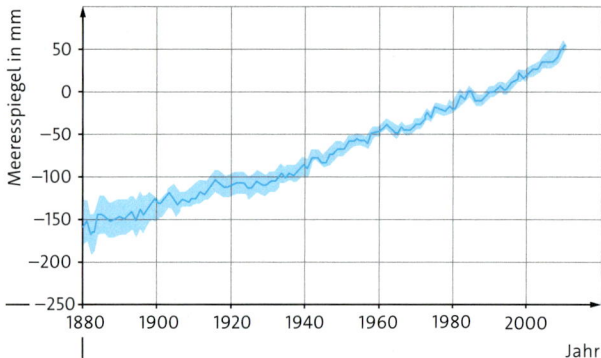

A2 Anstieg des Meeresspiegels

1 Aufgrund der Änderung des „Ocean heat content" kann man abschätzen, dass die mittlere Meerestemperatur seit 1955 um etwa 0,1 K bis 0,2 K zugenommen hat.
   a ☑ Die mittlere Temperatur auf dem Land hat im gleichen Zeitraum um etwa 0,5 K zugenommen. Messunsicherheiten erklären den Unterschied nicht. Stellen Sie den Zusammenhang her zwischen diesem Unterschied und den Begriffen Wärmekapazität und Konvektion.
   b ■ Überprüfen Sie die Abschätzung rechnerisch.

2 Der Meeresspiegel ist in den letzten Jahrzehnten kontinuierlich angestiegen (▶ A2).
   a ☐ Beschreiben Sie den Verlauf des Graphen.
   b ☐ Geben Sie mögliche Gründe für den Anstieg des Meeresspiegels an.
   c ☑ Schätzen Sie anhand des Diagramms ab, wie stark der Meeresspiegel bis 2100 ansteigt.
   d ☑ Überlegen Sie, welche Folgen dieser Anstieg für Städte wie Hamburg oder Länder wie die Niederlande haben würde.
   e ☑ Informieren Sie sich, in welchem Bereich die wissenschaftlichen Vorhersagen für den Anstieg des Meeresspiegels liegen.

3 ☑ Der Klimawandel hat auch Folgen für die chemische Zusammensetzung des Meerwassers, vor allem den pH-Wert (▶ A1).
   a Stellen Sie den Zusammenhang zwischen den im Text genannten Ursachen für die veränderte chemische Zusammensetzung der Meere und dem „sea butterfly" her.
   b Überlegen Sie, welche Folgen das Aussterben dieser Tierart für andere Lebewesen und den Menschen hätte.

Material B Gletscher und das Eis in Arktis und Antarktis

Gebirgsgletscher schmelzen genauso ab wie das Eis der Arktis. Das Abschmelzen der Gletscher trägt zum Anstieg des Meeresspiegels bei, aber der Rückgang des arktischen Meereises nicht, obwohl dort viel mehr Eis schmilzt.

B1 Morteratsch-Gletscher A 1911, B 2011

1 ☑ Erklären Sie, warum der Rückgang des Meereises nicht zum Anstieg des Meeresspiegels führt.

2 ☑ Die Folgen der globalen Erwärmung sind in der Arktis schon jetzt sehr stark zu beobachten.
   a Informieren Sie sich über die Gründe.
   b Anders als in der Arktis ist die Abnahme der Eismenge in der Antarktis nicht so dramatisch und eindeutig. Manche Leute sagen: „Das spricht dafür, dass es keine globale Erwärmung gibt." Informieren Sie sich und nehmen Sie Stellung.

Im Planspiel den Klimawandel erkunden

Auf der Erde treten Staaten, Unternehmen und Konzerne als unabhängige Akteure auf. Sie vertreten dabei ihre eigenen Interessen. Das Klima dagegen ist ein Gut, das allen gemeinsam gehört. Ist es zerstört, so haben alle den Nachteil – ein Akteur denkt aber zunächst an seinen eigenen Vorteil. Wie wirkt sich das auf das Klima aus? Das erkunden wir in einem Planspiel.

Herausforderung Klimawandel • Um die Folgen des Klimawandels aufzuhalten, ist gemeinsames Handeln notwendig. Im Spiel erlebt man das Dilemma zwischen wettbewerbs- und klimakonformem Handeln. Das Dilemma kann nur durch Kooperation gelöst werden.

Spielregeln für das Planspiel

Ziel des Spiels: Es gewinnt die Person, die nach 20 Runden das meiste Bargeld besitzt. Aber Vorsicht: Wenn die Erde überhitzt, ist das Spiel sofort vorbei und alle haben verloren!

Spielmaterialien:
- Spielplan (▶1)
- 30 schwarze Spielsteine als Kohlekraftwerke
- 30 weiße Spielsteine als Ökokraftwerke
- 50 rote Spielsteine als Energiesteine
- 100 Spielgeldscheine à 500 Euro
- Mehrere Würfel, mit denen gleichzeitig gewürfelt werden kann, um Zeit zu sparen.

Verwendete Abkürzungen:
- E: Anzahl der Energiesteine auf der Erde
- A: Anzahl der Energiesteine in der Atmosphäre
- K: Anzahl aller Kohlekraftwerke.

Ablauf: Zu Beginn ist der Spielplan (Erde, Atmosphäre und Weltall) leer und jeder beginnt mit 1000 €.

Sonnenstrahlung: 5 Energiesteine kommen auf den Erdboden.

Wärmestrahlung vom Erdboden: $\frac{E^4}{2000}$ Energiesteine werden vom Erdboden in die Atmosphäre gestrahlt, solange der Vorrat reicht. (Wenn es nicht aufgeht, wird abgerundet.)

Treibhauseffekt: Kohlekraftwerke erzeugen Treibhausgase, die jeden Energiestein aus der Atmosphäre zum Erdboden zurückstrahlen können. Jeder würfelt $K \cdot A$ Mal und setzt bei jeder 6 einen Energiestein aus der Atmosphäre zum Erdboden.

Wärmestrahlung ins All: Die übrigen Energiesteine in der Atmosphäre gehen ins Weltall.

Auszahlung: Jedes Kraftwerk liefert 500 €.

Bau: Jeder kann für folgende Preise Kraftwerke bauen: Ein Kohlekraftwerk kostet 1000 €, ein ökologisch sinnvolles Kraftwerk (Ökokraftwerk) 2000 €.

Abschaltung: Jeder Spieler kann freiwillig eigene Kohlekraftwerke abschalten.

Überhitzung: Sobald 15 Energiesteine am Ende einer Runde auf der Erde sind, endet das Spiel sofort wegen der Überhitzung der Erde. Alle haben dann verloren.

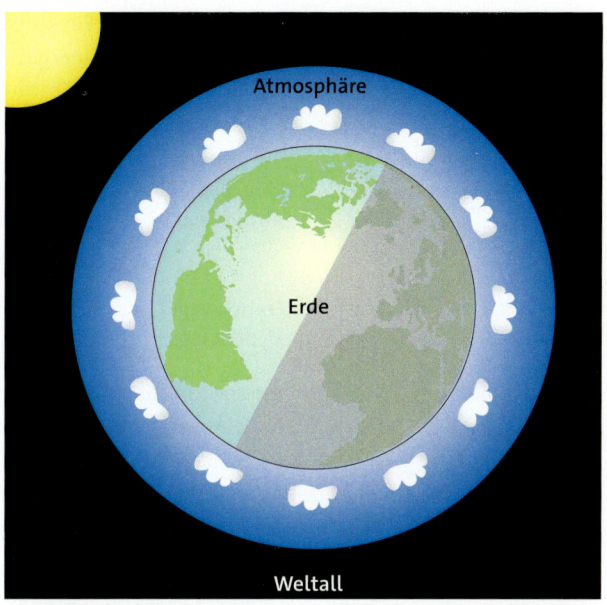

1 Spielplan

Analyse des Fließgleichgewichts im Planspiel • Die Anzahl der Energiesteine auf der Erde in Runde m wird mit E_m bezeichnet. Im Mittel gilt: $E_{m+1} = E_m + 5 - A + r$.
Im Fließgleichgewicht ist $E_{m+1} = E_m$ und: $r = A - 5$.

Unser nächstes Ziel ist das Ermitteln der mittleren Rückstrahlung r: Die K Kraftwerke setzen K Treibhausgase frei. Diese können die Energiesteine (A) in der Atmosphäre auf die Erde zurückschicken. Im Spiel wurde hierfür eine Wahrscheinlichkeit von $\frac{1}{6}$ festgelegt. Daher beträgt im Mittel die Anzahl zurückgeworfener Energiesteine:
$r = \frac{K \cdot A}{6}$ oder $A = \frac{6 \cdot r}{K}$.

Auflösen ergibt: $r = \frac{5K}{6 - K}$.

Im Nenner der Formel steht die Differenz aus 6 und der Anzahl der Kohlekraftwerke. Je mehr Kohlekraftwerke sich auf der Erde befinden, desto größer wird deshalb die mittlere Rückstrahlung r im Fließgleichgewicht. Sie geht theoretisch sogar gegen unendlich, wenn die Gesamtzahl der Kohlekraftwerke 6 erreicht. Das heißt praktisch, dass r sehr groß wird. Aber so weit darf es nicht kommen, denn schon bei einer Rückstrahlung von 15 haben alle wegen Überhitzung verloren. Im Mittel können maximal 4 Kohlekraftwerke sicher betrieben werden, kurzfristig und mit großem Risiko verbunden können es deutlich mehr sein.

Strahlungsphysik

Wärmestrahlung/ Infrarotstrahlung	Nicht sichtbarer Teil des elektromagnetischen Spektrums mit einer geringeren Energie als das Licht. Jeder Körper kann je nach seiner Temperatur Wärmestrahlung absorbieren oder emittieren. Wärmestrahlung kann mit Wärmebildkameras aufgezeichnet werden.	
	Absorption	Ein Körper kann Wärmestrahlung absorbieren und dabei die Strahlungsenergie in thermische Energie umwandeln.
	Transmission	Transmission ist das (wechselfreie) Passieren von Strahlung durch einen Körper.
	Reflexion und Absorption	Oberflächen in hellen Farben reflektieren einfallende Strahlung stärker als dunkle Oberflächen. Dunkle Flächen absorbieren stärker und heizen sich daher schneller auf.
	Emission und Reemission	Emission ist das Abgeben von Strahlung. Wurde diese zuvor absorbiert spricht man von Reemission.
Leistungsdichte	Die Leistungsdichte S ist der Quotient aus der Leistung der senkrecht einfallenden Strahlung und dem Inhalt der Fläche, auf die die Strahlung einfällt: $S = \frac{P}{A}$. Als Solarkonstante wird die Leistungsdichte der Sonnenstrahlung oberhalb der Atmosphäre bezeichnet. Sie beträgt $S = 1370 \frac{W}{m^2}$.	
Stefan-Boltzmann-Gesetz	Warme Körper emittieren Wärmestrahlung. Nach dem Stefan-Boltzmann-Gesetz ist die emittierte Leistungsdichte proportional zur 4. Potenz der Temperatur: $S = \sigma \cdot T^4$. Der Proportionalitätsfaktor σ heißt Stefan-Boltzmann-Konstante und hat den Wert $\sigma = 5{,}67 \cdot 10^{-8} \frac{W}{m^2 K^4}$.	
Wien'sche Verschiebungsgesetz	Jeder Körper gibt Energie in Form von Strahlung verschiedener Frequenzen ab. Nach dem Wien'schen Verschiebungsgesetz ist die Frequenz, bei der die Intensität der emittierten Strahlung maximal wird, von der Temperatur des Körpers abhängig – je heißer er ist, desto höher ist die Frequenz maximaler Strahlungsintensität: $f_{max} = T \cdot 0{,}059 \frac{THz}{K}$.	
Strahlungsgleichgewicht	Fließgleichgewicht zwischen absorbierter und reemittierter Strahlungsleistung. Im Strahlungsgleichgewicht bleibt die Temperatur eines Körpers gleich. Absorbiert ein Körper mehr Strahlung als er reemittiert nimmt die Temperatur zu, umgekehrt kühlt er langsam ab.	
Globale Durchschnittstemperatur	Die globale Durchschnittstemperatur aus dem Strahlungsgleichgewicht der Erde infolge der Einstrahlung der Sonne und der Abstrahlung durch die Erdoberfläche beträgt −18 °C. Infolge des Treibhauseffekts in der Atmosphäre liegt die tatsächliche Temperatur bei etwa 15 °C. Ohne Atmosphäre wäre die Erde um mehr als 30 °C kälter.	
Treibhauseffekt	Treibhausgase wie Wasserdampf und Kohlenstoffdioxid absorbieren einen Teil der von der Erde reemittierten Wärmestrahlung und heizen so die Atmosphäre auf. Die Gleichgewichtstemperatur des Strahlungsgleichgewichts ist nach oben verschoben. Dieser natürliche Treibhauseffekt ermöglicht ein lebensfreundliches Klima. Die Verbrennung riesiger Mengen fossiler Energieträger bewirkt einen Anstieg vor allem des Kohlenstoffdioxidgehalts in der Atmosphäre. Als Treibhausgas verstärkt es den Treibhauseffekt, infolgedessen stieg die globale Temperatur um etwa 0,5 °C. Folgen eines Temperaturanstiegs sind Extrem-Wetter-Erscheinungen wie häufigere Wirbelstürme oder der Anstieg des Meeresspiegels, der sowohl auf dem Abschmelzen der Inlandgletscher beruht als auch auf der thermischen Ausdehnung des Ozeanwassers.	

Übungsaufgaben

1 ☑ Ein Körper mit einer Oberfläche von 1 m² und einer Temperatur von 1000 K emittiert Wärmestrahlung.

a Geben Sie die Formeln zur Berechnung der Leistungsdichte und das Stefan-Boltzmann-Gesetz an.

b Berechnen Sie die Strahlungsleistung des Körpers mithilfe der Formeln aus Teilaufgabe a.

c Vergleichen Sie die in b berechnete Strahlungsleistung mit der Strahlungsleistung eines Körpers mit einer Temperatur von 2000 K.

2 ☑ Für eine Glühlampe kann näherungsweise gesagt werden, dass sie sichtbares Licht gelber Farbe abstrahlt und eine Betriebstemperatur von 2800 K hat.

a Geben Sie an, was das Wien'sche Verschiebungsgesetz besagt.

b Berechnen Sie die absolute Temperatur der Glühlampe mithilfe des Wien'schen Verschiebungsgesetzes.

c Vergleichen Sie Ihre Berechnung mit der tatsächlichen Temperatur der Glühlampe.

3 ☑ Strahlungsgleichgewichte spielen nicht nur in der Physik eine Rolle, sondern sind auch für das Leben von essenzieller Bedeutung.

a Erklären Sie, was man unter einem Strahlungsgleichgewicht versteht.

b Geben Sie ein Beispiel für ein System an, in dem ein Strahlungsgleichgewicht besteht.

c Erklären Sie, wie das Strahlungsgleichgewicht in der Atmosphäre der Erde erreicht wird und welche Faktoren dabei eine Rolle spielen.

d Ohne Atmosphäre hätte die Erdoberfläche im Strahlungsgleichgewicht eine Temperatur von etwa −18 °C, mit Atmosphäre liegt sie bei rund +15 °C. Erklären Sie, wie dies zustande kommt und welcher Effekt dafür verantwortlich ist.

4 ☑ In der nachfolgenden Abbildung stellt die rote Kurve die Intensität der Sonnenstrahlung dar, die von der Sonne auf die Erdatmosphäre trifft. Die rote Fläche gibt den Anteil an, der die Erdoberfläche erreicht und diese erwärmt. Die von der Erde ausgesendete Strahlung ist durch die blaue Kurve veranschaulicht. Die blaue Fläche zeigt, welcher Anteil davon ins Weltall gelangt, nachdem die von der Erde ausgesendete Strahlung die Atmosphäre passiert hat.

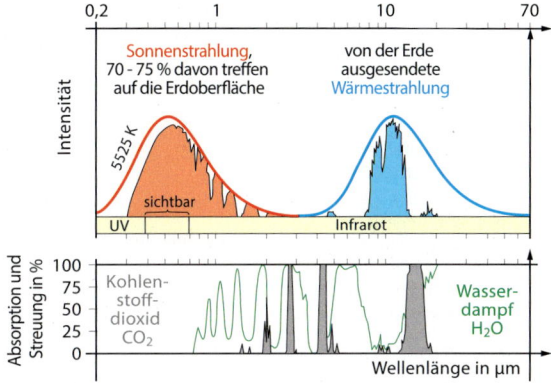

a Erklären Sie mithilfe des Absorptionsspektrum von Kohlenstoffdioxid (graue Kurve), dass dieses die ankommende Sonnenstrahlung kaum beeinflusst, Wasserdampf hingegen schon.

b Beschreiben Sie, wie Sie dem Diagramm zu entnehmen können, dass nur ca. 15–30 % der von der Erdoberfläche ausgesendeten Strahlung ins Weltall gelangt.

c Erläutern Sie die Rolle des Kohlenstoffdioxids auf den Prozess der Abstrahlung von Wärmestrahlung durch die Atmosphäre.

d Beschreiben Sie ein einfaches Modellexperiment, mit dem Sie den Einfluss von Kohlenstoffdioxid auf die Temperatur veranschaulichen können.

Mithilfe des Kapitels können Sie:	Aufgabe	Hilfe
✓ das Stefan-Boltzmann-Gesetz nennen und anwenden.	1	**S. 183, S. 188-189**
✓ Beobachtungen an Lichtquellen mithilfe des Wien'schen Verschiebungsgesetzes erklären.	2	**S. 185**
✓ die Einstellung eines Strahlungsgleichgewichts als Folge von Reflexions-, Absorptions- bzw. Reemissionsvorgängen beschreiben.	3	**S. 188**
✓ Experimente zum unterschiedlichen Absorptionsverhalten klimarelevanter Gase beschreiben.	3, 4	**S. 191**
✓ ein Modell für den Treibhauseffekt darstellen.	3, 4	**S. 194-196**

▶ **Die Lösungen zu den Übungsaufgaben finden Sie im Anhang.**

Lösungen der Check-up-Aufgaben

Bewegungen beschreiben (Seite 39)

1 a t-s-Diagramm

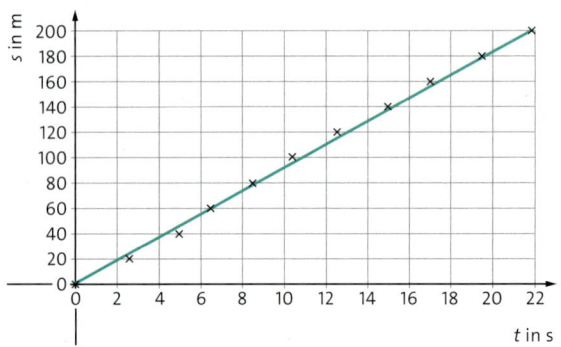

b Durchschnittsgeschwindigkeit
gegeben: $\Delta s = 200$ m
$\Delta t = 21{,}9$ s
gesucht: $\overline{v}$
Lösung: $\overline{v} = \dfrac{\Delta s}{\Delta t} = \dfrac{200\,\text{m}}{21{,}9\,\text{s}} = 9{,}13\,\frac{\text{m}}{\text{s}} = 32{,}9\,\frac{\text{km}}{\text{h}}$

Antwort: Die Durchschnittsgeschwindigkeit auf der gesamten Strecke von 200 m beträgt $32{,}9\,\frac{\text{km}}{\text{h}}$.

c t-v-Diagramm

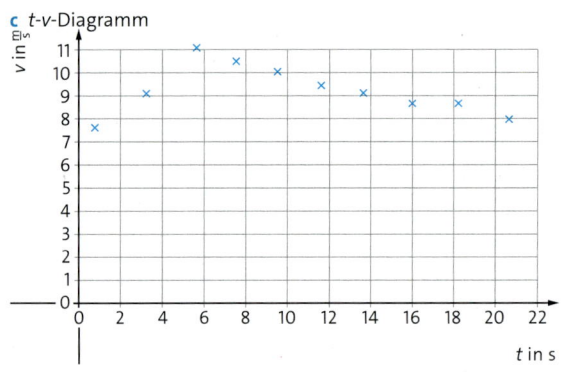

Die größte Durchschnittsgeschwindigkeit liegt zwischen 40 m und 60 m.

2 a Die Beobachtung lässt sich mit dem freien Fall erklären. Auf der Erde ist der freie Fall eine idealisierte Fallbewegung, bei der die Luftreibung vernachlässigt wird. Der Mond jedoch besitzt keine Atmosphäre, sodass dort auch keine Luftreibung existiert, d. h. Hammer und Feder fallen hier im Vakuum. Da die Fallgeschwindigkeit unabhängig von der Masse eines Körper ist, fallen Hammer und Feder auf dem Monf gleich schnell.
Auf der Erde würde der Fall durch die Luftreibung abgebremst werden, wobei die Feder eine größere Reibung erfährt und dadurch später als der Hammer auf dem Boden aufkommen würde.

b Fallbeschleunigung auf dem Mond
gegeben: $h_0 = 1{,}20$ m
$t = 1{,}2$ s
gesucht: g_{Mond}
Lösung:

$h_0 = \dfrac{g_{\text{Mond}}}{2} \cdot t^2 \Rightarrow g_{\text{Mond}} = \dfrac{2 \cdot h_0}{t^2}$

$g_{\text{Mond}} = \dfrac{2 \cdot 1{,}2\,\text{m}}{(1{,}2\,\text{s})^2} = 1{,}67\,\frac{\text{m}}{\text{s}^2}$

Antwort: Die Fallbeschleunigung auf dem Mond beträgt $1{,}67\,\frac{\text{m}}{\text{s}^2}$.

Bewegungsgleichung: $h(t) = h_0 - \dfrac{g_{\text{Mond}}}{2} \cdot t^2 = 1{,}2\,\text{m} - \dfrac{1{,}67\,\frac{\text{m}}{\text{s}^2}}{2} \cdot t^2$

t in s	0,0	0,2	0,4	0,6	0,8	1,0	1,2
h in m	1,20	1,17	1,07	0,90	0,67	0,37	0,0

3 a t-s-Diagramm

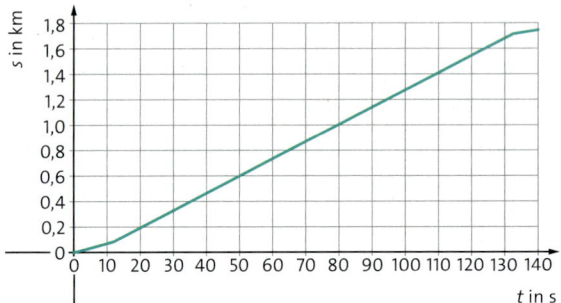

t-v-Diagramm

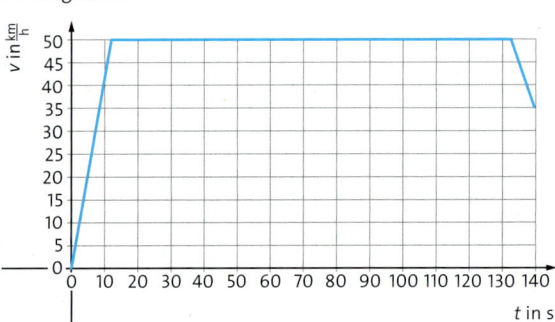

t-a-Diagramm

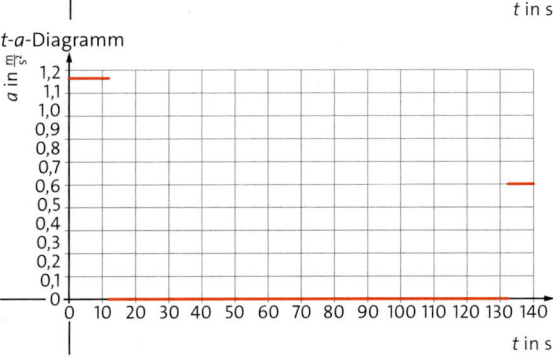

b Die Gesamtstrecke kann mithilfe der Fläche unter der Kurve im t-v-Diagramm ermittelt werden. Der Flächeninhalt setzt sich aus zwei rechtwinkligen Dreiecken ($A = 0{,}5 \cdot \Delta v \cdot \Delta t$) und einem Rechteck ($A = \Delta v \cdot \Delta t$) zusammen. Daraus ergibt sich eine Gesamtstrecke von rund 1,76 km.

4 Aufstellen des Differenzenquotienten:

$v(0{,}5\,\text{s}) = \dfrac{\Delta s}{\Delta t} = \dfrac{s(0{,}5\,\text{s} + \Delta t) - s(0{,}5\,\text{s})}{\Delta t} = \dfrac{2\frac{\text{m}}{\text{s}^2} \cdot (0{,}5\,\text{s} + \Delta t)^2 - 2\frac{\text{m}}{\text{s}^2} \cdot (0{,}5\,\text{s})^2}{\Delta t}$

$= \dfrac{2\frac{\text{m}}{\text{s}^2} \cdot (0{,}25\,\text{s}^2 + 1\,\text{s} \cdot \Delta t + \Delta t^2) - 2\frac{\text{m}}{\text{s}^2} \cdot 0{,}25\,\text{s}^2}{\Delta t} = 2\,\frac{\text{m}}{\text{s}} + 2\,\frac{\text{m}}{\text{s}^2} \cdot \Delta t$

Um die momentane Geschwindigkeit zu bestimmen, kann $\Delta t = 0$ gewählt werden, da Δt nicht mehr im Nenner steht.
$v(0{,}5\,\text{s}) = 2\,\frac{\text{m}}{\text{s}}$
Anwort: Die Geschwindigkeit zu $t = 0{,}5$ s beträgt $2\,\frac{\text{m}}{\text{s}}$.

5 **a** Gegeben: $t = 0,004\,$s
Damit ist $s(t = 0,004\,$s$) = 0,151646645\,$m

Δt in s	$t + \Delta t$ in s	$s(t + \Delta t)$ in m	Δs in m
0,004	0,008	0,514599761	0,362953116
0,001	0,005	0,229848847	0,078202202
0,0001	0,0041	0,158889396	0,007242751
0,00001	0,00401	0,152364698	0,000718052
0,000001	0,004001	0,151718388	0,000071742
0,0000001	0,0040001	0,151653819	0,000071736

b Momentane Geschwindigkeit

Δt in s	$\overline{v}$ in $\frac{m}{s}$	v in $\frac{m}{s}$
0,004	90,73827896	71,73
0,001	78,20220174	71,73
0,0001	72,42751030	71,73
0,00001	71,80523191	71,73
0,000001	71,74257568	71,73
0,0000001	71,73630579	71,73

c Die mittlere Geschwindigkeit nähert sich für immer kleinere Zeitintervalle Δt regelmäßig und ohne abrupte Besonderheiten immer mehr einem Wert an. Dieser Wert wird ergänzt. Man sagt dazu, dieser Wert wird stetig ergänzt.

6 **a** Die Bahnkurve des Wasserstrahls entspricht einem nach unten geöffneten Parabelast und folgt somit den Bewegungsgesetzen des waagerechten Wurfs.

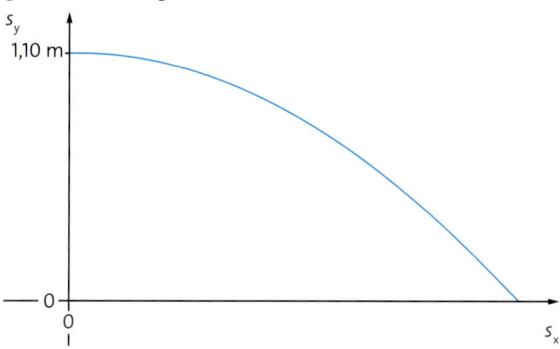

b Geschwindigkeit des Wasser
gegeben: $h_0 = 1,10\,$m
$s_x = 3,30\,$m

gesucht: v_0
Lösung: Mithilfe der Wurfparabel für $s_y = 0\,$m kann die Abwurfgeschwindigkeit direkt berechnet werden:

$0 = h_0 - \frac{g}{2} \cdot \frac{s_x^2}{v_0^2} \Rightarrow v_0 = \sqrt{\frac{g}{2 \cdot h_0} \cdot s_x^2} = 6,97\,\frac{m}{s}$

Antwort: Die Geschwindigkeit des Wassers beträgt $6,97\,\frac{m}{s}$.

Kraft, Impuls und Energie (Seite 99)

1 **a** Mittlere Beschleunigung
gegeben: $\Delta t = 3\,$s
$\Delta v = 100\,\frac{km}{h}$
gesucht: a
Lösung: $a = \frac{\Delta v}{\Delta t} = \frac{27,8\,\frac{m}{s}}{3\,s} = 9,3\,\frac{m}{s^2}$

Antwort: Die Beschleunigung eines Geparden ist etwa 1,2-mal höher als die eines Ferraris.
b Kraft zur Beschleunigung
Lösung: $F = m \cdot a = 50\,$kg $\cdot\ 9,3\,\frac{m}{s^2} = 465\,$N

Antwort: Die beschleunigende Kraft beträgt etwa 465 N.
2 Je größer die Masse eines Fahrzeugs ist, desto geringer ist die Beschleunigung, wenn eine konstante Kraft ausgeübt wird bzw. je größer die Masse des Fahrzeugs ist, desto mehr Kraft muss aufgewendet werden, um die gleiche Beschleunigung zu erreichen.
3 Das unterschiedliche Verhalten beruht auf der Trägheit der Toilettenpapierrolle. Rollt man die Blätter langsam ab, wird die Kraft auf die Rolle übertragen und sie wird in Bewegung gesetzt. Zieht man hingegen schnell an den Blättern, überträgt sich die Zugkraft in der kurzen Zeit nicht auf die Rolle, sodass die Blätter abreißen.
4 **a** Das Gepäck ist hochgestapelt und nicht gesichert. Es kann während der Fahrt leicht im Auto umherfallen.
b Da die Flechtkiste nicht gesichert ist, würde sie bei einer Vollbremsung nach dem Trägheitsprinzip nach vorne geschleudert werden.
c Ein Sicherheitsgurt verhindert, dass man beim Bremsen aufgrund der Trägheit nach vorne geschleudert wird. Dazu besitzt der Gurt eine Stoppfunktion, die bei ruckartigen Bewegungen automatisch verhindert, dass der Gurt ausgerollt wird.
5 Die Zentripetalkraft ist die Kraft, die notwendig ist, um einen Körper auf einer Kreisbahn zu halten. Sie ist proportional zur Masse des Körpers und zur Bahngeschwindigkeit des Körpers und entgegengesetzt zur Richtung der Bewegung.

$F_Z = m \cdot \frac{v^2}{r}$

a Wenn die Bahngeschwindigkeit verdoppelt wird, während der Radius unverändert bleibt, dann wird die Zentripetalkraft vervierfacht, da die Zentripetalkraft direkt proportional zum Quadrat der Bahngeschwindigkeit ist.
b Wenn der Radius einer Kreisbahn bei konstanter Bahngeschwindigkeit halbiert wird, dann wird die Zentripetalkraft verdoppelt. Das liegt daran, dass die Zentripetalkraft umgekehrt proportional zum Radius ist.
c Wenn der Radius der Kreisbahn bei konstanter Winkelgeschwindigkeit halbiert wird, dann halbiert sich auch die Zentripetalkraft, da Zentripetalkraft und Radius direkt proportional zueinander sind.
d Wenn sowohl der Radius als auch die Winkelgeschwindigkeit halbiert werden, dann verringert sich Zentripetalkraft auf ein Achtel des ursprünglichen Werts, da sie sowohl direkt proportional zum Radius als auch zum Quadrat der Winkelgeschwindigkeit ist.
e Wenn nur die Masse verdoppelt wird, dann wird die Zentripetalkraft ebenfalls verdoppelt, da die Zentripetalkraft direkt proportional zur Masse ist.
6 Die Aufprallenergie ergibt sich aus der kinetischen Energie des Pkws direkt vor dem Aufprall. Da das Fahrzeug vollständig zum Stillstand kommt, wurde diese Energie vollständig umgewandelt.
$E_{kin} = \frac{1}{2} \cdot m \cdot v^2 \Rightarrow v = \sqrt{\frac{2 \cdot E_{kin}}{m}} = \sqrt{\frac{2 \cdot 531000\,J}{1600\,kg}} = 25,8\,\frac{m}{s} = 92,7\,\frac{km}{h}$

7 a Oben am Startpunkt besitzt der Skater Höhenenergie gegenüber dem tiefsten Punkt (Nullniveau). Auf dem Weg nach unten wird Höhenenergie in kinetische Energie umgewandelt. Im tiefsten Punkt ist die Höhenenergie vollständig in kinetische Energie umgewandelt worden. Auf dem Weg nach oben kehrt sich der Vorgang um. Da die Gesamtenergie erhalten bleibt, erreicht der Skater (ohne Brücksichtigung der Reibung) maximal genau dieselbe Höhe wie zu Beginn.

b Geschwindigkeit des Skaters
gegeben: $h = 4,0\,m$
gesucht: v
Lösung: $E_{kin} = E_H$

$$v = \sqrt{2 \cdot g \cdot h} = \sqrt{2 \cdot 9,81\,\tfrac{m}{s^2} \cdot 4,0\,m} = 8,9\,\tfrac{m}{s} = 31,9\,\tfrac{km}{h}$$

Antwort: Die Geschwindigkeit des Skaters im tiefsten Punkt beträgt etwa $32\,\tfrac{km}{h}$.

c Der Skater treibt die Bewegung durch Betätigung seiner Muskulatur an. Dabei wird die Energie seines Körpers in Bewegunsenergie umgewandelt. Im System muss also auch die Energie des Skaters berücksichtigt werden.

Akustik (Seite 125)

1 a Die Schallerzeugung bei der Maultrommel erfolgt durch die Schwingung der Blattfeder in der Mitte des Instruments. Durch das „Anschlagen" der Feder wird diese in Schwingung versetzt und erzeugt dadurch Schallwellen.

b Beim Schwingen der Blattfeder werden die Schwingungen in den Schallträger (in diesem Fall die Luft) übertragen. Dadurch werden die Luftteilchen ebenfalls in Schwingung versetzt, die wieder andere Luftteilchen in Schwingungen versetzen, sodass sich der Schall von der Quelle aus in alle Richtungen ausbreitet. Diese Schwingungen können von einem Ohr wahrgenommen werden, wenn sie dort ankommen.

c Man hält das Instrument an den Mund, um den Schall zu verstärken und den Klang des Instruments zu beeinflussen. Durch den Mund wird ein Resonanzraum gebildet, der die Schallwellen verstärkt und den Klang des Instruments beeinflusst. Zudem kann durch die Lippen und die Zunge die Klangfarbe beeinflusst werden.

2 a Schwingungsdauer und Phasenverschiebung
gegeben: $f_0 = 120\,Hz$
$\qquad y_{max}(0) = 2\,cm$
gesucht: T und $\Delta\varphi$

Lösung: $f_0 = \tfrac{1}{T} \Rightarrow T = \tfrac{1}{f_0} = \tfrac{1}{120\,Hz} = 8,3\,ms$

Aus $y(0) = y_{max} \cdot \sin(\omega \cdot 0 + \Delta\varphi)$ folgt $\Delta\varphi = \tfrac{\pi}{2}$.

b und **c**

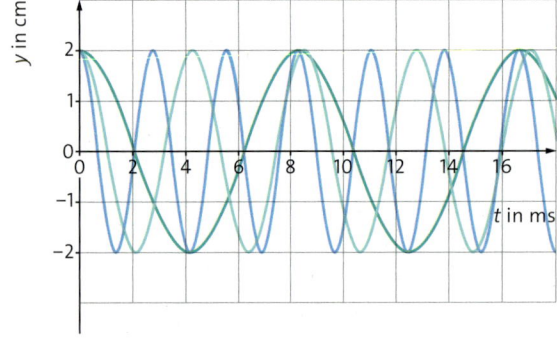

3 a Töne, Klänge und Geräusche
b Schwingungsbilder

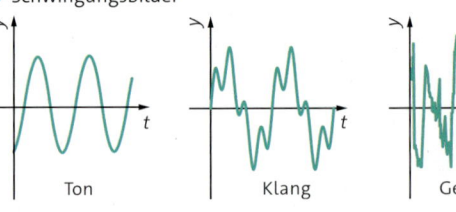

Ton   Klang   Geräusch

c Ton: Schall, der durch eine harmonische Schwingung beschrieben werden kann.
Klang: Schwingungen sind nicht harmonisch, aber periodisch.
Geräusch: Enthalten viele unterschiedliche Frequenzen, die keine periodische Schwingung ergeben.

4 Obwohl zwei verschiedene Instrumente den gleichen Ton spielen, können sie dennoch akustisch unterschieden werden, da jedes Instrument seine eigene Klangfarbe hat. Mit Musikinstrumenten erzeugt man Klänge, die aus verschienen-den Tönen zusammengesetzt sind. Bei den meisten Instrumen-ten enthält der Klang einen Grundton sowie mehrere Obertöne, deren Frequenzen ganzzahlige Vielfache der Frequenz des Grundtons sind. Die unterschiedliche Zusammensetzung und Intensität der einzelnen Obertöne führt zu verschiedenen Klangfarben der einzelnen Instrumente.

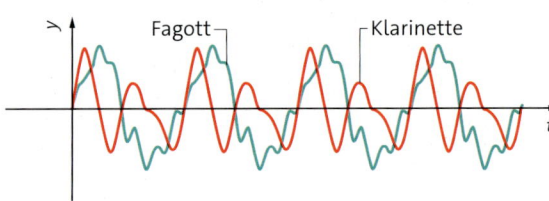

Fagott   Klarinette

5 a Generell kann die Schallgeschwindigkeit bestimmt werden, indem man die Zeit misst, die zwischen dem Aussenden und dem Empfangen eines akustischen Signals vergeht.
Im gegebenen Experiment wird ein Mikrofon 2,00 m vor einer glatten Wand aufgestellt. Es wird die Zeit gemessen, die zwischen dem Betätigen der Tischglocke (erstes akustisches Signal) und dem Empfang des an der Wand reflektierten Schalls (zweites akustisches Signal) vergeht.

b Die Schallgeschwindigkeit kann einfach durch Quotientenbil-dung von Distanz und benötigter Zeit gebildet werden. Da sechs Messung erfolgten, errechnet man zuvor den Mittelwert.

$$\bar{t} = \tfrac{11,8\,ms + 11,7\,ms + 11,8\,ms + 11,9\,ms + 12,0\,ms + 11,8\,ms}{6} = 11,8\,ms$$

$$v = \tfrac{d}{t} = \tfrac{2 \cdot 2\,m}{11,8\,ms} = 339\,\tfrac{m}{s}$$

Antwort: Die ermittelte Schallgeschwindigkeit beträgt $339\,\tfrac{m}{s}$.

c Der bestimmte Wert entspricht etwa der Hälfte der Schallgeschwindigkeit. Abweichungen können sich zum einen durch Faktoren ergeben, von denen die Schallgeschwindigkeit abhängt, z. B. Temperatur, Luftfeuchtigkeit, Druck. Die größte Fehlerquelle ist hier jedoch, dass die Berechnung der Geschwin-digkeit nur mit dem halben Laufweg (2 m) durchgeführt wurde.

6 a Richtig. Die Amplitude beschreibt die Größe der Druck-schwankungen. Je größer diese sind, desto lauter ist der Ton.
b Falsch. Ein tiefer Ton hat eine kleinere Frequenz als ein hoher Ton und damit eine höhere Schwingungsdauer.
c Falsch. Schall ist nicht zwingend periodisch. Beispielsweise sind Geräusche.
d Falsch. Schallpegel und Schalldruck hängen zwar zusammen, da eine Erhöhung des Schalldrucks auch eine Erhöhung des Schallpegels bedeutet. Ein Anstieg des Schalldrucks um den Faktor 10 entspricht jedoch einem Anstieg des Schallpegels um 10 dB.

Atom- und Kernphysik (Seite 157)

1 a Ein Stickstoffatom besteht nach dem Kern-Hülle-Modell aus einem kleinen positiv geladenen Atomkern und einer negativ geladenen Atomhülle, in der sich die Elektronen befinden.

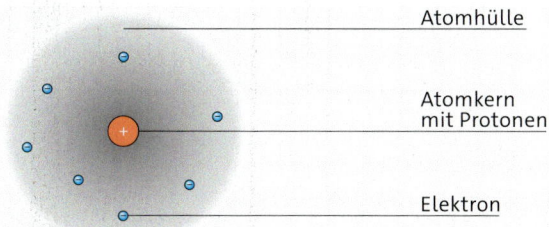

b Die Massenzahl entspricht der Nukleonenzahl. Sie gibt die Anzahl der Protonen und Neutronen im Kern wieder. Die Ordnungszahl entspricht der Kernladungszahl. Sie gibt die Anzahl der Protonen im Kern wieder (und die Anzahl der Elektronen in der Hülle). Da Protonen ein Teil der Nukleonen sind, können beide Angaben genutzt werden, um die Neutronenzahl zu berechnen.

c Ein neutrales Stickstoffatom enthält in seinem Atomkern 7 Protonen und hat eine Massenzahl von 14.

Anzahl Neutronen: $14 - 7 = 7$

d Entsprechend dem Kern-Hülle-Modell muss zur Ionisation eines Stickstoffatoms ein Elektron aus der Hülle entfernt werden. Dies kann z. B. durch die Absorption von Licht oder durch Kollision mit anderen Teilchen geschehen. Sobald ein Elektron entfernt wurde, hat das Atom eine positive Ladung und wird als Stickstoff-Ion bezeichnet.

2 a 88 Protonen und 136 Neutronen

b $^{224}_{88}\text{Ra} \longrightarrow \, ^{220}_{86}\text{Rn} + \, ^{4}_{2}\text{He}$

3 a Ionisierende Strahlung kann z. B. mithilfe von Zählrohren oder einer Nebelkammer nachgewiesen werden.

b Geiger-Müller-Zählrohr

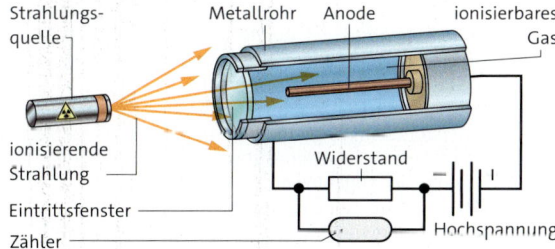

Korrekte Reihenfoge: D, B, F, C, A, E

4 a Bei Alpha- und Betastrahlung handelt es sich um Teilchenstrahlung. Alphastrahlung besteht aus zweifach positiv geladenen Heliumkernen. Betastrahlung besteht aus Elektronen. Bei Gammastrahlung handelt es sich hingegen um elektromagnetische Strahlung.

Alphastrahlung hat die niedrigste Energie im Vergleich zu Beta- und Gammastrahlung. Betastrahlung hat eine höhere Energie als Alphastrahlung, aber niedriger als Gammastrahlung. Gammastrahlung hat die höchste Energie im Vergleich zu Alpha- und Betastrahlung.

Alphastrahlung hat von den drei Strahlungsarten das geringste Durchdringungsvermögen. Betastrahlung hat ein höheres Durchdringungsvermögen als Alphastrahlung, aber niedriger als Gammastrahlung. Gammastrahlung hat das höchste Durchdringungsvermögen.

b Aufgrund der ionisierenden Wirkung von radioaktiver Strahlung können auch Moleküle im menschlichen Körper ionisiert werden. Dies kann zur Schädigung der DNA und damit der Erbinformationen führen. Dabei können sowohl somatische Strahlenschäden, also Schäden am bestrahlten Lebewesen selbst, als auch genetische Schäden, die zu Veränderungen bei den Nachkommen führen, auftreten.

c Aus den Eigenschaften und Wirkungen lässt sich die sogenannte „5-A-Regel" ableiten. Diese beinhaltet die wesentlichen Strahlenschutzmaßnahmen:

– Wird mit radioaktiven Stoffen gearbeitet, muss die Aktivität so gering wie möglich gehalten werden (Aktivität verringern).

– Einen möglichst großen Abstand zu Quellen radioaktiver Strahlung halten (Abstand vergrößern).

– Strahlungsquellen weitestgehend abschirmen (Abschirmung erhöhen).

– Sich Strahlungsquellen, wenn unvermeidbar, nur kurzzeitig aussetzen (Aufenthaltsdauer verringern).

– Radioaktive Stoffe dürfen, abgesehen von medizinischen Behandlungen, nicht in den Körper gelangen. Beim Umgang mit solchen Substanzen sind Essen und Trinken verboten (Aufnahme vermeiden).

5 a Die Veränderung der radioaktiven Belastung lässt sich auf die unterschiedlichen Halbwertszeiten von Iod-131 und Caesium-137 zurückführen. Iod-131 hat mit nur 8 Tagen eine relativ kurze Halbwertszeit. Die Halbwertszeit von Caesium-137 ist mit 30 Jahren hingegen deutlich länger. Das bedeutet, dass nach einigen Wochen bereits eine große Menge der Iod-131-Kerne zerfallen ist, während die Caesium-137-Kerne die Milch noch über eine längere Zeit belasten.

b Die Halbwertszeit gibt an, in welcher Zeit sich jeweils die Hälfte der vorhandenen instabilen Atomkerne umgewandelt hat. Dabei kann nicht vorhergesagt werden, welcher Atomkern bereits zerfallen ist, gerade zerfällt oder erst zerfallen wird. Die Halbwertszeit trifft nur eine Aussage über die Gesamtheit aller vorhandenen Atomkerne.

c $N(t) = N_0 \cdot \left(\frac{1}{2}\right)^{\frac{t}{T_{1/2}}} \Rightarrow \frac{N(t)}{N_0} = x = \left(\frac{1}{2}\right)^{\frac{40\,a}{30\,a}} = 0{,}40$

Nach 40 Jahren sind noch rund 40 % der ursprünglichen Kerne vorhanden.

6 a Zerfallskurve

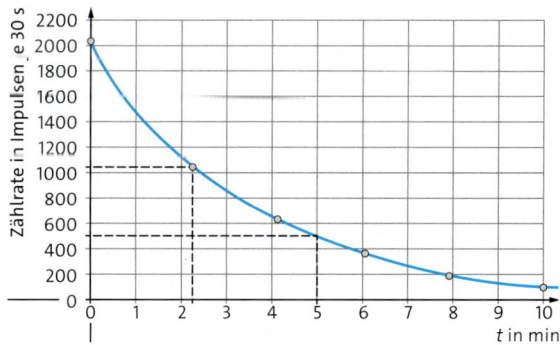

b Das Barium-137-Präparat hat eine Halbwertszeit von rund 2,25 min.

Optische Abbildungen (Seite 179)

1 Ziel: Untersuchen Sie die Abbildungseigenschaften von
Sammellinsen, indem Sie Abbildungen von verschiedenen
Gegenständen erzeugen und deren Größe und Schärfe
untersuchen.
Materialien: Sammellinsen verschiedener Brennweiten,
Lichtquelle, Schirm oder weiße Wand, verschiedene Gegenstän-
de (z. B. Buchstabe, Münze, Schlüssel), Lineal
Durchführung:
– Stellen Sie die Lichtquelle vor den Schirm oder die weiße
Wand und richten Sie sie so aus, dass sie eine gleichmäßige
Beleuchtung des Gegenstands erzeugt.
– Stellen Sie den Gegenstand vor die Lichtquelle und justieren
Sie die Entfernung zwischen Gegenstand und Linse.
– Halten Sie die Linse vor den Gegenstand und richten Sie sie so
aus, dass sie das Licht des Gegenstands sammelt.
– Beobachten Sie das Abbild des Gegenstands auf dem Schirm
und messen Sie die Abbildungsgröße (Verhältnis Abbildungs-
größe zu Gegenstandsgröße) mithilfe des Lineals.
– Wiederholen Sie die Schritte 2 bis 4 mit verschiedenen
Brennweiten der Linse und verschiedenen Gegenständen.
– Notieren Sie die Ergebnisse und untersuchen Sie, wie die
Brennweite der Linse die Abbildungsgröße und Schärfe
beeinflusst.
Zu erwartete Ergebnisse:
– Je größer die Brennweite der Linse ist, desto größer wird das
Abbild des Gegenstands sein.
– Die Schärfe des Abbilds hängt von der Entfernung zwischen
Linse und Gegenstand und der Fokussierung der Linse ab.

2 Konstruktion

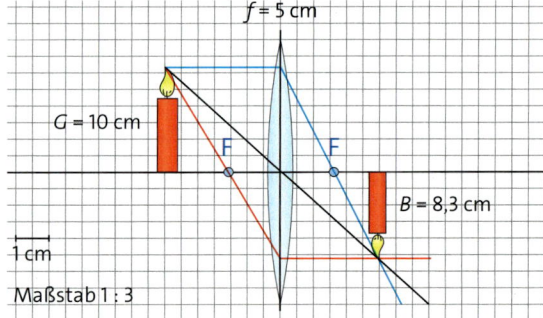

3 a, b und c

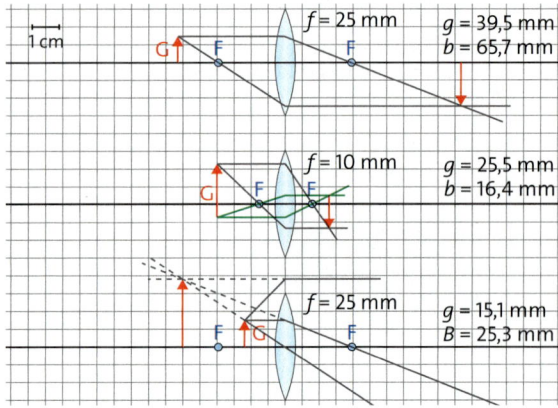

4 Folgende Karten gehören zusammen:
– $g > 2f$ | Bild ist kleiner als der Gegenstand. | $f < b < 2f$
– $g = 2f$ | Gegenstand und Bild sind gleich groß. | $b = 2f$
– $f < g < 2f$ | Bild ist größer als der Gegenstand | $b > 2f$
– $g < f$ | Bild ist virtuell und größer als der Gegenstand. | $b > f$

5 a Ein astronomisches Fernrohr besteht aus zwei Linsen: der
Okularlinse und der Objektivlinse.
Die Objektivlinse, die größer und stärker ist, sammelt das Licht
des beobachteten Gegenstands und bündelt es. Dieses
gebündelte Licht trifft dann auf die Okularlinse. Die Okularlinse
konzentriert das Licht und projiziert es auf das Auge des
Beobachters. Durch die Verwendung dieser beiden Linsen wird
das Bild des beobachteten Gegenstands vergrößert.
Ein Fernrohr kann auch mit einer variablen Brennweite
ausgestattet sein, die es dem Benutzer ermöglicht, die
Vergrößerung des Fernrohrs zu verändern.
b Die Schärfe des Bildes kann eingestellt werden, indem die
Entfernung zwischen den Linsen verändert wird. Dies kann
durch eine Fokussierungsmechanik erreicht werden, die es
ermöglicht, die Linsen gegeneinander zu verschieben. Eine
weitere Möglichkeit wäre die Verwendung eines Okulars mit
variabler Augenmuschel. Auf diese Weise kann der Abstand
zwischen Auge und Okularlinse verändert werden und damit
die Schärfe eingestellt werden.

6 a Von Gegenständen in großer Entfernung fällt das Licht
nahezu parallel ins Auge. Wenn diese scharf auf der Netzhaut
abgebildet werden, ist der Abstand zur Netzhaut genau die
Brennweite der Augenlinse.
b Nähert sich der Gegenstand an, muss die Brennweite der
Linse verkleinert werden, da die Linse das Licht stärker brechen
muss.

Strahlungsphysik (Seite 201)

1 a Leistungsdichte: $S = \frac{P}{A}$
Stefan-Boltzmann-Gesetz: $S = \sigma \cdot T^4$
b Strahlungsleistung
gegeben: $A = 1\,\text{m}^2$
$\qquad\quad T = 1000\,\text{K}$
$\qquad\quad \sigma = 5,67 \cdot 10^{-8}\,\frac{\text{W}}{\text{m}^2\text{K}^4}$
gesucht: P
Lösung: $P = \sigma \cdot A \cdot T^4 = 5,67 \cdot 10^4\,\text{W}$
c Die Strahlungsleistung eines Körpers bei einer Temperatur
von 2000 K wird analog zu Teilaufgabe a berechnet.
Es ergibt sich: $P = 9,07 \cdot 10^5\,\text{W}$
Damit ist die Strahlungsleistung bei 2000 K 16-mal so hoch wie
bei 1000 K.

2 a Das Wien'sche Verschiebungsgesetz besagt: Je höher die
Temperatur eines Körpers ist, desto höher ist auch die Frequenz
maximaler Intensität der thermischen Strahlung des Körpers.

b Absolute Temperatur: $f_{\text{max}} = T \cdot 0,059\,\frac{\text{THz}}{\text{K}} \Rightarrow$

$T = \frac{f_{\text{max}}}{0,059\,\text{Hz}} = \frac{510\,\text{Hz}}{0,059\,\text{Hz}} = 8644\,\text{K}$

c Die Betriebstemperatur eine Glühlampe beträgt etwa 2800 K,
d. h. die absolute Temperatur ist mit 8644 K rund 3-mal höher.

3 a Ein Strahlungsgleichgewicht ist erreicht, wenn die eingestrahlte (absorbierte) Strahlung eines Systems gleich der von
dem System abgestrahlten (reemittierten) Strahlung ist. Im
Strahlungsgleichgewicht bleibt die Temperatur des Systems
gleich.
b Ein Beispiel für ein System, in dem ein Strahlungsgleichgewicht besteht, ist die Erde. Die Erde empfängt von der Sonne
Strahlung und strahlt gleichzeitig Wärme in Form von
Infrarotstrahlung in den Weltraum ab.
c Das Strahlungsgleichgewicht der Erde ergibt sich aus der
Absorption und Reflexion der Sonnenstrahlung, wobei nur ein
kleiner Teil der Sonnenstrahlung direkt in den Weltraum
reflektiert wird. Der überwiegende Teil wird durch die
Atmosphäre und die Erdoberfläche absorbiert, umgewandelt
und als Infrarotstrahlung reemittiert. Das Strahlungsgleichgewicht der Erde wird dabei durch verschiedene Faktoren
beeinflusst. Dazu gehören die Menge der Treibhausgase in der
Atmosphäre, die Reflektion von Strahlung durch Wolken und
die Beschaffenheit der Erdoberfläche.
d Ohne Atmosphäre würde die Absorption und Umwandlung
der Sonnenstrahlung in Infrarotstrahlung minimiert werden.
Die Sonnenstrahlung würde direkt von der Erdoberfläche
reflektiert werden. Die mehrfache Reflexion und die Umwandlung in Infrarotstrahlung wird durch die in der Atmosphäre
enthaltenen Treibhausgase ermöglicht. Es wird so in der
Summe mehr Infrarotstrahlung absorbiert. Dies verhindert,
dass die Wärme in den Weltraum abgestrahlt wird. Dadurch
erhöht sich die Temperatur auf der Erde. Diesen Effekt
bezeichnet man als Treibhauseffekt.

4 a Kohlenstoffdioxid absorbiert und streut nur bestimmte
Wellenlängen im infraroten Bereich. Die wenigen Wellenlängen, die das Kohlenstoffdioxid vom ankommenden Sonnenlicht
absorbiert bzw. streut, liegen in einem Bereich, in dem die
Intensität des Sonnenlichts sehr gering ist. Daher hat
Kohlenstoffdioxid kaum einen Einfluss auf die ankommende
Sonnenstrahlung. Wasserdampf absorbiert die Sonnenstrahlung hingegen auch in Bereichen mit kürzeren Wellenlängen.
b Die gesamte von der Erdoberfläche ausgesendete Strahlung
entspricht der Fläche unter der blauen Kurve. Die hellblau
gefärbte Fläche stellt den Bruchteil der Strahlung dar, der von
der Erde aus ins Weltall gelangt. Um den Bruchteil dieser
hellblauen Fläche bezogen auf die gesamte Fläche unter der
blauen Kurve zu bestimmen, könnte man die Fläche unter der
Kurve mit kleinen gleichgroßen Quadraten auslegen und den
Bruchteil der Quadrate bestimmen, die auf der hellblauen
Fläche liegen.
c Im Wellenlängenbereich bei etwa 10 μm liegt ein verhältnis-
mäßig breites Intervall vor, das die infrarote Strahlung der
Erdoberfläche nahezu vollständig streut bzw. absorbiert. In
dem betreffenden Intervall hat die ins Weltall gelangende
Strahlung entsprechend ein Intensitätsminimum. Die von der
Erde ausgesendete Strahlung, die nicht ins Weltall gelangt,
bleibt in der Atmosphäre und führt zur Erwärmung.
Ein Absenken der Konzentration an Kohlenstoffdioxid in der
Atmosphäre würde die Absorptions- und Streuprozesse
reduzieren und so die Erderwärmung einschränken.
d Ein einfaches Experiment könnte wie folgt aussehen:
– Man benötigt zwei identische Glaskolben, ein Thermometer,
  eine Wärmelampe und eine CO_2-Quelle.
– In einen der Glaskolben wird normale Luft gefüllt und in den
  anderen Kolben wird CO_2 durch die CO_2-Quelle hinzugefügt,
  um eine hohe Konzentration von Treibhausgasen darin zu
  simulieren.
– Beide Glaskolben werden unter eine Wärmelampe gestellt
  und die Temperaturen innerhalb der Glaskolben werden mit
  einem Thermometer gemessen und aufgezeichnet.
– Nach einigen Minuten sollte man einen Unterschied in der
  Temperatur innerhalb der Glaskolben beobachten. Der
  Glaskolben mit höherer CO_2-Konzentration wird eine höhere
  Temperatur aufweisen, da das CO_2 die Infrarotstrahlung
  absorbiert und die Wärme nicht nach draußen entweichen
  lässt, ähnlich wie der Treibhauseffekt auf der Erde.

Physikalische Größen

Größe	Symbol	Einheit	Gleichung oder Definition
Aktivität	A	Bq (Becquerel) $= \frac{1}{s}$	Zerfälle pro Zeit
Amplitude	y_{max}	m (Meter)	Maximale Auslenkung
Äquivalentdosis	H	Sv (Sievert)	
Auslenkung	y	m	$y(t) = y_{max} \cdot \sin(\omega t + \Delta\varphi)$
Beschleunigung	a	$\frac{m}{s^2}$	$a = \frac{\Delta v}{\Delta t}$ für $\Delta t \to 0$
Brennweite	f	m	Abstand Linse–Brennpunkt
Drehwinkel	φ	rad (Radiant)	Bogenlänge pro Radius
Drehzahl	n	$\frac{1}{s}$ (Anzahl Umdrehungen pro Sekunde)	$n = \frac{1}{T}$
Energie	E	J $= N \cdot m$ (Joule)	
Federkonstante	D, k	$\frac{N}{m}$	$D = \frac{F}{s}$
Fallbeschleunigung	g	$\frac{m}{s^2}$	$g = \frac{F_G}{m}$
Fläche, Flächeninhalt	A	m^2	
Frequenz	f	Hz (Hertz)	$f = \frac{1}{T}$
Geschwindigkeit	v	$\frac{m}{s}$	$v = \frac{\Delta s}{\Delta t}$ für $\Delta t \to 0$
Gewichtskraft	F_G	N (Newton)	$F_G = m \cdot g$
Gleitreibungskraft	F_{GR}	N	$F_{GR} = \mu_{GR} \cdot F_N$ (F_N = Normalkraft)
Haftreibungskraft	F_{HR}	N	$F_{HR} = \mu_{HR} \cdot F_N$ (F_N = Normalkraft)
Halbwertszeit	$T_{1/2}$	s (Sekunde)	$\frac{N(T_{1/2})}{N(0)} = \frac{1}{2}$
Höhenenergie	E_H	J	$E_H = m \cdot g \cdot h$
Impuls	p	$\frac{kg \cdot m}{s}$	$p = m \cdot v$
kinetische Energie	E_{kin}	J	$E_{kin} = \frac{1}{2} \cdot m \cdot v^2$
Kraft	F	N	$F = m \cdot a$
Kreisfrequenz	ω	$\frac{rad}{s}$	$\omega = \frac{\Delta\varphi}{\Delta t}$
Länge	l	m	
Lautstärkepegel	L_N	phon	„gefühlter" Schalldruckpegel (Referenz: 1000 Hz)
Leistung	P	$W = \frac{J}{s}$	$P = \frac{E}{t}$
Luftreibungskraft	F_{LR}	N	$F_{LR} = \frac{1}{2} \cdot c_W \cdot A \cdot \rho \cdot v^2$
Masse	m	kg	$m = \frac{F}{A}$
Periodendauer	T	s	
Rollreibungskraft	F_{RR}	N	$F_{RR} = \mu_{RR} \cdot F_N$ (F_N = Normalkraft)

Größe	Symbol	Einheit	Gleichung oder Definition
Schalldruckpegel	L_P	dB (Dezibel)	$L_\mathrm{P} = 20 \cdot \lg\left(\frac{p_\text{Schall}}{p_0}\right)$ mit $p_0 = 20\,\mu\text{Pa}$
Temperatur	T	K (Kelvin)	$T = \left(\frac{\vartheta}{1\,°\text{C}} + 273{,}15\,\text{K}\right)$ ϑ = Temperatur in Grad Celsius
Volumen	V	m^3	
Weg	s	m	
Wellenlänge	λ	m	
Winkelbeschleunigung	a	$\frac{\text{rad}}{\text{s}^2}$	$a = \frac{\Delta\omega}{\Delta t}$
Winkelgeschwindigkeit	ω	$\frac{\text{rad}}{\text{s}}$	$\omega = \frac{\Delta\varphi}{\Delta t}$
Zeit	t	s	
Zentripetalbeschleunigung	a_Z	$\frac{\text{m}}{\text{s}^2}$	$a_\mathrm{Z} = \frac{v^2}{r}$
Zentripetalkraft	F_Z	N	$F_\mathrm{Z} = m \cdot \frac{v^2}{r}$
Zerfallskonstante	λ	$\frac{1}{\text{s}}$	$\lambda = \frac{\ln 2}{T_{1/2}}$

Physikalische Konstanten

Konstante	Symbol	Wert
Absoluter Nullpunkt	T_0	$0\,\text{K} = -273{,}15\,°\text{C}$
Ruhemasse des Elektrons	m_e	$9{,}1094 \cdot 10^{-31}\,\text{kg}$
Ruhemasse des Protons	m_p	$1{,}6727 \cdot 10^{-27}\,\text{kg}$
Ruhemasse des Neutrons	m_n	$1{,}6750 \cdot 10^{-27}\,\text{kg}$
Stefan-Boltzmann-Konstante	σ	$5{,}670\,400 \cdot 10^{-8}\,\frac{\text{W}}{\text{m}^2 \cdot \text{K}^4}$

Physikalische Konstanten auf der Erde unter Standardbedingungen

Standardbedingungen: Temperatur: $T_0 = 273{,}15\,\text{K}$, Luftdruck: $p_0 = 1013{,}25\,\text{hPa}$

Konstante	Symbol	Wert
Dichte der Luft	ϱ_L	$1{,}293\,\frac{\text{kg}}{\text{m}^3}$
mittlere Fallbeschleunigung	g	$9{,}81\,\frac{\text{m}}{\text{s}^2}$
Schallgeschwindigkeit in Luft	c_L	$331\,\frac{\text{m}}{\text{s}}$
Solarkonstante	S_E	$1{,}367 \cdot 10^3\,\frac{\text{W}}{\text{m}^2}$

Physikalische Gesetze

Name	Bedeutung	Gleichung
Abbildungsgleichung	Zusammenhang der Brennweite f mit Bildweite b und Gegenstandsweite g	$\frac{1}{b} + \frac{1}{g} = \frac{1}{f}$
Freier Fall	In der Zeit t zurückgelegte Strecke s	$s = \frac{1}{2}g \cdot t^2$
Geradlinige Bewegung: Weg	In der Zeit t erreichte Strecke s	$s = \frac{1}{2}a \cdot t^2 + v_0 \cdot t + s_0$
Geradlinige Bewegung: Geschwindigkeit	In der Zeit t erreichte Geschwindigkeit v	$v = a \cdot t + v_0$
Durchschnittliche Geschwindigkeit	Mittelwert der Momentangeschwindigkeit während Δt	$\overline{v} = \frac{\Delta s}{\Delta t} = \frac{s_2 - s_1}{t_2 - t_1}$
Durchschnittliche Beschleunigung	Mittelwert der Momentanbeschleunigung während Δt	$\overline{a} = \frac{\Delta v}{\Delta t} = \frac{v_2 - v_1}{t_2 - t_1}$
STEFAN-BOLTZMANN-Gesetz	Strahlungsleistung P eines Körpers in Abhängigkeit von seiner Temperatur T und der Oberfläche A	$P = \sigma \cdot A \cdot T^4$
1. NEWTON'sches Axiom	**Trägheitsprinzip:** Ein Körper verharrt in Ruhe oder einer gleichförmig geradlinigen Bewegung, solange keine resultierende Kraft auf ihn wirkt.	
2. NEWTON'sches Axiom	**Grundgleichung der Mechanik:** Ein ruhender Beobachter stellt fest, dass eine Kraft F bei einer Masse m die Beschleunigung $a = \frac{F}{m}$ hervorruft.	$\vec{F} = m \cdot \vec{a}$
3. NEWTON'sches Axiom	**Wechselwirkungsprinzip:** Übt ein Körper A auf einen Körper B eine Kraft aus, so übt Körper B eine gleich große, aber entgegengesetzt gerichtete Kraft auf Körper A aus.	$\vec{F}_{AB} = -\vec{F}_{BA}$
Wellengleichung	Auslenkung y in Abhängigkeit von der Zeit t	$y(t) = y_{max} \cdot \sin(\omega t + \Delta\varphi)$
WIEN'sches Verschiebungsgesetz	Die Frequenz f_{max}, bei der die Intensität der emittierten Strahlung maximal wird, in Abhängigkeit von der Temperatur T	$f_{max} = T \cdot 0{,}059 \frac{THz}{K}$
Zerfallsgesetz	Anzahl N von nicht zerfallenen Kernen in Abhängigkeit von der Zeit t	$N(t) = N_0 \cdot \left(\frac{1}{2}\right)^{\frac{t}{T_{1/2}}}$

Die Erläuterung der Größen und Konstanten finden Sie in den vorhergehenden Tabellen.

Vorsilben für dezimale Vielfache und Teile von Einheiten

Vorsilbe	Deka (da)	Hekto (h)	Kilo (k)	Mega (M)	Giga (G)	Tera (T)	Peta (P)
Zahlenwert	10	100	1000	1 000 000	1 000 000 000	1 000 000 000 000	1 000 000 000 000 000
Potenz	10^1	10^2	10^3	10^6	10^9	10^{12}	10^{15}

Vorsilbe	Dezi (d)	Zenti (c)	Milli (m)	Mikro (µ)	Nano (n)
Zahlenwert	0,1	0,01	0,001	0,000 001	0,000 000 001
Potenz	10^{-1}	10^{-2}	10^{-3}	10^{-6}	10^{-9}

Reibungszahlen (Werte für trockene Flächen)

Haftreibungszahlen		Gleitreibungszahlen		Rollreibungszahlen*	
für Autoreifen auf:					
Asphalt	0,4–1,0	Asphalt	0,4–0,6	Asphalt	0,010
Beton	0,6–1	Beton	0,35–0,7	Beton	0,015

* Rollreibungszahlen sind geschwindigkeitsabhängig – je höher die Geschwindigkeit, desto geringer die Rollreibungszahl.

Fallbeschleunigungen

Hamburg	$9,814\,\frac{m}{s^2}$	Nordpol	$9,832\,\frac{m}{s^2}$	Mondoberfläche	$1,62\,\frac{m}{s^2}$
Berlin	$9,813\,\frac{m}{s^2}$	Äquator	$9,780\,\frac{m}{s^2}$	Marsoberfläche	$3,71\,\frac{m}{s^2}$
Frankfurt	$9,811\,\frac{m}{s^2}$	100 km oberhalb der Erdoberfläche	$9,52\,\frac{m}{s^2}$	Sonnenoberfläche	$274\,\frac{m}{s^2}$
München	$9,807\,\frac{m}{s^2}$	1000 km oberhalb der Erdoberfläche	$7,33\,\frac{m}{s^2}$		

Schallgeschwindigkeiten

Feste Stoffe (bei 20°C und 1013 hPa)		Flüssigkeiten (bei 20°C und 1013 hPa)		Gase (bei 20°C und 1013 hPa)	
Stoff	c in $\frac{m}{s}$	Stoff	c in $\frac{m}{s}$	Stoff	c in $\frac{m}{s}$
Stahl	5000	Benzin	1160	Helium	980
Eis (–4 °C)	3200	Wasser (4 °C)	1400	Luft	343
Glas	4000–5000	Wasser (25 °C)	1500	Wasserstoff	1280
Ziegelstein	3500	Meerwasser	1500	Wasserdampf (bei 100 °C)	480
Buchenholz	3300				
Diamant	18 000				

Halbwertszeiten

Isotop	Halbwertszeit	Isotop	Halbwertszeit
^{218}Rn	35 Millisekunden	^{137}Cs	30 Jahre
^{220}Rn	55,6 Sekunden	^{14}C	5730 Jahre
^{11}C	20,36 Minuten	^{235}U	703 800 000 Jahre
^{131}I	8 Tage	^{238}U	4 468 000 000 Jahre

Solarkonstanten der Planeten

Planet	S_E in $\frac{W}{m^2}$	Planet	S_E in $\frac{W}{m^2}$
Merkur	9123	Jupiter	50
Venus	2615	Saturn	15
Erde	1367	Uranus	3,7
Mars	589	Neptun	1,5

Auszug aus der Nuklidkarte (vereinfacht)

Protonenzahl (vertikale Achse) — **Neutronenzahl** (horizontale Achse)

Legende:

a	Jahr
d	Tag
h	Stunde
min	Minute
s	Sekunde
ms	Millisekunde
μm	Mikrosekunde

Oberer Ausschnitt (leichte Elemente)

Spalten = Neutronenzahl N

Z	Element	0	1	2	3	4	5	6	7	8	9	10	11
14	Si 28,085									Si 22 29 ms	Si 23 42,3 ms	Si 24 140,5 ms	Si 25 218 ms
13	Al 26,9815385										Al 22 91,1 ms	Al 23 446 ms	Al 24 2,053 s
12	Mg 24,3050									Mg 20 90,8 ms	Mg 21 122 ms	Mg 22 3,8755 s	Mg 23 11,3 s
11	Na 22,98976928										Na 20 447,9 ms	Na 21 22,49 s	Na 22 2,6018 a
10	Ne 20,1797								Ne 17 109,2 ms	Ne 18 1,6654 s	Ne 19 17,254 s	Ne 20 90,48	Ne 21 0,27
9	F 18,998403163									F 17 64,49 s	F 18 109,728 min	F 19 100	F 20 11,0 s
8	O 15,9994						O 13 8,58 ms	O 14 70,619 s	O 15 122,24 s	O 16 99,757	O 17 0,038	O 18 0,205	O 19 26,476 s
7	N 14,00674						N 12 11 ms	N 13 9,965 min	N 14 99,636	N 15 0,364	N 16 7,13 s	N 17 4,173 s	N 18 0,619 ms
6	C 12,01				C 9 126,5 ms	C 10 19,3080 s	C 11 20,364 min	C 12 98,93	C 13 1,07	C 14 5730 a	C 15 2,449 s	C 16 0,747 s	C 17 193 ms
5	B 10,811				B 8 770 ms		B 10 19,9	B 11 80,1	B 12 20,20 ms	B 13 17,33 ms	B 14 12,5 ms	B 15 9,93 ms	
4	Be 9,0121831				Be 7 53,22 d		Be 9 100	Be 10 $1{,}387 \cdot 10^6$ a	Be 11 13,81 s	Be 12 21,5 ms			
3	Li 6,941				Li 6 7,59	Li 7 92,41	Li 8 838,75 ms	Li 9 178,3 ms		Li 11 8,75 ms			
2	He 4,002602		He 3 0,000134	He 4 99,999866		He 6 806,89 ms		He 8 119,1 ms					
1	H 1,00794	H 1 99,9885	H 2 0,0115	H 3 12,312 a									
0			n 1 10,17 min										

Unterer Ausschnitt (schwere Elemente)

Spalten = Neutronenzahl N

Z	Element	111	112	113	114	115	116	117	118	119	120	121	122	123	124	125	126	127	128
92	U 238,02891																U 218 0,51 ms	U 219 ≈42 μs	
91	Pa 231,03588												Pa 213 5,3 ms	Pa 214 17 ms	Pa 215 14 ms	Pa 216 105 ms	Pa 217 3,6 ms	Pa 218 113 μs	Pa 219 53 ns
90	Th 232.0377										Th 210 16 ms	Th 211 37 ms	Th 212 31,7 ms	Th 213 144 ms	Th 214 87 ms	Th 215 1,2 s	Th 216 26,0 ms	Th 217 237 μs	Th 218 117 ns
89	Ac								Ac 207 27,0 ms	Ac 208 95 ms	Ac 209 87 ms	Ac 210 0,35 s	Ac 211 0,21 s	Ac 212 0,93 s	Ac 213 738 ms	Ac 214 8,2 s	Ac 215 0,17 s	Ac 216 440 μs	Ac 217 69 ns
88	Ra						Ra 204 59 ms	Ra 205 0,21 s	Ra 206 0,24 s	Ra 207 1,38 s	Ra 208 1,110 s	Ra 209 4,8 s	Ra 210 3,70 s	Ra 211 13,2 s	Ra 212 13,0 s	Ra 213 2,73 min	Ra 214 2,435 s	Ra 215 1,66 ms	Ra 216 182 ns
87	Fr			Fr 200 46 ms	Fr 201 53 ms	Fr 202 0,372 s	Fr 203 549 ms	Fr 204 1,8 s	Fr 205 3,92 s	Fr 206 15,9 s	Fr 207 14,8 s	Fr 208 59,1 s	Fr 209 50,5 s	Fr 210 3,18 min	Fr 211 3,10 min	Fr 212 20,0 min	Fr 213 34,14 s	Fr 214 5,0 ms	Fr 215 86 ms
86	Rn	Rn 197 55 ms	Rn 198 65 ms	Rn 199 0,59 s	Rn 200 1,06 s	Rn 201 7,0 s	Rn 202 9,7 s	Rn 203 45 s	Rn 204 1,24 min	Rn 205 2,83 min	Rn 206 5,67 min	Rn 207 9,3 min	Rn 208 24,4 min	Rn 209 28,8 min	Rn 210 2,4 h	Rn 211 14,6 h	Rn 212 24 min	Rn 213 19,5 ms	Rn 214 0,27 μs
85	At		At 197 381 ms	At 198 4,2 s	At 199 6,92 s	At 200 43,2 s	At 201 1,5 min	At 202 184 s	At 203 7,4 min	At 204 9,2 min	At 205 26,2 min	At 206 29,4 min	At 207 1,8 h	At 208 1,63 h	At 209 5,42 h	At 210 8,1 h	At 211 7,214 h	At 212 314 ms	At 213 125 ns
84	Po		Po 196 5,60 s	Po 197 53,6 s	Po 198 1,760 min	Po 199 5,47 min	Po 200 11,5 min	Po 201 15,6 min	Po 202 44,6 min	Po 203 36,7 min	Po 204 3,53 h	Po 205 1,66 h	Po 206 8,8 d	Po 207 5,80 h	Po 208 2,898 a	Po 209 125,2 a	Po 210 138,376 d	Po 211 516 ms	Po 212 0,3 μs
83	Bi 208,980		Bi 195 183 s	Bi 196 5,13 min	Bi 197 9,33 min	Bi 198 10,3 min	Bi 199 27 min	Bi 200 36,4 min	Bi 201 103 min	Bi 202 1,71 h	Bi 203 11,76 h	Bi 204 11,22 h	Bi 205 14,91 d	Bi 206 6,24 d	Bi 207 31,55 a	Bi 208 $3{,}68 \cdot 10^5$ a	Bi 209 100 $2{,}01 \cdot 10^{19}$ a	Bi 210 5,012 d	Bi 211 2,14 min
82	Pb 207,2		Pb 194 12 min	Pb 195 ≈15 min	Pb 196 36,4 min	Pb 197 8,1 min	Pb 198 2,4 h	Pb 199 90 min	Pb 200 21,5 h	Pb 201 9,33 h	Pb 202 $5{,}25 \cdot 10^4$ a	Pb 203 51,92 h	Pb 204 1,4	Pb 205 $1{,}73 \cdot 10^7$ a	Pb 206 24,1	Pb 207 22,1	Pb 208 52,4	Pb 209 3,234 h	Pb 210 22,2 a
81	Tl 204,384		Tl 193 21,6 min	Tl 194 33 min	Tl 195 1,16 h	Tl 196 1,84 h	Tl 197 2,84 h	Tl 198 5,3 h	Tl 199 7,42 h	Tl 200 26,1 h	Tl 201 3,0422 d	Tl 202 12,23 d	Tl 203 29,52	Tl 204 3,78 a	Tl 205 70,48	Tl 206 4,202 min	Tl 207 4,77 min	Tl 208 3,053 min	Tl 209 2,162 min
80	Hg 200,592		Hg 192 4,85 h	Hg 193 3,80 h	Hg 194 520 a	Hg 195 10,53 h	Hg 196 0,15	Hg 197 64,14 h	Hg 198 10,04	Hg 199 16,94	Hg 200 23,14	Hg 201 13,17	Hg 202 29,74	Hg 203 46,59 d	Hg 204 6,82	Hg 205 5,2 min	Hg 206 8,15 min	Hg 207 2,9 min	Hg 208 ≈42 min

Protonenzahl →

Oberer Kartenabschnitt (Zeilen = Protonenzahl, Spalten = Neutronenzahl)

Protonenzahl	12	13	14	15	16	17	18	19	20	21	22	23	24	25	26	27	28
14	Si 26 2,2453 s	Si 27 4,15 s	Si 28 92,223	Si 29 4,685	Si 30 3,092	Si 31 157,36 min	Si 32 153 a	Si 33 6,11 s	Si 34 2,77 s	Si 35 0,78 s	Si 36 0,45 s	Si 37 90 ms	Si 38 >1 µs	Si 39 47,5 ms	Si 40 33,0 ms	Si 41 20,0 ms	Si 42 12,5 ms
13	Al 25 7,183 s	Al 26 $7,17 \cdot 10^5$ a	Al 27 100	Al 28 2,245 min	Al 29 6,56 min	Al 30 3,62 s	Al 31 644 ms	Al 32 33 ms	Al 33 41,7 ms	Al 34 56,3 ms	Al 35 37,2 ms	Al 36 90 ms	Al 37 10,7 ms	Al 38 7,6 ms	Al 39 7,6 ms	27	28
12	Mg 24 78,99	Mg 25 10,0	Mg 26 11,01	Mg 27 9,458 min	Mg 28 20,915 h	Mg 29 1,30 s	Mg 30 335 ms	Mg 31 236 ms	Mg 32 86 ms	Mg 33 90,5 ms	Mg 34 20 ms	Mg 35 70 ms	Mg 36 3,9 ms	25	26		
11	Na 23 100	Na 24 14,997 h	Na 25 59,6 s	Na 26 1,07128 s	Na 27 301 ms	Na 28 30,5 ms	Na 29 44,1 ms	Na 30 48 ms	Na 31 17,35 ms	Na 32 13,2 ms	Na 33 8,0 ms	Na 34 5,5 ms	Na 35 1,5 ms				
10	Ne 22 9,25	Ne 23 37,2 s	Ne 24 3,38 min	Ne 25 602 ms	Ne 26 197 ms	Ne 27 31,5 ms	Ne 28 20 ms	Ne 29 15 ms	Ne 30 5,8 ms		Ne 32 3,5 ms	23	24				
9	F 21 4,158 s	F 22 4,23 s	F 23 2,23 s	F 24 0,34 s	F 25 50 ms	F 26 8,2 ms	F 27 5 ms		F 29 2,5 ms	21	22						
8	O 20 13,5 s	O 21 3,42 ms	O 22 2,25 s	O 23 97 ms	O 24 65 ms	17	18	19	20								

Neutronenzahl →

Legende

Stabile Nuklide

O 16 / 99,757 — Elementsymbol, Massenzahl / Isotopenhäufigkeit in %

primordiale Nuklide (Nuklide, die mit der Erde entstanden)

Th 232 / 100 / $1,4 \cdot 10^{10}$ a — Elementsymbol, Massenzahl / Isotopenhäufigkeit in % / Halbwertszeit

Elemente

Hg / 200,592 — Elementsymbol / Atommasse in u

instabile Nuklide (radioaktive Nuklide)

Fr 225 / 4 min — Elementsymbol, Massenzahl / Halbwertszeit / β⁻-Zerfall

Np 234 / 4,4 d — β⁺-Zerfall oder Elektroneneinfang

Pu 229 / 90 s — α-Zerfall

spontane Spaltung

◢ mit geringer Häufigkeit

Nuklide mit mehreren Zerfallsarten

Pa 229 / 1,5 d — Die Reihenfolge der Einträge und die Größe der Farbflächen symbolisiert vereinfacht die Häufigkeiten der Zerfallsarten.

Unterer Kartenabschnitt (Zeilen = Protonenzahl, Spalten = Neutronenzahl)

Z	129	130	131	132	133	134	135	136	137	138	139	140	141	142	143	144	145	146	147	148
95									Am 232 131 min	Am 233 3,2 min	Am 234 2,32 min	Am 235 10,3 min	Am 236 3,6 min	Am 237 73,6 min	Am 238 98 min	Am 239 11,9 h	Am 240 50,8 h	Am 241 432,6 a	Am 242 16,02 h	Am 243 7364 a
94						Pu 228 1,1 s	Pu 229 90 s	Pu 230 102 s	Pu 231 8,6 min	Pu 232 33,8 min	Pu 233 20,9 min	Pu 234 8,8 h	Pu 235 25,3 min	Pu 236 2,858 a	Pu 237 45,2 d	Pu 238 87,7 a	Pu 239 24110 a	Pu 240 6561 a	Pu 241 14,329 a	Pu 242 $3,73 \cdot 10^5$ a
93				Np 225 3,8 ms	Np 226 31 ms	Np 227 0,51 s	Np 228 61,4 s	Np 229 4 min	Np 230 4,6 min	Np 231 48,8 min	Np 232 14,7 min	Np 233 36,2 min	Np 234 4,4 d	Np 235 396,1 d	Np 236 $1,54 \cdot 10^5$ a	Np 237 $2,144 \cdot 10^6$ a	Np 238 2,099 d	Np 239 2,356 d	Np 240 61,9 min	Np 241 13,9 min
92		U 222 0,66 µs	U 223 18 µs	U 224 396 µs	U 225 59 ms	U 226 0,35 s	U 227 1,1 min	U 228 9,1 min	U 229 58 min	U 230 20,23 d	U 231 4,2 d	U 232 68,9 a	U 233 $1,592 \cdot 10^5$ a	U 234 0,0054 / $2,455 \cdot 10^5$ a	U 235 0,7204 / $7,038 \cdot 10^8$ a	U 236 $2,342 \cdot 10^7$ a	U 237 6,752 d	U 238 99,2742 / $4,468 \cdot 10^9$ a	U 239 23,45 min	U 240 14,1 h
91	Pa 220 0,78 µs	Pa 221 5,9 µs	Pa 222 2,9 ms	Pa 223 6,5 ms	Pa 224 0,846 s	Pa 225 1,8 s	Pa 226 1,8 min	Pa 227 38,3 min	Pa 228 22 h	Pa 229 1,50 d	Pa 230 17,4 d	Pa 231 $3,276 \cdot 10^4$ a	Pa 232 1,31 d	Pa 233 27,0 d	Pa 234 6,7 h	Pa 235 24,4 min	Pa 236 9,1 min	Pa 237 8,7 min	Pa 238 2,28 min	Pa 239 1,8 s
90	Th 219 1,05 µs	Th 220 9,7 µs	Th 221 1,68 ms	Th 222 2,237 ms	Th 223 0,66 s	Th 224 1,04 s	Th 225 8,72 min	Th 226 30,7 min	Th 227 18,697 d	Th 228 1,9125 a	Th 229 7920 a	Th 230 $7,54 \cdot 10^4$ a	Th 231 25,52 h	Th 232 100 / $1,4 \cdot 10^{10}$ a	Th 233 22,15 min	Th 234 24,1 d	Th 235 7,2 min	Th 236 37,5 min	Th 237 5,0 min	Th 238 9,4 min
89	Ac 218 1,08 µs	Ac 219 11,8 µs	Ac 220 26,4 ms	Ac 221 52 ms	Ac 222 5,0 s	Ac 223 2,10 min	Ac 224 2,78 h	Ac 225 9,920 d	Ac 226 29,37 h	Ac 227 21,772 a	Ac 228 6,15 h	Ac 229 62,7 min	Ac 230 122 s	Ac 231 7,5 min	Ac 232 119 s	Ac 233 145 s	Ac 234 44 s	Ac 235 62 s	Ac 236 270 s	148
88	Ra 217 1,6 µs	Ra 218 25,6 µs	Ra 219 10 ms	Ra 220 18 ms	Ra 221 28 s	Ra 222 33,6 s	Ra 223 11,43 d	Ra 224 3,6319 d	Ra 225 14,9 d	Ra 226 1600 a	Ra 227 42,2 min	Ra 228 5,75 a	Ra 229 4,0 min	Ra 230 93	Ra 231 104 s	Ra 232 4,2 min	Ra 233 30 s	Ra 234 30 s	147	
87	Fr 216 0,7 µs	Fr 217 16 µs	Fr 218 1 ms	Fr 219 20 µs	Fr 220 27,4 s	Fr 221 4,806 min	Fr 222 14,2 min	Fr 223 21,8 min	Fr 224 3,33 min	Fr 225 4,0 min	Fr 226 48 s	Fr 227 2,47 min	Fr 228 38 s	Fr 229 50,2 s	Fr 230 19,1 s	Fr 231 17,6 s	Fr 232 5 s	146		
86	Rn 215 2,30 µs	Rn 216 45 µs	Rn 217 0,54 µs	Rn 218 33,75 ms	Rn 219 3,96 s	Rn 220 55,6 s	Rn 221 25 min	Rn 222 3,8235 d	Rn 223 23,2 min	Rn 224 107 Min	Rn 225 4,5 min	Rn 226 7,4 min	Rn 227 20,2 s	Rn 228 65 s	Rn 229 12 s	144	145			
85	At 214 558 ns	At 215 0,10 ms	At 216 0,3 ms	At 217 32,3 ms	At 218 ≈2 s	At 219 56 s	At 220 3,71 min	At 221 2,3 min	At 222 54 s	At 223 50 s	At 224 76 s	140	141	142	143					
84	Po 213 3,708 µs	Po 214 163,6 µs	Po 215 1,781 ms	Po 216 0,15 s	Po 217 1,53 s	Po 218 3,098 min	135	136	137	138	139									
83	Bi 212 60,55 min	Bi 213 45,61 min	Bi 214 19,9 min	Bi 215 7,6 min	Bi 216 133 s	Bi 217 98,5 s														
82	Pb 211 36,1 min	Pb 212 10,64 h	Pb 213 10,2 min	Pb 214 26,8 min	Pb 215 147 s	134														
81	Tl 210 1,30 min	130	131	132	133															
	129																			

Neutronenzahl →

Stichwortverzeichnis

Bildnachweis

Foto: Titel: Montage: Cornelsen/Grafik: Cornelsen/Hannes von Goessel, Foto: stock.adobe.com/sportpoint; Agentur Focus/DR GORAN BREDBERG/SCIENCE PHOTO LIBRARY: 121/6; akg-images/Keystone: 150/2, /Science Photo Library: 136/1; blickwinkel/K. Wothe: 175/6, /McPHOTO/Insadco: 86/2; Bruno Rager: 112/2; Cornelsen/Anneke Emse: 102/1, /Hans-Otto Carmesin: 52/2; 98/M1; /Markus Gaa: 102/2, /103/5, /104/1, /137/3, /160/2, /160/3, /161/6, /162/3, /163/A1, /164/2, /166/2, /166/3A, /166/4A, /174/1; Montage: /Elefanten: Shutterstock.com/Claudia Paulussen, Smartphones: Shutterstock.com/Chaay_Tee: 51; /Oliver Meibert: 24/1, /50/1, /50/2, /51/6, 139/3, /147/1, /147/3, /186/1; /Ulf Konrad: 27/1, /34/1, /76/1, /78/3, /80/1, /103/4, /187/C2A, /187/C2B; /Volker Döring: 64/2; /Wiebke Salzmann: 23/A1A, /30/3, /78/1-2, /116/4, /182/1, /187/A1, /188/1, 191/4, /194/1; Depositphotos/Panther Media: 104/2; dpa Picture-Alliance/ blickwinkel/R. Linke: 3/l, 7; /augenklick/firo sportphoto: 45/2; /imageBROKER: 198/B1A; Imago Sportfotodienst GmbH/Thomas Zimmermann: 8/1; Johann sport Ridder: 47/C2; Marc Evers, www.physikunterricht-online.de: 108/3; mauritius images/alamy stock photo/Arev Hambardzumyan: 122/3, /LOETSCHER CHLAUS: 198/B1B, /Lourens Smak: 77/6, /Marko Steffensen: 186/3, /PR images: 72/1, /Zoonar GmbH: 122/1, /cgimanufaktur: 61/A1, /Oskar Eyb: 19/C1, /Mito Images: 50/3, /Pitopia: 134/1, /Science Photo Library: 140/1, /Science Source: 90/1, 128/1; NASA: 197/5; Panther Media GmbH/Melinda Nagy: 84/1, /StockbrokerXtra by Monkeybusiness: 54/1; picture-alliance/dpa/R2656_Chad_Ehlers: 118/2; sciencephotolibrary/ALEXANDER SEMENOV: 198/A1, /N. FEATHER: 137/4, /Southern Illinois University: 143/A1, /T-SERVICE: 187/B1A, /US Department of Agriculture/US Department/Wergin, William: 65/A1; Shutterstock.com/3DMAVR: 125/r, /air009: 170/1, /Albert Russ: 4/r, 127, /Andrey Safonov: 168/1, /ASB63: 108/1, /Baka Sobaka: 152/2u, /Big Joe: 119/3, /Christian Mueller: 20/1, /Dan POTOR: 48/1, /Dario Sabljak: 182/3, /David A. Litman: 154/1, /Dmitry Kalinovsky: 150/1, /D-VISIONS: 132/1, /dvoevnore: 186/4, /dwphotos: 120/1, /Egoreichenkov Evgenii: 152/1, /Fisherss: 187/C1, /Imfoto: 58/1, /Jarek Kilian: 56/2, /Jiaye Liu: 97/r, /josefkubes: 144/1, /Khotenko Vladymyr: 108/2, /leoks: 184/4A, /Lukas Gojda: 62/1, /Michael715: 86/1, /Mikhail Leonov: 152/2o, /Molotok289: 45/3, /motive56: 42/1, /natthi phaocharoen: 68/1, /New Africa: 151/4, /NiNe.iTsMe.YospoL99: 185/6, /Otmar Smit: 182/2, /overcrew: 136/2, /Peter Gudella: 13/C1, /photobar: 112/3, /Reystleen: 176/4, /Robert Crum: 66/1, /sdecoret: 5/r, 180, /Simon Mayer: 57/A1, /simone tognon: 148/1, /SSKH-Pictures: 89/A1, /Stokkete: 114/1, /SVSimagery: 119/4, /Tatiana Vorona: 12/1, /wavebreakmedia: 74/1, /Wellford Tiller: 176/2, /yuyangc: 164/1; stock.adobe.com/Africa Studio: 116/1, /Aleksei: 91/3, /Benjamin: 123/5, /Binkontan: 112/1, /Bumann: 177/A1, /ImagoPhoto: 3/r, 41, /EvrenKalinbacak: 10/1r, /Ewa Leon: 117/6, /ginton: 53/B1, /Graphicroyalty: 172/1, /Jaroslav Uher: 83/B1, /Julien Leblay: 189/2, /konradbak: 19/B1, /Aufwind-Luftbilder: 148/2, /pit24: 160/1, /Ryan: 187/B1B, /S.Kobold: 95/l, /Shariff Che'Lah: 70/1, /valiza14: 4/l, 101, /Vatcharachai: 99/M1, /Victor Koldunov: 162/1, /Vitor Miranda: 14/1, /warut: 183/4, /Ljupco Smokovski: 5/l, 159, /Xuejun li: 106/1, /Yulia: 98/M2, /Николай Батаев: 184/2; VISUM creative/Kai Remmers: 82/2, VISUM/creative/VISUM creative/Franziska Moeck: 30/1; yourphototoday/VWPICS/Zincone_/Visual_Written/Zincone_/Visual_Written: 53/C1
Grafik:Cornelsen/Franz-Josef Domke: 124/o, 195/2; /Inhouse: 15/5, 35/5, 99/M2, 131/A2, 156/oben; /Karin Mall: 77/7, 113/B1; /newVision! GmbH, Bernhard A. Peter: 8/Rand, 9/3, 9/4, 10/2, 10/3, 10/1li., 11/4, 11/6, 12/2, 12/A1, 13/C2, 15/3, 15/4, 15/6, 16/1, 16/2, 16/3, 16/4, 18/A1, 19/B2, 20/2, 20/3, 21/4, 21/5, 21/6, 22/1, 23/1, 23/A1B, 23/B1, 24/3, 24/4, 24/5, 26/1, 26/2, 27/A, 28/1, 28/2, 28/3, 29/1, 29/2, 29/3, 29/4, 30/2, 31/4, 31/5, 32/1, 33/1, 33/2, 33/A1, 34/2, 34/3, 35/4, 36/1, 37/1, 37/A1, 38/Mi, 38/o, 42/2, 42/3, 43/4, 43/5, 43/6, 46/1, 46/2, 46/A1, 47/B1, 47/B2, 47/C1, 48/2, 49/3, 51/5, 51/7, 52/1, 52/3, 53/A1, 54/4, 55/5, 55/6, 56/3, 57/1, 57/2, 57/3, 59/2, 59/3, 60/1, 60/2, 61/1, 61/2, 61/3, 62/2, 63/3, 64/1, 64/3, 65/1, 65/2, 65/3, 66/2, 68/2, 69/1, 69/2, 69/3, 70/2, 71/3, 71/4, 71/5, 72/3, 73/A1, 73/B1, 73/B2, 75/2, 75/3, 75/4, 76/2, 76/3, 76/4, 77/5, 78/4, 79/A1, 79/A3, 81/2, 82/1, 82/3, 83/A1, 85/3, 87/3, 87/4, 87/5, 89/B1, 89/1, 90/2, 91/4, 92/1, 93/A1, 93/B1, 94/o, 98/M3, 99/M3, 103/3, 104/3, 104/4, 105/6, 107/B1, 107/C1, 109/4, 109/6, 110/1, 110/2, 111/3, 111/4, 112/4, 112/5, 113/A1, 113/C1, 114/2, 114/3, 115/4, 115/5, 116/2, 117/5, 117/A1, 119/5, 119/6, 120/2, 121/3, 122/2, 122/4, 123/6, 123/A1, 124/u, 129/2, 129/4, 129/5, 130/1, 131/1, 131/A1, 131/B1, 133/2, 133/3, 134/2, 134/4, 138/1, 139/A1, 139/A2, 141/3, 141/5, 145/3, 146/1, 149/1, 149/2, 149/3, 151/3, 154/2, 161/4, 161/5, 162/2, 163/1, 165/2, 165/4, 166/1, 166/3, 166/4, 167/A1, 167/A3, 168/2, 169/3, 169/4, 170/2, 171/3, 171/4, 171/5, 172/2, 172/3, 173/1, 173/2, 174/2, 175/3, 175/4, 175/5, 176/1, 176/3, 177/1, 178/mi, 178/o, 179/l, 179/r, 183/5, 183/6, 183/7, 184/1, 184/3, 186/2, 189/3, 189/4, 190/2, 192/1, 192/2, 193/A1, 196/1, 196/2, 196/3, 196/4, 197/6, 197/7, 198/A2, 199/1, 202/mitte links, 202/mitte rechts, 202/mitte rechts, 202/mitte rechts, 202/oben links, 202/oben rechts, 203/mitte links, 204/mitte rechts, 204/oben rechts, 204/unten links, 205/oben links, 206/mitte links, 206/oben rechts; /Tom Menzel: 85/2, 105/7, 106/2, 106/3, 107/A1, 118/1, 129/3, 135/3, 135/B1, 137/5, 138/2, 141/2, 141/4, 142/1, 142/2, 142/3, 143/B1, 143/C1, 153/A1, 184/4B, 185/7, 190/1; /Tom Menzel; bearbeitet durch newVision! GmbH, Bernhard A. Peter: 24/2; /Werner Wildermuth: 54/2, 54/3, 96/li, 96/mi, 96/re, 105/5, 109/5, 116/3, 167/B1, 201/re, 205/mitte links, 205/unten rechts, 212/mitte, 213/mitte; Gefahrenzeichen: Cornelsen/Atelier G/Marina Goldberg